LA PHILOSOPHIE DE KANT

D'APRÈS

LES TROIS CRITIQUES

PAR

THÉOPHILE DESDOUITS

PROFESSEUR AGRÉGÉ DE PHILOSOPHIE AU LYCÉE DE VERSAILLES
DOCTEUR ÈS LETTRES

OUVRAGE COURONNÉ PAR L'ACADÉMIE DES SCIENCES MORALES
ET POLITIQUES

PARIS
ERNEST THORIN, ÉDITEUR
LIBRAIRE DU COLLÉGE DE FRANCE
ET DE L'ÉCOLE NORMALE SUPÉRIEURE
7, RUE DE MÉDICIS, 7

LA

PHILOSOPHIE DE KANT

D'APRÈS

LES TROIS CRITIQUES

TOULOUSE. — IMPRIMERIE A. CHAUVIN ET FILS, RUE DES SALENQUES, 28

LA PHILOSOPHIE DE KANT

D'APRÈS

LES TROIS CRITIQUES

PAR

THÉOPHILE DESDOUITS

PROFESSEUR AGRÉGÉ DE PHILOSOPHIE AU LYCÉE DE VERSAILLES
DOCTEUR ÈS LETTRES

OUVRAGE COURONNÉ PAR L'ACADÉMIE DES SCIENCES MORALES
ET POLITIQUES

> Ὁ γιγνώσκων γιγνώσκει τι ἢ οὐδέν;
> — γιγνώσκει τι. — Πότερον ὂν ἢ οὐκ
> ὄν; — ὄν· πῶς γὰρ ἂν μὴ ὂν γέ τι
> γνωσθείη.
> (PLATON, *Républ.*, l. V.)

PARIS
ERNEST THORIN, ÉDITEUR
LIBRAIRE DU COLLÉGE DE FRANCE
ET DE L'ÉCOLE NORMALE SUPÉRIEURE
7, RUE DE MÉDICIS, 7

1876

PRÉFACE

En publiant cet Essai, nous avons tâché de combler les lacunes que l'Académie des sciences morales et politiques y a signalées.

La première partie du mémoire, consacrée à l'analyse des trois critiques, était trop courte. Nous avons essayé de la compléter et d'exposer en détail la suite des idées, sans omettre aucun des éléments dont se compose le système si original de la philosophie critique. Souvent, en analysant, il a été nécessaire d'interpréter, quelquefois même de commenter et d'expliquer par des exemples la pensée de l'auteur; l'obscurité du texte rendait cette méthode nécessaire : nous espérons qu'en cherchant la clarté nous n'avons pas sacrifié l'exactitude de l'exposition.

La deuxième partie, où est discuté le système de Kant, est restée à peu près telle qu'elle était dans le mémoire soumis au jugement de l'Académie.

La troisième paraîtra trop courte à ceux qui y chercheraient une histoire complète du kantisme ; mais une telle histoire demanderait un ouvrage à part. On s'est donc borné à indiquer l'influence générale de Kant sur ses successeurs, et à faire connaître comment la philosophie critique a été jugée par les plus illustres penseurs de l'Allemagne et de la France.

La conclusion est entièrement nouvelle. Nous nous sommes proposé de montrer tout ce qu'il y a de grand et de salutaire dans la partie dogmatique du kantisme, et combien vains sont les systèmes qui se tiennent aux conclusions sceptiques de la Critique, oubliant que, pour Kant, le scepticisme n'est, après tout, qu'un doute méthodique et provisoire.

L'esprit qui anime cet Essai est une ferme foi à la certitude de la métaphysique et des sciences philosophiques. Nous croyons que, si les objections de Kant lui-même n'ont pu ébranler cette certitude, celles des sceptiques modernes ni celles des positivistes n'arriveront jamais à la détruire. La métaphysique est, après les croyances religieuses, le plus noble besoin de l'intelligence humaine ; et nous ne saurions admettre que ce besoin nous ait été donné pour ne pas pouvoir être satisfait. Réduire la science à l'étude des phénomènes, c'est l'abaisser, c'est lui refuser tout ce qui fait sa grandeur et même sa certitude ; ou plutôt, c'est une tentative impossible, car l'homme ne peut s'empêcher, que par un effort contre nature, de croire à son âme, à sa liberté, à Dieu. Ce ne serait pas la peine de penser, si ce n'était pour aboutir à cette triple affirmation; et c'est là, en définitive, que la philosophie de Kant, en dépit de ses principes sceptiques, arrive par une sublime inconséquence (1).

(1) Les traductions des passages cités dans cet ouvrage sont généralement empruntées à M. Tissot pour la *Critique de la raison pure* et à M. Barni pour les deux autres *Critiques*. Quant aux renvois, ils indiquent les pages des éditions allemandes.

INTRODUCTION

I. Importance de la philosophie de Kant.
II. De la méthode à suivre pour discuter le scepticisme de la *Critique*.
III. Des origines de la philosophie critique. De l'état de la philosophie avant Kant. Ses premiers ouvrages.

I

Toute la philosophie du dix-neuvième siècle a subi l'influence de Kant, et le prestige de ce puissant génie est tel que les penseurs des écoles les plus diverses aiment à chercher dans ses écrits des arguments en faveur de leurs doctrines. C'est dans la *Critique de la raison pure* que le spiritualisme trouve la démonstration la plus nette, la plus incontestable de l'existence des vérités nécessaires, de ces idées que toute pensée, toute expérience même suppose, et que, par conséquent, aucune expérience n'a pu donner. C'est Kant aussi qui, dans la *Critique de la raison pratique*, a revêtu d'une forme nouvelle la preuve de l'existence de Dieu, fondée sur l'*idée* du *Bien* ; c'est lui qui, en insistant sur le caractère *impératif* de la loi morale, a démontré par là un législateur dont le commandement, gravé en nos âmes, est le cachet de notre infinie dépendance, et, en même temps, de notre incomparable dignité. Enfin, la *Critique du jugement* a fondé l'esthétique en établissant que le sentiment du Beau suppose un principe *supra-sensible*, un plaisir désintéressé et rationnel, bien différent de l'agréable et de la sensation que lui assignait pour origine la philosophie matérialiste du dix-huitième siècle.

Mais si, par ses immortelles doctrines sur les idées *à priori*, sur la loi morale, sur le caractère impersonnel et désintéressé du goût esthétique, Kant peut être considéré comme un des plus fermes défenseurs du spiritualisme, n'a-t-il pas aussi, par ses doutes, par ses contradictions, par la séparation radicale qu'il s'efforce d'établir entre le monde réel et le monde de la pensée, prêté des armes aux partisans du panthéisme et du positivisme? Dédaignant les phénomènes sensibles qui, d'après Kant, n'ont aucun rapport avec la réalité des choses, le panthéisme allemand arriva à nier l'existence *individuelle* des êtres concrets. Que sont en effet ces êtres, sinon de vains phénomènes, puisque l'espace et le temps, dans lesquels nous les percevons, ne sont, suivant la critique, que des conditions purement *subjectives* de la sensibilité? La réalité, dès lors, n'est plus que dans le monde des idées, dans les *noumènes*, pour parler le langage de Kant; il n'y a plus d'autre réalité, d'autre activité que celle des idées, et la nature n'est plus rien que leur manifestation sensible.

Partant de la même distinction entre les *phénomènes* et les *noumènes*, pour arriver à une conclusion tout opposée, le positivisme déclara inutile toute recherche sur cette essence des choses que Kant avait considérée comme plus réelle, sans doute, que les faits sensibles, mais aussi comme inaccessible à notre raison. De la doctrine de Kant, il n'adopta que la partie négative; il professa que la connaissance des phénomènes, de leur succession, de leurs rapports dans l'espace, était le seul objet de la science, et que toute tentative pour connaître la nature des choses, leurs causes, leur destination, était une entreprise chimérique. Sans nier absolument Dieu et l'âme, il défendit à l'esprit humain de s'égarer désormais en ces vaines hypothèses, « de transporter indûment un point de vue subjectif dans le domaine objectif (1), » et, renversant l'ancienne définition de la philosophie, il lui assigna pour objet et pour but de *ne point rechercher les causes des choses*.

Cette liaison entre tous les systèmes modernes et celui du philosophe de Kœnigsberg est si étroite, qu'il semble presque aussi impossible d'étudier le développement de la pensée au dix-neuvième siècle sans connaître la Critique que de comprendre la philosophie du moyen âge sans connaître Aristote. La discussion du système de Kant offre donc un grand intérêt, non-seulement par sa valeur intrinsèque et sa profonde originalité, mais aussi par la puissance des arguments que les écoles les plus diverses y sont venues chercher. Tout ne saurait être vrai, mais rien ne peut être à dédaigner dans une œuvre dont l'autorité est ainsi invoquée par l'erreur et par la vérité. Il importe de faire la part des vérités inébranlables établies par la philosophie critique et des propositions contestables ou même dangereuses acceptées trop do-

---

(1) M. Littré, *Auguste Comte et la Philosophie positive*, p. 69.

cilement par les successeurs de Kant. Une telle entreprise pourrait sembler présomptueuse, si tous les maîtres de la philosophie française ne l'avaient préparée depuis le commencement du dix-neuvième siècle : ce n'est qu'à leur suite, et en tâchant d'avancer dans la route tracée par eux, que nous oserons discuter et souvent condamner les assertions du plus profond penseur des temps modernes.

II

Mais, tout d'abord, une difficulté se présente : par quelle méthode, par quels arguments réfuter le scepticisme? On ne saurait le faire qu'avec les principes de la raison ou les données de la conscience ; or, le scepticisme nie précisément la valeur de ces principes et l'*objectivité* de ces données.

Cette objection serait peut être insoluble si le scepticisme de Kant était le pyrrhonisme, s'il rejetait absolument tout principe et toute vérité. Mais ce scepticisme n'est pas si radical, et laisse encore subsister assez de vérités pour suffire à sa réfutation. C'est un *scepticisme dogmatique*, qui part de l'affirmation de certains faits et de certains principes, et tire ensuite de ces faits et de ces principes même des raisons pour révoquer en doute la valeur objective de nos idées. Si donc on peut démontrer que ces faits et ces principes conduisent à des conséquences tout opposées à celles de Kant, on aura réfuté son système par lui-même, son scepticisme par son dogmatisme. Au fond, toutes les conclusions de la *Critique*, dans sa partie sceptique, se réduisent à une seule : la *subjectivité des idées de la raison*; or, cette doctrine n'est pas, chez Kant, une hypothèse arbitraire, née du seul effort de l'esprit pour douter de lui-même ; c'est, à ses yeux, la conséquence d'un fait psychologique, à savoir, l'*universalité de nos idées* et leur nécessité *à priori*. Si l'on arrive à prouver que, tout au contraire, l'universalité et la nécessité impliquent précisément l'*objectivité*, que *subjectif* signifie *relatif, conditionnel*, tandis que nos idées sont *absolues, inconditionnelles, éternelles*, alors on aura le droit de conclure au nom de la psychologie même de Kant, contre sa métaphysique idéaliste et sceptique.

Ajoutons que le principe fondamental de la raison humaine, le principe de contradiction est accepté par Kant comme objectif et absolument valable (1); cette concession est plus importante qu'il ne le suppose ; car l'analyse de ce principe nous découvre qu'il implique tous les autres axiomes de la raison. Si l'on ne fait pas au scepticisme sa part, on ne la fait pas non plus à la vérité ; et, dès qu'on admet une seule des propositions de la raison, il faut les admettre toutes, qu'on le veuille ou non, parce qu'elles sont toutes unies entre elles par des liens indissolubles.

C'est donc principalement sur Kant que nous nous appuierons pour réfuter ses assertions sceptiques. Quelquefois, cependant, nous aurons à examiner si les faits psychologiques qu'il prend comme point de départ sont toujours analysés bien exactement ; si la description et la classification qu'il donne de nos facultés sont aussi rigoureuses en réalité qu'en apparence ; et si, enfin, il a toujours su éviter cet esprit de

---

(1) *Critique de la raison pure* (analytique des principes, chap. II, sect. I).

système qui pose pour principe des hypothèses gratuites ou tout au moins contestables.

III

Ce qu'il importe de ne pas perdre de vue, en discutant le scepticisme de Kant, c'est que ce n'est pas pour lui une doctrine, mais une méthode ; ce n'est qu'une étape, non un but. Sans doute, à lire certaines pages de la *Critique de la raison pure*, il semblerait que l'auteur accepte les conclusions les plus absolues du scepticisme, — et il est certain qu'il y aboutirait s'il était plus conséquent ; — mais il corrige, il semble même retirer souvent ce qu'il a avancé ; il pose d'abord une question comme douteuse, comme insoluble ; puis, tout à coup, se transportant sur le terrain de la philosophie morale, il résout affirmativement des problèmes qu'il a déclarés inaccessibles à la raison spéculative.

Ce demi-scepticisme qui finit par renoncer au doute, mais qui ne revient à la croyance qu'après avoir ébranlé presque toutes les raisons de croire, n'est donc au fond qu'une tentative pour assurer la certitude de nos connaissances en en restreignant le nombre et l'étendue. Si cette méthode nouvelle et hardie est, croyons-nous, très-dangereuse, elle trouve, sinon sa justification, au moins son explication dans l'état des esprits au dix-huitième siècle. Kant a pensé qu'il était nécessaire de faire au scepticisme sa part, et de sacrifier la métaphysique pour sauver la morale. Toutefois, ce n'est que peu à peu que sa pensée est arrivée à cette solution définitive. Croyant, par instinct, et même métaphysicien (ainsi que le démontrent les ouvrages antérieurs à la *Critique de la raison pure*), il conserva longtemps l'espoir d'arriver à la vérité par la raison spéculative, et n'y renonça à la fin que devant le débordement chaque jour croissant du scepticisme.

Le dix-huitième siècle avait tout discuté, tout nié, et tourné en ridicule les vérités qu'il ne comprenait plus. Descartes et Leibnitz étaient presque oubliés, au moins comme philosophes (1). Aucun penseur de génie ne s'était rencontré pour donner à leurs éternelles doctrines la forme nouvelle et plus rigoureuse qui convenait aux exigences d'une époque sceptique. Or la philosophie doit renouveler perpétuellement sa forme, sous peine de n'être plus comprise : sans doute, la vérité est toujours la vérité; ce qui a été démontré une fois reste acquis à la science; mais chaque époque à ses objections nouvelles contre les vérités les mieux établies. Si, à mesure que de nouveaux doutes s'élèvent, les défenseurs de la vérité ne disputent pas pied à pied le terrain envahi, s'ils ne suivent pas leurs adversaires dans leurs évolutions multiples, s'ils leur laissent une retraite et se contentent de parer les coups des sophistes d'autrefois avec les arguments d'autrefois, la victoire reste à l'erreur, du moins devant l'opinion, et la vérité est gravement compromise par l'incapacité de ses défenseurs. C'est ce qui arriva au dix-huitième siècle. La philosophie spiritualiste, concentrée dans les écoles, restait étrangère au mouvement de l'époque. Wolf jouit pendant

---

(1) Dans la partie du *Siècle de Louis XIV* qu'il a consacrée aux grands génies du dix-septième siècle, Voltaire nomme Descartes comme savant, mais il ne dit pas un mot du philosophe.

quelque temps d'une grande célébrité ; mais sa métaphysique abstruse, avec ses formes scolastiques, pouvait-elle exercer une grande influence sur l'esprit public? D'ailleurs Wolf était un philosophe à *systèmes*, et les systèmes douteux ont le funeste effet de compromettre les vérités qui s'y mêlent. Identifier la métaphysique avec la doctrine de l'harmonie préétablie, n'était-ce pas la condamner à périr avec l'ingénieuse mais très-contestable hypothèse de Leibnitz? La toute-puissance sur l'opinion restait aux matérialistes et aux railleurs. La philosophie cessa même d'être le nom d'une science et ne désigna plus que le doute et l'indifférence. Le spiritualisme cependant était encore représenté en France par Rousseau, et, dans la seconde moitié du siècle, les écrits de Mendelssohn rappelaient à l'Allemagne de Frédéric II les doctrines de Platon et de Descartes. Mais l'éloquence de Rousseau parlait plus au sentiment qu'à la raison ; s'il a hautement défendu la foi en Dieu et à l'immortalité, on ne peut pas dire qu'il ait fait avancer ni qu'il ait renouvelé la science philosophique. Mendelssohn, au contraire, se préoccupa de donner une rigueur plus scientifique aux démonstrations spiritualistes ; il s'attacha à perfectionner la preuve cartésienne de l'existence de Dieu, et, dans son *Phédon*, il proposa un argument nouveau en faveur de l'immortalité de l'âme (1). Mais lui-même ne put échapper à l'influence des doctrines de Hume, et accepta sa théorie de la causalité (2),

---

(1) Voir la critique que fait Kant de cette preuve donnée par Mendelsshon (*Critique de la raison pure*, p. 281 et 282, édition Hartenstein en un volume. Leipzig, 1868).

(2) Voir Jacobi, *Idéalisme et réalisme*.

théorie qui renferme implicitement un scepticisme complet.

Cette influence presque universelle de Hume, que subira aussi Kant tout en voulant la combattre, n'était pas due seulement à la tendance sceptique et à la frivolité de l'opinion dominante. Hume est un penseur profond, un dialecticien habile qui s'efforça d'achever par la forme scientifique de ses arguments la ruine de la métaphysique. Il s'attacha avant tout à détruire le principe de *causalité*, en le réduisant à l'expression d'un simple rapport expérimental, celui de *succession*. Par là il ruinait tous les principes de la raison et lui refusait le droit de conclure du monde à Dieu ou même d'affirmer la réalité du moi, de cette force interne que je perçois directement comme cause et comme liberté. En un mot il ramenait tout à l'expérience, à la connaissance des phénomènes qui s'accomplissent dans le temps et dans l'espace. Ensuite, poussant plus loin son scepticisme, il attaquait la certitude même de l'expérience; il n'eut besoin, pour cela, que de s'appuyer sur la doctrine des idées représentatives, acceptée alors partout sur l'autorité de Locke. En effet, si nous ne percevons pas les choses elles-mêmes, mais seulement leurs idées, rien ne prouve que ces idées ressemblent à leur objet, ni même qu'elles aient un objet. Ainsi « Hume ne laisse » subsister que de purs phénomènes, des sensations » qui ne peuvent représenter aucun objet et des idées » qui se succèdent sans aucun sujet réel (1). »

Que le scepticisme idéaliste de Kant soit plutôt l'effet de cet état général des esprits que de ses dis-

---

(1) Cousin, *Phil. écoss.*, p. 281.

positions personnelles, c'est ce que prouve, sans parler de sa foi morale, le caractère dogmatique de ses premiers écrits. Sans doute, il y annonce déjà une grande indépendance de pensée; mais s'il rejette certains systèmes, certaines opinions généralement reçues, il ne rejette pas toute métaphysique; il croit encore possible d'atteindre la vérité par la raison spéculative. Environ vingt ans avant la publication de la *Critique de la raison pure*, il composa, pour répondre à une question posée par l'Académie de Berlin, son *Traité de l'évidence dans les sciences métaphysiques*. La conclusion de cet ouvrage est que la certitude est difficile à obtenir, mais qu'il est cependant possible d'y arriver, à condition de commencer par l'analyse des idées et non par les définitions. Telle est, en effet, la véritable méthode de la métaphysique : prendre un de nos jugements, l'analyser, y trouver par cette analyse une notion métaphysique, décomposer ensuite cette notion s'il y a lieu, ne la définir qu'après une minutieuse analyse, examiner ensuite et énumérer les jugements nécessaires que nous portons au sujet de cette notion, et dresser ainsi comme une liste d'axiomes dont la comparaison donne de véritables théorèmes, c'est là jeter les fondements d'une philosophie scientifique.

En même temps qu'il indiquait la méthode à suivre pour parvenir à la certitude en métaphysique, il traitait avec une grande rigueur scientifique la question des preuves *à priori* de l'existence de Dieu. Dans un très-remarquable ouvrage publié en 1763 (*Du seul fondement possible d'une démonstration de l'existence de Dieu*), il critique la forme de la preuve ontologique, et la renouvelle en y introduisant la notion du *possible*.

S'il n'existait pas un Etre nécessaire, rien n'eût jamais été *possible*; et cet argument, ajoute Kant, est la seule preuve *à priori* vraiment concluante. En effet, si, de ce qu'il existe quelque chose, on peut conclure à l'existence d'une cause *suffisante pour produire le monde*, on ne saurait en inférer que cette cause soit *parfaite* : au contraire, la série des *possibles* contient tous les degrés de perfection, et, par conséquent, l'Etre dont l'existence est la condition de toutes les *possibilités* est au-dessus de tous les degrés de perfection finie; il est infiniment parfait. S'il n'est pas exact de dire que cette preuve de l'existence de Dieu soit la seule, comme le prétend Kant, on doit reconnaître qu'elle est une des plus frappantes, une des plus simples, et qu'elle défie toutes les objections.

Mais cette confiance que l'auteur futur de la *Critique* avait montrée d'abord dans la certitude de la philosophie spéculative ne tarda pas à être ébranlée. Dès l'année 1766, il publiait un ouvrage dont le titre même est une épigramme sceptique : *Rêves d'un visionnaire expliqués par les rêves de la métaphysique.* Ce livre parut à l'époque où les récits du merveilleux commerce de Swedenborg avec les esprits occupaient l'attention publique. Est-ce un effet du hasard, est-ce une loi de l'esprit humain que les siècles d'incrédulité soient en même temps des siècles de superstition? L'âme qui renonce volontairement à s'élever par la raison au-dessus du monde matériel est-elle condamnée fatalement à se perdre dans un monde imaginaire par des hallucinations? Oui, car nous avons un instinct invincible de croyance, et cet instinct nous crie sans cesse que notre pensée n'est pas faite seulement pour rester enfermée dans le cercle étroit de l'expé-

rience. Pour nous élever vers les régions supérieures, nous avons la raison et la foi ; et quand le scepticisme s'est emparé de nous, il nous est encore impossible de nous résigner à ne rien savoir d'un autre monde ; seulement, comme nous ne croyons plus qu'à nos sens, c'est par les sens que nous cherchons à entrer en communication avec les esprits. De là cette perversion de l'intelligence qui espère voir l'invisible, sentir le supra-sensible ; mais si un tel espoir est absurde, ce n'est pas que l'invisible n'existe pas, c'est que sa connaissance est du domaine de la raison et non du domaine des sens. Est-ce donc, comme le veut Kant, par les sublimes aspirations de la métaphysique que l'on doit expliquer la superstition et les hallucinations ? N'est-ce pas plutôt le matérialisme qui, en nous réduisant aux seules données des sens, nous porte à matérialiser les objets de la raison et à en chercher la manifestation sensible dans un état exalté de l'imagination ? Quoi qu'il en soit, c'est à la métaphysique, c'est au besoin de franchir les limites de l'expérience que Kant impute les folies des visionnaires ; il n'accorde pas plus à la raison qu'aux sens le droit de dépasser ces limites. « Il semble, » dit-il, « que la connaissance intuitive de l'autre monde ne
» puisse être acquise qu'aux dépens du jugement né-
» cessaire en celui-ci... Je ne sais même si certains
» philosophes qui dirigent leurs lunettes métaphysi-
» ques vers les régions transcendantes sont tout à fait
» exempts de cette dure condition (1). »

Cependant, tout en raillant les rêves de la métaphysique, Kant ne peut encore y renoncer : « La mé-

---

(1) *Rêves d'un visionnaire*, etc., 2ᵉ partie, chap. 1ᵉʳ.

» taphysique, » dit-il, « dont mon destin m'a fait
» amoureux..., offre deux avantages. Le premier est
» de répondre aux questions que soulève l'esprit hu-
» main lorsqu'il recherche au moyen de la raison les
» qualités cachées des choses ; malheureusement, le
» résultat trompe trop souvent notre espoir. Le second
» avantage de la métaphysique consiste à nous mon-
» trer si la question dont il s'agit porte sur ce que
» l'on peut savoir, et quel est son rapport avec l'ex-
» périence sur laquelle doivent s'appuyer tous nos
» jugements. Dans ce sens, la métaphysique est la
» science des limites de la raison humaine, et comme
» un petit pays a toujours beaucoup de frontières, et
» qu'il importe plus de bien connaître et d'assurer ses
» possessions que de s'aventurer à faire des conquêtes
» incertaines, cet avantage est le plus précieux et ce-
» lui qu'on apprend à estimer plus tard (1). » De telles
paroles ne sont pas d'un philosophe qui désespère de
la métaphysique ; il en espère peu sans doute, mais il
l'aime encore beaucoup. Il l'aime même jusque dans ses
problèmes les plus ardus, et il n'y a pas de question
insoluble qui ne tente sa curiosité. Ainsi, en 1768, il
compose un traité sur le *Fondement de la différence
des régions dans l'espace* (2). Il se prononce contre la
doctrine de Leibnitz ; mais ce n'est pas pour nier,
comme il le fera plus tard dans la *Critique*, la réalité
de l'espace ; il affirme, au contraire, cette réalité.
Suivant Leibnitz, l'espace n'est qu'un rapport de
coordination entre les objets ; il dépend donc des objets ; son existence est déterminée par celle des cho-

---

(1) *Rêves d'un visionnaire, etc.*, 2ᵉ partie, chap. II.
(2) 3ᵉ vol., édition complète de Hartenstein. Leipzig, 1838.

ses. C'est le contraire qui est vrai aux yeux de Kant. C'est par l'espace que la place des objets est déterminée : l'espace n'est pas une relation ; il a une existence absolue, une réalité indépendante de la matière ; il y a réellement une droite, une gauche, un avant, un arrière, un haut, un bas ; si les objets ont entre eux de tels rapports, c'est que ces rapports existent entre les diverses régions de l'espace où sont placées les parties des objets. « Il est évident que les
» déterminations de l'espace ne peuvent pas être les
» conséquences des positions des parties de la matière
» entre elles, mais que les déterminations locales de
» la matière sont la conséquence de celles de l'espace.
» Ainsi donc, dans les parties dont l'assemblage com-
» pose les corps se trouvent des différences qui se
» rapportent uniquement à l'espace absolu et primor-
» dial. En effet, c'est seulement par l'espace que le
» rapport des objets matériels est possible (1). » On
» ne doit donc pas regarder l'espace comme *une pure idée* (2), bien qu'il y ait une grande difficulté à saisir sa réalité qui ne nous est donnée par aucun sens, mais seulement par la raison (3).

Si, plus tard, Kant arrive à nier l'objectivité de l'espace, qu'il semble affirmer ici, du moins il maintiendra en un certain sens son caractère absolu et son

---

(1) « Es ist hieraus klar : dass nicht die Bestimmungen des Raumes Folgen von den Lagen der Theile der Materie gegen einander, sondern diese Folgen von jenen sein, und dass also in der Beschaffenheit der Körper Unterschiede angetroffen werden können... die sich lediglich auf den absoluten und ursprünglichen Raum beziehen, weil nur durch ihn das Verhältniss körperlicher Dinge möglich ist » (p. 122, 3ᵉ vol., édition Hartenstein. Leipzig, 1838).

(2) *Ibid.*

(3) *Ibid.*

indépendance à l'égard des objets matériels. Ce qui le choque dans la doctrine de Leibnitz, c'est que ce philosophe, en réduisant l'espace à un rapport entre des objets contingents, lui enlève par là toute existence nécessaire; et cette nécessité est si évidente aux yeux de Kant, que, dans la *Critique de la raison pure*, il considérera l'espace, non plus sans doute comme un être nécessaire, mais comme une idée nécessaire; il ne fera plus de son existence la condition *sine quâ non* de l'existence des objets; mais il fera de son idée la condition indispensable sans laquelle nous ne pouvons penser les objets. Avant tout il repousse et repoussera toujours toute doctrine qui essaiera de concevoir l'espace comme quelque chose de *relatif*, et d'assigner à son idée une origine plus ou moins expérimentale.

Pour trouver la première manifestation de la pensée sceptique dont la *Critique de la raison pure* sera le développement, il faut aller jusqu'en 1770, époque où il composa la thèse latine intitulée : « *De mundi sensibilis atque intelligibilis formâ et principiis.* » Encore son scepticisme ne porte que sur la connaissance du monde sensible, et sur la réalité du temps et de l'espace qu'il regarde déjà comme de *simples formes de la sensibilité*, c'est-à-dire comme des manières de voir propres à notre esprit et sans lesquelles la perception des phénomènes nous serait impossible; quant aux objets du monde intellectuel, il ne semble révoquer en doute ni leur existence ni la certitude de la connaissance que nous en avons. Il distingue les objets, comme il fera plus tard dans la *Critique*, en *phénomènes* et en *noumènes* : le *phénomène* est ce que perçoivent les sens; le *noumène* est ce que la raison conçoit comme véritable. Les phénomènes ne nous font pas connaître l'essence des choses, car leur perception ne dépend pas tant de l'objet et de sa nature que « de la disposition particulière du sujet sentant, » en tant qu'il est déterminé par sa nature à être affecté » de telle ou telle manière par la présence de l'objet (1). » Dans toute perception, il y a une matière et une forme ; la matière, c'est la sensation (2) ; la forme est la relation sous laquelle nous considérons, pour les coordonner, les perceptions de nos sens (3). Mais cette forme « n'est pas en réalité l'esquisse, la détermina- » tion de la figure et des qualités de l'objet; elle n'est » qu'une loi inhérente à la nature de notre esprit, » suivant laquelle nous coordonnons les impressions » fournies par la sensibilité (4). » Le temps et l'espace sont cette forme, c'est-à-dire la relation que nous concevons entre les objets pour les coordonner. Par eux-mêmes, ils ne sont rien ; mais l'esprit ne peut se représenter les phénomènes que comme successifs, les objets que comme juxtaposés ; le temps et l'espace n'ont donc qu'une existence idéale (5), mais il est nécessaire de les concevoir. Kant les appelle des « *in-*

---

(1) « ... Pendet à speciali indole subjecti quatenus à praesentiâ objectorum hujus vel alius modificationis est capax » (*De mundi sensibilis*, etc., p. 309, 1er vol., édition Rosenkranz. Leipzig, 1838).

(2) « Repraesentationi sensus primò inest quoddam quod diceres materiam, nempè sensatio » (*Ibid.*, p. 310).

(3) « Forma testatur quemdam sensorum respectum aut relationem » (*Ibid.*, p. 310).

(4) « Verùm (forma) propriè non est adumbratio aut *schema* objecti, sed nonnisi lex quaedam menti insita sensa... sibimet coordinandi » (*Ibid.*).

(5) « Tempus non est objectivum aliquid et reale, sed subjectiva conditio per naturam humanae mentis necessaria, sensibilia certâ lege sibi coordinandi » (*Ibid.*, p. 319).

tuitions pures (1). » Par cette dénomination, il entend que le temps et l'espace sont la condition *pure*, c'est-à-dire *à priori* et *antérieure à toute expérience*, de toute intuition sensible. Non-seulement ce sont déjà les idées, mais ce sont déjà les termes mêmes que nous retrouverons dans la première partie de la *Critique de la raison pure*, l'esthétique transcendantale. Toutefois, si le temps et l'espace ne sont pas des substances réelles, Kant affirme leur *vérité*; mais il ne s'agit que d'une vérité relative, simple condition de la connaissance sensible (2). Cela signifie que, si l'on admet la vérité de la connaissance sensible, il est nécessaire d'admettre en même temps la vérité de l'espace et du temps, qui sont les conditions de tous les phénomènes. Mais la véracité de l'expérience est précisément ce que Kant met en doute ou plutôt ce qu'il nie absolument; la perception, dit-il, nous fait connaître les choses *comme elles nous apparaissent* (3) *et non telles qu'elles sont;* que devient donc la vérité des notions du temps et de l'espace, puisqu'elle n'est supposée qu'à titre de *postulat* d'une réalité qui n'est pas? En quoi une telle doctrine diffère-t-elle de l'idéalisme? Est-il possible de laisser quelque réalité au monde matériel si l'espace où il est contenu n'est rien? Il ne reste plus que la ressource d'accorder à la nature une certaine réalité

---

(1) « Tempus... est intuitus purus » (*Ibid.*, p. 319). « ... Conceptus spatii est intuitus purus » (p. 321). « ... Spatium non est aliquid objectivi, (sed) schema... sensa sibi coordinandi » (*Ibid.*, p. 322).

(2) « Conceptus spatii imaginarius nihilo tamen secius *respective ad sensibilia quæcumque* non solùm verissimus sed omnis veritatis in sensualitate externâ fundamentum » (*Ibid.*, p. 323).

(3) « Patet sensitivè cogitata esse rerum repræsentationes *uti apparent* » (*Ibid.*, p. 310).

inaccessible à nos sens, indépendante du temps et de l'espace, et entièrement différente des phénomènes par lesquels elle se manifeste à nos yeux. C'est ainsi que dans la *Critique de la raison pure* Kant essaie d'échapper à l'*idéalisme*. Mais de quel droit accorder à l'univers une existence purement intellectuelle dont aucune expérience ne saurait nous donner la preuve, après lui avoir refusé l'existence sensible dont l'expérience nous fournit la perception immédiate? N'est-il pas étrange de nier de la nature tout ce que nous voyons et d'en affirmer ce que nous ne voyons pas?

Du moins le scepticisme de Kant ne s'étend pas encore jusqu'aux idées et aux objets de la raison. Les choses intelligibles, dit-il, nous sont représentées *telles qu'elles sont* (1). L'intelligence a un double usage : son *usage est logique*, lorsqu'elle affirme certains rapports entre les objets, soit de l'expérience, soit de la raison, et les coordonne suivant les lois de la pensée, spécialement en leur appliquant le principe de contradiction; (et ce n'est que par la conception de ces rapports que l'expérience même est possible, car les sens, sans l'intervention de la raison, ne peuvent rien juger, rien connaître;) au contraire, l'usage de la raison est réel, lorsqu'elle conçoit les idées et les rapports absolus des objets (2). On ne voit pas qu'ici Kant mette en doute l'*objectivité* de ces idées données

---

(1) « Intellectualia patet esse rerum repræsentationes *sicuti sunt* » (*Ibid.*).

(2) « ... Antè omnia probè notandum est usum intellectus esse duplicem, quorum priori dantur conceptus ipsi rerum vel respectuum, qui est usus realis, posteriori autem undecumque dati (*subaudi* conceptus) sibi tantùm subordinantur... et conferuntur inter se secundum principium contradictionis... qui est usus logicus » (*Ibid.*).

par l'usage *réel* de la raison. Ces conclusions sur ce point sont donc bien loin encore de celles de la Critique. Toutefois, il médite déjà une réforme de la méthode philosophique, et c'est à l'ignorance de la véritable méthode qu'il attribue le peu de progrès de la métaphysique. La règle fondamentale de cette méthode est de discerner avec soin toutes les connaissances qui nous viennent par les sens d'avec les principes *à priori* fournis par l'entendement (1); il faut commencer par exposer le système de toutes les *formes pures* de l'intelligence; cette exposition est le principe fondamental, « le principe générateur de la science; et la
» distinction de ces lois de la raison d'avec les lois
» de la pensée empirique qu'on leur a vainement sub-
» stituées nous fournit le critérium de la vérité (2). »
Ainsi Kant a déjà conçu le plan d'une science de la *Raison pure;* mais ce qui n'apparaît pas encore, c'est le projet de réduire cette science à une *critique*, c'est-à-dire à un examen de la valeur de nos idées *à priori*, et par conséquent à la négation de leur *objectivité;* car mettre en question la légitimité de nos connaissances rationnelles, c'est se placer dans l'impossibilité de résoudre ce doute.

Ce n'est donc que lentement et progressivement que la pensée de Kant arrive au scepticisme. Mais une fois qu'on a pris le parti de révoquer en doute la véracité d'une de nos facultés, il est impossible de ne pas aller plus loin. Si Kant ne refuse encore la

---

(1) « Sollicitè cavendum ne principia sensitivæ cognitionis domestica migrent ac intellectualia afficiant » (*Ibid.*, p. 332).

(2) « Expositio legum rationis puræ est ipsa scientiæ genesis, et earum à legibus supposititiis distinctio criterium veritatis » (*Ibid.*, p. 331 et 332).

certitude qu'à la connaissance sensible, et craint de mettre en question celle de la raison, c'est qu'avant tout il croit fermement à l'existence de Dieu, à la liberté, à l'immortalité, et qu'il ne veut pas ébranler ces croyances en soumettant à la critique la faculté qui nous les donne. Il n'a pas encore songé à remplacer les preuves rationnelles de ces vérités par les preuves morales. Mais dès qu'il aura conçu la méthode hardie de faire servir la négation de la *raison spéculative* à la défense de la *raison pratique*, il croira, dès lors, pouvoir se passer de la métaphysique sans compromettre la solidité de ses croyances, et il la rejettera comme inutile, comme dangereuse même pour la foi du genre humain. Si l'on songe à ce qu'était devenue la philosophie à son époque, on comprendra sa méfiance à l'égard de la spéculation. Le système de Hume est toujours présent à son esprit; le déplorable usage que ce philosophe a fait de la raison est pour Kant un motif de douter de la raison; et, comme il ne trouve ou ne croit trouver rien dans Descartes ni dans Leibnitz qu'il puisse opposer victorieusement au scepticisme de son époque, il renonce à suivre une voie où il lui semble que l'esprit humain ne peut rencontrer rien de certain. Ce n'est déjà plus une réforme qu'il médite, c'est une révolution dans la philosophie. Dès lors, sa tactique est trouvée, son plan est arrêté; il détruira tout, mais pour rebâtir : il essaiera de ruiner toute philosophie spéculative, espérant faire disparaître ainsi le principal obstacle qui s'oppose à l'usage pratique de la raison (1). Il se croit assuré de retrouver par la morale toutes les vérités

---

(1) Préface de la 2ᵉ édition de la *Critique de la raison pure*.

qu'il déclare indémontrables par la métaphysique; et, semblable à ce conquérant qui brûle ses vaisseaux parce qu'il se regarde comme certain de la victoire, il joint contre la raison théorique ses efforts à ceux des sceptiques qu'il combat.

Peut-être doit-on attribuer, dans une certaine mesure, la conception de cette méthode à l'influence de Rousseau, pour lequel Kant avait, comme on sait, une vive admiration. Seul défenseur des idées morales contre les encyclopédistes et contre la philosophie à la mode, Rousseau fait moins appel à la raison qu'à la conscience, à cet *instinct divin;* car, à ses yeux, la conscience est avant tout un *instinct.* Il est vrai qu'en face d'un siècle qui érigeait en loi tous les instincts (tel est, par exemple, le système cynique de Diderot), le meilleur moyen de réfuter ces tristes doctrines était peut-être d'opposer à cette loi des instincts sensibles un autre instinct non moins naturel, l'instinct du respect de soi-même et des autres. Rousseau en appelle donc de la nature à la nature, de la satisfaction des sens à la satisfaction du cœur; et à une époque où le froid raisonnement et le sophisme avaient desséché l'éloquence, il lui rend la vie en la mettant au service du sentiment moral. Quel écho cette ardente foi à la vertu ne devait-elle pas trouver dans le cœur de Kant, qui avait sur Rousseau l'avantage de l'avoir mieux connue! Et comme, en comparant les œuvres du philosophe de Genève à celles de ses contemporains, il devait sentir croître sa préférence pour la philosophie morale et sa méfiance à l'égard du raisonnement spéculatif!

C'est dans ces dispositions d'esprit qu'il aborda la grande œuvre de la *Critique*, où, après avoir examiné successivement toutes nos facultés intellectuelles et les avoir déclarées impuissantes à s'élever jusqu'aux réalités supra-sensibles, il ne nous laisse possesseurs incontestés que d'une seule idée, celle du Bien. Mais cette idée peut-elle réellement survivre à la ruine de toutes les autres connaissances de la raison? Kant l'a cru; nous verrons que ce fut là une illusion, et que, sans le vouloir, il a ébranlé lui-même les fondements de la raison pratique, en réduisant à de simples formes de notre intelligence les idées de *cause* et de *premier principe*. Aussi, malgré la pureté et l'élévation de ses intentions, il ne laissa que le scepticisme à ses successeurs; et ceux-ci tinrent plus de compte des doutes élevés dans la *Critique de la raison pure* que de la solution donnée dans la *Critique de la raison pratique*. Les disciples s'arrêtèrent à la première partie de l'œuvre du maître, en tirèrent même une foule de conséquences qu'il n'avait pas prévues, et l'Allemagne ne compta après Kant que des systèmes panthéistes, idéalistes ou sceptiques. Pour nous qui cherchons ici la véritable pensée de Kant, l'ensemble et l'intention générale de son système, nous ne devons pas nous en tenir à l'examen du scepticisme provisoire et du doute méthodique exposé dans la *Critique de la raison pure*. Il est nécessaire d'y joindre la *Critique de la raison pratique* et celle du *Jugement*, qui contiennent le dernier mot de sa doctrine. Commençons par analyser ces trois ouvrages; nous les discuterons ensuite avec tout le respect que commandent le génie de l'auteur et l'élévation de ses intentions, mais aussi avec la conviction qu'il s'est trompé en désespérant de la raison spéculative et en révoquant en doute la certitude de nos facultés.

PREMIÈRE PARTIE

EXPOSITION DU SYSTÈME DE KANT.

PREMIÈRE SECTION

Analyse de la Critique de la raison pure.

CHAPITRE PREMIER.

ANALYSE DE LA PRÉFACE ET DE L'INTRODUCTION.

I. Nécessité de renouveler la méthode en métaphysique. La connaissance doit se régler, non sur les objets, mais sur les lois du sujet pensant. — Caractère subjectif de la logique et des mathématiques. — Utilité morale d'une critique destinée à réduire au silence toute philosophie spéculative.

II. Réalité des notions *à priori*. Les idées nécessaires ne viennent pas de l'expérience; c'est au contraire par elles que la connaissance expérimentale est possible. — Distinction des jugements analytiques et des jugements synthétiques. Des jugements synthétiques *à posteriori* et des jugements synthétiques *à priori* : la légitimité de ces derniers a besoin d'être démontrée; c'est là le problème de la raison pure.

I

La nécessité de réformer la méthode de la métaphysique, et l'utilité morale d'une telle réforme, sont les deux points principaux que Kant s'efforce d'établir dans sa préface.

Les autres sciences font tous les jours des progrès ; seule, la métaphysique est encore douteuse dans ses résultats, incertaine dans sa voie. « Il fut un temps
» où elle était appelée la reine des sciences. Si l'on
» prend l'intention pour le fait, il faut convenir que
» la grande importance de son objet lui méritait
» bien ce titre ; mais l'esprit de notre siècle, porté au
» mépris, à l'abandon, à l'aversion pour elle, la ré-
» duisit à se lamenter avec Hécube :

> » *Modo maxima rerum,*
> » *Tot generis natisque potens...*
> » *Nunc trahor exsul, inops* (1)... »

Et cependant l'indifférence est-elle possible à l'égard de la métaphysique ? Tant d'inutiles tentatives doivent-elles ou même peuvent-elles décourager l'esprit humain ? « A quoi bon vouloir afficher l'indifférence
» pour des recherches dont l'objet n'est pas indiffé-
» rent à la nature humaine ? Aussi ces prétendus in-
» différents... ne veulent pas plutôt penser à quelque
» chose, qu'ils retombent inévitablement dans des
» propositions métaphysiques pour lesquelles, cepen-
» dant, ils professent un si grand mépris (2). » Si donc la métaphysique est nécessaire, et si pourtant l'on n'y peut réussir, du moins par les procédés employés jusqu'ici, que reste-t-il à faire, sinon de chercher une voie nouvelle ?

Pour découvrir cette nouvelle voie, il faut exa-

---

(1) Préface de la première édition.
(2) *Ibid.*

miner comment les autres sciences ont trouvé leur méthode. La logique depuis Aristote, les mathématiques depuis Thalès et Pythagore, les sciences physiques depuis Bacon jouissent d'une autorité incontestée (1). Elles ne sont plus obligées, comme la métaphysique, de revenir sur leurs pas, de chercher, de tâtonner (2); et l'on n'y trouve pas ces perpétuelles contradictions (3) qui seraient de nature à nous décourager de la philosophie si l'esprit humain pouvait renoncer à une étude qui a pour lui d'invincibles attraits. D'où vient donc la certitude incontestée de ces sciences? De leur caractère exclusivement *subjectif*; car, selon Kant, la logique, les mathématiques et la physique elle-même ne s'occupent pas de savoir ce que sont réellement les objets, mais seulement ce qu'ils sont dans notre pensée : leur but n'est pas de constater les lois des choses, mais les lois de notre intelligence (4).

L'esprit humain a connu ses propres lois dès qu'un homme de génie s'est observé lui-même, a noté les caractères constants de ses idées et les formes invariables de ses jugements. Voilà pourquoi la logique possède depuis si longtemps les caractères d'une science exacte. Depuis Aristote, elle n'a ni reculé d'un pas, ni fait un pas en avant ; elle a été achevée et parfaite dès sa naissance (5). On a pu y ajouter des observations psychologiques, des considérations métaphy-

---

(1) Préface de la deuxième édition, p. 13, 14 et suiv. (Edition Hartenstein en un volume. Leipzig, 1868).
(2) *Ibid.*
(3) *Ibid.*
(4) *Ibid.*
(5) *Ibid.*

siques sur la certitude, sur l'origine de nos connaissances ; mais on n'a étendu cette science qu'en méconnaissant ses limites naturelles, pour y faire entrer des matières qui ne lui appartiennent pas (1). La logique n'a d'autre objet que « d'exposer com-
» plétement et de démontrer strictement les règles
» *formelles* de toute pensée (2). » Elle s'abstient de rien enseigner sur les objets de la connaissance, et c'est à sa circonscription qu'elle doit sa perfection.

Il en est des mathématiques comme de la logique : elles n'étudient pas ce que sont en elles-mêmes les choses étendues, mais seulement ce que l'esprit en affirme au moyen des axiomes, c'est-à-dire au nom des lois primitives de notre raison, et au moyen du raisonnement, c'est-à-dire par l'activité propre à notre intelligence. On peut supposer que les géomètres tâtonnèrent longtemps avant de trouver leur méthode ; mais un philosophe, Thalès, dit-on, eut une idée de génie : il comprit que les mathématiques ne doivent pas s'occuper de savoir s'il y a réellement des cercles ou des carrés, mais seulement de constater les propriétés que notre esprit donne à ces figures par *construction* (3). En d'autres termes, le géomètre ne démontre qu'une relation nécessaire entre deux idées ; la première est posée par hypothèse ; la seconde est liée à la première par les lois nécessaires du *sujet pensant*. Ainsi, les lois mathématiques ne sont pas les lois des nombres et des grandeurs, mais seulement celles de

---

(1) *Ibid.*
(2) *Ibid.*, p. 14.
(3) *Ibid.*, p. 15.

notre esprit, et l'évidence géométrique n'est que la nécessité où l'esprit est de s'accorder avec lui-même.

On doit en dire autant des lois de la nature. Ces lois, — du moins telles que nous les connaissons, — ne sont également que les lois de notre esprit. En effet, que savons-nous de ces lois? Ce que nous en apprend l'expérimentation. Mais qu'est-ce que l'expérimentation? Un procédé par lequel « la raison ne » voit que ce qu'elle produit elle-même d'après ses » propres aperçus (1). » Nous sommes guidés dans l'expérimentation par une *idée à priori;* c'est d'après cette idée que nous concevons le plan de toute expérience scientifique. Ainsi, Toricelli avait déterminé d'avance le poids de la colonne d'eau qu'il fit supporter à l'air (2). Nous demandons à la nature de répondre à une question que nous posons nous-mêmes. Non-seulement c'est l'esprit qui pose la question, l'esprit qui dirige l'interrogatoire, mais c'est encore l'esprit qui interprète les réponses, toujours d'après ses propres lois (3). Nous ne savons rien de la nature que ce que les *formes* de notre pensée nous permettent de demander et nous permettent de comprendre. Nous ne cherchons dans la nature et nous n'y trouvons que des conformités avec notre pensée; et quand il y aurait autre chose, nous n'y pourrions voir que cela. Loin donc de régler sa connaissance sur les objets, le physicien règle les objets sur sa connaissance (4). C'est en cela que consiste préci-

---

(1) « ... Sie begriffen, dass die Vernunft nur das einsieht, was sie selbst nach ihrem Entwurfe hervorbringt » (*Ibid.*, p. 16).

(2) *Ibid.*

(3) *Ibid.*

(4) *Ibid.*

sément la méthode découverte par Bacon (1), et à laquelle les sciences de la nature doivent tous leurs progrès.

Il faut tenter la même méthode en métaphysique. Au lieu de régler notre connaissance sur les objets, « essayons si l'on ne réussirait pas mieux » dans les problèmes métaphysiques, en supposant » que les objets doivent se régler sur notre connais- » sance (2). » D'ailleurs, cette méthode est indiquée par la nature même de la métaphysique, puisque cette science a pour but la détermination des idées *à priori* qui se mêlent à toutes nos connaissances, et qu'une idée *à priori* ne vient pas de l'objet (car alors elle serait *à posteriori*), mais de la nature même du sujet pensant (3). La raison pure est précisément la faculté par laquelle je connais quelque chose avant toute expérience (à savoir les lois d'après lesquelles je pense, et sur lesquelles je règle toute expérience). Or, comment ce que j'affirme avant l'expérience viendrait-il de l'objet? Mon esprit peut-il connaître *à priori* autre chose que les *formes* générales de sa pensée (4) ? Toute conception métaphysique est donc essentielle-

---

(1) *Ibid.* — Cette assertion est inadmissible. Bacon, tout au contraire, a substitué à la méthode ancienne, qui construisait la nature d'après nos idées, une méthode qui soumet nos idées à l'observation de la nature, et *règle nos connaissances sur les objets extérieurs* (Voir la seconde partie de cette étude).

(2) « Man versuche es daher einmal, ob wir nicht in den Aufgaben der Metaphysik damit besser fortkommen, das wir annehmen, die Gegenstände müssen sich nach unserem Erkenntniss richten » (*Ibid.*, p. 18).

(3 et 4) « Wenn die Anschauung sich nach der Beschaffenheit der Gegenstände richten müsste, so sehe ich nicht ein, wie man *à priori* von ihr etwas wissen könne » (*Ibid.*).

ment subjective par cela même qu'elle est *pure*, c'est-à-dire indépendante de l'expérience (1).

Les notions *à priori* sont de deux sortes : 1° nous avons des *concepts* que nous appliquons aux objets (par exemple, les concepts de substance, de cause) ; 2° des *idées* auxquelles rien ne peut correspondre dans l'expérience (par exemple l'*absolu*, Dieu). Mais rien ne prouve que les objets aient réellement les attributs que je leur donne en leur appliquant les concepts (qu'ils soient réellement des substances, des causes). Si je trouve dans l'expérience des substances, des causes, c'est que mon esprit les y met. De même, rien ne prouve que les *idées* correspondent à quelque chose de réel ; l'absolu, l'infini n'existe peut-être que dans ma pensée ; je ne puis affirmer ce qu'il est en lui-même, ni même s'il est quelque chose (2).

Il semble donc, d'après ces principes, que nous ne savons rien, si ce n'est que nous pensons et comment nous pensons. Toutefois, Kant fait une restriction en faveur des objets de l'expérience ; nous ne savons pas ce qu'ils sont, mais nous sommes certains qu'ils existent, bien qu'ils ne soient pas tels qu'ils nous apparaissent. Ainsi, l'expérience nous atteste quelque chose d'inconnu, mais de réel (3). Au contraire, en dehors des objets de l'expérience, nous n'avons aucun moyen de vérifier l'*objectivité*, c'est-

---

(1) Cette assertion paradoxale est le fondement de tout le scepticisme transcendantal de Kant.

(2) *Ibid.*, voir p. 20 et suiv. — Si l'Infini n'est rien, c'est donc l'idée du *rien* qui est dans ma pensée? Et si elle ne pense rien, comment est-elle une pensée?

(3) C'est là une inconséquence. Si ma pensée peut concevoir le *rien*, mon expérience peut aussi bien percevoir le *rien*.

à-dire la *réalité* des choses que nous pensons (1).

Mais quoi ! cette impossibilité de rien affirmer au sujet des choses supra-sensibles n'est-elle pas la négation même de la métaphysique ? Le dernier mot de la philosophie, est-il donc que nous ne savons pas s'il y a un Dieu et que l'idée que nous en avons est sans objet ? Sans doute, répond Kant, c'est le dernier mot de la *philosophie spéculative;* mais il nous reste la *philosophie morale;* et comme, en prouvant que la raison ne sait rien de Dieu, on prouve par là même qu'elle est aussi impuissante à nier qu'à affirmer son existence, aucune objection, aucun raisonnement ne pourra valoir contre les démonstrations que nous donnera la *raison pratique* en faveur de la croyance à un Etre parfait (2). Au fond, la raison est plutôt une ennemie qu'une auxiliaire des croyances morales et religieuses. La raison conçoit toute réalité comme renfermée dans le temps et dans l'espace (3), et ainsi elle nous fait regarder comme impossible l'existence d'un Etre éternel et infini (4) ; elle conçoit toute chose comme déterminée par les lois fatales de la nature, et ainsi elle nous représente la liberté comme absurde et contradictoire (5). Mais si la *Critique* nous apprend que je ne dois juger de rien par les conceptions de la raison spéculative, que le temps et l'espace sont de pures *formes* de mon esprit, et qu'en supposant des rapports de succession et d'étendue entre les êtres réels, je fais une supposition dont le fondement n'est pas

(1) *Ibid.*, p. 22, 23 et 24.
(2) *Ibid.*
(3, 4 et 5) *Ibid.* — Ce sont là des assertions absolument gratuites et qu'on ne saurait prouver.

dans la nature des choses, alors rien ne m'empêche d'admettre un Dieu indépendant de l'espace, une âme libre et indépendante de la détermination naturelle (1). Donc, pour laisser le champ libre à ces nobles croyances, il faut que j'enlève d'abord à la raison spéculative toute prétention aux aperçus *transcendantaux* (2).

Il est vrai qu'en réduisant la raison au silence, si l'on se délivre des objections des athées et des panthéistes, on se prive aussi des preuves que les philosophes ont données jusqu'ici en faveur de l'existence de Dieu. En ébranlant ces preuves, n'est-il pas à craindre que la critique n'ébranle en même temps la foi du genre humain? Non, répond Kant, car la foi du genre humain est fondée sur autre chose que sur des preuves d'école. Le monopole des écoles, et leurs arrogantes prétentions à être les seules dépositaires de la vérité, sont sans doute en péril : mais qu'importent leurs arguments aux croyances morales de l'humanité (3)? La preuve de l'immortalité de l'âme tirée de la simplicité de la substance, la preuve ontologique de l'existence de Dieu, l'argument *à contingentiâ mundi* n'ont jamais eu sur le vulgaire la moindre influence (4). On peut donc sans aucun danger en démontrer la vanité. Il restera toujours dans nos cœurs cet instinct d'immortalité qui nous empêche de trouver notre sa-

---

(1) *Ibid.*

(2) *Ibid.*, p. 24 et 25. — Par le mot *transcendantal* Kant désigne tous les problèmes qui dépassent l'expérience. Mais comme il refuse à la raison elle-même la solution de ces problèmes, *transcendantal* devient synonyme d'*inconnu*. Quelquefois aussi *transcendantal* est pris au sens du *subjectif*, les idées *transcendantales* n'étant pour Kant qu'une *forme* de notre esprit.

(3) *Ibid.*, p. 25 et 26.

(4) *Ibid.*, p. 26.

tisfaction dans aucun bien terrestre et qui nous pousse invinciblement à élever nos regards et nos espérances vers une vie future (1) ; il nous restera la notion du devoir pour nous prouver notre liberté ; il nous restera enfin le spectacle de l'ordre admirable de l'univers ; et ces merveilles suffisent pour nous faire croire en un sage et grand auteur du monde (2). Et cette foi ne sera-t-elle pas plus ferme encore quand elle ne sera plus troublée par les controverses des philosophes, par les subtilités qui obscurcissent les vérités éternelles ?

II

L'analyse de la préface (3) nous a fait connaître l'intention générale de l'ouvrage, et nous en a même annoncé les conclusions ; l'introduction nous en indique le plan, la méthode et les subdivisions.

Kant pose tout d'abord la question des idées *à priori*, et spécialement celle des *jugements synthétiques à priori*. C'est là tout le problème de la raison pure ; et tout l'ouvrage n'est en définitive qu'une tentative pour le résoudre. Partout, et à propos de l'étude de chacune de nos facultés (sensibilité, entendement, raison), Kant s'attachera à établir cette double thèse qui résume la doctrine entière de la Critique : 1° Nous avons réellement des idées *à priori* ; 2° ces idées, n'ayant pas d'objet, ne constituent pas

---

(1) *Ibid.*, p. 26.
(2) *Ibid.*, p. 26.
(3) La préface que nous venons d'analyser est celle de la seconde édition ; nous avons fait cependant quelques emprunts à celle de la première édition, qui a du reste beaucoup moins d'importance.

des *connaissances*. Ainsi, d'une part, il réfute l'école sensualiste et, de l'autre, il lui fait une concession, dont elle pourrait au besoin se contenter si Kant ne se réservait plus tard d'établir par la morale l'objectivité des *connaissances* supra-sensibles.

Les premières lignes de l'introduction sont consacrées à faire justice de cette fausse maxime acceptée comme un dogme par tout le dix-huitième siècle, que *toutes nos idées viennent des sens*. « Quoique toutes » nos connaissances commencent *avec* l'expérience, » elles n'en précédent pas toutes (1)... » Car l'expérience ne donne « jamais ses jugements comme stric- » tement universels (2),... et il y a très-réellement » dans les connaissances humaines des jugements né- » cessaires, universels et par conséquent des juge- » ments purs *à priori* (3). » Tels sont les jugements mathématiques et le principe de causalité, principe qui est d'une nécessité absolue et qui par conséquent ne saurait venir, comme l'a soutenu Hume (4), d'une association habituelle entre nos perceptions; car une telle association, pour être habituelle, n'en est pas moins conçue comme contingente (5). Il y a plus : non-seulement on ne peut attribuer les jugements nécessaires à l'expérience, mais l'expérience elle-même

---

(1) « Wenn aber gleich alle unsere Erkenntniss mit der Erfahrung anhebt, so entspringt sie darum doch nicht eben alle aus der Erfahrung » (Introduction, p. 33, édition Hartenstein).

(2) « Erfahrung gibt niemals ihren Urtheilen wahre oder strenge » (*Ibid.*, p. 34).

(3) « Dass es nun dergleichen nothwendige und im strengsten Sinne allgemeine, mithin reine Urtheile *a priori* im menschlichen Erkenntniss wirklich gebe, ist leicht zu zeigen » (*Ibid.*, p. 35).

(4) *Ibid.*

(5) *Ibid.* Ici la doctrine de Kant est irréfutable.

les suppose et n'est possible que par leur intermédiaire : « Où l'expérience prendrait-elle sa certitude, » si toutes les règles suivant lesquelles elle procède » étaient toujours empiriques (1) ? » L'expérience serait-elle même intelligible sans les notions *à priori*? Que nous apprendrait-elle, si nous n'avions la notion d'espace et celle de substance ? Pourrions-nous rien affirmer, rien penser sur quoi que ce soit sans ces idées (2) ?

Nécessaires à la connaissance empirique, qui sans elles n'aurait absolument aucun sens, les notions *à priori* sont, en outre, la source de certains jugements que nous portons sur le monde supra-sensible, et *semblent* ainsi étendre l'enceinte de nos connaissances au delà des limites de l'expérience (3). Dieu, l'âme, l'immortalité sont les objets de la Raison pure, qui ne peut s'empêcher de les concevoir, bien qu'aucune expérience n'en puisse constater l'existence (4). Mais avant de regarder ces objets de conception comme des objets de connaissance, ne faut-il pas « s'assurer » d'abord par des investigations soigneuses de la so- » lidité des fondements sur lesquels doit poser l'édi- » fice (5), » c'est-à-dire examiner la valeur des principes *à priori?* Les jugements que la raison porte au nom de ces principes *sont-ils conformes à la nature des choses ou seulement à la nature de notre esprit?*

---

(1) « Denn wo wollte selbst Erfahrung ihre Gewissheit hernehmen, wenn alle Regeln, nach denen sie fortgeht, immer wieder empirisch... waren » (*Ibid.*, p. 35).

(2) *Ibid.*, p. 36.

(3) *Ibid.*, p. 37.

(4) *Ibid.*, p. 37.

(5) *Ibid.*, p. 37 et 38.

Cette question est le fondement de toute métaphysique ; et cependant a-t-on songé jusqu'ici à la résoudre ? A-t-on même songé à la poser (1) ? Pleins d'une confiance aveugle dans la valeur des jugements *à priori*, les philosophes, sans même en connaître l'origine, s'en sont servis pour étendre leurs spéculations à l'infini ; et si jamais l'expérience n'est venue les contredire, si nul obstacle ne les a heurtés ni arrêtés dans leur essor, c'est qu'en sortant des bornes de l'expérience ils se sont élancés dans le vide (2). Dans la passion d'étendre ses connaissances, la raison, abusée par cette preuve de sa puissance, croit voir le champ de l'infini s'ouvrir devant elle. « La colombe
» légère, lorsqu'elle fend d'un vol rapide et libre l'air
» dont elle sent la résistance, pourrait croire qu'elle
» volerait encore mieux dans le vide. C'est ainsi que
» Platon, dédaignant le monde sensible qui tient la
» raison dans des bornes si étroites, se hasarde, par
» delà, sur les ailes des idées, dans l'espace vide de
» l'entendement pur. Il n'aperçoit point qu'il n'avance
» pas malgré ses efforts ; car il manque du point
» d'appui nécessaire pour se soutenir (3). » Ce point

---

(1) A quoi bon la poser ? Ou plutôt peut-on la poser autrement qu'*en paroles ?* Si la raison ne peut douter de sa propre véracité, elle ne peut poser cette question ; si elle doute d'elle-même, elle ne peut poser aucun problème, pas même celui-là. C'est là le cercle vicieux où le scepticisme s'enferme éternellement : il se sert de sa raison pour la mettre en doute ! Quelle logomachie !

(2) *Ibid.*, p. 38.

(3) « Die leichte Taube, indem sie im freien Fluge die Luft theilt, deren Widerstand sie fühlt, könnte die Vorstellung fassen, dass es ihr im luftleeren Raume noch viel besser gelingen werde. Eben so verliess Plato die Sinnenwelt, weil sie dem Verstande so enge Schranken setzt, und wagte sich jenseit derselben, auf den Flügeln der Ideen,

d'appui de la raison, ce sont les jugements *à priori ;* si elle néglige d'en examiner la solidité, d'en discuter l'origine et la valeur, au lieu d'un point d'appui, ce n'est plus qu'un point mobile, et c'est vainement que l'on tenterait de s'élever dans les régions idéales. Il est temps de chercher à résoudre cette grave question et de déterminer la valeur de ces jugements *à priori* qui servent de fondement à toutes nos connaissances; pour cela, il faut d'abord en examiner la nature et l'origine (1).

Les jugements *à priori* sont *analytiques* ou *synthétiques* (2) : analytiques, si l'attribut est impliqué dans l'idée même du sujet, synthétiques si l'attribut ajoute une idée nouvelle à celle que le sujet exprime (3). Les jugements mathématiques (4), les jugements métaphysiques (5) et même certains jugements de physique générale (par exemple celui-ci : « *Dans tout change-* » *ment, la quantité de matière reste invariablement* » *la même* ») (6), sont à la fois *synthétiques* et *à priori*. C'est à cause de ce double caractère que Kant met en question leur vérité *objective :* car, pour les jugements *analytiques*, leur légitimité est suffisamment démontrée par l'impossibilité de les supposer faux sans ad-

---

in den leeren Raum des reinen Verstandes. Er bemerkte nicht, dass er durch seine Bemühungen keinen Weg gewönne ; denn er hatte keinen Widerhalt... » (*Ibid.*, p. 38).

(1) *Ibid.*, p. 39.
(2) Quant aux jugements *à posteriori*, ils sont tous synthétiques (*Ibid.*, p. 40).
(3) *Ibid.*, p. 39 et 40.
(4) *Ibid.*, p. 42 et 43.
(5) *Ibid.*, p. 41 et 42.
(6) *Ibid.*, p. 44.

mettre une proposition contradictoire (1) ; et quant aux jugements *synthétiques à postériori*, leur vérité est établie par l'expérience (2). Au contraire, ceux qui sont tout ensemble *à priori* et *synthétiques* semblent échapper à toute démonstration expérimentale et ne portent pas non plus en eux-mêmes la preuve de leur légitimité ; car de quel droit affirmer *à priori* d'un certain sujet un attribut qu'on lui peut refuser sans contradiction (3) ?

Il faut pourtant que ces jugements soient possibles, bien qu'on ne voie pas facilement comment ils le sont ; car ils sont le fondement des mathématiques aussi bien que de la métaphysique, et on ne peut révoquer en doute la possibilité des mathématiques. On ne saurait admettre la solution radicale de Hume qui nie absolument qu'il existe des jugements *synthétiques à priori*. Suivant Hume, le seul jugement qui *semble* avoir ce double caractère est le principe de causalité ; or ce n'est là, dit-il, qu'une illusion, car il n'est pas *à priori* ; il dérive de l'*habitude*, et par conséquent de l'expérience (4). Mais ce philosophe ne se serait pas si facilement débarrassé des jugements *synthétiques à priori*, si, au lieu de considérer seulement le principe de causalité, il avait reconnu la véritable nature des jugements mathématiques (5) ; car, d'une part, ils

---

(1) *Ibid.*, p. 40.
(2) *Ibid.*, p. 40 et 41.
(3) *Ibid.*, p. 41. — A cette question nous répondons : *Du droit que l'homme a de penser* ; car on ne peut penser sans affirmer ; le sceptique lui-même affirme, et toute affirmation exprime ou implique une proposition *synthétique à priori*. Les jugements *analytiques* eux-mêmes impliquent des jugements *synthétiques* (Voir la seconde partie).
(4) *Ibid.*, p. 46.
(5) *Ibid.*

sont *à priori*, et, de l'autre, on ne saurait les réduire à des propositions *analytiques;* en effet, quand on dit : *la ligne droite est le plus court chemin d'un point à un autre*, le sujet exprime une simple *qualité*, la rectitude; l'attribut exprime une *quantité*, la *brièveté*, et par conséquent ajoute une seconde idée à celle qui est contenue dans le sujet (1), ce qui est le propre des *jugements synthétiques*. Le problème n'a donc pas été supprimé par Hume, et on ne saurait éviter de le résoudre.

La science dont l'objet est de chercher l'origine et la valeur de ces jugements *synthétiques à priori* est la *Critique de la raison pure* (2). On peut encore l'appeler *Critique transcendantale*, c'est-à-dire examen des concepts *transcendantaux* (3) (des concepts qui dépassent (*transcendunt*) toute expérience). Cette science ne discute pas la valeur des systèmes, mais la valeur de la faculté qui conçoit les systèmes (4).

Dans toute science, il y a une partie théorique et une partie pratique. Ainsi la *Critique* de la Raison pure doit comprendre : 1° Une *théorie élémentaire* de la Raison pure; 2° Une *méthodologie* de la Raison pure (5); la première partie a pour objet l'examen de la nature et de la valeur de nos jugements *à priori;* la seconde se propose de chercher la méthode à suivre pour atteindre le véritable but en vue duquel nous avons reçu la raison, et ce but, suivant Kant, on ne l'atteint que par la connaissance de la loi morale.

(1) *Ibid.*, p. 44.
(2) *Ibid.*, p. 48.
(3) *Ibid.*, p. 49.
(4) *Ibid.*, p. 49 et 50.
(5) *Ibid.*, p. 51 et 52.

La théorie élémentaire de la Raison pure se subdivise à son tour en *esthétique transcendantale* et *logique transcendantale*. En effet, « la connaissance hu-
» maine a deux souches, sorties peut-être d'une ra-
» cine commune, mais qui nous est inconnue ; ces
» deux souches sont la sensibilité et l'entendement.
» Les objets nous sont *donnés* par la sensibilité et
» *pensés* ou *conçus* par l'entendement (1). » La sensibilité ne peut pas plus que l'entendement se passer de principes *à priori;* l'étude de ces principes *purs* nécessaires à la connaissance empirique est l'objet de l'*esthétique transcendantale;* l'étude des principes purs nécessaires aux jugements et aux conceptions de l'entendement constitue la *logique transcendantale*.

Enfin la *logique transcendantale* se subdivisera à son tour en *analytique* et *dialectique*. L'*analytique* énumérera tant les concepts que les jugements *à priori*, et conclura qu'ils sont légitimes *lorsqu'on les applique aux objets de l'expérience*. La *dialectique* examinera, au contraire, les *idées* qui ne trouvent rien de correspondant dans le monde sensible (l'absolu, l'infini, le parfait), et conclura à l'impossibilité d'en affirmer l'*objectivité* par les seules forces de la raison spéculative. Tel est le plan de l'ouvrage ; étudions-en maintenant les développements.

---

(1) « ... Dass es zwei Stämme der menschlichen Erkenntniss gebe, die vielleicht aus einer gemeinschaftlichen, aber uns unbekannten Wurzel entspringen, nämlich Sinnlichkeit und Verstand, durch deren ersteren uns Gegenstände gegeben, durch den zweiten aber gedacht werden » (*Ibid.*, p. 52).

CHAPITRE II.

ANALYSE DE L'ESTHÉTIQUE TRANSCENDANTALE.

I. Le temps et l'espace sont les *formes pures* de la sensibilité.
II. Le temps et l'espace ne sont rien par eux-mêmes. — Efforts de Kant pour échapper à l'idéalisme de Berkeley.

I

Au nombre des notions *à priori* que suppose toute expérience, Kant signale d'abord les idées de temps et d'espace. Sans ces idées, nous ne pouvons percevoir aucun phénomène, aucun objet (puisque les phénomènes sont successifs et les objets étendus). Or, elles ne sauraient venir de l'expérience, car elles sont des représentations *nécessaires*, et l'expérience ne nous donne rien que le *contingent* (1). On peut supposer les objets cessant d'exister dans l'espace et dans le temps, mais non pas supposer l'espace et le temps anéantis (2).

Dans toute représentation, il faut distinguer la *matière* et la *forme* (3) : la *matière* est ce qui varie suivant les objets représentés ; la *forme* est ce qui est

---

(1) *Ibid.*, p. 59 et 65. Même édition.
(2) *Ibid.*
(3) *Ibid.*, p. 56.

invariable et tient à la nature même du sujet pensant (1). Or, la sensibilité perçoit tantôt certains phénomènes tantôt certains autres ; les *phénomènes* sont donc sa *matière;* mais quel que soit l'objet donné, il est toujours perçu ou dans l'espace, si la représentation est externe, ou dans le temps, si la représentation vient du sens intime : l'espace et le temps sont donc l'élément invariable, la *forme* de la connaissance sensible ; le temps est la forme du sens interne (2), l'espace est la forme du sens externe (3).

Kant appelle encore *intuitions pures* les représentations que je me fais du temps et de l'espace (4) ; ce sont des *intuitions* plutôt que des idées, car elles correspondent aux choses que je vois, que je sens ; elles sont *pures*, puisqu'elles ne viennent pas de l'expérience et qu'elles sont, au contraire, la condition préalable de l'expérience. Nous avons déjà, par le moyen de ces intuitions pures, un premier élément pour la solution du problème capital de la Critique, *la possibilité des jugements synthétiques à priori* : le lien qui réunit le sujet et l'attribut est précisément l'*intuition* du temps ou celle de l'espace (5). Ce sont ces intuitions qui soumettent la diversité des impressions sensibles à une synthèse, et la ramènent à l'unité sans laquelle rien ne peut être saisi par mon esprit. Ainsi, nous apercevons clairement, dans une *intuition de l'espace*, que la ligne droite est le plus court chemin d'un point à un autre ; par une *intuition du temps*, nous

---

(1) *Ibid.*
(2) *Ibid.*, p. 67.
(3) *Ibid.*, p. 61.
(4) *Ibid.*, p. 56.
(5) *Ibid.*, p. 80.

apercevons un lien nécessaire entre le phénomène et sa cause. Mais, par cela même que les *intuitions* sont les conditions des jugements *synthétiques à priori*, Kant conclut que ces jugements n'ont de valeur que relativement aux choses situées dans l'espace et dans le temps, c'est-à-dire dans le domaine de l'expérience possible (1).

Cette assertion renferme déjà en germe les dernières conclusions du scepticisme transcendantal ; car, si les affirmations de la raison doivent être restreintes aux choses qui peuvent être représentées par une *intuition*, on prévoit que la Critique, lorsqu'elle examinera l'idée de Dieu, devra rejeter comme illégitimes tous les jugements relatifs à l'existence d'un être dont l'infinité et la perfection ne sauraient correspondre à aucune intuition. Nous conserverons sans doute le droit de *penser* l'Infini, mais sans qu'il nous soit permis d'affirmer rien au sujet de sa nature, pas même son existence réelle.

Cette impossibilité de rien affirmer sur l'Infini s'étendra-t-elle jusqu'au temps et à l'espace eux-mêmes, que nous concevons comme sans bornes ? Telle n'est pas absolument la doctrine de Kant; en effet, s'il nous est impossible, suivant lui, d'affirmer l'Etre Infini, il est également impossible de nier son existence : au contraire, pour ce qui est du temps et de l'espace, on ne doit pas se borner à dire que l'on ne sait pas s'ils sont quelque chose ; on peut affirmer, de la manière la plus absolue et la plus dogmatique, qu'ils ne sont rien : ces *formes pures* de notre sensibilité n'ont aucune réalité en dehors de celle que

(1) *Ibid.*

leur donne notre pensée ; ce sont des notions *subjectives*.

II

Il semblera peut-être étonnant que la nécessité de l'espace et du temps soit précisément l'argument dont Kant se sert pour nier leur réalité. C'est parce que nous percevons *nécessairement* les choses dans l'espace, qu'elles ne sauraient être dans l'espace. En effet, dit Kant, si l'espace et le temps existaient réellement, je ne pourrais les connaître que par l'expérience (1), et, par conséquent, les idées que j'en ai seraient contingentes ; or, ces idées sont nécessaires ; elles ne viennent donc pas de quelque réalité extérieure, mais de la nature même de ma pensée : elles ne correspondent à rien en dehors de ma pensée (2). Une intelligence autrement faite que la mienne aurait peut-être le pouvoir de percevoir les objets matériels en dehors de l'espace.

D'ailleurs, si le temps et l'espace sont autre chose que les formes de ma sensibilité, il faut que ce soient deux infinis. Mais comment concevoir deux infinis, qui ont une réalité et qui cependant ne sont pas des êtres ? Comment, s'ils ne sont pas des êtres, des substances, contiendraient-ils des êtres réels ? En veut-on faire, comme Leibnitz, non des êtres, mais des *rapports réels* entre les êtres ? La difficulté n'est pas moindre, car je ne puis connaître *à priori* un rapport

---

(1) Pétition de principes : l'expérience est-elle le seul critérium de la vérité ?
(2) Même édition, p. 61, 66 et 67.

entre des réalités *contingentes*, dont la connaissance m'est donnée *à posteriori* (1). D'ailleurs, que deviendra la nécessité des vérités mathématiques, si les rapports qu'elles constatent ont leur fondement dans la nature des choses contingentes (2)?

Enfin, si le temps et l'espace sont réellement, ils embrassent toutes choses ; rien ne peut exister en dehors de leur infinité. Dieu même sera soumis aux lois de la durée, ce qui répugne à l'idée de la perfection absolue (3). En présence de ces contradictions, qui sont inévitables si on admet l'objectivité du temps et de l'espace, il ne reste d'autre parti à prendre que de les regarder comme de simples *formes* de notre connaissance sensible.

Kant ne se dissimule pas qu'il y a des objections sérieuses contre sa doctrine. Si le temps n'est rien, il n'existe rien de successif ; donc, il faut nier la réalité du sujet pensant lui-même, puisque ses pensées sont successives. De plus, si l'espace n'est rien, il n'y a rien dans l'espace, et le monde extérieur n'existe pas ; il n'est qu'une pure idée, comme l'a soutenu Berkeley. A la première objection, il répond que le sujet pensant, le *moi*, est bien dans le temps *comme phénomène*, c'est-à-dire *tel qu'il s'apparaît* à lui-même ; mais *tel qu'il est*, il peut exister en dehors du temps (4). « Si moi-même je pouvais me percevoir ou être perçu » par un autre être sans cette condition de la sensibi-

---

(1) *Ibid.*, p. 70 et 71. Assertion inadmissible ; car je sais, *à priori*, que deux hommes et deux hommes font quatre hommes. N'est-ce pas là cependant un rapport entre des réalités contingentes ?

(2) *Ibid.*

(3) *Ibid.*, p. 79.

(4) *Ibid.*, p. 69.

» lité » (à savoir le temps), « les mêmes déterminations
» que nous nous représentons actuellement comme
» des changements, donneraient une connaissance
» dans laquelle la représentation du temps, et par
» conséquent aussi celle du changement, n'aurait plus
» lieu (1). » Le temps n'appartient donc pas au *moi*
comme objet, mais à la perception qu'il a de lui-
même. En un mot, le moi *sujet* perçoit dans le temps
le moi *objet* qui n'est pas dans le temps. Cette réponse ne semblera pas peut-être pas tout à fait satisfaisante ; mais elle est d'accord avec la doctrine qu'on
retrouvera dans l'analytique et dans la dialectique
à propos de la conscience, dont les perceptions,
selon Kant, ne nous font pas connaître le *moi* tel
qu'il est.

Si l'idéalité du temps n'entraîne pas la négation du
moi, l'idéalité de l'espace n'entraîne pas la négation
du monde extérieur. De ce que les objets ne sont pas
dans l'espace, il n'en résulte nullement qu'ils n'existent pas, mais seulement qu'ils ne sont pas *tels qu'ils
m'apparaissent*. Il faut bien qu'ils soient réellement,
pour qu'ils puissent m'apparaître *même autrement
qu'ils ne sont*, car il n'y a qu'une chose réelle qui
puisse produire une apparence *même fausse* (2). La
Critique ne mène donc pas au système de Berkeley ;
tout au contraire elle est, suivant Kant, la seule doc-

---

(3) « Wenn aber ich selbst oder ein ander Wesen mich ohne diese Bedingung der Sinnlichkeit anschauen könnte, so würden eben dieselben Bestimmungen, die wir uns jetzt als Veränderungen vorstellen, eine Erkenntniss geben, in welcher die Vorstellung der Zeit, mithin auch der Veränderung, gar nicht vorkäme » (*Ibid.*, p. 69).

(2) C'est sous-entendre le principe de causalité. Pourquoi donc lui refuser plus loin toute valeur objective ?

trine qui nous donne le moyen d'échapper à l'*idéalisme* (1); car, si on attribue une *réalité objective* au temps et à l'espace, le monde, sera dans l'espace, comme un *contenu* dans un *contenant*; mais en *objectivant* l'espace, on ne peut aller jusqu'à en faire un *être;* ainsi, le *contenant* sera un néant; comment donc ce qui est *contenu* dans ce néant sera-t-il réel?
« Alors, on ne peut guère blâmer l'excellent Berkeley
» d'avoir réduit les corps à une pure apparence. No-
» tre existence même, si elle dépendait ainsi de la
» réalité subsistante en soi d'un non-être, tel que le
» temps, ne serait, non plus que lui, qu'une vaine
» apparence (2), » absurdité que personne, jusqu'à présent, n'a encore osé soutenir (3).

Ainsi, conclut l'auteur, la Critique en niant l'objectivité de l'espace et du temps, loin de conduire au scepticisme, met au contraire à l'abri du doute l'existence du monde et celle du *moi*. Toute autre doctrine subordonne leur réalité à celle de deux néants où on les suppose contenus; mais cette contradiction disparaît si l'on reconnaît que le temps et l'espace ne sont pas les conditions de l'existence des choses, et que la nécessité de les concevoir n'est qu'une loi de ma pensée à laquelle rien ne correspond dans la nature réelle.

---

(1) *Ibid.*, p. 78. — Cf. la *Réfutation de l'idéalisme* vers la fin de l'*Analytique transcendantale*.

(2) « So kann man es dem guten Berkeley wohl nicht verdenken, wenn er die Körper zu blossem Schein herabsetzte, ja es müsste sogar unsere Existenz, die auf solche Art von der für sich bestehenden Realität eines Undinges, wie die Zeit, abhängig gemacht wäre, mit dieser in lauter Schein verwandelt werden » (*Ibid.*, p. 78 et 79).

(3) *Ibid.*

CHAPITRE III.

ANALYSE DE LA LOGIQUE TRANSCENDANTALE.

I. *Introduction à la Logique transcendantale.* Définition de la *Logique transcendantale*. Division de la Logique en *Analytique* et *Dialectique*. Subdivision de l'*Analytique* transcendantale. (*Analytique des concepts* et *Analytique des principes*).

II. *Analytique des concepts.* Des *concepts à priori* (ou *catégories*). Déduction des concepts. — De l'unité *transcendantale* de la conscience. — Les concepts ne sont applicables qu'aux objets de l'expérience. — Impossibilité d'une harmonie préétablie entre la nature des choses et celle de ma pensée.

III. *Analytique des principes.* Nécessité d'un *schème* pour *subsumer* à un *concept* une intuition sensible. — Principes de l'entendement : (1° Axiomes de l'intuition; 2° Anticipations de la perception; 3° Analogies de l'expérience. 4° Postulats de la pensée empirique). — Distinction des *phénomènes* et des *noumènes*. Nous ne connaissons que les *phénomènes* : les choses *en soi* (ou *noumènes*) nous sont inconnues. — *Amphibolie* des concepts de la *réflexion*. Critique du système métaphysique de Leibnitz.

I

Introduction à la logique transcendantale.

Si les *intuitions* pures, dont l'étude est l'objet de l'esthétique transcendantale, sont une des conditions requises pour la possibilité des jugements *synthétiques à priori*, il est une seconde condition non moins nécessaire, à savoir, les *concepts à priori* (1). Sans le *concept*, l'*intuition* est aveugle; sans l'*intuition*, le *concept* est vide (2). Qu'est-ce qu'un *concept*? En quoi les *concepts* diffèrent-ils des *intuitions*?

Les intuitions sont *pures* ou *empiriques*. On a vu que le temps et l'espace sont des intuitions *pures*, c'est-à-dire indépendantes de la nature de l'objet perçu et nécessaires à toute perception quelle qu'elle soit. L'intuition *empirique* est, au contraire, la perception même de l'objet (3); (elle varie avec la nature de l'objet; ainsi la perception du rouge, du blanc, de l'étendue, de la solidité sont des intuitions empiriques.)

Si toutes les opérations de notre esprit se réduisaient à des intuitions, il sentirait et ne penserait pas. Penser, c'est affirmer, abstraire, comparer, classer, généraliser, concevoir des rapports de cause, de dépendance, opérations évidemment bien différentes de la sensation et même de l'*intuition pure*. Ainsi un sauvage voit une maison dont l'usage lui est inconnu; c'est pour lui une simple *intuition*, car il n'en peut rien affirmer, si ce n'est qu'il la voit; mais celui qui sait la destination et l'origine de cette maison en a la *notion*, le *concept* (4). En un mot, l'intuition n'est qu'une image mentale; le *concept* embrasse l'être, les rapports, le pourquoi, le comment.

Dans cet exemple, il ne s'agit que d'une intuition *empirique* et de *concepts empiriques*. Mais, si toute intuition *empirique* suppose une intuition *pure* (ainsi

---

(1) Même édition, p. 81.
(2) *Ibid.*, p. 82.
(3) *Ibid.*, p. 81 et 82.
(4) *Logique* de Kant (V. traduction Tissot, p. 41).

qu'on l'a prouvé dans l'esthétique transcendantale), de même tout concept *empirique* (c'est-à-dire toute notion résultant du travail de l'esprit sur les données des sens) suppose des concepts *purs* et indépendants de l'expérience. Par exemple, l'expérience m'apprend que telle ville contient un grand nombre d'habitants; mais cette connaissance *empirique* suppose que j'ai *à priori* l'idée de nombre.

La faculté qui nous donne des *concepts à priori*, et qui les applique ensuite aux diverses perceptions fournies par l'expérience (aux objets de l'intuition sensible), s'appelle l'*entendement* (Verstand) (1). L'étude des lois de l'entendement est la *logique*. On distingue la *logique générale* et la *logique particulière* (2); la première ne s'occupe que des règles communes à toutes les opérations intellectuelles; la seconde traite des méthodes propres aux diverses sciences; la *critique*, qui cherche à déterminer la *forme* seule et non la *matière* de nos pensées, n'a donc affaire qu'à la logique générale : encore ne s'agit-il pas de la *logique générale appliquée* (qui traite des préjugés, des erreurs, c'est-à-dire de l'influence des facultés sensibles sur le jugement) (3), mais de la *logique générale pure*; l'objet de cette science est de déterminer les principes de la

---

(1) « Ist das Vermögen, den Gegenstand sinnlicher Anschauung zu denken, der Verstand » (*Critique de la raison pure*, édit. Hartenstein, p. 82).

On voit, par cette définition, la distinction établie par Kant entre l'*Entendement* (qui applique aux objets sensibles les *concepts à priori*) et la Raison (Vernunft) qui conçoit l'*Absolu* en dehors de toute *intuition sensible*. (V. la *Dialectique transcendantale*.)

(2) *Ibid.*

(3) *Ibid.*, p. 83.

raison, abstraction faite des conditions psychologiques qui peuvent favoriser ou entraver l'usage de ces principes (1). Enfin, si la *logique générale pure*, au lieu de laisser de côté la question de l'origine des connaissances, distingue les *concepts à priori* de ceux que l'expérience y ajoute, si elle cherche à expliquer comment ces *concepts purs* peuvent être appliqués aux objets de l'expérience, elle devient la *logique transcendantale* (2).

La première question que les logiciens s'efforcent ordinairement de résoudre est celle du *critérium* de la vérité. La logique transcendantale n'a pas la prétention de déterminer ce *critérium*; il est même impossible à l'esprit humain de le trouver. En effet, la vérité est l'accord de la pensée avec la nature des choses; or je ne puis connaître que la nature et les lois de ma pensée, et non les lois et la nature des objets; par conséquent je ne saurais jamais affirmer aucun rapport entre ces deux termes dont l'un m'est connu et l'autre inconnu (3). Des deux conditions requises pour qu'un jugement soit vrai (à savoir *sa conformité aux lois de la logique* et *sa conformité à la nature des choses*), je puis toujours constater la première, jamais la seconde. Toutefois si la présence de la première condition ne suffit pas pour qu'un jugement soit vrai, son absence suffit pour qu'il soit faux; nous avons donc ainsi un *critérium négatif* de la vérité (4), la *contradiction*; le *contradictoire* est toujours faux; mais il

---

(1) *Ibid.*, p. 83 et 84.
(2) *Ibid.*, p. 84 et 85.
(3) *Ibid.*, p. 86.
(4) *Ibid.*, p. 87.

ne s'ensuit pas que le *non-contradictoire*, l'intelligible, soit toujours vrai (1). Nous pouvons seulement affirmer qu'il a *au moins un* des deux caractères de la vérité. Possède-t-il le second ? Il est impossible de le savoir. D'ailleurs, s'il existait un *critérium* de la vérité, il devrait être universel, il devrait valoir pour toutes les connaissances, *quel qu'en soit l'objet* (2); donc, pour le déterminer, il faudrait faire abstraction de la *matière* de la connaissance, c'est-à-dire des différences des objets entre eux. Mais comme précisément la vérité est l'accord de la *forme* de la pensée avec sa *matière* (3), il est contradictoire de faire abstraction de l'*objet*, de la *matière*, dans la détermination de la vérité et des caractères qui doivent nous servir à la reconnaître (4). « On devra donc dire de la vérité,
» quant à la connaissance de sa *matière* (de son objet),
» qu'il est contradictoire d'en demander un critérium
» général (5). »

La logique *transcendantale* se bornera donc à chercher le *critérium négatif* de la vérité, ou les lois de la pensée; mais, tout en rejetant comme faux ce qui les contredit, elle se gardera de prendre pour vrai tout ce qui s'accorde avec elles. Ainsi, elle nous mettra en garde contre cette *dialectique* qui nous porte à conclure de nos idées à l'existence d'un objet corres-

---

(1) *Ibid.*
(2) *Ibid.*, p. 86.
(3) *Ibid.*
(4) *Ibid.*
(5) « So wird man sagen müssen : von der Wahrheit der Erkenntniss der Materie nach lässt sich kein allgemeines Kennzeichen verlangen, weil es in sich selbst widersprechend ist » (*Ibid*).
Le pyrrhonisme en demande-t-il davantage ?

pondant (1). Il y a, sans doute, quelque chose de séduisant dans l'art spécieux de construire un monde sur le modèle de nos idées ; l'esprit qui se livre à cette illusion se croit en possession d'un instrument, d'un *organum*, pour étendre ses connaissances au delà de l'expérience et pour s'élever jusqu'à l'infini (2) ; mais il est dupe de l'apparence, et ne fait que réaliser des objets calqués sur ses propres pensées. La logique doit combattre cette fausse *dialectique*, c'est-à-dire cet art de construire par le raisonnement un monde *transcendantal* (3). Il y a donc deux parties dans la logique, l'une positive, l'autre négative. La partie positive, *l'analyse des éléments de la connaissance pure de l'entendement et des principes sans lesquels rien ne peut jamais être pensé*, constitue l'analytique transcendantale (4). La seconde partie, la partie négative, doit s'appeler *dialectique transcendantale*, parce qu'elle a pour but la critique de cette fausse *dialectique* qui affirme, au nom des principes *à priori*, l'existence de réalités transcendantales, dont nous pouvons concevoir l'idée, mais dont nous ne saurions avoir aucune connaissance (5).

Telle est la division générale de la logique *transcendantale*. Mais comme l'entendement a deux fonctions principales, l'une qui consiste à nous fournir des *concepts à priori*, l'autre à former des *jugements*, l'analytique se subdivise en deux livres : 1° l'analytique

---

(1) *Ibid.*, p. 87 et 88.
(2) *Ibid.*, p. 87.
(3) *Ibid.*, p. 87 et 88.
(4) *Ibid.*, p. 88 et 89.
(5) *Ibid.*, p. 89.

des *concepts*; 2° l'analytique des *principes* (c'est-à-dire des jugements premiers).

II

Analytique des concepts.

Tout en se conformant à l'ordre habituel des logiciens qui traitent des notions (des concepts) avant de traiter des jugements, Kant reconnaît que le jugement est l'opération primitive de l'entendement, ou plutôt la seule opération de l'entendement (1). Penser, c'est juger. Mais nous pouvons considérer l'attribut d'un jugement séparément du sujet donné et comme applicable à un sujet *quelconque* (2). (Par exemple, étant donné le jugement *les corps existent*, je peux considérer l'attribut *existence* comme applicable à l'âme, à Dieu ; cet attribut, séparable de son sujet et susceptible de devenir attribut d'*un sujet possible quelconque*, est un *concept* ou une idée générale.) Les *concepts* dérivent donc des jugements par abstraction et par généralisation.

Comme il y a évidemment autant de jugements possibles que d'*attributs possibles*, une classification des

---

(1) « Wir können aber alle Handlungen des Verstandes auf Urtheile zurückführen, so dass der Verstand überhaupt als ein Vermögen zu urtheilen vorgestellt werden kann » (*Ibid.*, p. 93).

Cette proposition, éminemment vraie, et qui renverse la vieille théorie logique d'après laquelle il semblerait que l'idée précéderait toujours le jugement, est d'une importance capitale pour réfuter le scepticisme : car, si penser c'est juger, le sceptique, du moment qu'il pense, *juge* et par conséquent *affirme* : donc il est impossible à l'homme d'*être sceptique*.

(2) *Ibid.*

jugements nous donnera celle des *attributs possibles*, c'est-à-dire des *concepts*. Or, on peut réduire les jugements à quatre classes. En effet, quel que soit l'objet sur lequel je porte un jugement, je ne puis rien affirmer de cet objet qu'à un des quatre points de vue suivants : la *quantité*, la *qualité*, la *relation* ou la *modalité*. Ces quatre classes du jugement se subdivisent chacune en *trois* : en effet, les jugements de *quantité* sont *généraux*, *particuliers* ou *individuels*; les jugements de *qualité* sont *affirmatifs*, *négatifs* ou *indéfinis*; les jugements de *relation* sont *catégoriques*, *hypothétiques* ou *disjonctifs*; enfin, les jugements de *modalité* sont *problématiques*, *assertoriques* ou *apodictiques*, c'est-à-dire nécessaires (1).

Cette classification des jugements nous donne celle des concepts : 1° les *concepts* de *quantité*, correspondant aux jugements *individuels*, *particuliers* et *généraux*, sont les catégories d'*unité*, de *pluralité* et de *totalité*; 2° les *concepts* de *qualité*, correspondant aux jugements *affirmatifs*, *négatifs* et *indéfinis*, sont la *réalité*, la *négation*, la *limitation*. (Kant assimile, comme on le voit, les jugements *indéfinis* à des jugements *limitatifs*; car, dit-il, lorsque j'affirme simplement d'une chose qu'elle n'a pas tel attribut (ce qui *limite* son *concept*), je laisse dans une entière indétermination ses attributs positifs, et je ne la définis que par ce qu'elle n'est pas.) (2). 3° Aux jugements de *relation* correspondent les concepts de *substance*, de *cause* et de *réciprocité*. En effet, tout jugement *catégorique* affirme l'*être*, la *substance*; le

---

(1) *Ibid.*, p. 94.
(2) *Ibid.*, p. 95 et 96.

propre du jugement *conditionnel* est d'établir un rapport entre le *conditionné* et la *condition*, et, par conséquent, un rapport de cause à effet. Quant aux jugements *disjonctifs*, ils établissent une *réciprocité*, une *communauté* entre différentes propositions ; cela semble paradoxal au premier abord, car les diverses propositions d'un jugement disjonctif, loin de se rapporter les unes aux autres, s'excluent mutuellement. Tel est ce jugement : « Ou le monde a été produit par » une cause fortuite, ou par une nécessité interne, » ou par une cause externe. » Mais, observe Kant, tout en s'excluant mutuellement, ces trois propositions constituent *par leur ensemble* la totalité des hypothèses possibles sur l'origine du monde ; c'est là une *relation*, une sorte de *communauté* entre elles, analogue à la communauté qui existe entre les parties d'un tout 1). 4° Les concepts de *modalité* sont la *possibilité*, l'*existence*, la *nécessité*. En effet, un jugement *problématique* n'affirme que la possibilité. « Les » jugements *assertoriques* sont ceux dont l'affirmation » ou la négation est considérée comme vraie. » Ce sont donc des jugements d'*existence*. « Les jugements » *apodictiques* sont ceux dont l'affirmation ou la né- » gation est considérée comme nécessaire (2). » Il faut, toutefois, observer que la possibilité affirmée par les jugements problématiques n'est que la possibilité *logique* et non la possibilité *objective* ; c'est la *possibilité de penser l'objet*, mais nullement la *possibilité de son existence* (3).

---

(1) *Ibid.*, p. 96.
(2) *Ibid.*, p. 97.
(3) *Ibid.* — Cette distinction, si elle était fondée, serait la négation de

Après avoir ainsi déterminé (1) le nombre des *concepts* (ou *catégories*) d'après le nombre des jugements dont ces concepts sont les attributs, Kant constate une loi curieuse : c'est que le troisième concept de chaque classe exprime le rapport et, pour ainsi dire, le produit des deux premiers concepts de la même classe. Ainsi, la *totalité* est la *pluralité* ramenée à l'*unité*. La *limitation* est la *négation* modifiant l'affirmation de la *réalité*. (Platon avait dit, dans le même sens, que le fini, l'être limité, participait de l'*être* et du *non-être*.) La *réciprocité* consiste dans l'action mutuelle des *substances* agissant comme *causes*. Enfin, la *nécessité* est, non pas, sans doute, la possibilité de l'existence, mais, du moins, l'*impossibilité* de la non-existence (2).

Il est impossible de penser sans affirmer un de ces douze concepts. Ce n'est pas que l'entendement ne nous fournisse d'autres concepts que ceux qui sont compris dans cette table ; mais tous les autres sont dérivés de ceux-ci comme d'une source commune. « Une fois que nous avons ces concepts primitifs et » originaux, les concepts dérivés et subordonnés sont » faciles à obtenir ; l'arbre généalogique de l'entende- » ment peut s'élever alors de toute sa hauteur comme » de lui-même et sans peine aucune (3). » Ainsi, de la catégorie de *cause* dérivent le *prédicable* de *force* et ceux d'*action*, de *passivité*, qu'Aristote regarde à tort comme des *prédicaments* (le *prédicament* est le

---

la géométrie qui suppose toujours comme *possibles* toute construction, toute hypothèse non contradictoire (V. la 2ᵉ partie de cet ouvrage).

(1) *Ibid.*, p. 100.
(2) *Ibid.*, p. 103.
(3) *Ibid.*, p. 101.

concept primitif; le *prédicable* est le *concept dérivé*) (1). Du concept de *communauté* dérivent les *prédicables* de *résistance*, de *présence* (2). A la *catégorie* de *modalité* se rattachent les *prédicables* de *changement*, de *naissance*, de *mort* (3). Enfin, les *concepts* combinés avec les modes de la sensibilité, c'est-à-dire avec les intuitions de temps et d'espace, donnent naissance à des concepts dérivés, tels que ceux de *moment*, de *lieu*, de *situation*, qu'Aristote a encore pris pour des catégories primitives (4).

Quel est maintenant le rôle des *concepts* dans la connaissance humaine? Et quelle est leur légitimité?

Le *concept* est une idée générale. Sa fonction est donc de réunir en une seule notion les caractères communs à diverses représentations (5); sans cette *synthèse*, l'esprit ne pourrait saisir aucun rapport entre les *intuitions*, ou en d'autres termes il ne penserait pas. Par conséquent les *concepts* sont inhérents à la nature de la pensée et ne dérivent pas de l'expérience. L'expérience est même impossible sans eux. Que saurais-je en effet des objets de la nature, si les lois de ma pensée ne m'obligeaient à les concevoir comme des substances, des causes et à leur attribuer une certaine grandeur, une certaine qualité? Et comment attribuer à l'expérience des *concepts* qui la précèdent et qui seuls la rendent possible (6).

(1) *Ibid.*
(2) *Ibid.*
(3) *Ibid.*
(4) *Ibid.*
(5) *Ibid.*, p. 92 et 93.
(6) *Ibid.*, p. 113.

Mais cette origine *à priori* des *concepts* est pour Kant une raison de mettre en doute leur *objectivité*. De quel droit les appliquons-nous donc aux *objets* puisqu'ils sont des *formes* de notre pensée ? De quel droit supposer dans l'objet connu ce qui n'est inhérent qu'à la nature de notre faculté de connaître ? Penser, c'est voir partout des substances, des causes, des relations ; mais est-il légitime de supposer que les objets soient réellement des substances et des causes, et que les relations que nous établissons entre eux soient autre choses que des fictions logiques, créées par l'esprit pour le besoin de la connaissance ? Ce doute, Kant essaie de le résoudre dans les pages consacrées à la *déduction* des *concepts*, c'est-à-dire à la preuve de leur légitimité (1). Ce n'est pas toutefois qu'il prétende démontrer *que les objets soient tels que nous les concevons* (il dira même expressément le contraire dans la suite de l'*Analytique*) ; mais tout ce qu'il se borne à établir, c'est *que nous avons le droit de concevoir les objets comme nous les concevons*. La légitimité des concepts est donc ici, par une distinction subtile, considérée comme une chose toute différente de leur *vérité objective*. Nous ne savons pas s'ils correspondent à rien de réel dans les *objets*, mais nous avons le droit de les appliquer aux objets. D'où vient ce droit ? Des lois nécessaires de la connaissance empirique. En effet, s'il n'était pas légitime d'appliquer les *concepts* aux objets de l'expérience, nous ne pourrions penser ni par conséquent connaître ces objets ; or l'expérience est possible, elle est légitime ; c'est là un fait que le scepticisme peut seul contester ; donc l'application

---

(1) *Ibid.*, p. 106 et suiv.

des concepts aux objets, qui est la condition *sine quâ non* de l'expérience, est légitime comme l'expérience elle-même (1). Ainsi la *déduction* des catégories consiste uniquement à établir qu'*elles sont des postulats de l'expérience*, et que, par elles seulement, la diversité des *intuitions sensibles* (et même des *intuitions pures*) peut être ramenée à l'unité qui constitue le jugement.

Cette loi de l'esprit, en vertu de laquelle toute connaissance empirique n'est possible qu'au moyen des concepts, se rattache elle-même à une loi encore plus générale, à une loi plus simple et absolument première : cette loi fondamentale de l'esprit humain est la nécessité de ramener non-seulement les intuitions à l'unité des concepts, mais les concepts eux-mêmes à l'*unité primitive de l'aperception* (2) ou, comme dit encore Kant, à la synthèse de la *conscience transcendantale*. En d'autres termes, dans l'acte de la pensée, non-seulement je réunis les diverses représentations en *concepts* (c'est-à-dire que j'établis entre elles des caractères communs en les pensant sous forme d'idées générales), mais encore j'établis un lien entre les différentes idées générales, en les rapportant à l'activité d'un même sujet pensant, qui a conscience de son *unité* sous la diversité de ses opérations.

Cette conscience de l'*unité* du sujet pensant est l'*aperception primitive*, ou l'*aperception pure* (3). Elle est distincte de l'*aperception empirique*, c'est-à-dire

---

(1) « Folglich wird die objective Gültigkeit der Kategorien, als Begriffe *a priori*, darauf beruhen, dass durch sie allein Erfahrung (der Form des Denkens nach) möglich sei » (*Ibid.*, p. 112).

(2) *Ibid.*, p. 115 et suiv.

(3) *Ibid.*, p. 116.

de la connaissance que le sens intime me donne des modifications de ma pensée : en effet elle est la *forme* de la connaissance dont l'expérience interne donne la *matière*, c'est-à-dire qu'avant de rien connaître des phénomènes psychologiques il faut connaître ma *faculté de connaître* elle-même et le pouvoir que j'ai de concevoir mes pensées comme produites par l'activité du sujet unique (1). La conscience empirique (ou sens intime), me fait connaître mes pensées, mes impressions *dans le temps*, et par conséquent comme phénomènes ; elle se rapporte donc à la sensibilité et non à l'entendement (2). La *conscience transcendantale*, ou l'*aperception primitive* n'est que le lien de ces phénomènes et la connaissance *à priori* du pouvoir que j'ai de les rapporter au *moi*. Elle est la conscience de l'activité *déterminante* de ma pensée ; le sens intime n'est que la conscience des opérations *déterminées* par cette activité. La conscience *transcendantale* est *synthétique* puisqu'elle ramène mes diverses perceptions à l'unité ; la conscience *empirique* est *analytique*, puisqu'elle ne me donne que des représentations diverses et successives (3), et ainsi elle ne constitue pas par elle-même une connaissance ; elle donne seulement comme séparés les matériaux dont la conscience transcendantale forme une connaissance en les ajoutant (4), en se les appropriant et pour ainsi dire en les absorbant dans son indivisible unité. « C'est » seulement parce que je puis comprendre dans une

---

(1) *Ibid.*, p. 116 et 117.
(2) *Ibid.*, p. 120.
(3) *Ibid.*, p. 116 et 117.
(4) *Ibid.*

» seule conscience la diversité de mes représenta-
» tions que je les appelle toutes *mes* représentations;
« car autrement j'aurais un *moi* » (le texte dit un
même) « d'autant de couleurs différentes que j'ai de
» représentations de conscience (1). La liaison n'est
» pas dans les objets ; ce n'est pas des objets que je
» l'emprunte par l'observation pour être enfin reçue
» dans l'entendement (2) ; » elle vient de l'entendement qui soumet *à priori* les représentations diverses
à l'*unité*. « Ce principe, » dit Kant, « est le plus élevé
» de la connaissance humaine (3). »

Pour démontrer que la conscience de mon activité
une et indivisible est la seule chose qui transforme
les représentations en *connaissances* (4), Kant se sert
de l'exemple suivant. D'où vient le concept d'une
ligne droite? Il ne vient pas assurément d'une intuition sensible. Vient-il d'une intuition pure? Non,
car l'intuition pure est la représentation de l'espace
en général, et ne me donne aucune figure, aucune
ligne déterminée. Mais lorsque je conçois une ligne
droite, *je la tire par la pensée*, c'est-à-dire que, par
une seule et même opération, j'en détermine les
divers points, et, en même temps que je les détermine, je les joins entre eux : c'est en la créant

---

(1) « Nur dadurch, dass ich das Mannigfaltige derselben in einem
Bewusstsein begreifen kann, nenne ich dieselbe insgesammt meine
Vorstellungen ; denn sonst würde ich ein so vielfarbiges verschie-
denes Selbst haben, als ich Vorstellungen habe, deren ich mir bewusst bin » (*Ibid.*, p. 117).

(2) « Verbindung liegt aber nicht in den Gegenständen und kann
von ihnen nicht etwa durch Wahrnehmung entlehnt und in den
Verstand dadurch allererst aufgenommen werden » (*Ibid*).

(3) *Ibid.*

(4) *Ibid.*, p. 118 et 119.

ainsi par l'activité de mon esprit que je la connais, et le *concept* que je forme de l'*unité* de cette ligne vient de la conscience que j'ai *à priori* de l'unité de l'opération intellectuelle par laquelle je l'ai construite (1).

La *synthèse* par laquelle je rapporte ainsi les matériaux de ma connaissance à l'unité de ma faculté de ma pensée est *objective*; au contraire, la réunion des idées que j'*associe* entre elles, que je pense en même temps ou successivement, est une synthèse *subjective* (2). En effet, l'association des idées tient aux dispositions accidentelles du sujet pensant, et je puis très-bien concevoir qu'il n'y ait aucune relation entre deux choses qui sont en même temps présentes à ma pensée. Leur liaison est purement contingente (3). Au contraire, le rapport que j'établis entre un objet et la faculté que j'ai de le concevoir par l'*activité une et indivisible de ma pensée* est un rapport nécessaire à tout acte intellectuel (4). Sans cette synthèse de l'*aperception primitive*, il n'y aurait pas d'*objet pour moi*, c'est-à-dire que ma pensée n'en concevrait aucun. C'est pour cela que cette synthèse peut être appelée *objective*. Mais Kant, tout en se servant ici du terme *objectif*, n'entend pas accorder que l'entendement connaisse l'objet *tel qu'il est*; il veut dire seulement que nous pouvons *former*, grâce à l'unité de l'aperception, *le concept d'un objet*, et que, sans cette unité, l'esprit n'aurait que des sensations (5).

---

(1) *Ibid.*, p. 119.
(2) *Ibid.*, p. 120.
(3) *Ibid.*
(4) *Ibid.*
(5) Il y a plusieurs passages de la *Critique* où le mot de *connais-*

Examinons maintenant comment l'*unité primitive de l'aperception* sert à unir non-seulement les intuitions sensibles, mais encore les *concepts*. Faute d'avoir compris cette fonction de la *synthèse transcendantale*, les logiciens n'ont jamais bien défini le jugement. Un jugement est, dit-on, l'expression d'un rapport entre deux *concepts*. Cette définition ne convient qu'aux jugements catégoriques; car les jugements hypothétiques et les jugements disjonctifs n'expriment pas un rapport entre deux *concepts*, mais entre deux ou plusieurs jugements (1). D'ailleurs, — et c'est là le principal défaut de la définition en question, — on ne dit pas en quoi consiste ce rapport (2). La simple association des idées établit aussi un rapport entre deux concepts, et cependant elle ne constitue pas un jugement (3) : la définition ordinaire du jugement ne convient donc pas au *seul défini*. Il faut déterminer en quoi consiste ce rapport établi par le verbe *être* entre le sujet et l'attribut. Or, « cette *copule* » (le verbe *être*) « indique tout simplement la relation de ces représentations » (à savoir, le sujet et l'attribut) « à » *l'aperception primitive qui en constitue l'unité né-* » *cessaire* (4). » En effet, quand je dis que tel sujet

---

sance objective est pris dans le sens d'objectivité relative et désigne, non pas la connaissance de la nature des objets, mais la conscience que nous avons de nous représenter un objet correspondant à nos idées. En un mot, il ne s'agit pas des objets *en soi*, mais des objets *pour nous*. (Voir spécialement p. 118, 119 et 121 de la même édition.)

(1) *Ibid.*, p. 120 et 121.
(2) *Ibid.*, p. 121.
(3) *Ibid.*, p. 121.
(4) « Das Verhältnisswörtchen ɪsᴛ, ...bezeichnet die Beziehung derselben auf die ursprüngliche Apperception und die nothwendige Einheit derselben » (*Ibid.*, p. 121).

est ceci ou cela (par exemple qu'un effet a une cause), j'entends seulement que *je ne puis en aucune façon me représenter l'effet sans la cause*. Il en est de même des jugements empiriques ; par exemple, la proposition, *les corps sont pesants*, signifie que le concept de corps et celui de pesanteur s'appartiennent dans la synthèse de l'intuition, à cause de l'unité nécessaire de l'aperception (1). En d'autres termes, la copule *est* affirme seulement que les lois primitives de ma pensée ne me permettent pas de regarder le sujet comme séparé de l'attribut. Cette doctrine, qui ramène l'affirmation d'un rapport entre deux objets à l'union *nécessaire* de ces deux objets dans ma pensée, ne doit cependant pas être confondue avec celle de Hume, qui explique nos jugements par une association purement *contingente* entre deux idées (2) ; car, si invétérée que soit chez moi l'habitude d'*associer* deux idées, je puis concevoir les objets qu'elles représentent comme existant l'un sans l'autre ; au contraire, dans un jugement, le lien du sujet et de l'attribut consiste dans l'impossibilité de les concevoir séparés dans le cas donné (si le jugement est contingent), ou même de les concevoir comme séparés dans aucun cas (si le jugement est nécessaire).

Puisque la fonction de la *synthèse transcendantale de l'aperception* est d'unir des concepts, et que je ne puis penser sans cette synthèse, il est évident que les *concepts* sont l'élément de toute pensée, et ainsi nous avons comme une seconde *déduction* de leur légiti-

---

(1) *Ibid.*
(2) *Ibid.*, p. 121 et 122.

mité ; car si on contestait cette légitimité, ce serait contester à l'homme le droit de penser. Toutefois si le *concept* est la *forme* de toute connaissance, il n'en est que la *forme*, c'est-à-dire qu'il lui faut une *matière* pour constituer une connaissance réelle, et cette matière est l'*intuition sensible* (1). Par conséquent, les concepts ne sauraient être appliqués légitimement qu'aux objets qui peuvent être donnés en intuition, c'est-à-dire aux objets de l'expérience possible (2). « L'extension des concepts au delà de notre intuition
» sensible ne nous est utile en rien ; car alors ce sont
» des concepts vides d'objets (3) ; ils ne sont plus que
» de pures formes de la pensée dépourvues de toute
» réalité objective, parce que nous n'avons aucune
» intuition à laquelle l'unité synthétique de l'apercep-
» tion... puisse être appliquée pour déterminer ainsi
» un objet (4). » Ainsi nous ne saurions raisonner légitimement sur Dieu ni sur l'immortalité, parce que Dieu et l'immortalité n'étant pas des objets d'*intuitions*, aucun concept ne leur est applicable et ne peut déterminer une connaissance. Nous pouvons sans doute *penser* des objets *transcendantaux* (non sensibles), mais nous n'avons aucun moyen de savoir s'ils exis-

---

(1) *Ibid.*, p. 123 et 124.
(2) *Ibid.*, p. 124.
(3) A moins que ces concepts n'aient des objets qui, pour ne pas être sensibles, n'en sont pas moins réels.
(4) « Diese weitere Ausdehnung der Begriffe über unsere sinnliche Anschauung hinaus hilft uns aber zu nichts. Denn es sind alsdann leere Begriffe von Objecten... blosse Gedankenformen ohne objective Realität, weil wir keine Anschauung zur Hand haben, auf welche die synthetische Einheit der Apperception... angewandt werden and sie so einen Gegenstand bestimmen könnten » (*Ibid.*, p. 125).

tent (1); nous savons seulement que, s'ils existent, aucune des conditions de l'intuition sensible ne leur convient, par exemple, qu'ils ne sont ni dans le temps ni dans l'espace (2).

La connaissance intellectuelle étant ainsi réduite aux objets de l'expérience, il reste encore une difficulté à résoudre. Puisque les *concepts* ne viennent pas de l'expérience, comment se fait-il que les objets de l'expérience se prêtent à une connaissance qui s'opère au moyen de ces concepts? D'où vient cet accord entre la *forme* et la *matière* de ma pensée? Faut-il l'expliquer par une préformation de la raison pure, c'est-à-dire supposer que Dieu a précisément donné à la nature certaines propriétés et imposé à notre esprit la nécessité de concevoir les choses comme douées de ces mêmes propriétés? Si naturelle que soit cette explication, Kant la repousse; nos *concepts*, dit-il, ne seraient pas *à priori* s'ils étaient pour ainsi dire modelés sur la nature des choses (3). C'est, au contraire, notre esprit qui conçoit la nature à son image; nous la connaissons, non telle qu'elle est, mais telle qu'elle serait si elle était conforme aux lois de notre pensée. Ainsi, c'est notre esprit qui met dans la nature des causes, des substances; il n'est donc pas étonnant qu'il les y trouve (4).

A quoi se réduit donc l'*objectivité* des concepts? Du monde supra-sensible, ils ne nous font rien con-

---

(1) Notre pensée pourrait-elle créer l'Infini s'il n'existe pas ?
(2) *Ibid.*
(3) *Ibid.*, p. 135 et 136. — Assertion absolument gratuite.
(4) *Ibid.*

naître ; et quant au monde sensible, ils ne nous font pas connaître sa réalité, mais seulement les représentations que l'esprit s'en fait, non d'après la nature des choses mais d'après la sienne. Cette doctrine, qui se défend en vain de l'idéalisme, sera de nouveau développée dans l'*analytique des principes* à propos de la distinction des *phénomènes* et des *noumènes*.

III

Analytique des principes.

Le résultat presque négatif auquel nous conduit la *Critique* sur la question de l'*objectivité* des *concepts*, importe au fond assez peu, si l'on se met au point de vue de Kant qui, dans l'étude de la connaissance, ne se préoccupe que de la *forme* et nullement du *contenu*. Il ne s'agit pas de savoir si nous connaissons *ce qui est*, mais *de quelles opérations se compose la connaissance*. Pour achever de résoudre ce problème, il faut montrer comment l'imagination complète l'œuvre de l'entendement dans la formation de nos jugements *synthétiques*. Nous avons vu que l'unité primitive de l'aperception établissait un lien entre plusieurs intuitions et entre plusieurs concepts ; mais, pour juger, il ne suffit pas que les intuitions soient unies aux intuitions et les concepts aux concepts : il faut que l'*intuition* soit unie où, comme dit Kant, *subsumée* à un *concept*. Or, pour unir ainsi dans une même connaissance, dans un même jugement une intuition (une représentation donnée par la sensibilité), avec les *formes* de l'entendement, il faut un terme moyen, c'est-à-dire *une représentation qui doit, d'une part, être intellectuelle et de l'autre sensible* (1). Ce moyen terme est le *schème* (2). Le *schème* est un produit de l'imagination (3) : il n'est pas cependant la même chose que l'image. L'image est la représentation d'une figure déterminée (telle est, par exemple, la représentation que je me fais de cinq points disposés en ligne droite) (4). Le schème, au contraire, est la représentation d'une méthode générale pour représenter une image *quelconque*, une diversité *quelconque* (5). Ainsi, quand je me représente un triangle *en général*, je ne lui assigne pas par l'imagination une grandeur déterminée, mais je me représente le procédé d'après lequel je puis tirer dans l'espace trois lignes quelconques se coupant en trois points (6). C'est là un *schème*.

Cette conception du schème est intellectuelle, puisqu'elle est *générale;* elle est en même temps sensible, car elle contient en puissance toutes les images, sans être elle-même une image. En un mot, c'est le *procédé général de l'imagination* (7) ; (et, comme sans le *schème* il est impossible, selon Kant, de subsumer les intuitions aux catégories, et, par conséquent, de porter aucun jugement, il en résulte que *l'entendement est dans la dépendance de l'imagination et lui emprunte ses titres de légitimité !)*

---

(1) « Diese vermittelnde Vorstellung muss rein (ohne alles Empirische) und doch einerseits intellectuell, anderseits sinnlich sein » (*Ibid.*, p. 141).
(2) *Ibid.*
(3) *Ibid.*, p. 142.
(4) *Ibid.*
(5) *Ibid.*
(6) *Ibid.*, p. 143.
(7) Die Vorstellung nun von einem allgemeinen Verfahren der Ein-

A chacune des quatre classes de *catégories*, correspond un schème particulier. 1° Le schème de la *quantité* est le *nombre*, c'est-à-dire *la représentation que je me fais de l'addition successive de l'unité à l'unité* (1). — 2° Il y a trois *schèmes* de *qualité*, correspondant à la réalité, à la limitation et à la négation. Le schème de la *réalité* est *la représentation de la production continuelle et uniforme d'une réalité sensible dans le temps*, réalité dont la sensation peut diminuer dans un certain degré et même jusqu'à zéro ; si je me représente cette diminution, j'ai le schème de *limitation* ; si je me représente la sensation décroissant jusqu'à zéro, j'ai le schème de *négation* (2). — 3° Les schèmes correspondant à la *relation* sont : le *schème de la substance* ou la *représentation de la permanence d'un objet sensible dans le temps* (3) ; le *schème de la cause* ou *la représentation de la succession de la diversité, suivant une règle* (4) ; le *schème de la réciprocité* ou *la représentation de la simultanéité des déterminations d'une substance avec celle d'une autre suivant une règle* (5). — 4° Aux trois catégories de modalité, correspondent les trois schèmes suivants : le *schème de la possibilité* est l'*accord de la synthèse de nos représentations avec les conditions du temps en général* (6) (ou, en d'autres termes, le pouvoir que j'ai d'unir entre elles des re-

---

bildungskraft, einem Begriff sein Bild zu verschaffen, nenne ich das Schema zu diesem Begriffe (*Ibid.*, p. 142).

(1) *Ibid.*, p. 144.
(2) *Ibid.*
(3) *Ibid.*
(4) *Ibid.*, p. 145.
(5) *Ibid.*.
(6) *Ibid.*

présentations dans le temps). Le *schème de l'existence* est *la représentation d'une chose qui dure dans un temps déterminé* (1). Enfin, le *schème de la nécessité* est *la représentation de l'existence en tout temps* (2). On voit que tous les *schèmes* sont des représentations *dans le temps* (par là, ils se rattachent à la *sensibilité*), et des représentations *suivant des règles* (par là, ils se rattachent à l'*entendement*, car ces règles ne sont autres chose que les catégories).

Résumons en quelques mots cette théorie du *schématisme de l'entendement pur*. Sans les *concepts*, toute *intuition* est inintelligible; sans *intuition*, tout *concept* est vide. La connaissance est le produit de la *subsomption* d'une *intuition* à un *concept*. Comment s'accomplit cette *subsomption ?* Par la *synthèse* de l'imagination; l'*imagination* se représente la *diversité* des intuitions comme *successive*, et ainsi les *unit* entre elles (car la *succession* implique la *continuité*). En se représentant les intuitions diverses comme *additionnées*, comme *juxtaposées successivement*, elle les réduit au *concept* de *quantité extensive* : en se représentant des sensations comme pouvant *croître* ou *décroître*, elle réduit ces sensations au *concept* de *quantité intensive*, c'est-à-dire de *qualité*. La représentation d'une *intuition*, soit qu'elle reste la même dans plusieurs moments successifs, soit qu'elle change successivement, nous permet d'établir entre ces *intuitions* une *relation* (et de les subsumer aux *concepts* de *substance*, de *cause*). Enfin la représentation d'une *intuition* soit dans un temps indéterminé, soit dans un

---

(1) *Ibid.*
(2) *Ibid.*

temps déterminé, soit enfin dans tous les temps, fournit une *matière* aux *concepts* de *possibilité*, d'*existence* et de *nécessité*. De cette façon, l'imagination ramène à l'*unité* de l'*entendement* les impressions diverses de la *sensibilité* ; et c'est cette *unité*, établie par le schème entre l'*intuition* et le *concept*, qui sert de lien entre le sujet et l'attribut dans les jugements *synthétiques à priori*.

Voilà donc le problème capital de la critique entièrement résolu. Toutes les conditions qui constituent la possibilité des *jugements synthétiques à priori* sont déterminées; ce sont comme on l'a vu : 1° Les *intuitions pures* ; 2° les *catégories*; 3° l'*unité primitive de l'aperception* nécessaire à la liaison d'une intuition avec une intuition et d'un concept avec un concept ; 4° le *schème*, nécessaire à la liaison d'une *intuition* avec un *concept*. Reste à déterminer le contenu de ces jugements et à en dresser la liste. Sans doute, il est impossible de faire une liste où se trouvent énoncés tous les *jugements synthétiques* que l'esprit humain peut porter *à priori*. Mais comme la plupart de ces jugements sont dérivés, il suffit d'énumérer ceux qui sont absolument *primitifs* (1) ; ceux-là seuls doivent être désignés sous le nom de *principes*, et leur nombre est assez restreint pour permettre à la logique transcendantale de les ramener à une classification complète et méthodique.

Tout jugement ayant pour attribut un *concept*, il y a autant de classes de jugements que de classes de *concepts* : 1° Les *principes à priori* concernant la

---

(1) *Ibid.*, p. 140.

quantité sont les *axiomes de l'intuition* ; 2° les *principes à priori* concernant la *qualité* sont les *anticipations de la perception* ; 3° les *principes à priori* qui correspondent à la catégorie de *relation* sont les *analogies de l'expérience ;* 4° enfin à la catégorie de *modalité* se rapportent *les postulats de la pensée empirique* (1).

Les *axiomes de l'intuition* et les *anticipations de la perception* sont des principes *mathématiques* ; les *analogies* et les *postulats* sont des principes *dynamiques à priori*, c'est-à-dire que tous les principes de la *physique pure* en découlent (2). Les uns et les autres ne portent que sur les objets de l'expérience ; car, pour ce qui dépasse le monde sensible, on a vu que nous n'avons, suivant la critique, aucun droit ni aucune possibilité de rien affirmer à leur égard.

On peut ramener *axiomes de l'intuition* à ce principe unique : *Tous les phénomènes sont, quant à leur intuition, des quantités extensives* (3). Une quantité extensive est « celle dans laquelle la représenta-
» tion des parties précède nécessairement celle du
» tout et la rend possible (4). » Ainsi je ne saurais concevoir une ligne, si petite qu'elle soit, sans en produire successivement tous les points par l'activité de ma pensée. Il en est de la durée comme de l'étendue.

---

(1) *Ibid.*, p. 154. Cette liste ne contient que les principes synthétiques *à priori*, car, pour les jugements *analytiques*, ils n'étendent pas nos *connaissances* et ne sont pas à proprement parler des *principes*.

(2) *Ibid.*, p. 155.

(3) « Alle Anschauungen sind extensive Grössen » (*Ibid.*, p. 155).

(4) « Eine extensive Grösse nenne ich diejenige, in welcher die Vorstellung der Theile die Vorstellung des Ganzen möglich macht (und also nothwendig vor dieser vorhergeht) » (*Ibid.*, p. 156).

« Je n'y pense que la progression successive d'un ins-
» tant à l'autre, et de là résulte, enfin, au moyen de
» toutes les parties du temps et de leur addition, une
» quantité de temps déterminée (1). » Tout phénomène, tout objet, étant nécessairement perçu dans le
temps et dans l'espace, devra donc, aussi bien que la
durée et l'étendue elles-mêmes, être connu comme
quantité extensive et appréhendé par la synthèse successive de partie à partie (2). « C'est sur cette synthèse
» successive de l'imagination *productive* dans la créa-
» tion des figures que se fonde la géométrie avec ses
» axiomes (3) : » et comme les objets ne peuvent
m'apparaître autrement que dans l'ordre où mon imagination réunit les diverses intuitions, il faut que leur
configuration soit conforme (du moins à mes yeux),
à celle des constructions géométriques qui résultent
des lois mêmes de mon imagination ; c'est pour cela
que les mathématiques, tout en n'exprimant que les
lois de ma pensée, sont applicables à l'expérience, et
que l'expérience ne peut jamais les démentir (4).

Les *anticipations de la perception* sont les jugements que nous portons *à priori* sur nos perceptions.
Or il y a réellement de tels jugements. Car avant de
percevoir une sensation, nous savons *à priori* que

---

(1) « Ich denke mir darin nur den successiven Fortgang von einem Augenblick zum andern, wodurch alle Zeittheile und deren Hinzuthun endlich eine bestimmte Zeitgrösse erzeugt wird » (*Ibid.*).

(2) *Ibid.*

(3) « Auf diese successive Synthesis der productiven Einbildungskraft in der Erzeugung der Gestalten gründet sich die Mathematik der Ausdehnung mit ihren Axiomen » (*Ibid.*, p. 157).

(4) *Ibid.*, p. 158. — Cette explication est-elle bien satisfaisante ?

toute sensation a une quantité intensive (1). C'est là le principe fondamental de toutes les *anticipations* de la *perception ;* toute expérience le suppose et tout physicien le sous-entend.

Par *quantité intensive*, Kant désigne le degré d'une force qui peut croître ou décroître insensiblement (2). Dans la perception de tout phénomène, il se produit sur moi une certaine impression qui peut se mesurer, puisqu'elle est susceptible d'être plus ou moins forte, et qui, pourtant, n'a rien de commun avec l'*extension*, composée de parties juxtaposées (Ainsi, un morceau d'étoffe rouge est composé sans doute, quant à son extension, d'un nombre incalculable de parties ; mais la sensation qu'il produit sur mes yeux n'a pas de parties ; elle est simple et indivisible ; et cependant, si elle ne peut être diminuée par division ni même par soustraction, elle peut s'affaiblir, et, pour ainsi dire, s'éteindre peu à peu).

Il y a encore cette différence entre l'*extension* et l'*intensité* que l'imagination, pour se figurer une étendue, commence par se représenter les parties et n'arrive que par addition à la conception du tout (3); au contraire, une sensation peut être perçue avec une intensité quelconque avant d'avoir passé par les degrés inférieurs. La quantité *intensive* d'un phénomène pouvant diminuer jusqu'à zéro, il en résulte *pour moi* l'absence de toute perception ; mais cette absence de perception ne prouve pas l'absence de tout objet, car il peut en exister d'imperceptibles, et ainsi

---

(1) *Ibid.*, p. 159.
(2) *Ibid.*
(3) *Ibid.*, p. 156.

aucune expérience n'établira qu'il y a du vide dans l'espace (1). Seulement, en l'absence de sensation, je ne sais pas s'il y a des objets; et, par conséquent, la connaissance du monde extérieur dépend de l'*intensité* de mes sensations et non de l'*extension* de mes intuitions. Ce principe est la loi de toute expérience; et, comme je puis l'affirmer, avant même de l'avoir vérifié par l'expérience, il est une véritable *anticipation*; sans doute, le degré d'intensité d'une sensation ne m'est donné que par l'expérience; mais la propriété que toute sensation a d'être susceptible de de degrés est connue *à priori* (2).

Si les *anticipation de la perception* nous font connaître *à priori* une qualité générale, inhérente à toutes nos perceptions considérées séparément (à savoir leur *intensité*), elles ne nous donnent pas le lien qui doit réunir entre elles ces diverses perceptions. Il faut pourtant que nos représentations soient unies, qu'elles aient une certaine *relation*, car sans cela elles ne constitueraient aucune connaissance. Or, il y a trois principes *à priori* sans lesquels nous ne pourrions établir entre les phénomènes cette *relation* qu'exige l'esprit. Kant les appelle *analogies de l'expérience*.

Ire Analogie. « *La substance est permanente dans toute vicissitude phénoménale, et sa quantité n'augmente ni ne diminue dans la nature* (3). » (C'est le principe de substance).

2me Analogie. « *Tous les changement arrivent sui-*

---

(1) *Ibid*. p. 162.
(2) *Ibid.*, p. 165.
(3) *Ibid.*, p. 169.

vant la loi de la liaison de cause et d'effet (1). »
(C'est-à-dire dans un rapport de succession) (2). C'est
à cette proposition que la *Critique* réduit le *principe
de causalité*.

3me *Analogie*. « *Toutes les substances, en tant qu'elles
peuvent être perçues en même temps dans l'espace, sont
dans une action réciproque universelle* (3). »

Pourquoi ces principes sont-ils désignés sous le
nom d'*Analogies?* Comment servent-ils à établir, entre
les objets de l'expérience, certaines *relations* conçues
à priori, sans lesquelles ces objets nous seraient inintelligibles ?

Analogie n'est autre chose que le mot grec αναλογία, qui signifie *rapport*, *proportion*, dans le langage
des géomètres. La proportion géométrique consiste
en ce que, trois termes étant donnés, on peut calculer le quatrième : les *analogies* dont il s'agit ici sont
des rapports tels que, trois termes étant donnés, on
peut trouver, non le quatrième terme, mais son rapport aux trois autres, « une règle pour le chercher
» dans l'expérience et un signe pour l'y reconnaî-
» tre (4). » Essayons d'éclaircir la pensée de Kant par
un exemple : Considérons l'analogie de causalité.
Soient connus l'effet A, la cause A, et l'effet B. Je ne
saurais sans doute calculer *à priori* la cause de l'effet
B : l'expérience seule peut me la donner. Mais je sais

---

(1) *Ibid.*, p. 173.
(2) « Demnach ist die Zeitfolge allerdings das einzige empirische Kriterium der Wirkung in Beziehung auf die Causalität der Ursache, die vorhergeht » (*Ibid.*, p. 183).
(3) *Ibid.*, p. 187.
(4) « ... Eine Regel... es in der Erfahrung zu suchen, und ein Merkmal, es in derselben aufzufinden » (*Ibid.*, p. 168).

à priori que la cause B est à l'effet B dans le même rappport que la cause A à l'effet A ; et, par conséquent, pour chercher cette cause inconnue, je dois expérimenter sur le phénomène B comme j'ai expérimenté sur le phénomène A pour trouver la cause A.

C'est ainsi que les *analogies* servent de fil conducteur dans l'expérience. Elles ne viennent pas de l'expérience, puisqu'elles contribuent à la rendre possible; d'ailleurs, l'expérience, sans les *analogies*, ne nous donnerait les phénomènes que comme isolés, et ainsi toute règle, toute méthode nous manquerait pour passer d'une expérience à une autre. Ces principes viennent donc de la nature de mon esprit, qui est essentiellement synthétique; et comme il est inhérent à ma nature de ne pouvoir appréhender aucun phénomène autrement que dans une intuition du temps, il était nécessaire que les rapports que j'établis entre ces phénomènes fussent des rapports de temps (1). Or, le temps n'ayant que trois modes, la *permanence*, la *succession* et la *simultanéité* (2), il n'y a également que trois modes de relations entre les phénomènes, ou, en d'autres termes, *trois analogies* : la première, comme on l'a vu, nous fait concevoir la *substance* dans la *permanence* ; la seconde, nous montre la *causalité* dans la *succession* des phénomènes ; la troisième affirme la *réciprocité* des phénomènes *simultanés*. Sans ces trois principes de *substance permanente* de *cause* et de *réciprocité*, il nous serait impossible de porter aucun jugement *dynamique* sur la nature.

(1) *Ibid.*, p. 165, 166.
(2) *Ibid.*, p. 166.

Quel jugement pourrais-je, en effet, formuler, au sujet des phénomènes, si je ne les concevais comme des modes variables d'une *substance permanente*? Supposons que je sois réduit à percevoir le changement sans concevoir la *permanence*; comme chaque phénomène ne dure qu'un instant indivisible, je ne percevrais que des choses qui finissent toujours, renaissent toujours; leur existence m'apparaîtrait comme comprise dans *des temps égaux à zéro*, ou, pour mieux dire, ne m'apparaîtrait pas dans le temps, ce qui est une supposition contraire aux lois fondamentales de l'esprit humain (1). Ainsi, pour connaître dans le temps, il faut appréhender quelque chose qui dure, un *substratum* permanent, une substance invariable sous la variété de ses accidents. Le sens commun s'accorde avec la philosophie à reconnaître cette permanence de la substance, malgré les changements qu'elle subit (2). Rien ne périt quand tout se transforme; ce qui paraît s'évanouir ne fait que changer de place mais ne saurait diminuer, et un philosophe a pu dire avec raison : « Retranchez le poids de la cendre de celui du bois, et vous aurez le poids de la fumée (3). »

Inintelligible sans le principe de *substance*, la succession des phénomènes ne le serait pas moins sans le principe de *causalité*. Ce principe, comme on l'a vu, est, suivant Kant, l'affirmation d'une *règle* qui détermine et explique la *succession*. Quel lien existera dans ma pensée entre le phénomène A et le phénomène B, si je n'ai une règle qui me fait concevoir la

---

(1) *Ibid.*, p. 169.
(2) *Ibid.*, p. 170.
(3) *Ibid.*

production du second comme déterminée par le premier (1)? Le principe de substance établit, sans doute, entre ces deux phénomènes une certaine liaison, en me les faisant concevoir comme deux accidents d'une même substance ; mais ce principe n'établit entre eux qu'un rapport *indéterminé*, et n'explique pas pourquoi le phénomène A précède le phénomène B, pourquoi l'un est la *condition* et l'autre le *conditionné*. Il faut que je croie à une raison de cet ordre, à une raison qui ait empêché l'ordre inverse de se produire, en un mot à une *détermination* du phénomène postérieur par le phénomène antérieur (2); autrement leur liaison m'apparaîtra comme fortuite, et, par conséquent, inintelligible, car rien n'est plus inintelligible que le hasard. Ajoutons que cette règle est *à priori*. Comment viendrait-elle de l'expérience qui ne me donne que la succession, et non la *raison* de cette succession (3).

Ici, Kant fait lui-même une objection grave, ou plutôt absolument péremptoire, à sa théorie de la *causalité*. Comment la *causalité* peut-elle consister dans un rapport de temps, dans une détermination de ce qui suit par ce qui précède, puisque souvent la cause et l'effet sont simultanés et non successifs? Il essaie de résoudre cette difficulté en distinguant l'*ordre* du temps d'avec le *cours* du temps (4). La cause reste antérieure à l'effet dans l'*ordre* du temps, quoiqu'elle ne le soit pas dans le *cours* du temps, et qu'aucun instant

---

(1) *Ibid.*, p. 175.
(2) *Ibid.* p. 181 et 182.
(3) *Ibid.*, p. 180 et 181.
(4) *Ibid.*, p. 182 et 183.

ne s'écoule entre celui où la cause agit et celui où l'effet est produit.

Toutefois, après avoir réduit la notion de *causalité* à un simple rapport de temps, Kant reconnaît qu'elle est liée à la notion d'*action*, de *force*, et, par conséquent, à la notion de *substance* (1). N'est-ce pas lui rendre sa véritable nature, après l'avoir méconnue? Mais, quoi qu'il en soit de cette contradiction réelle ou apparente, Kant montre ici fort bien que c'est dans la *substance* qu'il faut cherche le principe de toute cause (2). Qu'un phénomène, c'est-à-dire un changement soit cause d'un autre, il n'en faut pas moins chercher une cause à ce premier changement qui a déterminé le second, et ainsi de suite; il est nécessaire de remonter jusqu'à l'action de quelque chose qui ne change pas et qui produit les changements : « Les actions » sont toujours le premier fondement de toute vicis- » situde des phénomènes, et ne peuvent, par consé- » quent, se trouver dans aucun sujet qui change lui- » même (3). » Ainsi, « le dernier sujet (de ce qui » change) est le *permanent*, comme *substratum* de » toute vicissitude, c'est-à-dire la substance (4). » Il résulte, de là, que tout phénomène, en supposant une cause, suppose aussi une *substance*, et nous avons ainsi un *criterium* empirique de la réalité de la subs-

---

(1) *Ibid.*, p. 183 et 184.
(2) *Ibid.*, p. 184.
(3) « Denn nach dem Grundsatze der Causalität sind Handlungen immer der erste Grund von allem Wechsel der Erscheinungen und können also nicht in einem Subject liegen, was selbst wechselt » (*Ibid.*, p. 184).
(4) « ... So ist das lezte Subject... das Beharrliche als das Substratum alles Wechselnden, das ist die Substanz » (*Ibid.*).

tance (1); mais il est bien entendu qu'il ne s'agit que de la « *substance* comme *phénomène* (2), » c'est-à-dire des objets qui nous apparaissent dans le temps et dans l'espace : car, dans la *Dialectique transcendantale*, Kant essaiera de démontrer que rien ne nous autorise à affirmer une cause première, une substance suprasensible pour expliquer les phénomènes sensibles.

Si l'idée de *force* est, comme on vient de le voir, le lien du *principe de causalité* et du *principe de substance*, elle nous amène à concevoir aussi un rapport, non plus seulement entre deux phénomènes, mais entre tous les phénomènes coexistants. Ainsi, la troisième *analogie* de l'expérience (le *principe de réciprocité*), est la conséquence de deux premières. Cette action réciproque de toutes les forces me fait concevoir la nature comme *un tout*. Par le principe de causalité, les phénomènes m'apparaissaient seulement liés dans le temps; mais, par la conception d'une causalité réciproque, ils m'apparaissent liés dans un même temps (3).

Comme les deux *analogies* précédentes, ce principe du *commerce des substances* (4) est la condition de l'expérience, et, par conséquent n'en dérive pas. En effet, pour percevoir, il faut percevoir les choses comme *composées*; la composition n'est pas une simple juxtaposition des parties dans l'espace; les parties du *composé* ont entre elles un rapport *dynamique*, sans quoi il n'y aurait pas de raison pour supposer

---

(1) *Ibid.*
(2) *Ibid.*
(3) *Ibid.*, p. 188 et 189.
(4) *Ibid.*, p. 190.

qu'elles se tiennent mutuellement Or, l'expérience ne nous donne pas ce rapport *dynamique* entre les objets de la perception, mais seulement ces objets. C'est donc *à priori* que je conçois l'unité, le lien des choses matérielles et l'unité totale de la nature ainsi que de ses lois (1); sans cette unité, je ne percevrais les choses que comme *quantités*, et toute connaissance *dynamique*, toute science de la nature serait impossible.

Les postulats de la pensée empirique sont des définitions de la *possibilité*, de l'*existence* et de la *nécessité*. Si les *analogies* sont nécessaires à l'expérience, les *postulats* sont nécessaires à la conception même d'une expérience quelconque ; en effet, le seul projet de chercher à établir quelque chose par l'observation suppose : 1° que j'admets *à priori* certains phénomènes *comme possibles* ; 2° que je conçois *à priori* certaines condition à la présence desquelles on puisse reconnaître la *réalité* d'avec la simple possibilité ; 3° que j'établis *à priori* certaines relations nécessaires entre les phénomènes et les formes de ma pensée.

Ces *postulats*, ces principes que suppose, que *postule* la simple pensée de faire une expérience, sont au nombre de trois.

1° *Est possible tout ce qui s'accorde avec les conditions formelles de l'expérience* (2) c'est-à-dire tout ce qui peut être représenté par une intuition et *subsumé* à un concept par un schème.

2° *Est réel ce qui se rattache aux conditions matériel-*

---

(1) *Ibid.*, p. 190 et 191.
(2) *Ibid.*, p. 192.

les de l'expérience (1), c'est-à-dire ce qui peut être l'objet d'une sensation.

3° *Ce dont la connexion avec le réel est déterminée suivant des conditions générales de l'expérience existe nécessairement* (2); c'est-à-dire que tous les anneaux de la série des causes s'enchaînent et se déterminent nécessairement, et que la *nécessité* d'un phénomène faisant partie de cette chaîne résulte de la *réalité* des autres (3). Par exemple, si le phénomène B est lié par la loi de causalité au phénomène A, et que le phénomène A se produise *réellement*, le phénomène B sera *nécessaire*.

On voit, par le seul énoncé de ces *postulats*, que toutes nos affirmations sur la *possibilité*, sur la *réalité* et même sur la *nécessité*, sont bornées, selon Kant, aux objets de l'expérience. La *possibilité* est ainsi réduite à la *possibilité physique*, l'existence à la *réalité matérielle*, la nécessité à la *détermination physique*. Nous ne pouvons donc être assurés ni de la *nécessité*, ni même de la *possibilité* des choses supra-sensibles. En vain semble-t-il que tout objet est *possible*, dès que son concept n'est pas contradictoire, abstraction faite de son rapport avec nos sensations et avec les *intuitions pures* de la sensibilité. Certaines choses sont impossibles sans être cependant contradictoires; il n'est pas contradictoire que deux droites enferment un espace; mais cela est impossible *parce que cela répugne aux lois de notre intuition* (4). Ainsi, pour affirmer

---

(1) *Ibid.*, p. 193.
(2) *Ibid.*, p. 193.
(3) *Ibid.*, p. 200.
(4) *Ibid.*, p. 193 et 194. — N'est-ce que pour cette raison? Est-il sûr

qu'une chose est possible, il faut qu'elle s'accorde à la fois avec les lois de l'entendement, et avec celles de la sensibilité. Cette seconde condition de la *possibilité* ne peut se réaliser dans les objets qui échappent à toute intuition ; est-ce une raison d'affirmer qu'ils soient impossibles ? Non, mais du moins ignorons-nous quelles peuvent être les conditions de leur *possibilité*. La *non-contradiction* ne suffit pas, car elle ne peut déterminer que la possibilité d'une pensée et non celle d'une existence.

Si la *possibilité* d'une chose n'est démontrée que par la possibilité de son *intuition*, la *réalité* d'un objet n'est prouvée que par la *sensation* (1). Toutefois, la sensation ne prouve pas seulement la réalité du phénomène perçu, mais aussi celle de la cause qui le produit. Ainsi, nous ne percevons pas le fluide magnétique ; mais nous percevons l'adhésion de la limaille de fer au corps aimanté, et de cette perception nous concluons, au nom de l'*analogie* de causalité, à la *réalité* du fluide (2).

Ce *postulat*, au nom duquel nous concluons de la sensation à la réalité de sa cause, est le fondement de notre croyance au monde extérieur. Descartes semble n'admettre d'autre certitude que celle de l'expérience interne ; mais il n'a pas vu qu'elle impliquait la certitude de l'expérience externe (3), et que « *la simple conscience de mon existence prouve l'exis-*

---

qu'il n'y ait pas *contradiction* à supposer deux droites enfermant un espace, c'est-à-dire deux droites, d'un point à un autre ?

(1) *Ibid.*, p. 196 et 197.
(2) *Ibid.*, p. 197.
(3) *Ibid.*, p. 198.

tence d'objets hors de moi 1). » En effet, les modifications successives du *moi* sont des représentations ; or, pour qu'il y ait représentation, il faut que quelque chose soit représenté (2) : Dira-t-on que l'imagination peut me fournir des représentations *sans objet*, comme dans le rêve, le délire ? Oui ; mais à condition que j'aie eu précédemment des représentations d'objets réels (3). Donc, si rien n'était, je n'aurais conscience de rien percevoir.

On voit ici de nouveau les efforts de Kant pour échapper à l'*idéalisme*. Il n'a jamais douté du monde matériel, mais seulement de sa conformité à nos perceptions. Encore faut-il que ces perceptions, vraies ou mensongères, soient produites par une réalité.

Une fois la *réalité* du monde établie par le *second postulat*, nous pouvons conclure, au nom du troisième, de cette réalité à la nécessité des phénomènes. Ce n'est pas que la nature soit nécessaire ; mais, du moment qu'elle existe, *ses différents états se déterminent nécessairement les uns les autres* ; en un mot, il y a des *lois*. Ces lois, sans lesquelles la nature nous serait inintelligible, peuvent se ramener à deux, la *causalité* et la *continuité*. *In mundo non datur casus, fatum, hiatus, saltus*. Comment concevoir le monde si les divers phénomènes sont dus au hasard, et par conséquent sont sans liaison ? Comment le concevoir comme objet de perception, s'il y a du vide, puisque le vide ne peut être perçu ? C'est donc une nécessité pour moi

---

(1) « Das blosse... Bewusstsein meines eigenen Daseins beweiset das Dasein der Gegenstände im Raum ausser mir (*Ibid.*, p. 198).

(2) *Ibid.*, p. 198.

(3) *Ibid.*, p. 200.

de penser le monde comme un enchaînement de causes et comme un enchaînement continu de parties (1). Si je n'admet pas *à priori* cette conception de la nature, je manquerai de fil conducteur dans l'expérience, et je ne puis même concevoir l'idée de chercher à connaître les lois de l'univers.

Il en est donc des *principes* de l'entendement comme des *concepts*. Sans leur intervention, aucune connaissance expérimentale n'existerait, et par conséquent la légitimité de l'expérience prouve celle des *principes* de l'entendement. Mais, précisément parce que leur *légitimité* se prouve par leur rapport à l'expérience, ils ne sont applicables qu'aux objets du monde sensible (2). Cette conclusion revient uniformément à la fin de chaque partie de l'Analytique.

Du moins, si toutes nos connaissances sont réduites à l'expérience, l'expérience nous fait-elle percevoir la réalité des choses? Comment le savoir? Nous les percevons telles qu'elles nous apparaissent, c'est-à-dire comme *phénomènes* (3). Mais que sont-elles en elles-mêmes? Quelle est leur nature? Elle échappe à toute perception; elle n'est qu'un objet de pensée, un *noumène* (4). Les objets sont-ils réellement des *substances*, des *causes*? Pour l'affirmer, il faudrait que les catégories leur fussent applicables; or on a vu qu'elles ne devaient être appliquées qu'aux objets de l'intuition, et par conséquent au seul *phénomène* (car le nou-

---

(1) *Ibid.*, p. 201 et 202.
(2) *Ibid.*, p. 208.
(3) *Ibid.*, p. 210 et 211.
(4) *Ibid.*, p. 219.

mène ne serait objet d'intuition que si nous avions une intuition intellectuelle, ce qui n'est pas). Ainsi le concept d'un noumène est purement *limitatif;* tout ce que nous en savons, c'est qu'il est hors de la portée de notre connaissance.

Kant distingue ici le *noumène négatif* et le *noumène positif* (1). Les objets sensibles sont des *noumènes négatifs,* c'est-à-dire que nous pensons et que même nous affirmons leur existence sans rien savoir de leurs attributs *réels.* Les objets *supra-sensibles* sont des *noumènes positifs,* c'est-à-dire que leur *concept* implique des attributs déterminés ; mais rien ne prouve qu'ils existent, puisque leur *concept* ne correspond à aucune intuition. Ainsi le *noumène négatif* est ce dont on ne peut rien dire si ce n'est qu'il est (par exemple le monde) ; le *noumène positif* est ce dont on peut tout dire, excepté qu'il est (par exemple Dieu).

Lorsqu'on affirme de l'objet réel (du *noumène),* ce qui est contenu dans son *concept,* et qu'ainsi on prétend le connaître par l'entendement seul et sans le secours d'aucune intuition, on commet, dit Kant, une *amphibolie* (2). Pour éviter ce genre d'erreurs, il importe d'avoir recours à la *réflexion transcendantale* (3). Par *réflexion,* en général, on entend l'acte de l'esprit qui cherche les rapports des concepts entre eux. S'agit-il d'un rapport de convenance ou de disconvenance ? Alors la réflexion est *logique.* S'agit-il, au contraire de comparer l'origine des concepts et de chercher quelle est la faculté qui nous les donne

---

(1) *Ibid.,* p. 220.
(2) *Ibid.,* p. 225 et suiv.
(3) *Ibid.*

(d'examiner, par exemple, si telle notion ne vient pas de la sensibilité, telle autre de l'entendement), alors la réflexion est *transcendantale* (1). L'utilité de la réflexion *transcendantale* est de nous mettre en garde contre la disposition de notre esprit à prendre des rapports logiques pour des rapports réels ; car les rapports logiques, dus à l'entendement, ne nous apprennent rien que sur notre manière de penser les choses ; la sensibilité seule nous fait connaître s'il existe des objets et quelles sont les lois des phénomènes. Ainsi deux *concepts* peuvent être identiques au point de vue de la quantité et de la qualité (par exemple, deux angles de 30 degrés), sans que l'on ait le droit de conclure que ces deux objets n'en font qu'un (2) ; ils ne sont qu'un pour l'intelligence, ils sont deux pour la sensibilité qui les perçoit en deux régions diverses de l'espace. Deux *concepts* contradictoires s'excluent; mais ce n'est pas une raison pour que deux réalités contraires s'anéantissent ; la sensibilité, en effet, perçoit en même temps des forces contraires qui se compensent, mais ne se détruisent pas; ainsi deux forces peuvent presser un même objet en deux sens opposés ; le plaisir et la douleur peuvent coexister dans le même sujet (3). Le *concept* de substance implique des qualités internes (parce que je forme ce *concept* à l'image de ma conscience) ; faut-il en conclure que les éléments constitutifs de la matière soient doués de forces internes ? La sensibilité, du moins, ne me révèle que leur action externe, et je n'ai pas le

---

(1) *Ibid.*, p. 225 et 226.
(2) *Ibid.*, p. 227.
(3) *Ibid.*, p. 228.

droit d'affirmer davantage (1). Dans mon entendement, le *concept* de *matière* précède celui de *forme*, c'est-à-dire que je conçois le *déterminable* avant le *déterminé*, les parties avant le tout, les matériaux juxtaposés avant leurs rapports de juxtaposition. S'ensuit-il que l'*espace* soit la *conséquence* de la juxtaposition des éléments matériels, et que les termes du rapport (les corps), préexistent au rapport (c'est-à-dire à l'espace) (2)? De telles conclusions ne sont que des *amphibolies*; et c'est sur ces amphibolies qu'est fondé tout le système métaphysique de Leibnitz.

Si Locke *sensualise* les objets de l'entendement, Leibnitz *intellectualise* (3) la nature, c'est-à-dire qu'il juge de ses lois et des objets qu'elle renferme par leur *idée*, non par l'expérience. Mais, juger des choses par leur idée, c'est confondre en une seule toutes celles qui sont comprises sous une même idée générale. De là, le fameux principe des *indiscernables* : il ne se peut, dit Leibnitz, que deux êtres distincts aient absolument les mêmes attributs; car alors, rien ne les distinguerait et ils ne seraient qu'un. Mais ne voit-on pas que deux objets supposés tels peuvent différer par leur place dans l'espace (4)?

Si le principe des *indiscernables* est fondé sur une *amphibolie* correspondant au concept de *quantité*, l'*optimisme* repose sur une *amphibolie* du *concept* de qualité. Les *concepts* des diverses qualités ne s'excluent pas; d'où Leibnitz conclut que dans la *réa-*

---

(1) *Ibid.*
(2) *Ibid.*, p. 228 et 229.
(3) *Ibid.*, p. 231.
(4) *Ibid.*, p. 231 et 232.

lité toutes les qualités, toutes les perfections se conviennent entre elles et sont réunies dans un être *réel*, en Dieu. De plus, le *concept* de Dieu et celui du *mal* s'excluent ; donc l'existence de Dieu et la réalité du mal ne peuvent être admises à la fois, et puisque Dieu est, le mal n'est pas, ou n'est que la condition d'un plus grand bien (1).

C'est par une *amphibolie* des concepts de *relation*, c'est en transportant aux *choses* les attributs impliqués par les *concepts* de *substance* de *cause* et de *réciprocité*, que Leibnitz a été amené à son système des monades. *Dans l'entendement*, le simple est antérieur au composé ; de là l'idée de certaines forces simples dont la matière serait composée. Mais de quel droit affirmer que *dans le monde sensible* le composé se compose d'éléments simples ? La causalité et la réciprocité (la communication des substances), que Leibnitz attribue aux *monades* ne sont peut-être aussi que des *concepts* sans objets (2).

Enfin sa doctrine sur le temps et l'espace est fondée sur une *amphibolie* des concepts de *modalité*. Pour *l'entendement*, le concept d'un corps n'est *possible* que dans un espace *nécessaire* ; de là Leibnitz conclut que *l'espace* est un rapport nécessaire entre les réalités, tandis que, suivant la *Critique*, ce n'est qu'un rapport entre nos perceptions et non entre les objets perçus (3).

Nous n'avons donc aucun moyen de savoir ce que sont les choses, ni par la perception, qui ne nous

---

(1) *Ibid.*, p. 232 et 233.
(2) *Ibid.*, p. 233.
(3) *Ibid.*, p. 234.

donne que le *phénomène* et non l'objet, ni par le concept, qui n'est qu'une forme de l'entendement et non l'expression de l'essence des choses. Seulement les phénomènes me révèlent qu'il y a des objets hors de moi; les concepts me révèlent un sujet pensant qui est moi. Je sais donc que le monde est et que je suis, mais nullement *ce que* le monde est ni *qui* je suis. Telles sont les conclusions de l'*Analytique*. Si notre connaissance même du monde de l'expérience est si peu de chose, que sera celle de l'absolu? Réduits au simple *concept* que nous en avons, que pouvons-nous en affirmer, si ce n'est que nous le pensons? Mais s'il est impossible de prouver que ce *concept* ait un objet, il n'est pas moins impossible de prouver qu'il n'en ait pas, et la question restera tout entière, pour être réservée à la *raison pratique*. Cette égale impuissance de la *raison spéculative* à démontrer l'existence et la non-existence de l'âme, de la liberté, de Dieu est l'objet de la *Dialectique transcendantale*.

CHAPITRE IV.

ANALYSE DE LA LOGIQUE TRANSCENDANTALE (2ᵉ partie, ou *dialectique transcendantale*).

I. Définition des idées. Nécessité de s'élever, à propos de toute pensée, jusqu'à la conception de l'absolu. — Mais cette idée n'est qu'une illusion inévitable.
II. On ne peut prouver l'existence de *l'Unité absolue*. Le *moi* n'est qu'une *unité logique*, une synthèse de mes représentations; conclure à la simplicité de sa *substance* constitue un *paralogisme transcendantal*.
III. La conception de la *Totalité absolue* (l'idée du *Monde des phénomènes* comme existant en soi tel qu'il nous apparaît) conduit à quatre *antinomies*. — Solution des *Antinomies* par la distinction des *phénomènes* et des *noumènes*.
IV. La *Perfection absolue* n'est qu'un *Idéal* de la Raison pure. — Critique des preuves de l'existence de Dieu.
V. *Appendice*. — L'Idée de l'Infini, de l'Absolu, n'a qu'un usage régulateur et ne sert qu'à donner de l'unité à la science et à exciter l'ardeur de l'esprit humain dans la recherche indéfinie des causes naturelles.

I

Non-seulement nous avons des notions qui ne viennent pas des sens (les notions de l'espace, du temps, nécessaires à la perception; celles de quantité, de qualité, de relation, de modalité, nécessaires à tous les jugements que nous portons sur les choses), mais ces notions purement relatives ne peuvent se concevoir que par leur rapport avec l'*absolu* ou l'*infini*. Sans l'*idée* de l'*unité absolue*, le *concept* de quantité n'a plus de sens. Sans l'*idée* de *perfection*, le *concept* de qualité est inintelligible. Tout jugement sur la causalité suppose une série de causes, et par conséquent une *cause première*. Enfin la réalité et même la possibilité des choses ne se conçoivent que par l'idée d'un être nécessaire, condition de toute chose, et lui-même inconditionné.

Kant appelle *idées* ces notions de l'*absolu*, de l'*infini*, de l'*inconditionné*. *La faculté qui les conçoit est la raison* (1). Ce n'est pas seulement le langage de Platon, c'est aussi sa doctrine,... du moins jusqu'ici ; et même si plus tard la *Critique* réduit les idées à des abstractions, elle en réservera une dont elle affirmera la réalité : c'est celle que Platon appelle l'idée suprême, l'idée des idées, l'idée du Bien.

De même que nous ne comprenons les données de la sensation qu'à la lumière des *concepts* de l'*entendement*, de même nous ne comprenons les *concepts* de l'*entendement* que par les *principes* de la *raison*. L'entendement (2) réduit la diversité des perceptions à l'unité de l'*idée générale*; la raison réduit les *idées générales* à une unité plus haute encore, à l'*idée universelle*. L'entendement est la faculté des *règles*; la raison est la faculté des *principes* (3). Il ne faut prendre ici le mot *principes* au sens relatif (comme dans l'*Analytique*). Les principes relatifs n'affirment que des propositions *générales*, c'est-à-dire des idées *qui*

---

(1) « Vernunft. »
(2) « Verstand. »
(3) *Ibid.*, p. 248.

ne sont universelles qu'à un point de vue (1) ; ces propositions dérivent de *principes premiers*, d'*idées absolument universelles* qui embrassent la totalité des concepts possibles (par exemple, l'idée d'infini contient toutes les *quantités* et toutes les *qualités*). Ainsi l'*idée* est l'unité de toutes les notions, l'unité de toutes les diversités que contient l'entendement ; « *la raison* » qui les conçoit est « *la faculté de l'unité des lois de l'entendement sous des principes* (2). »

Ainsi définie, la raison a un double usage : un *usage logique* et un *usage pur*, que Kant appelle encore un usage réel (3). L'usage logique est le raisonnement, qui tire une proposition particulière d'une vérité générale. Mais comme la proposition particulière est *conditionnée*, et que la proposition générale en est la *condition*, on peut dire que le raisonnement consiste à établir un rapport entre le *conditionné* et sa *condition* (4). Si la proposition générale est *condition* (ou, ce qui est la même chose, *majeure*) par rapport à la conclusion, à son tour elle découle d'une majeure plus générale, et ainsi de suite, jusqu'à ce qu'on arrive à une majeure *universelle*, à une *proposition universelle* qui soit elle-même *inconditionnée* et par conséquent nécessaire (5). Or, comme toute conclusion suppose une majeure, l'esprit remonte nécessairement par une *régression indéfinie* de la vérité d'une idée

---

(1) Tels sont, dit Kant, les axiomes mathématiques (*Ibid.*).
(2) « Der Verstand mag ein Vermögen der Einheit der Erscheinungen vermittelst der Regeln sein, *so ist die Vernunft das Vermögen der Einheit der Verstandesregeln unter Principien* » (*Ibid.*, p. 249).
(3) *Ibid.*, p. 250, 251 et suiv.
(4) *Ibid.*
(5) *Ibid.*, p. 252.

quelconque à celle d'une idée qui en est le principe, et de celle-ci à un principe encore antérieur ; ce qui revient à dire que toute vérité contingente nous force à remonter à une vérité nécessaire, que le *conditionné* étant donné, toute la série des conditions est donnée avec lui ; en un mot, que tout usage logique de la raison suppose l'*absolu*, sans lequel la série des conditions ne serait jamais complète, car il lui manquerait un premier anneau (1).

Toutefois le jugement par lequel je conclus de la série des *conditions* à un premier anneau (c'est-à-dire à l'*inconditionné*) n'est pas un jugement *analytique*, mais *synthétique* (car l'hypothèse contraire, celle d'une *série infinie*, n'implique pas contradiction) (2). Or, les jugements *synthétiques à priori* n'étant valables, suivant Kant, que par rapport aux objets de l'expérience, il est illégitime de conclure à la réalité objective de l'*inconditionné*, de la cause première. L'idée de l'*absolu* n'est donc pas *immanente*, c'est-à-dire qu'elle ne réside dans aucun objet de connaissance, mais *transcendante*, c'est-à-dire qu'elle tient à la nature du sujet pensant (3). D'où vient donc ce besoin que la raison a de concevoir l'absolu ? Du besoin de se reposer dans sa marche régressive vers l'infini, et en même temps d'un besoin d'*économie* (4) qui la pousse à réduire ses conceptions au plus petit nombre possible, en les faisant rentrer

---

(1) *Ibid.*, p. 252 et 253.

(2) Cette assertion, l'une des plus téméraires de la *Critique*, ressort évidemment de cette phrase : « Denn das Bedingte bezieht sich analytisch zwar auf irgend ein Bedingung, aber nicht aufs Unbedingte (*Ibid.*, 253).

(3) *Ibid.*

(4) *Ibid.*, p. 251 et 252.

les unes dans les autres. Mais nous prenons pour un premier terme réel de la série des causes le dernier terme de la marche ascensionnelle de notre pensée, et ainsi nous donnons un objet à l'idée de l'*inconditionné*. C'est là une illusion qu'il n'est pas plus possible d'éviter que l'illusion des yeux lorsque la mer me semble plus haute à l'horizon qu'au rivage (1); mais si l'illusion reste, je peux savoir que c'est une illusion; je puis juger contre mes yeux, je puis aussi juger contre ma raison, si la dialectique transcendantale m'apprend la cause de l'illusion qui me fait croire à l'Absolu (2).

Réaliser cette idée est l'erreur de Platon. Nier absolument les *idées*, qui ont à tout le moins une existence dans la raison (3), et réduire l'intelligence aux seuls *concepts* de l'*entendement*, est l'erreur d'Aristote. Mais dans les deux systèmes, il y a une grande part de vérité. Aristote a mieux connu les limites de la *connaissance objective*; Platon a mieux connu les lois de la pensée et surtout celles de la morale. « Pla-
» ton remarqua fort bien que notre faculté de penser
» éprouve un besoin plus élevé que celui d'épeler les
» phénomènes suivant l'unité synthétique pour pou-
» voir les lire comme expérience, et que notre raison
» s'élève naturellement à des connaissances, trop hau-
» tes pour qu'un objet donné par l'expérience puisse
» jamais leur convenir, mais qui néanmoins ont leur
» réalité et ne sont pas de pures fictions (4). » En

---

(1) *Ibid.*, p. 246.
(2) *Ibid.*, p. 247.
(3) *Ibid.*, p. 257 et suiv.
(4) « Plato bemerkte sehr wohl, dass unsere Erkenntnisskraft ein weit höheres Bedürfniss fühle, als bloss Erscheinungen nach synthe-

disant qu'elles ne sont pas de *pures fictions,* Kant ne veut pas faire entendre qu'elles aient un objet réel (puisqu'il ne cesse de soutenir le contraire), mais seulement qu'elles sont réelles en tant que principes de nos jugements et surtout de notre conduite. En effet, quelle règle de conduite pourrions-nous tirer de l'expérience (1)? De telles règles seraient purement relatives, changeantes, ambiguës (2). Le véritable original de la vertu est dans ma raison, et non dans tel ou tel homme vertueux que l'expérience me montre; car je ne juge cet homme vertueux qu'en comparant sa conduite à l'idéal du Bien conçu par ma raison (3). Le spectacle des hommes de bien me prouve sans doute la possibilité de réaliser plus ou moins cet idéal ici-bas; mais il ne me fournit par l'archétype même auquel je dois tâcher de conformer ma conduite (4). C'est en fixant les yeux sur cet idéal de vertu et de justice, et non en se proposant seulement d'imiter ce que l'expérience nous montre, que l'individu et la société peuvent s'avancer indéfiniment dans la voie du perfectionnement moral. On s'est moqué de ce que Platon veut confier le gouvernement de l'Etat à un roi philosophe, à un roi qui « *participe aux idées* (5). »

tischer Einheit buchstabiren, um sie als Erfahrung lesen zu können, und dass unsere Vernunft natürlicherweise sich zu Erkenntnissen aufschwinge, die viel weiter gehen, als dass irgend ein Gegenstand, den Erfahrung geben kann, jemals mit ihnen congruiren könne, die aber nichtsdestoweniger ihre Realität haben und keinesweg, blosse Hirngespinnste seien » (*Ibid.*, p. 257).

(1) *Ibid.*, p. 258.
(2) *Ibid.*
(3) *Ibid.*
(4) *Ibid.*
(5) *Ibid.*

Mais quoi! n'est-ce pas une *idée* qui doit servir de principe à toute constitution, à toute législation? S'il paraît difficile de se conformer, dans la pratique, à cet idéal de justice, c'est moins la faute de la nature humaine que celle de l'ignorance morale des politiques, et de leur mépris pour les vrais principes philosophiques de la législation (1).

Si l'idée du bien est la règle de nos actions, ce sont les idées, les archétypes des choses qui nous expliquent la nature; aussi Platon les considère comme les causes mêmes des choses (2). Ici cependant, dit Kant, tout en admirant l'élévation de la pensée de Platon, on doit reconnaître l'impuissance de l'esprit à démontrer la réalité de ces archétypes. Une science prudente et modeste doit laisser de côté ces hautes considérations métaphysiques. Si l'on excepte la morale, où l'expérience est impuissante à nous donner des principes (3), notre connaissance ne peut s'élever au delà des bornes de l'expérience. Il faut donc délivrer l'esprit des illusions transcendantales, afin de « dé-
» blayer et d'affermir le sol où doit être élevé le ma-
» jestueux édifice de la morale, et dans lequel la
» raison, en y cherchant des trésors, n'a su faire
» qu'une infinité de taupinières qui minent les fonde-
» ments de l'édifice (4). »

Les idées transcendantales de la raison *spéculative* sont au nombre de trois. En effet, les idées sont, comme on l'a vu, le principe premier de tout raison-

---

(1) *Ibid.*, p. 259.
(2) *Ibid.*
(3) *Ibid.*, p. 260.
(4) *Ibid.*

nement, le fondement indémontrable de toutes les démonstrations, les *majeures* suprêmes d'où découlent toutes les *majeures* possibles. Or, il y a trois formes possibles de syllogismes, c'est-à-dire trois manières de ramener une proposition *conditionnée* à une majeure qui en est la condition : le syllogisme *catégorique*, le syllogisme *hypothétique* et le syllogisme *disjonctif* (1). Le syllogisme *catégorique* affirme qu'un *attribut* est inhérent à une *substance*, et qu'il a par conséquent pour condition la réalité de cette *substance*; le syllogisme *hypothétique* affirme que la *cause* étant donnée, l'*effet* est donné avec elle, et, réciproquement, nous permet de remonter de l'*effet* à la *cause* qui en est la *condition*; le syllogisme *disjonctif* affirme la *diversité* des parties d'un tout, et en même temps leur rapport au tout (2), (car si l'exclusion de plusieurs hypothèses entraîne l'affirmation d'une autre hypothèse, c'est qu'elles forment par leur ensemble la *somme*, la *totalité* des explications possibles des choses) (3). De là trois idées : 1° celle d'une *substance absolue*, dont l'existence sert de fondement à celle de toute autre *substance*, et par conséquent à tout jugement, à tout syllogisme *catégorique*; 2° l'*idée* de la *série totale des conditions* et par conséquent d'une cause *première*, fondement de toutes les *causes* que nous supposons dans les syllogismes hypothétiques; en un mot, c'est l'*idée d'* « *une* » *supposition qui ne suppose plus rien* (4); » 3° l'idée

---

(1) *Ibid.*, p. 250 et 251.
(2) *Ibid.*, p. 262 et suiv.
(3) *Ibid.*, p. 96 et 97.
(4) *Ibid.*, p. 262 et 263.

d'un être qui réunisse en lui tout ce qu'il y a de réel dans les objets divers et de qui dépendent toutes leurs relations, tous leurs rapports réciproques (1). Cette idée, d'un être qui réunit en lui la diversité de tous les attributs, et à qui par conséquent rien ne manque, est l'idée de l'être parfait. Cet *absolu* de la *synthèse du divers* correspond à la catégorie de *communauté*, dont il est la plus haute expression, comme les deux *idées précédentes* correspondent à la catégorie de *substance* et à celle de *cause* (2).

L'idée d'une *substance absolue* est en même temps l'idée d'une *substance simple* ; car une substance composée ne peut être conçue comme *inconditionnée* ; elle a sa *condition* dans celle des éléments simples qui la composent. Je me conçois ainsi comme *sujet simple* ; ainsi l'*idée* du *moi*, est en dernière analyse, la première des idées *transcendantales*, l'idée d'une *substance absolue* (3). L'*idée* de la *série totale* des *conditions des phénomènes* est l'idée de la *nature*, conçue comme l'ensemble de toutes les causes et de tous les effets (4). Enfin l'*idée* d'un Etre parfait, considéré comme condition de la possibilité de toute chose (par cela même que toute la réalité possible lui appartient), est l'idée de Dieu (5). Sans cette *idée*, rien ne peut être pensé, car tout ce qui est objet de pensée n'est concevable que par quelque attribut, et aucun attribut n'est possible qui ne soit en Lui.

(1) *Ibid.*, p. 269.
(2) *Ibid.*, p. 269 et suiv.
(3) *Ibid.*
(4) *Ibid.*, p. 269 et 270.
(5) *Ibid.*, p. 269 et suiv.

Le sujet absolu est *transcendantal ;* car l'expérience (le sens intime), nous donne seulement les phénomènes du *moi,* et non le *moi* comme *substance.* L'idée de la nature est également *transcendantale*, car on ne perçoit par l'expérience qu'une partie de la série des phénomènes et non leur *totalité*. Enfin la notion de Dieu est trop vaste pour qu'aucun objet de l'expérience puisse lui convenir. Ces trois idées sont donc l'objet d'une triple science de la Raison pure, la *psychologie transcendantale*, la *cosmologie transcendantale* et la *théologie transcendantale* (1). Mais, précisément parce que ces sciences sont *transcendantales*, elles n'ont pas d'objets réels, ou du moins elles ne peuvent prouver par les idées la réalité de leurs *objets.* Kant appelle *Paralogisme transcendantal* le raisonnement qui conclut de l'idée du *moi* à l'existence réelle, d'un *moi* simple, d'une substance spirituelle. Il appelle *antinomies* de la Raison *pure* les contradictions où nous tombons nécessairement lorsque nous réalisons la nature, *c'est-à-dire la série totale des phénomènes*. Enfin, si, de ce que la notion de Dieu est la condition de toute pensée, nous inférons que son existence est la condition de tous les êtres, nous personnifions, dit Kant, un simple *Idéal de la Raison pure* (2). De là, la division du deuxième livre de la *Dialectique* en trois chapitres qui sont intitulés *Paralogisme transcendantal, Antinomies, Idéal de la Raison pure.* Ce dernier chapitre est suivi d'un appendice destiné à montrer que l'*Idéal,* s'il n'a pas d'objet, sert du moins de principe régula-

(1) *Ibid.*, p. 269.
(2) *Ibid.*, p. 273.

teur à la connaissance humaine, et nous prépare en outre à l'argument moral de l'existence de Dieu (qui sera développé dans la méthodologie).

II

Du paralogisme transcendantal.

Examinons donc par quels arguments la *Critique* s'efforce de démontrer que les idées sont de pures conceptions *subjectives* et que tous les raisonnements qui ont pour objet le *moi*, le *monde* et *Dieu* se réduisent à des sophismes.

Et d'abord, que savons-nous de notre âme? Du moins qu'en savons-nous *à priori?* (Car ce que nous en savons par l'observation interne, se réduit à de simples *phénomènes* dont la science de la Raison pure n'a pas à s'occuper). Je sais que je pense et que ma pensée est *une*. Le *cogito* est la condition *à priori* de tout acte de *pensée*, c'est le « *véhicule de tous les* « *concepts en général* (1), » ou, en d'autres termes, toute pensée suppose la conscience de ma faculté de penser. Mais je ne sais rien de plus *à priori*. De quel droit supposons-nous donc, dans ce sujet *cogito*, des *attributs* qui ne lui appartiennent pas *analytiquement?* Ces attributs qu'on ne peut lui donner sans faire des *jugements synthéthiques* (et par conséquent des paralogismes, puisque les *jugements synthéthiques* deviennent sophistiques là où les intuitions nous manquent), et que cependant les philosophes n'hésitent pas à

---

(1) « ... *Dass er das Vehikel aller Begriffe überhaupt*, und mithin auch der transscendentalen *sei* » (*Ibid.*, p. 274).

affirmer de notre âme, sont : 1° la *substance* ; 2° la *simplicité* ; 3° la permanence ou l'*unité* sous la diversité des phénomènes ; 4° la relation avec les objets *possibles* dans l'espace, et spécialement avec mon corps (1). On voit que ces affirmations *à priori* sur l'âme, correspondent aux catégories de *relation*, de *qualité*, de *quantité* et de *modalité*. Ainsi, en démontrant que ce sont là des jugements illégitimes, on prouvera qu'*à aucun point de vue* nous ne saurions rien affirmer du *moi*.

Comment pourrai-je savoir, si je suis réellement un être, une *substance* ? Descartes conclut de la pensée à l'*être*, comme si « *ergo sum* » était compris, impliqué *analytiquement* dans *cogito* (2). Mais la pensée n'est que la *synthèse de la diversité des phénomènes* (3). Ainsi, du fait de ma pensée je ne saurais tirer qu'une seule conséquence : c'est que *j'ai conscience de ma faculté synthétique* (4). Pour décider si ce pouvoir de penser, de faire une *synthèse*, est une *substance*, il faudrait avoir une intuition du *moi* ; or une telle intuition est impossible puisque la conscience du *moi*, étant la condition des intuitions, doit les précéder toutes (5). Il n'y a pas non plus de concept du *moi* puisque la conscience du *moi* est la condition de tous concepts, leur *véhicule*, et ne se confond avec aucun d'eux en particulier (6) Que nous représente donc le *moi* en dernière analyse ? « Un

---

(1) *Ibid.*, p. 275.
(2) *Ibid.*, p. 276 et la note de la page 286.
(3) *Ibid.*, p. 130 et 131.
(4) *Ibid.*
(5) *Ibid.*, p. 277.
(6) *Ibid.*, p. 276 et suiv.

« sujet transcendantal de la pensée $= x$ (1), » c'est-à-dire un sujet inaccessible à sa propre pensée.

La *simplicité* du *moi* n'est pas mieux démontrée que sa *substantialité*. Ma pensée est une, mais conclure de là à l'unité du sujet, ce serait conclure de l'*unité logique* à une *unité réelle* (2). D'ailleurs peut-il exister des substances simples? C'est une grave question qui sera plus loin discutée dans les antinomies (3).

L'*identité* de ma faculté de penser est-elle une preuve de l'*identité* et de la permanence de ma *personne*? Non, car une *fonction* peut être permanente et toujours identique à elle-même sans que le *sujet* de cette fonction soit identique (4).

Enfin je n'ai pas non plus le droit d'affirmer la relation que je crois avoir avec les objets situés hors de moi, et particulièrement avec mon corps. Qui sait, en effet, si cette relation est contingente ou si elle n'est pas la loi nécessaire de toute pensée (5).

Ce serait sans doute une grande pierre d'achoppement pour la critique si l'on pouvait démontrer *à priori* que le *cogito* implique une *substance*, que cette substance est simple, permanente, distincte de la nature; car on connaîtrait alors un être *en lui-même*, un *noumène*; on pénétrerait dans ce monde inconnu, on pourrait affirmer quelque chose des *objets en soi*, et cela sans intuition (6). Mais on n'y saurait parvenir;

---

(1) *Ibid.*, p. 276.
(2) *Ibid.*, p. 278 et 279.
(3) *Ibid.*
(4) *Ibid.*, p. 279. — Le *moi* n'est-il donc qu'une fonction? Quel est l'homme à qui on pourrait faire croire qu'il est *une fonction*?
(5) *Ibid.*, p. 279.
(6) *Ibid.*, p. 279 et 280.

car toutes les prétendues démonstrations de mon existence comme substance reviennent à ce syllogisme sophistique : « *Tout sujet est une substance ; or ce qui « pense est un sujet* (puisque il est le *sujet* de la pen- « sée) ; *donc le moi qui pense est une substance.* » Le mot *sujet* n'a pas le même sens dans la majeure que dans la mineure ; dans la majeure, il signifie *une chose en général, capable d'attributs ;* dans la mineure il désigne seulement l'*acte de la pensée* (1). La conclusion est donc déduite *per sophisma figuræ dictionis* (2).

Il n'y a donc aucun fondement à la preuve *spéculative* que l'on tire de la simplicité de l'âme en faveur de son immortalité. En vain Mendelssohn a tenté de la perfectionner. Ce philosophe a bien compris que, pour prouver l'immortalité d'un être simple, il ne suffit pas de dire « *ce qui est simple ne peut être décomposé :* » car, si un être simple ne peut périr par *décomposition*, il peut périr par *extinction*. Mendelssohn cherche donc, dans son *Phedon*, à démontrer qu'une substance simple est aussi bien à l'abri de l'*extinction* que de la *décomposition*. L'extinction, dit-il, ne peut se produire que graduellement, c'est-à-dire par la perte successive des parties. Mais il n'a pas vu que l'âme, même si elle est simple, peut avoir plusieurs *qualités*, et les perdre successivement, au point d'arriver, par degrés, à l'évanouissement complet de la conscience, et par conséquent du *moi*.

---

(1) *Ibid.*, p. 280 et la note correspondante.
(2) *Ibid.*, p. 280. — Il nous est impossible de voir là un sophisme ; le *moi* n'est pas l'acte de *la pensée*, mais le *sujet* de cet acte ; et tout *sujet* d'un acte est une substance, à moins qu'une abstraction ne puisse agir, ce qui est insoutenable.

car le *moi* n'est peut-être que ma conscience elle-même (1).

Cependant si je n'ai aucune preuve *spéculative* de l'existence et de l'immortalité de l'âme, il est impossible également de prouver qu'elle n'existe pas ou qu'elle doive périr avec le corps. Ainsi, lorsque la Raison pratique me démontrera l'immortalité, et par conséquent la distinction de l'âme et du corps, je n'aurai aucune objection à élever contre ces verités (2).

III

Antinomies de la cosmologie transcendantale.

Il en est tout autrement de la *nature*, considérée comme la *totalité des phénomènes et de leurs conditions;* on ne doit pas en dire, comme de l'âme, que son existence est *problématique* au point de vue spéculatif; on doit dire qu'un tel être n'existe pas; car la supposition d'une *série totale de phénomènes existant réellement* entraîne d'inévitables *contradictions* (3). Kant appelle ces contradictions *antinomies*. Il en compte quatre, correspondant aux catégories de quantité, de qualité, de relation et de modalité.

1re Antinomie.

Thèse. — *Il est nécessaire*, d'une part, *que le monde ait eu un commencement, et qu'il ait des bornes.* Car

---

(1) *Ibid.*, p. 281, 282 et 283.
(2) *Ibid.*, p. 287 et 288.
(3) *Ibid.*, p. 293.

s'il était éternel, une série *infinie* d'années serait actuellement écoulée; or une série infinie ne saurait être actuellement terminée. S'il était infini dans l'espace, la somme de ses parties, qui sont finies, formeraient par leur addition un nombre infini, ce qui est impossible (1).

Antithèse. — Mais d'autre part il est impossible que le monde ait commencé et qu'il ait des bornes dans l'espace. S'il a commencé, il a été précédé par un temps vide; or un temps vide ne renferme rien qui puisse déterminer une chose à naître; donc rien n'a pu naître dans ces conditions. Si le monde a des bornes, il est borné par un espace vide; il a un certain rapport avec un espace vide, c'est-à-dire avec un pur néant, ce qui est contradictoire (2). *Donc le monde est éternel et infini.*

2ᵉ Antinomie.

Thèse. — *Le monde est composé de parties simples :* en effet la composition n'est qu'une relation accidentelle des substances; leur essence implique donc la simplicité (3).

Antithèse. — Mais, d'un autre côté, on prouve également que des parties simples, n'occupant aucun espace, ne peuvent en s'ajoutant former une étendue (4). Donc *le monde n'est pas composé de parties simples.*

---

(1) *Ibid.*, p. 304 et 306.
(2) *Ibid.*, p. 305 et 307.
(3) *Ibid.*, p. 310 et 312.
(4) *Ibid.*, p. 311 et 313.

3ᵉ Antinomie.

Thèse. — *Il est nécessaire d'admettre une causalité libre pour expliquer la causalité naturelle.* En effet, supposons que tous les phénomènes aient été déterminés de tout temps par ceux qui les ont précédés, et que nulle causalité libre n'ait imprimé la première détermination. — Alors il n'y aura jamais eu de commencement à la série des causes, ce qui est contradictoire (1).

Antithèse. — Mais il n'est pas moins contradictoire qu'une cause puisse agir sans être déterminée à agir par un phénomène antérieur. Donc *il n'y a pas de cause première, de cause libre* (2). D'ailleurs, s'il y avait une cause libre (ma volonté, par exemple), elle troublerait l'ordre des lois de la nature. (3).

4ᵉ Antinomie.

Thèse. — *Pour expliquer l'univers il faut supposer un Etre nécessaire qui en soit distinct ou qui en fasse partie.* En effet la série des phénomènes est contingente, *conditionnée*, et tout *conditionné* suppose pour *condition* un premier principe inconditionné (4).

Antithèse. — Mais, d'autre part, *il est impossible qu'un Etre nécessaire existe dans le monde ; il est également impossible qu'il existe hors du monde et qu'il en soit la cause.* En effet, si le monde est contingent, aucun

---

(1) *Ibid.*, p. 316 et 318.
(2) *Ibid.*, p. 317 et 319.
(3) *Ibid.*, p. 323.
(4) *Ibid.*, p. 322 et 324.

Etre nécessaire n'en peut faire partie. Si l'Etre nécessaire est en dehors du monde, il est en dehors du temps; il n'a donc pu agir dans le temps ni par conséquent produire le monde qui est dans le temps (1).

Solution des Antinomies.

Telles sont, suivant Kant, les contradictions où tombe la Raison quand elle veut remonter à l'origine et à l'essence des choses. Devons-nous pour cela renoncer à rien savoir non-seulement au sujet du monde, mais sur Dieu, sur la liberté ? Non, car notre raison voudrait y renoncer qu'elle ne le pourrait pas. D'ailleurs est-il bien sûr que ces contradictions ne viennent pas d'un simple malentendu; et ne doit-on pas chercher si, dans une certaine mesure, il ne serait pas possible de concilier les *thèses* avec les *antithèses* (2) ? Le dogmatisme, qui soutient les thèses, est à la fois d'accord avec la morale (3) et avec le sens commun, qui, sans s'inquiéter de savoir si l'Etre absolument premier est possible, trouve dans cette conception un point ferme où il peut attacher le fil de ses pas, « tandis que dans l'ascension perpétuelle et « sans fin du conditionné à la condition, il est tou- « jours un pied en l'air et ne peut trouver aucune « satisfaction (4). » De son côté l'empirisme, qui soutient les antithèses, semble favoriser la science;

(1) *Ibid.*, p. 323 et 325.
(2) *Ibid.*, p. 331.
(3) *Ibid.*, p. 332.
(4) « ... Da er hingegen an dem rastlosen Aufsteigen von Bedingten zur Bedingung, jederzeit mit einem Fusse in der Luft, gar kein Wohlgefallen finden kann » (*Ibid.*, p. 333).

car, si nous nous représentons la série des causes comme illimitée, nous trouvons dans cette conception un motif qui nous excite à pousser toujours plus avant nos recherches sur la nature (1).

Est-il impossible de faire une part à chacune de ces deux doctrines, utiles toutes deux, l'une à la morale, l'autre à la science? Oui, car les contradictions où tombe la raison à propos des questions transcendantales de la cosmologie viennent de ce que, dans nos raisonnements, nous avons pris des *phénomènes*, pour des *objets en soi*, pour des *noumènes* (2). En dissipant cette *amphibolie*, la critique fait disparaître les contradictions qui nous ont d'abord étonnés.

Considérons la première antinomie. Qu'est-ce que le monde? L'ensemble des *phénomènes*. Mais *les lois des phénomènes ne sont que les lois de notre pensée*. Or les lois de notre pensée ne nous permettent pas de nous arrêter dans la conception successive du monde; au delà d'un temps quelconque, au delà d'un espace quelconque nous concevons toujours quelque phénomène, quelque objet matériel; donc notre conception du monde *n'est pas finie*, et l'antithèse est vraie, si toutefois par *la nature* nous entendons, comme on doit le faire, *la conception que nous en avons* (3). Mais, d'autre part, jamais notre concept n'atteint l'*infini*, l'*éternité*, l'*immensité*; et ainsi l'univers ne peut être conçu comme *infini*. En ce sens la thèse est vraie (4). En eux-mêmes, les phénomènes ne sont rien; leur

---

(1) *Ibid.*, p. 333 et 334.
(2) *Ibid.*, p. 343.
(3) *Ibid.*, p. 344 et suiv.
(4) *Ibid.*, p. 354 et 355.

série n'est donc ni *finie* ni *infinie*; mais le concept que nous en avons, c'est-à-dire le mouvement de notre pensée, dans sa régression vers l'origine des choses et vers leurs limites, est *indéfini*, et par conséquent il n'est, lui aussi, *ni fini, ni infini*. Ainsi les deux assertions contraires ne sont pas contradictoires; elles sont vraies l'une et l'autre, et il n'y a d'*antinomie* qu'en apparence (1). (Il est clair que cette solution n'en serait pas une si les phénomènes étaient quelque chose de réel; car le réel ne peut-être que *fini* ou *infini*; l'*indéfini* n'existe que dans l'ordre de la pensée.)

On résout de même la seconde antinomie. Le monde des phénomènes n'est pas composé de parties simples; il n'est pas non plus divisible à l'infini; la raison en est qu'il n'est rien par lui-même. Mais le mouvement de notre pensée, dans la régression du composé au simple, ou en d'autres termes la *division mentale* des parties de la matière, est sans limite; notre concept n'atteint pas le simple; en ce sens l'antithèse est vraie; mais la division tend à l'infini sans y parvenir, et en ce sens la thèse est vraie. En un mot la somme des parties du monde n'existe que dans notre pensée; *leur nombre est égal à celui de nos divisions mentales*; or, notre pensée ne pouvant ni atteindre l'*infini* ni s'arrêter au *fini*, le nombre de nos divisions mentales est *indéfini* (2). Donc, ici encore, il n'y a pas de contradiction entre la *thèse* et l'*antithèse*. La division ne peut s'arrêter qu'au *simple*, cela est vrai; elle n'atteint jamais le *simple*,

---

(1) *Ibid.*
(2) *Ibid.*

cela est encore vrai; mais comme elle ne s'arrête jamais, les deux propositions se concilient. Si les phénomènes étaient quelque chose, cette solution serait absurde, puisque l'élément simple que l'on cherche toujours et qu'on ne trouve jamais aurait dû exister avant la composition, et, à plus forte raison, avant la décomposition; mais, dans la pensée, la division peut précéder l'élément; le composé est le point de départ, et le simple n'est que le point d'arrivée, tout idéal, où l'on n'arrive jamais.

Ainsi, dans les deux premières antinomies, la thèse et l'antithèse sont toutes les deux vraies à un point de vue, toutes les deux fausses à un autre; elles sont fausses si on les considère comme des assertions relatives à la nature des choses, vraies si on les réduit à de simples assertions relatives aux lois de notre pensée. Pour les deux dernières antinomies, la solution est tout autre. Les *antithèses* (qui sont les propositions de l'empirisme), sont vraies dans le monde des *phénomènes* : les *thèses* (les propositions spiritualistes), sont vraies dans le monde des *noumènes*. Cette distinction ne pouvait s'appliquer, du moins de la même manière, aux deux premières antinomies qui ont pour objet des rapports mathématiques; car « dans la liaison mathématique des séries « de phénomènes, il ne s'agit que d'une condition » qui fait elle-même partie de la série (1); » ainsi le commencement des phénomènes est lui-même un phénomène; l'élément simple ou non-simple de la matière fait partie de cette matière; par conséquent si les *phénomènes* ne sont rien, le premier phénomène

(1) *Ibid.*, p. 369.

est aussi peu réel que les phénomènes subséquents ; l'élément simple est aussi peu réel que le composé. Mais il en est autrement de la *cause* du monde, de l'*Etre nécessaire* ; il peut exister sans être lui-même phénomène, et « comme être intelligible en « dehors de la série des phénomènes (1). » Ainsi la raison peut être cause d'une action, et pourtant elle ne constitue pas un *phénomène* qui vienne remplir un intervalle de temps entre cette action et l'action qui l'a précédée immédiatement : on voit par » là que « l'inconditionné préposé aux phénomènes » n'en trouble pas la série (2), » n'en brise pas la chaîne, par la raison qu'il n'est pas lui-même un anneau de cette chaîne. Par conséquent les phénomènes peuvent s'enchaîner indéfiniment suivant des lois nécessaires, sans que leur cause intelligible soit soumise à cette détermination. Tout ce qui se produit dans le temps est l'effet déterminé, fatal, du phénomène immédiatement antérieur (l'antithèse est donc vraie) ; mais la cause intelligible de ces phénomènes, étant hors du temps, n'est pas soumise à cette loi (la thèse est donc vraie aussi). De cette manière, la *raison* qui suppose une cause libre est satisfaite ; et l'*entendement*, qui suppose une série infinie de causes secondes, ne contredit pas la raison ; en effet, la liberté, que l'entendement conçoit comme impossible, n'existe que là où il ne peut pénétrer, à savoir dans le monde des *noumènes* (3).

Reste à prouver qu'un *phénomène* peut avoir sa

---

(1) *Ibid.*, p. 370.
(2) *Ibid.*, p. 370.
(3) *Ibid.*

cause, dans un fait qui n'est pas lui-même un *phénomène*, dans un fait de raison. Mais l'expérience interne le démontre, puisque la *raison*, cause intelligible, m'impose des devoirs, des *impératifs*, et qu'ainsi elle est cause de mes actions (1) ; sans être elle-même dans le temps elle me détermine à agir dans le temps. Il faut sans doute que mon acte soit rendu possible par les conditions physiques qui le précèdent ; « mais
» ces conditions ne concernent pas la détermination
» du libre arbitre ; elles ne regardent que son effet
» dans le *phénomène*. Si nombreuses que puissent
» être les raisons physiques qui me portent à vouloir,
» si nombreux que puissent être les motifs sensibles,
» ils ne peuvent produire le devoir, mais un vouloir
» toujours conditionné auquel le devoir, proclamé
» par la raison, oppose une mesure et un terme,
» une défense et une autorité (2). »

Il y a donc deux causalités, l'une suivant la nature, l'autre par la liberté (3). La raison est la cause intelligible de mes actes libres, et pourtant ils ont aussi leur cause dans le monde des phénomènes ; car « l'homme lui-même est phénomène (4). » « Il n'y a
» aucune des conditions qui déterminent l'homme

---

(1) *Ibid.*, p. 379.
(2) « ... Aber diese Naturbedingungen betreffen nicht die Bestimmung der Willkühr selbst, sonder nur die Wirkung und den Erfolg derselben in der Erscheinung. Es mögen noch so viel Naturgründe sein, die mich zum Wollen antreiben, noch so viel sinnliche Anreize, so können sie nicht das Sollen hervorbringen, sondern nur ein noch lange nicht nothwendiges, sondern jederzeit bedingtes Wollen, dem dagegen das Sollen, das die Vernunft ausspricht, Maass und Ziel, ja Verbot und Ansehen entgegen setzt » (*Ibid.*, p. 379 et 380).
(3) *Ibid.*, p. 382.
(4) *Ibid.*

» suivant le caractère empirique qui ne soit comprise
» dans la série des effets naturels (1), » c'est-à-dire
qui ne soit causée par le *phénomène* antérieur : « Mais
» on ne peut pas dire de la raison qu'avant l'état
» dans lequel elle détermine l'arbitre, un autre état
» précède dans lequel cet état même est déterminé (2). »
En un mot, les actes humains sont déterminés en tant
que *phénomènes*, c'est-à-dire en tant que nous les
percevons dans le temps et dans l'espace, mais ils
sont libres en tant qu'ils ont rapport à la raison, à
la loi morale (3). Par exemple, un homme fait un
mensonge; ce mensonge est un fait, un acte sensible (puisqu'il a lieu dans le temps); et comme tel il
est déterminé par le *fait antérieur* de la mauvaise
éducation, par la légèreté, par l'absence du sentiment d'honneur. Toutefois l'essence de ce mensonge
est une violation des lois de la raison ; comme tel,
cette faute est un acte *intelligible*; la raison de cet
homme aurait pu et aurait dû le déterminer à ne pas
mentir ; elle est la *cause* de son mensonge, elle en
est la *cause libre* (4). Donc, au point de vue de la raison, nos actes ont une cause en dehors du monde
et indépendante de la détermination physique; cette
cause libre, qui peut coexister avec la détermination
de nos actes *comme phénomènes*, constitue la *liberté*

---

(1) « Es ist keine der Bedingungen, die den Menschen diesem Charakter gemäss bestimmen, welche nicht in der Reihe der Naturwirkungen enthalten wäre » (*Ibid.*, p. 382).

(2) « ... Aber von der Vernunft kann man nicht sagen, dass vor demjenigen Zustande, darin sie die Willkühr bestimmt, ein anderer vorhergehe, darin dieser Zustand selbst bestimmt wird » (*Ibid.*).

(3) *Ibid.*

(4) *Ibid.*, p. 383.

transcendantale, (la seule liberté réelle ; en effet, la raison pratique nous oblige à supposer la liberté ; or elle n'existe pas dans le monde sensible ; il faut donc qu'elle soit *transcendantale*.)

Sans doute, on a de la peine à concevoir comment nos actes peuvent avoir deux causes, dont l'une est libre et les fait être libres, dont l'autre n'est pas libre et les empêche d'être libres. Mais l'absurdité de cette théorie disparaît si on se rappelle que cette seconde cause, *étant phénomène*, n'a à ce titre aucune réalité. Une détermination *phénomènale*, et par conséquent illusoire, n'a rien d'*incompatible* avec une liberté réelle.

De même, pour résoudre la quatrième antinomie, il suffit de considérer que, dans le monde des phénomènes (dans le temps), tout est *conditionné*, mais qu'*en dehors du temps* il peut exister un être nécessaire (1). « Les deux propositions contradictoires » (la thèse et l'antithèse), « peuvent donc être vraies
» en même temps sous différents rapports, de telle
» sorte que toutes les choses du monde sensible
» soient absolument contingentes et n'aient jamais
» qu'une existence empiriquement conditionnée,
» bien qu'il y ait aussi pour toute la série une con-
» dition non empirique, c'est-à-dire un être incon-
» ditionnellement ou absolument nécessaire. Cet être,
» en tant que condition intelligible, ne ferait pas par-
» tie de la série comme un de ses anneaux (*pas même
» comme le plus élevé*); » (2)... Ainsi il n'y a nulle part, dans le monde sensible, une nécessité incon-

---

(1) *Ibid.*, p. 386 et suiv.
(2) « ... Alle beide einander widerstreitende Sätze in verschiedener Beziehung wahr sein können, so, dass alle Dinge der Sinnenwelt dur-

ditionnée; « il n'est aucun membre de la série des
» conditions dont on ne doive toujours attendre et
» chercher aussi loin que possible la condition empi-
» rique. Mais on ne doit pas nier pour cela que toute
» la série ne puisse avoir sa raison d'être dans un
» Etre intelligible qui, par le fait, est libre de toute
» condition empirique, et contient au contraire le
» principe de la possibilité des phénomènes (1). »

Il y a une contradiction apparente à expliquer
d'une part les phénomènes par une cause nécessaire,
et à admettre d'autre part que la série totale de leurs
causes est contingente. Mais encore ici la doctrine de
l'idéalité des phénomènes lève toute contradiction.
Les phénomènes n'existent que dans notre pensée;
l'impossibilité de ne pas aller à l'infini dans la régression des causes contingentes n'est qu'une loi de notre
esprit (2); la raison, dans cette régression, ne pouvant passer d'un phénomène contingent qu'à une
condition antérieure également contingente, nous
n'arrivons jamais à l'Être nécessaire : en ce sens,
l'antithèse est vraie. Mais les lois de l'Entendement

---

chaus zufällig sind, mithin auch immer nur empirisch bedingte Existenz haben, gleichwohl von der ganzen Reihe auch eine nichtempi-
rische Bedingung, das ist ein unbedingt nothwendiges Wesen statt-
finde. Denn dieses würde, als intelligible Bedingung, gar nicht zur
Reihe als ein Glied derselben (nicht einmal als das oberste Glied) ge-
hören » (*Ibid.*, p. 386 et 387).

(1) « ... Kein Glied der Reihe von Bedingungen (ist) davon man
nicht immer die empirische Bedingung in einer möglichen Erfahrung
erwarten und, so weit man kann, suchen müsse... gleichwohl aber
dadurch gar nicht in Abrede zu ziehen, dass nicht die ganze Reihe in
irgend einem intelligiblen Wesen, (welches darum von aller empiris-
chen Bedingung frei ist und vielmehr den Grund der Möglichkeit aller
dieser Erscheinungen enthält), gegründet sein könne » (*Ibid.*, p. 387).

(2) *Ibid.*, p. 388.

n'étant pas celles de la vérité, il est *possible* (1) que les phénomènes aient, comme l'affirme la thèse, une cause première réelle, pourvu qu'elle n'existe que dans le monde intelligible et qu'elle n'ait sur les *phénomènes* qu'une *causalité* intelligible, c'est-à-dire à condition qu'elle agisse sur eux sans agir dans le temps et dans l'espace, *où ils semblent être, mais où ils ne sont pas réellement.*

IV

De l'Idéal de la Raison pure.

La solution des Antinomies nous a amenés à considérer comme *possible* l'existence de la Cause première, de l'Être nécessaire ; mais en même temps elle relègue ce suprême Intelligible dans le monde des *noumènes*, dans ce monde dont nous ne pouvons rien affirmer, si ce n'est la simple possibilité (2). Nous pressentons facilement, dès lors, que la critique refusera toute valeur aux preuves de l'existence de Dieu.

L'idée de Dieu n'est en effet, suivant Kant, qu'un *Idéal* dont la réalité reste problématique, du moins pour la raison spéculative. D'un simple *concept* on ne saurait conclure à la réalité de l'objet conçu, à moins que cet objet ne soit en même temps conçu par l'entendement et perçu par l'expérience. L'Idée par excellence, l'Idée des Idées, celle de l'Être parfait, est évidemment au-dessus de toute expérience pos-

---

(1) *Ibid.*, p. 511. — Kant ne veut parler ici que de la possibilité *logique*, distincte, suivant lui, de la possibilit absolue ou *ontologique*.
(2) V. la note précédente.

sible ; comment donc pourrais-je avoir une intuition de son objet? Et, sans intuition, comment savoir si elle a un objet? Dans ce doute, je suis réduit à affirmer uniquement qu'elle est la forme nécessaire de ma pensée (1).

D'ailleurs, quand même cet *Idéal* n'aurait aucune réalité en dehors de ma pensée, il ne serait pas pour cela inutile. « La raison humaine contient de ces » idéaux, qui n'ont pas à la vérité comme ceux de » Platon une vertu créatrice, mais qui ont cependant » une vertu pratique et servent de fondement à la » possibilité de certaines actions (2) » à la possibilité des actions morales). Tel est le sage des stoïciens. Il n'existe que dans la pensée ; mais il s'accorde parfaitement avec l'idée de la parfaite sagesse humaine ; c'est en comparant nos actions à ce type que nous les jugeons (3). « De tels idéaux donnent une unité » de mesure indispensable à la raison qui a besoin » du concept de ce qui est parfait pour pouvoir apprécier » le degré et le défaut de l'imperfection (4). » Le langage de Kant est ici absolument celui de Descartes ; l'idée de l'imparfait suppose celle de l'Être parfait. Mais loin de conclure de la nécessité de cette idée à son *objectivité*, ou de se demander d'où elle est venue à notre esprit, c'est toujours dans la nature même de l'esprit que Kant en cherche la dernière explication.

Du moins, s'il déclare impossible d'établir, par la *spéculation métaphysique*, la réalité de cet *Idéal* de

---

(1) *Ibid.*, p. 391.
(2) *Ibid.*, p. 392.
(3) *Ibid.*
(4) *Ibid.*

perfection, Kant a su admirablement en déterminer l'*essence*. L'*essence* de l'Idéal, de Dieu, c'est de posséder *tous les attributs possibles* (1). Par conséquent, rien ne peut exister sans posséder quelqu'un des attributs de Dieu, dans une certaine mesure (2). Mais, en disant que Dieu possède tous les attributs possibles, nous lui refusons avec raison une foule d'attributs purement négatifs qui ne feraient que limiter sa perfection (3). Sans cette notion de l'*Idéal* qui renferme « l'*entière provision* » *des possibilités* (4), nous ne pourrions jamais affirmer d'une chose si elle est possible ou non (5) ; en d'autres termes, nous ne pensons rien sans comparer ce que nous pensons à l'idée de Dieu, de même que nous ne concevons les choses étendues qu'en concevant l'Espace. L'idée de Dieu est pour ainsi dire *le lieu* de tous les attributs, et, par conséquent, le lieu de toutes les conceptions de notre esprit. Qui ne penserait pas Dieu ne penserait pas.

En concevant Dieu comme la plénitude de l'être, nous le concevons en même temps comme un Être unique, *personnel*. En effet, si cette totalité des perfections était répartie entre plusieurs êtres, aucun ne serait parfait, et une foule d'imparfaits ne constituerait pas la Perfection par leur réunion (6). De plus, Dieu est *simple*, car s'il était composé de parties il trouverait, dans l'existence de chacune de ces parties, la condition de sa possibilité, ce qui est contradictoire,

---

(1) *Ibid.*, p. 396.
(2) *Ibid.*, p. 394.
(3) *Ibid.*, p. 394 et suiv.
(4) *Ibid.*, p. 396.
(5) *Ibid.*, p. 394 et 395.
(6) *Ibid.*, p. 398.

puisqu'il est lui-même la condition de toute possibilité (1). Il n'est donc pas la somme des êtres ni la somme des qualités réparties entre les êtres, comme le suppose le panthéisme (2). Il est tout ce qu'ils sont, mais il n'est pas ces êtres ; car les attributs qui sont réunis en lui, et qui existent en lui au degré infini, sont divisés entre les êtres possibles, et aucun d'eux n'y participe que très-imparfaitement (3). L'un de ces attributs peut être nié d'une certaine chose, tel autre peut être nié de telle autre chose ; et c'est pour cela, comme on l'a déjà vu plus haut, que l'idée de la *Totalité des possibles* correspond au jugement disjonctif (4). Enfin, si les attributs des choses dérivent de cette *Totalité des perfections possibles*, elles n'en dérivent pas par *division* (5), mais pour ainsi dire par imitation, par une sorte d'assimilation imparfaite.

Néanmoins il n'est pas nécessaire que cet être parfait, fondement de la possibilité des choses, soit réel pour que les choses qui en dérivent puissent exister. Il suffit qu'il soit pensé comme *Idéal* (6) : car un être parfait idéal renferme autant de perfection qu'un être parfait réel. « Le réel ne contient rien de » plus que le simplement possible. Cent écus réels ne » contiennent absolument rien de plus que cent écus » possibles (7). » Ainsi rien ne prouve que Dieu soit

(1) *Ibid.*
(2) *Ibid.*
(3) *Ibid.*
(4) *Ibid.*, p. 396 et 397.
(5) *Ibid.*, p. 398.
(6) *Ibid.*
(7) « Und so enthält das Virkliche nichts mehr, als das bloss Mögliche. Hundert wirkliche Thaler enthalten nicht das Mindeste mehr. als hundert mögliche » (*Ibid.*, p. 409).

autre chose qu'une simple conception de l'esprit. D'où vient donc l'invincible instinct de la raison à affirmer non-seulement son idée, mais aussi son existence ? C'est qu'elle éprouve le besoin de se reposer dans la régression du conditionné à l'inconditionné ; et ne pouvant trouver cette suprême condition, cette nécessité dans les êtres imparfaits, elle la suppose cependant quelque part et par conséquent la place dans un être parfait (1). La conclusion semble logique, et le serait, en effet, *si la série des conditionnés était réelle ;* mais on a vu que les *phénomènes* n'existent que dans notre pensée ; et par conséquent leur *condition* n'a peut-être pas plus de réalité qu'ils n'en ont eux-mêmes ; il est possible qu'elle n'existe que dans la pensée (2). D'une série, on peut conclure à un premier anneau ; mais si tous les anneaux n'existent qu'à l'état idéal, il en est de même du premier (3). Ainsi tout ce qu'on peut dire de Dieu est que son idée est la condition de toute pensée, et non que son existence soit la condition des choses.

Cette nécessité subjective de penser Dieu implique si peu son existence, que les philosophes, comme le sens commun, ont toujours senti le besoin de la démontrer (4). Toutes les démonstrations que l'on a essayées peuvent se ramener à trois. Ou bien, on part

---

(1) *Ibid.*, p. 400 et suiv.

(2) *Ibid.*, 399, 400 et 401.

(3) Cela revient à dire tout simplement que si le monde n'est rien, ce rien ne prouve pas un Créateur. D'accord ; mais peut-on croire que le monde ne soit rien ?

(4) S'il est nécessaire de démontrer Dieu, ce n'est pas que son existence ne soit pas impliquée dans l'idée que nous en avons, mais c'est que nous avons besoin de *réfléchir* sur cette idée pour comprendre tout ce qu'elle implique.

de l'expérience pour s'élever jusqu'à Dieu, ou bien on part du simple concept de son essence. Si l'on part du simple concept, et que de son idée on cherche à déduire son existence, on emploie l'argument ontologique (1). Si l'on part d'une *expérience indéterminée*, c'est-à-dire de l'existence de *choses quelconques* (de l'existence du monde, pour conclure à la réalité d'une cause première, on a l'argument cosmologique ou *à contingentiâ mundi*. Enfin, si l'on part d'une *expérience déterminée*, c'est-à-dire des qualités et de l'harmonie du monde, pour en inférer l'existence, d'une intelligence qui a produit cette harmonie, c'est la preuve *physico-théologique* ou preuve des causes finales (2). Toutes ces preuves, dit Kant, sont insuffisantes ; — et elles doivent l'être, puisqu'en les employant la raison sort du domaine de l'expérience possible, hors duquel, d'après la doctrine critique, nos concepts sont sans valeur (3).

La preuve ontologique est celle qu'il discute la première ; car les deux autres, dit-il, en dépendent et la supposent (4).

Saint Anselme a cru pouvoir conclure, de l'idée du parfait, à son existence; en effet, dit-il, un être auquel manquerait l'existence, manquerait de quelque chose; par conséquent il ne serait pas parfait; et ainsi il y a une véritable contradiction dans les termes à dire : « *L'être parfait n'existe pas.* » Kant soutient que cette proposition ne saurait être contradictoire : en effet, une proposition négative n'est contradictoire que

(1) *Ibid.*, p. 404.
(2) *Ibid.*, p. 404.
(3) *Ibid.*, p. 405.
(4) *Ibid.* — Proposition plus que contestable.

si la proposition affirmative correspondante est *analytique* : or le jugement « *l'être parfait existe* » est *synthétique*, puisque le prédicat *existence* n'est pas compris dans le sujet *perfection* (1). D'ailleurs, quand même on pourrait ramener l'argument à un jugement analytique, l'existence de Dieu ne serait pas encore démontrée. La proposition « *un triangle a trois angles* » est analytique, et cependant il ne s'ensuit pas qu'il existe un triangle, mais seulement que, *s'il existe*, il a trois angles (2). Ce n'est qu'une affirmation hypothétique ; faites disparaître le sujet *triangle*, et l'attribut (les trois angles) disparaît également. De même, s'il y a un être parfait, il existe ; mais supprimez le sujet *être parfait* et l'attribut *existence* disparaît avec lui. L'argument revient donc à dire que *Dieu existe s'il existe*. Dira-t-on qu'il y a des sujets absolument nécessaires, des sujets qu'il est impossible de supprimer même par hypothèse, et que *Dieu* est un de ces sujets (3) ? Mais c'est précisément supposer ce qui est en question, la nécessité de l'existence de Dieu (4). On allègue que la suppression de l'hypothèse d'un être parfait est contradictoire ; mais on y met cependant une condition, c'est qu'un tel être soit *possible* (Voir Leibnitz). Or savons-nous s'il est possible ? Logiquement, oui, car son concept n'implique pas contradiction. Mais la possibilité logique, c'est-à-dire la possibilité de la pensée, implique-t-elle la possibilité de l'existence (5) ?

---

(1) *Ibid.*, p. 408.
(2) *Ibid.*, p. 406.
(3) *Ibid.*, p. 407.
(4) *Ibid.*, p. 407 et 408.
(5) *Ibid.* — Etrange paradoxe ! Que deviendrait alors la géométrie,

On ne peut donc arriver à prouver *à priori* l'existence de Dieu ; car l'expérience seule nous permet d'ajouter, par un jugement *synthétique*, l'attribut *existence* au concept d'un objet. C'est pour cela que les philosophes ont appelé l'expérience au secours de leurs démonstrations, et ont essayé de s'élever du monde sensible à sa cause, par la preuve cosmologique et par la preuve des causes finales. Peine perdue ; car, en partant du fini, je ne saurais arriver à l'infini, si ce n'est en comblant l'intervalle par la preuve *à priori* dont on a déjà vu la faiblesse. La preuve cosmologique peut s'énoncer ainsi : « *Si quelque chose existe, un être absolument nécessaire doit exister ; or il existe quelque chose ; donc il y a un être nécessaire* (1), » *et cet être est parfait* (2). Cet argument, bien qu'il semble différer du premier en ce qu'il s'appuie sur l'expérience, n'est au fond que le « premier, qui change de costume et de voix afin de passer pour un second (3). » En effet, l'expérience nous sert, il est vrai, à nous élever jusqu'à un être nécessaire, condition des réalités contingentes ; mais elle ne démontre pas que cet être nécessaire soit parfait ; pour passer du concept de nécessaire à celui de parfait, il faut précisément affirmer *à priori* l'identité de ces deux concepts, ce qui est revenir à la preuve ontologique déjà condamnée (4). De plus, pour s'éle-

---

qui est fondée sur ce seul principe, que tout ce qui n'est pas contradictoire est possible ? Dira-t-on qu'elle n'est qu'une science *idéale ?* Mais ce serait oublier qu'on peut l'appliquer.

(1) *Ibid.*, p. 412 et 413.
(2) *Ibid.*
(3) *Ibid.*, p. 413.
(4) *Ibid.*, p. 414.

ver des réalités contingentes à la réalité d'un être nécessaire, il faut avoir recours au principe de causalité, et *ce principe*, comme on l'a vu dans l'*Analytique*, « *n'a de sens que dans le monde sensible* (1). » Appliqué à Dieu qui n'est pas un objet d'expérience possible, il est sans valeur *objective*. Comment donc savoir si le monde a réellement une cause?

Du moins, la preuve des causes finales, la plus antique de toutes et, on peut le dire, la preuve du genre humain, trouvera-t-elle grâce aux yeux de Kant? Serait-ce donc encore un sophisme que de conclure de l'harmonie du monde à une cause intelligente? Oui, répond la *Critique*, car « c'est raisonner, au sujet » des productions de la nature, d'après leur analogie » avec les productions de l'art humain (2). » Ainsi je puis conclure de l'horloge à l'horloger, parce que l'horloge et l'horloger appartiennent au monde sensible; mais si je conclus de la nature à Dieu, qui n'est pas un objet d'expérience, je fais un raisonnement *transcendantal* (3), et par conséquent sans valeur. De plus, l'ordre du monde prouverait tout au plus un architecte *très-puissant;* conclure de sa puissance et de sa causalité à sa *perfection*, c'est encore retourner à la preuve ontologique (4). « Toutefois, » ajoute Kant, « cette preuve des causes finales mérite tou- » jours d'être rappelée avec respect... Elle vivifie » l'étude de la nature et conduit à des vues que no-

---

(1) *Ibid.*, p. 415. — Assertion bizarre, et dont on a vu plus haut l'importance dans le système de Kant, car elle renferme tout le scepticisme de la *Critique*.

(2) *Ibid.*, p. 425.

(3) *Ibid.*

(4) *Ibid.*, p. 426.

» tre observation n'aurait pas découvertes d'elle-
» même (1). » Nous pressentons déjà l'importance
que la *Critique du Jugement* donnera à l'argument
téléologique, tout en en contestant la valeur objective (2).

Devant l'insuffisance qu'il prétend trouver dans
toutes ces preuves, Kant arrive à formuler définitivement la conclusion que toute la *Dialectique* fait
deviner par avance, à savoir : « que toute recherche
» spéculative de la raison, par rapport à la théologie,
» est de nulle valeur *quant à la nature interne de
» cette science*, et que par conséquent, si on ne pose
» en principes les lois morales, pour s'en servir
» comme d'un fil conducteur, il ne peut y avoir
» aucune théologie naturelle (3). » Est-ce à dire pour
cela que les preuves spéculatives soient inutiles ?
Non, car si, *à elles seules*, elles sont sans valeur, elles
nous préparent à la preuve morale (4). Sans démontrer que Dieu est, elles nous font savoir ce qu'il est
et quels attributs il doit posséder *s'il existe*. Ainsi,
dans le cas où son existence nous serait plus tard
démontrée par la preuve morale, nous saurons

---

(1) *Ibid.*, p. 423 et 424.

(2) *Au moins provisoirement*; car, vers la fin de la *Critique du Jugement*, Kant paraît revenir sur cette solution négative et rendre à la finalité une valeur *objective* en la rattachant à la *finalité* du monde moral. Nous discuterons ce point plus loin.

(3) « Ich behaupte nun, dass alle Versuche eines bloss speculativen Gebrauchs der Vernunft in Anschung der Theologie gänzlich fruchtlos und ihrer inneren Beschaffenheit nach null und nichtig sind;... folglich, wenn man nicht moralische Gesetze zum Grunde legt oder zum Leitfaden braucht, es überall keine Theologie der Vernunft geben könne » (*Ibid.*, p. 431).

(4) *Ibid.*, p. 431 et suiv.

d'avance que cet être parfait doit être cause première, cause intelligente, souveraine providence (1). Par là, nous éviterons de mêler à son idée rien d'indigne de lui ; nous échapperons à la fois à l'anthropomorphisme qui l'abaisse (2) et au déisme (3) qui nie sa personnalité.

V

Appendice à la Dialectique transcendantale.

(De l'usage régulateur des idées de la Raison pure.)

Outre l'avantage de nous préparer à la preuve morale, la conception de l'Idéal, et en général toutes les idées absolues, ont encore une utilité très-réelle. Et comment en serait-il autrement ? Car *toutes nos facultés doivent avoir leur raison d'être ; elles doivent être appropriées à une fin* (4). Cette utilité de la conception de l'*absolu* consiste d'abord en ce que l'esprit, ne pouvant trouver de terme à ses recherches dans aucune cause contingente, est amené ainsi à pousser toujours et toujours plus loin ses recherches sur la nature (5). De plus, les *idées* ont pour effet de donner de l'unité aux *concepts* de l'Entendement, comme les *concepts* donnent de l'unité aux connaissances expérimentales (6). Leur usage n'est pas *constitutif* (7) (c'est-à-dire qu'elles ne constituent pas la connais-

---

(1) *Ibid.*
(2) *Ibid.*
(3) *Ibid.*
(4) *Ibid.*, p. 435. — N'est-ce pas là affirmer les causes finales ?
(5) *Ibid.*, p. 419.
(6) *Ibid.*, p. 436.
(7) *Ibid.*

sance d'un objet), mais *régulateur* (1), c'est-à-dire qu'elles dirigent l'esprit vers un certain but (2). Ce but est la conception de la science comme *une*, la conception d'un rapport entre nos diverses connaissances : en nous représentant toutes les choses que nous connaissons comme dérivant d'un principe unique, nous sommes disposés par là à chercher des liens entre elles ; nous *systématisons* ainsi nos connaissances, nous les enchaînons les unes aux autres, nous formons une science de leurs relations (3). Ce lien que nous établissons entre elles peut bien n'être qu'un lien imaginaire ; mais, imaginaire ou non, il est la condition de l'unité de notre connaissance. Supposons plusieurs lignes convergeant vers un point situé au delà de notre horizon ; ce point n'existe peut-être pas, car nous ne pouvons savoir si les lignes se prolongent au delà des limites de notre vision ; mais, par la pensée, nous concevons ce *foyer imaginaire*, et ainsi ces lignes séparées deviennent *pour nous* des parties d'un même système de lignes (4). Ce *foyer imaginaire*, c'est l'*idée* ; ces lignes sont nos connaissances ; rapportées par la pensée à l'*idée*, à l'*Absolu* comme à l'origine commune de tout ce qui est, elles forment pour ainsi dire les branches d'un même arbre ; *les sciences* deviennent *la science*.

Il n'y aurait pas de science de la nature si on ne

---

(1) *Ibid.*
(2) *Ibid.*
(3) *Ibid.*, p. 438.
(4) *Ibid.*, p. 436. — C'est reconnaître à tout le moins que l'idée de l'Absolu, l'idée de Dieu (quand même son objectivité ne pourrait se démontrer que par la morale), est nécessaire à la science. C'est là un aveu précieux, sur lequel nous reviendrons dans notre conclusion.

la concevait comme formée sur un plan unique dont toutes les parties se rapportent les unes aux autres. Or, l'idée d'une cause première unique implique précisément cette conception d'un plan unique et harmonieux. De là le besoin de chercher l'unité sous la variété des choses, de les grouper en espèces, en genres, en classes (1), de nous représenter les différents genres comme liés entre eux par des transitions insensibles, et, en un mot, de concevoir dans la nature la *continuité des formes* (2). Toutefois cette *loi de continuité* n'existe que dans notre pensée et non dans la nature, comme l'a cru Leibnitz (3) ; car, si la continuité était réelle, il faudrait qu'il y eût, entre deux espèces voisines, non pas seulement plusieurs intermédiaires, mais une infinité d'intermédiaires (4).

En donnant ainsi de l'unité à nos concepts, l'*idée* joue un rôle analogue à celui que remplit le *schème* dans la connaissance sensible (5). On a vu dans l'*Analytique* que le *schème* n'est pas une image déterminée, mais la représentation d'un procédé général, d'une méthode pour se représenter la diversité sous l'unité. De même l'*idée* n'est pas un concept, mais elle est la représentation d'une méthode générale pour ramener à l'unité la diversité des concepts : « C'est une règle, un principe de l'unité systématique » de tout usage intellectuel (6). » Ainsi l'*idée* d'une

---

(1) *Ibid.*, p. 442 et 444.
(2) *Ibid.*, p. 444.
(3) *Ibid.*, p. 450.
(4) *Ibid.*, p. 446.
(5) *Ibid.*, p. 448.
(6) « Eine Regel oder Princip der systematischen Einheit alles Verstandesgebrauchs » (*Ibid.*, p. 448).

substance simple est le schème de la connaissance psychologique ; c'est-à-dire qu'en me représentant cette unité substantielle je donne une règle, une direction, à l'étude des phénomènes du *moi* (1). Je fais tendre mes investigations vers la recherche des rapports mutuels qui unissent ces phénomènes ; je m'efforce de les rapporter à un petit nombre de facultés générales, et celles-ci à une faculté fondamentale (2) (l'activité du *moi*). — L'*idée* de la nature, *conçue comme un seul objet*, est le *schème* de la connaissance du monde (3) ; car cette conception me donne une méthode générale, un fil conducteur pour chercher le rapport des lois entre elles, pour ramener les lois particulières à d'autres plus générales, les causes dérivées à des causes antérieures, et celles-ci à d'autres encore. Autrement, je ne connaîtrais jamais que des faits isolés, des lois isolées (4). — Enfin l'idée d'une Intelligence ordonnatrice est le *schème* qui nous dirige dans l'étude des êtres organisés ; car c'est en partant de la notion d'une fin, d'un but, que nous sommes amenés à chercher la *fonction* des organes (5).

Mais si nous oublions que ces idées ne sont que des principes *régulateurs* ; si nous les transformons en principes constitutifs (c'est-à-dire si nous leur attribuons un objet), alors, au lieu de stimuler nos recherches, la conception de l'absolu ne fera que favoriser la paresse de notre esprit. En effet, si nous

---

(1) *Ibid.*, p. 458 et 459.
(2) *Ibid.*
(3) *Ibid.*, p. 459 et 460.
(4) *Ibid.*
(5) *Ibid.*, p. 462 et 463.

nous croyons arrivés au terme de nos recherches par la découverte de la cause première des choses, nous n'aurons plus d'ardeur ni de curiosité pour approfondir les causes secondes (1).

Néanmoins, si on ne doit pas regarder l'existence de l'âme et celle de Dieu comme des explications de la nature (du moins comme des explications qui dispensent d'en chercher d'autres), il est impossible aussi d'alléguer des raisons qui empêchent d'admettre ces réalités immatérielles ; car elles n'ont après tout rien de contradictoire (2). Il n'en est pas de même de l'*idée* de la *nature*, puisqu'elle entraîne des *antinomies* dont on ne peut sortir sans nier sa réalité *phénoménale* (3).

Ainsi la *Dialectique transcendantale* conclut : 1° à une égale impuissance de prouver et de nier l'existence de l'âme et de Dieu ; 2° à l'utilité de ces idées comme principes régulateurs de nos connaissances; 3° à une *présomption* en faveur de l'objectivité de ces idées (car il y a plus de vraisemblance en faveur de la rectitude de ma raison qu'en faveur de sa fausseté). Cette présomption va enfin se changer en certitude dans la *Méthodologie*, qui contient comme un résumé anticipé de la *Critique de la Raison pratique*.

---

(1) *Ibid.*, p. 462. — Assertion gratuite. La croyance en Dieu a-t-elle rendu Newton moins curieux de connaître les causes du mouvement du monde ?
(2) *Ibid.*, p. 453.
(3) *Ibid.*

CHAPITRE V.

ANALYSE DE LA MÉTHODOLOGIE DE LA RAISON PURE.

I. *Discipline de la Raison pure.* — Impossibilité de la démonstration en philosophie. — De l'usage *polémique* de la Raison. Absence de tout *critérium* non-seulement de la *vérité*, mais même de la *possibilité*.
II. *Canon de la Raison pure.* — Objectivité de l'Idée du *Bien.* — L'idée du Bien suppose l'existence de Dieu et l'immortalité de l'âme.
III. *Architectonique de la Raison pure*, ou classification des sciences philosophiques.
IV. *Histoire de la Raison pure.*

Le scepticisme est d'ordinaire ou triomphant ou désespéré ; triomphant comme celui des Pyrrhoniens ou de Montaigne, pour qui les croyances du genre humain sont des ennemis dont on se plaît à contempler la ruine ; désespéré, comme celui de ces âmes nobles qui voudraient croire et aiment encore les croyances qu'elles n'ont plus. Le scepticisme de Kant n'a aucun de ces deux caractères. Sans haine pour le dogmatisme qu'il combat, sans regret pour la vérité qu'il regarde comme inaccessible à notre raison, sa critique est froide et calme comme une démonstration mathématique ; et c'est sur des distinctions logiques qu'il joue la foi de l'humanité ! Mais nous savons d'avance que le secret de son calme n'est pas l'indifférence ; c'est la certitude où il est de retrouver par une autre voie les vérités dont il refuse la connaissance à la raison spéculative. Son scepticisme ne porte que sur des procédés qu'il croit mauvais et auxquels il veut en substituer de nouveaux.

Est-il vrai que la raison pratique soit assez distincte de la raison spéculative pour que la ruine de l'une n'entraîne pas celle de l'autre? C'est ce que l'on discutera plus loin. Mais cependant signalons cette foi robuste aux vérités morales chez un esprit si critique, chez un logicien qui a fait tous les efforts, tous les tours de force possibles pour révoquer en doute les choses les plus évidentes, et dont le doute s'arrête, plein de respect, devant la majestueuse et divine clarté de la loi morale.

Quoique la preuve morale de l'existence de Dieu et de l'immortalité de l'âme soit l'objet principal de la *Méthodologie*, le plan de cette dernière partie est cependant plus vaste. Kant se propose d'examiner en général les règles qui doivent gouverner la raison dans l'examen de toutes les questions qu'elle peut se poser. On sait d'avance que ces règles seront purement *restrictives* dans l'examen des questions spéculatives, et *positives* dans l'examen des questions morales. L'ensemble des règles restrictives applicables aux problèmes spéculatifs constitue la *Discipline de la Raison pure*. L'ensemble des règles positives applicables aux questions morales est le *Canon de la Raison pure*. A ces deux parties principales de la méthodologie Kant en ajoute deux autres, l'*Architectonique de la raison pure* (ou classification des sciences philosophiques), et l'*Histoire de la raison pure*, c'est-à-dire l'histoire des différents systèmes métaphysiques.

I

Discipline de la Raison pure.

La connaissance par les idées a déjà été démontrée impossible, parce qu'elle n'a pas de *matière*; la *méthodologie* n'a donc plus à se préoccuper que de sa *forme*, c'est-à-dire des procédés qu'emploie la raison dans le champ de la spéculation. En un mot, comment raisonnons-nous? Et même avons-nous le droit de raisonner sur des choses qui dépassent l'expérience? L'*Analytique* a déjà répondu négativement; il y a pourtant une exception, car en mathématiques la légitimité du raisonnement n'est pas douteuse. Si donc les mathématiques peuvent donner des démonstrations concluantes, tout en dépassant les bornes de l'expérience, pourquoi la philosophie ne le peut-elle pas à son tour? Cette différence vient de ce qu'en mathématiques nos *concepts* s'appliquent à des *intuitions*, non pas sans doute à des intuitions sensibles, mais à l'intuition *pure* de l'espace et à celle du temps (1) : au contraire, en dehors des mathématiques les *concepts* de la raison sont vides d'intuitions pures aussi bien que d'intuitions sensibles : par conséquent tout jugement *synthétique à priori* est impossible en philosophie, (sauf bien entendu ceux que l'expérience suppose, ainsi qu'on l'a vu dans l'*Analytique*).

D'ailleurs, pour raisonner, il faut des définitions, des axiomes, des démonstrations. Or la raison ne saurait appliquer cette méthode qu'en mathémati-

---

(1) *Ibid.*, p. 481 et suiv.

ques (1). D'où vient en effet que le géomètre peut définir un *concept?* C'est qu'il le *construit;* en réalité il ne définit pas le triangle, mais le procédé de son propre esprit construisant un triangle (2). Or, comme il a une conscience parfaite de ce procédé, et comme il n'y a rien de plus dans la figure que ce qu'il y a mis en la construisant, il peut définir cette figure par tous ses caractères. Sa définition est complète, elle est parfaite (3). Mais en philosophie rien de semblable. Nous ne savons pas tout ce que renferme un concept, et par conséquent toute définition qu'on en voudrait donner serait incomplète ; nous le sentons si bien que nous sommes obligés d'éclaircir par des exemples les définitions vagues et incertaines que nous bégayons quand nous voulons dire ce que c'est que la substance, la cause, *la justice elle-même* (4) ; et dès que nous avons recours à des exemples, à des applications, nous ne définissons plus *à priori* (5). Même impossibilité pour les axiomes. Un axiome est un jugement synthétique *à priori*, et par conséquent suppose une *intuition pure* du temps et de l'espace, ce qui revient à dire qu'il n'y a d'axiomes qu'en mathématiques (6). Sans axiomes et sans définitions, il est clair qu'il n'y a pas de démonstrations (7). Ainsi l'*usage dogmatique* de la raison pure est nul en philosophie.

---

(1) *Ibid.*, p. 485.
(2) *Ibid.*, p. 486 et 487.
(3) *Ibid.*
(4) *Ibid.*, p. 486 et 488. Si cela était vrai, le scepticisme devrait aller jusqu'à nier la clarté de la morale.
(5) Qu'importe, si la définition est bonne ?
(6) *Ibid.*, p. 489.
(7) *Ibid.;* p. 490.

La métaphysique n'a pas de *mathèmes* (de propositions démontrées), mais seulement des *dogmes*, c'est-à-dire des *propositions synthétiques par concepts* (1), *et sans intuitions*, qui n'ont pas de valeur *apodictique*, (démonstrative) (2).

Cependant ces dogmes ont une valeur refutative, dans l'*usage polémique de la raison*. Car on peut les opposer avec une égale vraisemblance aux assertions contraires. On ne démontre pas Dieu, mais on démontre que l'athéisme et le panthéisme ne se démontrent pas (3). Est-ce à dire, toutefois, que Dieu, l'immortalité soient des hypothèses dont la raison spéculative puisse affirmer au moins la *possibilité* ? Non, car nous savons seulement que ces hypothèses sont *logiquement possibles, possibles à concevoir*; mais la possibilité logique n'implique pas la possibilité réelle, quoique l'impossibilité logique implique l'impossibilité réelle. Ainsi il est également impossible de prouver que Dieu est possible et de prouver qu'il est impossible (4). A cela se réduit la seule affirmation qu'il nous soit permis de poser par rapport aux *hypothèses* de la raison pure. Encore ces hypothèses auraient quelque valeur comme explications des faits, si elles les expliquaient tous sans le secours d'hypothèses subsidiaires. Mais il n'en est pas ainsi. Dieu explique bien l'ordre et l'harmonie du monde; mais pour expliquer le désordre, le mal moral, il faut recourir à de nouvelles hypothèses (5). L'unité

---

(1) *Ibid.*, p. 491.
(2) *Ibid.*
(3) *Ibid.*, p. 493 et suiv.
(4) *Ibid.*, p. 511. — N'est-ce pas un non-sens absolu ?
(5) Est-ce donc une simple *hypothèse* que la liberté, par laquelle s'explique le mal ?

de l'âme explique bien l'unité de la pensée, mais ne rend pas raison de l'union de l'âme et du corps. Donc, à quoi bon des hypothèses qui n'expliquent qu'une partie des faits (1)? Il semble du moins qu'il y ait un cas où l'on puisse affirmer la vérité d'une hypothèse : c'est quand l'hypothèse contradictoire est absurde. Mais, dit Kant, c'est encore une illusion; car, excepté en géométrie, deux propositions contradictoires peuvent être également vraies ou également fausses (2) : on en a vu des exemples à propos des *antinomies*; ainsi l'absurdité d'une hypothèse n'entraîne pas la vérité de l'hypothèse contradictoire. S'il en est autrement en géométrie, c'est que cette science ne porte que sur des rapports de notre pensée avec elle-même (3). Partout ailleurs la preuve *apagogique* (4) (ou preuve par l'absurde), est contestable.

En résumé, la *Discipline* de la raison pure aboutit à cette conclusion, que par la raison spéculative, nous ne pouvons affirmer ni la réalité ni la possibilité de rien. C'est dépasser toutes les conclusions du scepticisme ordinaire; car du moins celui-ci dit encore : *Peut-être*. Mais la *Critique* n'est-elle pas encore plus radicale, puisqu'elle n'autorise pas même à dire d'une chose qu'elle peut être? Nous touchons ici le fond de l'abîme; le moment est enfin venu d'en sortir à la lumière de la preuve morale que Kant va exposer dans le *Canon de la Raison pure*.

---

(1) *Ibid.*, p. 513.
(2) *Ibid.*, p. 523.
(3) Voir, dans la deuxième partie, la discussion de ce paradoxe.
(4) *Ibid.*, p. 523.

II

Canon de la Raison pure.

Si, dès les premières lignes de la *Critique* et dans tout le cours de l'ouvrage, Kant ne nous avait fait pressentir le changement subit qui va s'opérer ici, le lecteur, en se voyant transporté tout à coup de la nuit complète du scepticisme à la clarté des plus sublimes vérités, éprouverait un étonnement comparable à celui du prisonnier de la caverne de Platon, quand il passe du monde des ombres au grand jour et au monde des réalités.

La preuve morale que nous allons aborder est aussi simple que lumineuse. C'est en quelques mots, c'est par un petit nombre de déductions que Kant va rétablir la certitude de ce qu'il a si longuement et si laborieusement ébranlé. Si cette preuve n'est pas la seule preuve concluante, comme l'affirme la *Critique*, elle est du moins si solide qu'elle pourrait suffire à elle seule ; et on se résignerait volontiers, avec Kant, au sacrifice de toutes les autres, s'il était possible de faire au scepticisme sa part, et si la ruine des arguments spéculatifs n'entraînait, par une conséquence nécessaire, la ruine de la raison pratique elle-même.

La tendance irrésistible de la raison vers l'infini est un fait ; ce fait, Kant l'a mieux constaté que personne, en nous montrant les efforts toujours renaissants de notre pensée pour atteindre la vérité *transcendantale*, pour sortir des bornes étroites de l'expérience où la raison étouffe. Or, cette tendance serait un fait *sans but*, et la nature se serait jouée de nous en nous l'im-

posant, si, par aucune voie, il n'était possible à notre connaissance de franchir les limites du monde sensible. Puisque nous n'y pouvons parvenir par la raison spéculative, il faut que nous y arrivions par la raison pratique. « Car autrement, à quelle cause fau-
» drait-il rapporter ce désir, qu'on ne doit pas étouf-
» fer, de poser quelque part un pied ferme en dehors
» de l'expérience? La raison pressent des choses qui
» ont pour elle un grand intérêt; elle entre dans le
» chemin de la spéculation pour approcher plus près
» de ces objets, mais ils fuient devant elle. Sans
» doute qu'elle aura lieu d'espérer plus de succès
» dans la seule route qui lui reste à suivre, celle de
» l'usage pratique (1). »

« *Est pratique tout ce qui est possible par la li-*
» *berté* (2). » Or, il est certain qu'il y a des choses pratiques, c'est-à-dire qu'il y a des choses qui peuvent et doivent être faites. *Donc l'homme est libre.*

Je puis me servir de ma liberté pour essayer de parvenir au bonheur; c'est là une fin *empirique*; car c'est celle que me recommandent mes sens (3). Mais je conçois aussi une fin rationnelle; elle consiste à chercher les moyens, non d'être heureux, mais de me rendre digne de l'être. Cette fin est *obligatoire*, *inconditionnée* (car je puis renoncer au bonheur, mais non à la vertu) (4) ; et cependant cet *inconditionné*, ce *noumène*, que j'appelle la loi morale, « peut et

---

(1) *Ibid.*, p. 526 et 527.
(2) « Praktisch ist alles, was durch Freiheit möglich ist » (*Ibid.*, p. 529).
(3) *Ibid.*
(4) *Ibid.*, p. 533.

» doit avoir une influence sur le monde sensible (1), » puisqu'il doit déterminer mes actes qui appartiennent au monde des phénomènes. L'abîme est donc comblé entre le monde intelligible et le monde sensible. Je *sens* la présence réelle du Bien en sentant l'obligation, en subissant le commandement qu'il m'impose ; comment donc pourrais-je douter de sa réalité *objective* (2)?

Mais si le Bien existe, il faut qu'il y ait un accord parfait entre la vertu et le bonheur ; car un désaccord éternel entre ces deux choses serait un désordre absolu, la négation absolue du Bien. Or cet accord n'existe pas en cette vie, donc il y a une autre vie (3).

De plus, cet accord ne peut être réalisé que par une puissance infiniment parfaite « qui ordonne sui- » vant les lois morales (4) ; » et une fois l'existence de cette puissance démontrée, je dois la reconnaître en même temps pour cause du monde (5). Par conséquent, « Dieu et une vie à venir sont deux supposi- « tions inséparables de l'obligation que nous impose » la raison (6). »

Cette théologie morale a sur la théologie spéculative non-seulement l'avantage de substituer une preuve à une hypothèse, mais celui de déterminer mieux encore les attributs de Dieu. L'argument des causes finales nous élève à la pensée d'une cause intelligente du monde ; mais il ne prouve pas que cette cause soit

---

(1) *Ibid.*, p. 534.
(2) *Ibid.*
(3) *Ibid.*, p. 534 et 535.
(4) *Ibid.*, p. 535.
(5) *Ibid.*
(6) *Ibid.*, p. 535.

unique, et qu'elle soit toute-puissante. Au contraire, la preuve morale démontre un Etre tout-puissant; car il faut tout savoir, pour apprécier la valeur de tous les actes humains, tout pouvoir, pour les récompenser à leur exacte valeur (1). Elle démontre un Dieu unique. En effet, « comment trouverions-nous, dans des vo-
» lontés différentes, une parfaite unité d'intentions et
» de fins,... une cause capable de produire des effets
» toujours d'accord avec la loi morale (2)? »

Une fois Dieu connu comme auteur de l'harmonie du monde moral, ou, comme parle Leibnitz, du monde de la grâce, comment ne serait-il pas reconnu aussi pour l'auteur du monde de la nature? Comment l'harmonie de l'univers ne serait-elle pas l'effet de sa sagesse, de sa bonté et de sa puissance (3)? Tout a donc une fin dans la nature. Cette maxime, la raison spéculative en avait besoin comme d'un principe régulateur; mais maintenant elle est devenue une vérité démontrée. Il y a vraiment, dans le monde, un système de fins subordonnées les unes aux autres, et subordonnées toutes à une fin supérieure, à la possibilité de l'existence terrestre d'un être appelé à pratiquer la loi morale. Par là, la physique se rattache à la théologie; le monde de la nature et celui de la grâce sont faits l'un pour l'autre; tous deux trouvent leur unité dans un suprême dessein, et la considération de cette unité donne un fil conducteur à nos recherches sur la nature en même temps qu'elle les sanctifie (4).

---

(1) *Ibid.* p., 537 et 538.
(2) *Ibid.*
(3) *Ibid.*, p. 538.
(4) *Ibid.*, p. 538.

III

Architectonique de la Raison pure.

Maintenant donc que nous venons de découvrir le lien qui rattache entre elles toutes nos connaissances, il est possible de songer à les rapporter à une science unique dont chaque science ne serait qu'une branche. C'est cette subordination mutuelle des sciences que Kant essaie d'esquisser dans l'*Architectonique de la Raison pure* (1).

La source commune de toutes nos connaissances est la raison. Le but commun de toutes choses est dans la fin suprême de la raison. La science primitive fondamentale est donc la science de la raison ou la philosophie (2). C'est elle qui donne de l'unité à toutes nos connaissances en les considérant du point de vue des fins (3), et comme les diverses parties du plan conçu dans l'intelligence divine.

Considérer les choses au point de vue des fins, c'est leur assigner des lois. Nous ne connaissons que deux objets, la nature et la liberté; la science embrassera donc l'étude des lois physiques et l'étude des lois morales (4). Les premières sont l'*ordre qui est*; les secondes sont l'*ordre qui doit être*. L'étude de la physique, au point de vue des lois, de leur unité, de leur finalité, est une science philosophique; elle

---

(1) *Ibid.*, p. 548.
(2) *Ibid.*, p. 551.
(3) *Ibid.*, p. 552.
(4) *Ibid.*, p. 533 et 534.

doit s'appeler *métaphysique de la nature*. L'étude des lois morales est la *métaphysique des mœurs* (1). Telle est la division la plus générale de la science.

La *métaphysique de la nature* se subdivise à son tour en *philosophie transcendantale* et en *physiologie* (c'est-à-dire physique) *rationnelle* (2). La première étudie les lois du sujet pensant ; la seconde raisonne sur les objets. Mais puisque certains objets sont du domaine de l'expérience et que les autres sont seulement pensés par la raison, la *physiologie rationnelle* se subdivise encore en *physiologie immanente* et *physiologie transcendante* (3). 1° La physiologie *immanente* considère les objets de l'expérience (le monde sensible, l'âme), et comprend la *physique rationnelle*, la *psychologie rationnelle*. Seulement, ces sciences ne traitent que de ce que nous savons *à priori* sur ces objets sensibles (4) : (Kant les a désignées fréquemment, dans le cours de son œuvre, sous les noms de *physique pure* et de *psychologie pure*.) 2° La physiologie *transcendante* se subdivise à son tour en *cosmologie* et en *théologie* : la première traite de la nature considérée comme être réel, comme *substratum transcendantal* des phénomènes (5) ; la seconde recherche la cause première du monde.

Ainsi groupées, toutes ces sciences sont comme les branches de l'arbre de la raison humaine ; mais, sauf la *métaphysique* des *mœurs*, elles se réduisent à connaître

---

(1) *Ibid*.
(2) *Ibid*., p. 556.
(3) *Ibid*.
(4) *Ibid*.
(5) *Ibid*.

de simples concepts d'objets et non des objets réels. Toutefois, cette science de la raison, ou *métaphysique*, si elle n'a en propre aucune connaissance, est la règle de l'esprit humain, et l'aide, le dirige dans toutes les autres sciences qu'elle ramène à l'unité. « Elle
» sert de fondement à la possibilité de certaines scien-
» ces et à l'usage de toutes (1). »

IV

Histoire de la Raison pure.

C'est faute de comprendre ce rôle de la métaphysique que, de tout temps, les philosophes se sont partagés en deux écoles : les uns, avec Épicure, ont nié cette science, et n'ont admis d'autres idées que celles qui venaient des sens ; ce sont les *sensualistes;* les autres, avec Platon, ont cru que les idées conçues par la raison ont un objet réel, et ont pris la métaphysique pour la science des êtres, tandis qu'elle n'est, en réalité, que la science des formes de la raison : ce sont les *intellectualistes* 2. Parmi les *intellectualistes*, on distingue les *noologistes*, qui ont rapporté à la raison (à une faculté *à priori*) les notions supra-sensibles, et les *empiristes* (Aristote, Locke), qui, par une étrange inconséquence, les font dériver des sens, tout en reconnaissant qu'elles dépassent les sens. Épicure était plus logique. Quoi de plus contradictoire que de prétendre démontrer Dieu et l'immor-

---

(1) *Ibid.*, p. 559.
(2) *Ibid.*, p. 561.

talité de l'âme, si toutes nos idées viennent de l'expérience (1)?

De même qu'il y a eu de tout temps deux écoles, l'une qui ne sait pas user, l'autre qui use et abuse de la métaphysique, de même aussi il y a eu deux méthodes, la méthode *naturaliste* et la méthode *scientifique*. La première s'en tient au sens commun vulgaire; c'est une vraie *misologie*. Sa devise est :

> » ..... *Quod sapio, satis est mihi; ngn ego curo*
> » *Esse quod Arcesilas œrumnosique Solones* (2). »

La méthode *scientifique* (celle qui ne dédaigne pas de réfléchir et d'approfondir) est tantôt *dogmatique* (Wolf), tantôt *sceptique* (Hume). Entre ces deux excès, il reste une voie ouverte : c'est la *méthode critique*. C'est un sentier nouvellement découvert qu'il importerait de convertir en route royale. Peut-être ainsi arriverait-on à mener à bonne fin l'entreprise vainement tentée depuis vingt siècles, « de satisfaire com-
» plétement la raison humaine en une matière dont
» elle s'est constamment occupée avec ardeur jus-
» qu'ici, mais aussi toujours inutilement (3). »

---

(1) *Ibid.*
(2) *Ibid.*, p. 562.
(3) *Ibid.*

RÉSUMÉ DE LA CRITIQUE DE LA RAISON PURE

Essayons maintenant de résumer les conclusions de ce vaste système, qui prétend faire sa part au spiritualisme et au scepticisme, et qui, malgré les contradictions qu'une telle entreprise devait entraîner, reste comme l'effort le plus original qui ait jamais été tenté pour concilier ensemble toutes les doctrines et fonder à l'avenir un état de paix perpétuelle entre les philosophes. Pour mieux déterminer la part que fait Kant à chaque doctrine, nous énumérons séparément, bien qu'il les ait perpétuellement mêlées dans le cours de la discussion, 1° les conclusions dogmatiques, touchant l'existence d'une faculté de penser supra-sensible ; 2° les conclusions sceptiques, touchant l'impossibilité de savoir par la raison spéculative si ces idées supra-sensibles ont un objet ; 3° les conclusions morales touchant la possibilité de parvenir à la connaissance de cet objet *supra-sensible* par la raison pratique.

1° Conclusions dogmatiques.

Dès les premières lignes de l'Introduction, Kant sape les fondements du sensualisme. Nos connaissances commencent sans doute avec l'expérience, mais elles n'en procèdent pas toutes. La connaissance même qui nous vient de l'expérience est un composé des impressions que nous recevons dans la perception, et des idées que produit par elle-même notre faculté de connaître. Ces idées, qui viennent de notre faculté de connaître et non de l'expérience, sont celles qui ont pour caractère d'être absolues et universelles ; car l'expérience ne nous fournit jamais de jugements strictement universels : comment donc pourrait-on en faire dériver les vérités mathématiques, le principe de causalité ? Ces principes étant d'une nécessité universelle et absolue, c'est en vain qu'on voudrait, avec Hume, les expliquer par une association habituelle de perceptions ; en effet, une telle *association* d'idées, pour être habituelle, n'en serait pas moins *contingente*. Il y a plus ; loin qu'on puisse attribuer les jugements nécessaires à l'expérience, l'expérience n'est possible elle-elle-même que par la connaissance que nous avons *à priori* des vérités nécessaires (par exemple : le principe de causalité, l'idée de l'espace).

Les notions *à priori* sont ramenées par Kant à trois classes : 1° les *intuitions pures* ; 2° les *concepts purs* ou *catégories* ; 3° les *idées absolues*.

Les intuitions pures sont les représentations que l'esprit se fait de l'espace et du temps ; sans ces représentations, nulle expérience n'est possible. Ce sont les *formes* de la sensibilité. Elles sont immuables, tandis que la *matière* qui leur est soumise peut varier à l'infini.

Outre les intuitions pures qui rendent les perceptions possibles, l'esprit conçoit des rapports entre ces perceptions. Ces rapports sont les *concepts* ou *catégories* ; leur fonction est d'ordonner plusieurs représentations et d'en faire une représentation commune. On ne saurait rapporter l'origine de ces concepts à l'expérience ; car l'expérience ne s'applique qu'aux objets particuliers ; au contraire, les concepts s'appliquent à tout objet indistinctement. Ainsi, quels que soient les objets que nous percevions, nous n'en pouvons rien affirmer qu'à un de ces quatre points de vue : la *qualité*, la *quantité*, la *relation*, la *modalité*. Cette forme de la pensée reste immuable, si variés que soient les objets donnés par la sensation.

Ce n'est pas tout encore. Outre les *intuitions* et les *concepts à priori*, l'homme a certaines *idées absolues* ; telles sont l'idée d'une âme immatérielle, d'un Être parfait. Si les *concepts* sont, comme on l'a vu, la condition de toute pensée, ces *idées* sont à leur tour la condition des *concepts*. En effet, tout *concept* exprime un rapport ; et tout rapport, par cela même qu'il exprime le *relatif*, suppose l'*absolu*. Sans l'idée de l'*unité absolue*, telle que l'unité du *moi*, le *concept de quantité* est impossible ; sans l'*idée de perfection*, quel sens attacher au *concept de qualité* ? Tout jugement sur la *relation*, la causalité, la réciprocité, est inséparablement uni à l'idée d'une Cause première, d'une Cause libre. Enfin, les concepts de modalité, c'est-à-dire de possibilité, d'existence et de nécessité, impliquent, à l'origine de la série des êtres possibles, la réalité d'un Être nécessaire. Telles sont les *idées transcendantales* ; et comme tout acte de la pensée les implique, il est rigoureusement vrai de dire que toute proposition, tout jugement, toute perception même, suppose l'idée de l'Infini, l'idée de Dieu. Un jugement qui ne supposerait pas Dieu ne se ferait pas d'après les lois de la raison.

2° Conclusions sceptiques.

Mais cette faculté que j'appelle ma raison est-elle véridique ? Qui me prouve que ses jugements soient conformes à la vérité, à la réalité des choses ? J'ai le droit d'en douter, dit Kant, et il donne les motifs qui lui permettent d'en douter (comme s'il oubliait que ces raisons de douter lui sont fournies par cette même faculté de penser dont il révoque en doute la véracité, et que tous les raisonnements contre la raison sont de nulle valeur, si la raison qui les construit n'est qu'une faculté d'erreur).

L'argument capital du scepticisme de Kant est que tous les principes de la raison, du moins tous ceux qui servent à étendre nos connaissances, sont *synthétiques à priori*. Il voit là un motif de mettre en doute leur valeur. Les *jugements analytiques* sont légitimes parce qu'on ne peut les nier sans contradiction ; les jugements *synthétiques*, lorsqu'ils sont *à posteriori*, ont leur preuve dans l'expérience. Mais sur quoi se fondent des jugements qui sont à la fois *synthétiques et à priori* ? Kant essaie de démontrer qu'ils ne sont possibles que par une *intuition* du *temps* et de l'*espace*. Cette affirmation est au moins très-arbitraire ; pour la soutenir, Kant sera réduit à ramener nos jugements sur la causalité à l'expression d'un rapport de temps, à identifier la notion de *cause* avec celle de *succession* ; c'est revenir à la doctrine de Hume, l'adversaire qu'il combat si souvent avec bonheur. De plus, il résulte de cette théorie, que tous les jugements *synthétiques* portés par la raison sur les objets qui sont en dehors du temps et de l'espace, par exemple les jugements portés sur l'existence de l'âme et sur l'Infini, sont des affirmations illégitimes. Les *intuitions* et les *concepts* de l'entendement, tels que les *concepts* de *substance*, de *cause*, ne sont légitimes que dans leur application aux objets de l'expérience, et ne servent qu'à rendre l'expérience possible. Voilà donc toutes nos connaissances positives réduites à l'expérience ; il y a sans doute une grande différence entre cette doctrine et celle des sensualistes ; c'est que nous pouvons, d'après Kant, sinon *connaître*, au moins *penser* les objets immatériels, en attendant que la *morale* en prouve la réalité ; mais tant qu'il ne sera pas démontré que la *raison pratique* est indépendante de la raison *spéculative*, cette porte ouverte pour retourner au dogmatisme ne peut nous donner qu'un faible espoir. Toujours est-il que, réduits à la raison spéculative, nous ne pouvons, suivant la *Critique*, nous élever au dessus de la connaissance sensible. Enfin, que devient, à son tour, cette connaissance sensible dans un système qui réduit tous les objets de la pensée à des idées subjectives du sujet pensant ? Nous ne percevons pas les objets tels qu'ils sont, mais seulement tels qu'ils nous apparaissent ; nous ignorons ce que sont les *noumènes* c'est-à-dire les choses en soi ; le *phénomène* seul est l'objet de notre connaissance. Nous percevons les êtres matériels dans l'espace et dans le temps ; or, ils ne peuvent s'y trouver, puisque l'espace et le temps ne sont pas. Ces objets ne sont donc rien de ce qui tombe sous notre connaissance, et leur nature est inaccessible à une pensée obligée de juger de toute chose d'après des rapports de temps et d'espace. C'est un véritable nihilisme dont la formule peut se ramener à cette double définition : *Que connaissons-nous ? Ce qui n'est pas.* — *Qu'est-ce qui est ? Ce que nous ne connaissons pas.*

3° Conclusions morales.

Toutefois, si toutes nos idées sont sans objet, si je ne puis savoir, au sujet du monde que je perçois, ce qu'il est, ni au sujet de l'Infini que je pense, s'il existe réellement ; si l'espace et le temps où le monde m'apparaît, si Dieu lui-même ne sont que des formes subjectives de ma pensée, il y a cependant une idée de la raison que ce scepticisme ne saurait atteindre et dont il ne m'est pas permis de révoquer en doute l'objectivité : c'est l'Idée du Bien. Le Bien ne peut être une simple forme de ma pensée, car il me commande ; il est supérieur à moi puisqu'il m'impose une loi ; donc il a une existence en dehors de moi ; il n'est pas non plus une simple abstraction, car il agit sur moi, il est cause de mes actes, et une abstraction n'agit pas, ne peut être cause de rien. Cette *réalité* du Bien suppose celle du Bien absolu ; or, il n'y a pas de Bien absolu si l'accord parfait de la vertu et du bonheur n'existe nulle part ; cet accord n'existe pas en ce monde ; il faut donc qu'il y ait une autre vie ; il faut, de plus, qu'il existe un Être infiniment juste et infiniment puissant pour rémunérer chacun suivant son mérite. En un mot, je ne puis croire à la loi morale sans croire en Dieu et sans espérer l'immortalité.

Telle est la conclusion définitive de la *Critique de la Raison pure*. Là sont déjà posées les bases du système moral de Kant. Mais pour connaître complètement sa doctrine il en faut chercher le développement dans la *Critique de la Raison pratique*, et joindre à cette étude, comme un complément indispensable, les *Fondements de la métaphysique des mœurs*.

SECONDE SECTION

Analyse de la Critique de la raison pratique.

CHAPITRE UNIQUE.

I. *Préface et Introduction.* — But de l'ouvrage. — Plan et division.
II. *Analytique de la Raison pratique.* — Principes de la Raison pratique. — Objet de la Raison pratique. — Mobiles de la Raison pratique. — Examen critique de l'Analytique.
III. *Dialectique de la Raison pratique.* — Du concept du souverain Bien. — Antinomie de la Raison pratique. — De l'existence de Dieu et de la vie future comme postulats de la Raison pratique.
IV. *Méthodologie de la Raison pratique.* — Des moyens d'ouvrir à la Raison pratique un accès dans l'âme de l'homme.
V. *Appendice.* — (Analyse des *Fondements de la métaphysique des mœurs.*)

I

Préface et introduction.

Démontrer la liberté, échapper à l'antinomie que présente ce concept quand on le considère par la raison spéculative, tel est le problème que se pose Kant ; et, ce problème une fois résolu, tous ceux qui importent à la raison humaine le seront du même coup ; car « le concept de la liberté, en tant » que la réalité en est assurée par une loi apodictique

» (nécessaire) de la raison pratique, forme la clé de
» voûte de tout l'édifice du système de la Raison pure,
» et tous les autres concepts (ceux de Dieu et de l'im-
» mortalité), qui, en tant que pures idées, sont sans
» appui dans la raison spéculative, se lient à ce con-
» cept et reçoivent avec lui et par lui la consistance
» et la réalité objective qui lui manquaient (1). »

« Comme c'est toujours la connaissance de la Rai-
» son pure qui sert de principe à l'usage pratique, la
» division générale de la *Critique de la Raison prati-*
» *que* devra être conforme à celle de la *Critique de la*
» *Raison spéculative* (2). » 1° L'*Analytique* étudie les
principes de la Raison ou l'idée du Bien ; 2° la *Dialec-*
tique traite de ce *concept* élevé à l'absolu, c'est-à-dire
de la notion du souverain Bien ; 3° la *Méthodologie* a
pour objet de rechercher « l'ensemble des moyens à
» employer pour ouvrir aux lois de la Raison pure
» pratique un accès dans l'âme humaine (3). » Dans
l'*Analytique*, Kant conclura de l'*objectivité* du Bien à
la réalité objective du libre-arbitre. Dans la *Dialecti-*
que, il conclura du *concept objectif* du souverain Bien
à l'existence de Dieu et à l'immortalité de l'âme.

II

Analytique de la Raison pratique.

L'*Analytique* étudie : 1° les *principes*; 2° l'*objet*;
3° les *mobiles* de la Raison pratique.

---

(1) **Préface.**
(2) **Introd.**
(3) **Méthodologie de la Raison pratique.**

Qu'est-ce qu'un *principe* de la Raison *pratique*? Si ma volonté se détermine suivant une règle qui n'est valable que *pour moi*, cette règle est une simple *maxime*; si elle est valable pour la volonté de *tout être raisonnable et libre*, cette règle est un *principe* (1). Ainsi, la règle que je me fais de ne souffrir impunément aucune offense n'a pas une valeur universelle; elle est subjective; ce n'est qu'une *maxime* (2). En effet, la raison me dit bien que cette règle est *nécessaire pour atteindre un but* (par exemple, la satisfaction de mon amour-propre); mais je peux ne pas vouloir ce but; la nécessité de cette règle est donc subordonnée à une condition; c'est un *impératif conditionnel* ou *hypothétique* (3). On ne saurait d'ailleurs, sans contradiction, faire de cette maxime de vengeance une règle universelle pour la volonté de tout être raisonnable (4). Considérons, au contraire, la règle de ne jamais mentir; la raison ne m'impose pas seulement cette règle comme une *condition nécessaire pour atteindre un but*: elle me l'impose *sans condition, dans tous les cas, quoi qu'il arrive* : c'est un commandement *inconditionnel*, un *principe*, un *impératif catégorique* (5).

Une *maxime* qui n'est pas applicable à toute volonté raisonnable, qui est subordonnée à nos désirs, ne peut être connue *à priori*; en effet, l'expérience seule m'apprend si telle ou telle chose me cause du plaisir. Par conséquent, la recherche de ces règles *empiriques*

(1) *Critique de la Raison pratique. Analyt.*, ch. I, § 1.
(2) *Ibid.*
(3) *Ibid.*
(4) *Ibid.*
(5) *Ibid.*

ne saurait être l'objet de la *Raison pure pratique* (1). La Raison pure ne peut déterminer qu'une règle *à priori*, une règle *formelle*, c'est-à-dire essentielle à la nature de tout être raisonnable et libre (2). Sans doute, la volonté de l'être raisonnable est elle-même une faculté de désirer ; mais c'est une faculté de désirer *supérieure*, parce que l'idée du Bien universel peut seule la déterminer (3), tandis que la faculté de désirer *inférieure* n'est déterminée que par les mobiles empiriques, par l'idée du bonheur (4). Il est étonnant que certains esprits, d'ailleurs pénétrants, n'aient distingué la faculté de désirer supérieure et la faculté de désirer inférieure que par un caractère purement accidentel. Pour eux, l'une consiste dans la recherche des plaisirs des sens, l'autre dans la recherche des plaisirs intellectuels (5). Mais le plaisir intellectuel, si pur qu'il soit, n'est encore qu'un motif *empirique* (6).

« Donner les plaisirs de l'esprit pour des mobiles
» différents des mobiles qui viennent des sens,...
» c'est faire comme ces ignorants qui, s'ingérant de
» faire de la métaphysique, subtilisent la matière au
» point d'en avoir pour ainsi dire le vertige, et
» croient qu'ils se font ainsi l'idée d'un être spirituel
» et pourtant étendu. Si on admet, avec Epicure, que
» la vertu ne détermine la volonté que par le plaisir
» qu'elle promet, on n'a pas le droit de le blâmer
» ensuite d'avoir regardé ce plaisir comme tout à fait

---

(1) *Ibid.*, § 2.
(2) *Ibid.*, § 3.
(3) *Ibid.*, § 3, scholie 1.
(4) *Ibid.*
(5) *Ibid.*
(6) *Ibid.*

» semblable à celui des sens (1). » — « Le principe
» du bonheur personnel, quelque usage qu'on y fasse
» de l'entendement et de la raison, ne saurait con-
» tenir d'autres principes de détermination pour la
» volonté que ceux qui sont propres à la faculté de
» désirer inférieure ; par conséquent, ou il n'y a pas
» de faculté de désirer supérieure, ou la raison pure
» doit pouvoir être pratique par elle seule, c'est-à-
» dire que, sans supposer aucun sentiment,... au-
» cune représentation de l'agréable ou du désagréa-
» ble, elle doit déterminer la volonté par la seule
» forme de la règle pratique (2). »

Ces *principes* absolus de la raison, par cela même
qu'ils appartiennent à la raison et non à l'expérience,
doivent avoir quatre caractères principaux. Le premier
de ces caractères est l'*universalité* (3) ; c'est-à-dire
que ces principes doivent être tels que toutes les volontés s'y puissent conformer sans se mettre en opposition les unes avec les autres (4). (Il est facile de voir
les conséquences pratiques qui découlent de là : par
exemple, je ne puis ériger en règle la maxime de *suivre
tous mes désirs;* cette règle se détruit elle-même; car,
en m'y conformant, je travaille à empêcher les autres
de s'y conformer ; on en peut dire autant de la maxime
« *recherche ton intérêt.* ») Ce caractère d'universalité,
sans lequel on ne saurait concevoir de règle absolue de
nos actions, peut s'énoncer ainsi : « *Agis de telle sorte que*
» *la maxime de ta volonté puisse toujours être considé-*

---

(1) *Ibid.*
(2) *Ibid.*
(3) *Ibid.*, § 4, théorème III.
(4) *Ibid.*, § 4, scholie.

» *rée comme un principe de législation universelle* (1). »

Le second caractère est l'*autonomie*. La législation de la raison doit être *autonome*, c'est-à-dire indépendante de la matière de mes volitions, à savoir de la nature des objets désirés et de la nature de mes désirs ; sans cela ce ne serait plus une législation universelle et absolue (2). Une volonté qui se réglera sur de tels *principes* sera par là même indépendante de la nécessité physique ; elle sera libre (3). S'il n'existait un autre ordre de choses que celui de la nature, jamais je ne me serais avisé de supposer la possibilité d'une activité libre (4). Mais la raison pratique nous impose ce *concept* de liberté en nous imposant la loi morale. Ma liberté m'est donc prouvée par la raison ; toutefois le témoignage de l'expérience vient corroborer encore la certitude que j'en ai. En effet, supposez qu'on dise à un homme : « Renonce à ton désir, ou » tu seras pendu à l'instant. » Il est évident que la crainte de la mort le retiendra ; car, entre deux motifs sensibles, le plus fort l'emporte toujours. Mais qu'on lui dise : « Porte un faux témoignage ou tu seras tué » immédiatement ; » notre conscience nous atteste que tout homme est libre de résister à une telle menace, et que par conséquent notre volonté n'est pas dans la dépendance des mobiles sensibles (5). Cette indépendance de ma volonté à l'égard des lois de la nature constitue son *autonomie* ; être *autonome*, c'est n'obéir qu'à la loi faite *pour nous*, à la loi de la raison ; si,

---

(1) *Ibid.*, § 7.
(2) *Ibid.*, § 6.
(3) *Ibid.*, § 5.
(4) *Ibid.*, § 6, scholie.
(5) *Ibid.*

au contraire, notre volonté se soumet aux lois de la nature, aux lois de nos instincts, de nos désirs, elle suit une autre loi que la sienne ; elle est *hétéronome* (1). Toutefois, bien que ce soit la loi morale qui nous fasse être libres en affranchissant notre raison et notre volonté de la domination des sens, à un autre point de vue elle nous impose une gêne, une servitude, en nous obligeant à contrarier nos penchants sensibles (2). Nous sommes donc, à son égard, dans un rapport de *dépendance* (3). De notre soumission ou de notre révolte résulte le *mérite* ou le *démérite* (4). Ce serait oublier ce rapport de dépendance que de confondre la *loi morale* avec le *sens moral*, c'est-à-dire avec le plaisir ou la peine que nous causent nos actions ; cette confusion ramènerait la règle de notre conduite à la recherche du bonheur (5). D'ailleurs le plaisir de la bonne conscience et le remords supposent l'idée d'obligation morale, et par conséquent ne sauraient être le fondement de cette obligation (6).

Enfin, les *principes* de la raison se distinguent encore des maximes de l'intérêt et de la prudence par ces deux derniers caractères : *On sait toujours ce qu'on doit faire* ; au contraire, on ne sait qu'après une longue expérience (souvent même on ignore toujours), si telle ou telle chose nous est avantageuse (7) ; de plus, *on peut toujours faire son devoir*, parce que, pour le pou-

---

(1) *Ibid.*, § 8, théorème 4.
(2) *Ibid.*, § 7, scholie 2.
(3) Abhängigkeit (*Ibid.*).
(4) *Ibid.*, § 8, scholie 2.
(5) *Ibid.*
(6) *Ibid.*
(7) *Ibid.*

voir, il suffit de le vouloir; tandis qu'on ne peut pas toujours faire ce que l'expérience nous fait regarder comme agréable ou avantageux (1).

En résumé, les quatre caractères qui appartiennent à la loi morale, et n'appartiennent qu'à elle seule, sont : 1° l'*universalité*; 2° l'*autonomie*, qui suppose l'*obligation*; 3° la *possibilité d'être toujours connue*; 4° la *possibilité d'être toujours pratiquée*. Il est évident que ces caractères manquent à toutes les lois empiriques qui peuvent se ramener aux maximes suivantes : *suivre ses instincts physiques* (Epicure); *suivre ses instincts moraux* (Hutcheson); *se conformer aux maximes reçues par l'éducation; se conformer aux lois de son pays* (2). Deux autres principes ont été proposés comme fondement de l'obligation morale, mais à tort, car c'est au contraire l'obligation morale qui est leur premier principe et qui leur sert de fondement : « *Réalise en toi la perfection*, » dit Wolf après les stoïciens. « *Conforme-toi à la volonté de Dieu*, » dit Crusius (3). Mais le premier de ces *principes* suppose l'existence de Dieu; car si Dieu n'est pas, il n'y a pas de perfection; le second suppose la loi morale, car sans la connaissance de la loi morale, nous ne saurions pas que Dieu est, ni quelle est sa volonté. D'ailleurs ce sont là encore des principes *matériels* et non *formels* (4), c'est-à-dire qu'ils mettent la règle de nos actions dans un objet extérieur, au lieu de la cher-

(1) *Ibid.*
(2) Voir le Tableau des principes pratiques matériels vers la fin du § 8.
(3) *Ibid.*
(4) *Ibid.*, § 8. à la fin. — Cela n'empêche pas que ces principes ne soient vrais. *Matériels* signifie ici *objectifs*, et un principe doit être *objectif*.

cher dans la seule *forme* de notre *concept* moral, c'est-à-dire dans l'idée d'une législation universelle et applicable à toute volonté raisonnable (1).

En nous connaissant comme *obligés* moralement et par conséquent comme libres, nous connaissons quelque chose du monde *intelligible* (2), un *fait de raison* (3), et, « pour la première fois, nous avons le droit » d'accorder à un *noumène* une réalité objective (4). » Ce *noumène* est ma *liberté*. Elle est véritablement une réalité puisqu'elle est une *cause*, et ainsi Hume a eu tort d'affirmer que nous ne connaissons aucune cause (5). De la réalité objective de la liberté découle à son tour celle des autres *concepts transcendantaux* et des *idées* de la raison; mais à une condition toutefois, c'est que ces *concepts* et ces *idées* aient avec la *liberté* un rapport nécessaire (6).

La liberté une fois prouvée, il reste à déterminer son *objet* et ses *mobiles*.

La faculté de désirer (inférieure) a pour objet l'agréable, et ne peut pas toujours l'atteindre. La faculté de désirer supérieure, c'est-à-dire la volonté, a pour objet le Bien, et peut toujours l'atteindre, parce que le Bien réside dans la seule intention (7). On ne saurait trop insister sur cette distinction de l'agréable et du Bien. Le Bien est bon par lui-même et, par conséquent, est une *fin*

---

(1) *Ibid.*
(2) *Ibid.*, *De la déduction des principes de la Raison pure pratique*, n° I.
(3) *Ibid.*
(4) *Ibid.*
(5) *Ibid.*, n° II.
(6) *Ibid.*
(7) *Ibid.*, ch. II de l'*Analytique*.

absolue; l'agréable n'est bon que par rapport à nous; il n'est donc qu'une *fin relative* (1). Plusieurs langues désignent par un même mot ces deux choses si distinctes : ainsi le latin entend l'une et l'autre par le mot *Bonum*. En allemand, cette confusion est impossible; le mot *Bonum* se traduit par *Gute* quand il s'agit du Bien moral, et par *Wohl* s'il s'agit du bien physique, de l'agréable. De même *Böse* signifie le mal moral; *Übel* ou *Weh* désignent le mal physique, la douleur (2). « On pouvait bien rire du stoïcien qui
» s'écriait au milieu des plus vives souffrances : *Dou-*
» *leur*, tu as beau me tourmenter, je n'avouerai jamais
» que tu sois un *mal*. Il avait cependant raison. Ce
» qu'il ressentait était un *mal physique* (Übel), et ses
» cris l'attestaient; mais pourquoi eût-il accordé que
» c'était un *mal absolu* (Böses)? En effet, la dou-
» leur ne diminuait pas le moins du monde la valeur
» de sa personne; elle ne diminuait que son *bien-être*.
» Un seul mensonge qu'il aurait eu à se reprocher
» aurait suffi pour abattre sa fierté; mais la douleur
» n'était pour lui qu'une occasion de la faire paraî-
» tre (3). » Sans doute la considération du bien et du

---

(1) *Ibid.*
(2) *Ibid.*
(3) « Man mochte immer den stoiker auslachen, der in den heftigsten gichtschmerzen ausrief : Schmerz, du magst mich noch so sehr foltern, ich werde doch nicht gestehen, dass du etwas Böses seiest ! er hatte doch recht. Ein übel war es, das fühlte er, und das verrieth sein Geschrei; aber, dass ihm dadurch etwas Böses anhinge, hatte er gar nicht Ursache einzuräumen; denn der Schmerz verringerte den Werth seiner Person nicht im Mindesten, sondern nur den Werth seines Zustandes. Eine einzige Lüge, deren er sich bewusst gewesen wäre, hätte seinen Muth niederschlagen müssen; aber der Schmerz diente nur zur Veranlassung, ihn zu erheben. » (*Ibid.*, *Analytique*, ch. II).

mal *physiques* entre et peut entrer dans nos jugements; la raison ne nous le défend pas; mais il est clair que si cette considération était la seule qui nous guidât dans nos actions, l'homme ne serait pas supérieur à l'animal qui n'a d'autre fin que l'*agréable*. Notre *objet propre* est donc le *Bien absolu*, le *Bien moral* (1).

Après avoir ainsi nettement distingué le Bien d'avec l'agréable, Kant cherche à le définir dans son essence. Le Bien, suivant lui, n'est que la soumission à l'obligation de la loi morale. Ainsi, une chose n'est pas obligatoire parce qu'elle est bonne; elle est bonne par cela seul qu'elle est obligatoire. Il convient qu'en apparence c'est là un paradoxe (2); mais il soutient que c'est la vérité, par cette raison que la loi morale ne peut être déterminée *à priori* que par sa *forme* (l'obligation et l'universalité) et non par sa matière (le *Bien*) (3). Nous discuterons plus loin cette théorie. Remarquons seulement ici que c'est une conséquence de la méthode même de Kant, méthode purement subjective, qui part de la pensée seule, en faisant complétement abstraction de l'être, même de l'être *qui est moi* et dont il s'agit de déterminer la loi, et, à plus forte raison, de l'Etre qui est Dieu et qui m'a assigné une destination. Par la même raison, on ne doit pas s'étonner de voir Kant condamner la méthode des philosophes anciens, qui regardaient la détermination du souverain Bien comme la question fondamentale de la morale; c'est, dit-il, chercher la

---

(1) *Ibid.*
(2) *Ibid.*
(3) *Ibid.*

détermination de la volonté dans un objet, au lieu de la chercher dans les lois formelles du sujet pensant (1).

Puisque la loi morale existe en vertu même de son caractère rationnel et indépendamment de tout objet extérieur, son *objectivité* n'a pas besoin, comme celle des *concepts* de la raison spéculative, d'être déduite de son application aux objets de l'expérience (2). Néanmoins, elle peut et doit même se rapporter au monde des phénomènes, puisqu'elle est cause de mes actions, et que mes actions, rationnelles dans leur principe, ont pour *matière* des *phénomènes* (3). A ce point de vue, on peut appliquer à nos actes et à nos devoirs les *catégories* à l'aide desquelles nous connaissons les objets sensibles. Ainsi, les règles de notre conduite diffèrent sous le rapport de la *quantité*, selon qu'elles sont des maximes *particulières* ou des principes *universels*. Sous le rapport de la *qualité*, elles diffèrent suivant qu'elles ordonnent ou l'*action*, ou l'*omission*, ou l'*exception*. Elles peuvent être relatives à la personne ou s'appliquer à une *relation* réciproque entre plusieurs personnes. Enfin, au point de vue de la *modalité*, elles peuvent nous engager à des choses licites ou à des choses illicites, nous porter à accomplir des devoirs parfaits ou des devoirs imparfaits (4).

Cette application de la loi morale, qui est un *fait de raison*, un *noumène*, à des actes qui sont *phéno-*

---

(1) *Ibid.*
(2) *Ibid.*
(3) *Ibid.*
(4) *Ibid.* Tableau des catégories de la Liberté.

mènes, soulève un problème très-grave. Comment une cause libre, une cause qui agit dans le monde *intelligible*, dans le monde transcendantal, peut-elle produire des actes dans ce monde phénoménal que nous percevons, ou plutôt que nous croyons percevoir dans le temps et dans l'espace? Comment une action peut-elle être *morale*, c'est-à-dire réaliser, dans le monde sensible, le type idéal du monde intelligible? Y a-t-il donc un type moral des phénomènes? un type moral de la nature? Oui, répond Kant ; il faut entendre par là le type d'un monde tel qu'un homme raisonnable puisse vouloir en faire partie (1). Ainsi, je ne voudrais pas faire partie d'un monde où régnerait le mensonge, la recherche de l'intérêt. Donc, un tel monde est contraire au type moral de la nature. De là cette formule qui est comme une autre expression de la loi morale, et qui peut servir de critère pour juger de chacun de nos actes : *Agis de telle façon que tu puisses vouloir faire partie d'un monde où chacun agirait comme toi* (2). Cette nouvelle formule suppose la définition donnée plus haut : « La » règle de nos actes doit pouvoir être érigée en loi uni- » verselle; » mais elle a sur celle-ci l'avantage de ne pas faire abstraction du monde et de tenir compte des effets produits par nos volontés (3). En prenant cette règle pour juger de la valeur de toutes nos actions, nous tenons le milieu entre deux excès : l'empirisme, qui ne regarde que les effets de nos actes, non leurs lois, et le mysticisme, qui ne regarde que le Bien en

---

(1) *Ibid. De la typique de la Raison pure pratique.*
(2) *Ibid.*
(3) *Ibid.*

soi, indifférent au monde et aux hommes au milieu desquels nous agissons.

Mais si, comme on vient de le voir, les *effets* d'un acte peuvent être moralement bons, songeons que la bonté des effets ne constitue pas à elle seule la moralité de la volonté. Si l'acte est conforme à la loi et que je l'accomplisse poussé par des mobiles étrangers à cette loi, je n'ai pas agi moralement. La valeur de mes actions dépend donc du mobile qui me fait agir.

« Le caractère essentiel de toute détermination mo-
» rale, c'est que la volonté soit déterminée unique-
» ment par la loi morale... sans le concours des
» attraits sensibles (1). » Les mobiles sensibles, qui détruisent la valeur morale d'un acte légal, lorsqu'ils ont produit *à eux seuls* notre détermination, sont l'amour de notre propre bien-être et la présomption (2). Si la loi morale est dure à l'amour du bien-être, elle ne l'est pas moins à la présomption qu'elle confond, qu'elle humilie, en nous montrant que l'estime de nous-mêmes n'a aucune raison d'être, à moins qu'elle ne soit fondée sur l'obéissance, sur la soumission aux commandements absolus de la raison pratique (3).

Souvenons-nous, de plus, qu'il ne faut pas obéir à la loi morale en vue du seul plaisir que nous cause le *Bien* : ce serait encore un motif égoïste. L'*autorité*, l'*obligation* font partie de cette loi ; on doit donc s'incliner devant elle par un motif de respect (4), et au nom de

---

(1) *Ibid.*, ch. III de l'*Analytique*. — (*Des mobiles de la Raison pure pratique.*)
(2) *Ibid.*
(3) *Ibid.*
(4) *Ibid.*

la conscience de notre dépendance. Ce sentiment du respect a quelque chose de pénible ; car il suppose que nous reconnaissons dans l'objet de notre respect quelque chose de plus grand que nous (1). Le penchant à critiquer les autres hommes vient de ce que nous répugnons à reconnaître en eux une supériorité qui nous oblige à leur payer ce tribut onéreux dû au mérite, *le respect;* et, lorsqu'en face de la loi morale, nous souffrons de nous voir si petits, si imparfaits, nous essayons, mais vainement, de lui refuser le respect dû à son imposante majesté : « Si nous aimons » à la rabaisser jusqu'au rang d'une inclination fami- » lière, si nous nous efforçons d'en faire un précepte » d'intérêt bien entendu, n'est-ce pas pour nous déli- » vrer de ce terrible respect qui nous rappelle si sévè- » rement notre propre indignité (2). » Cependant il y a aussi, dans le sentiment du respect, à côté de la peine, une jouissance véritable, celle de l'admiration (3) : car nous sentons que nous nous élevons en admirant cette loi sainte, en fixant nos yeux sur un objet si haut qu'en le regardant nous semblons perdre de vue notre fragile nature.

Ainsi, une soumission libre, mais accompagnée d'un sentiment de dépendance, tel est le caractère de l'intention morale. En vain au respect de la loi voudrait-on substituer l'enthousiasme du Bien, le pur amour du Bien : « Cela n'est pas encore la vraie » maxime morale, celle qui nous convient à nous » autres hommes. Il ne faut pas que, semblables à

---

(1) *Ibid.*
(2) *Ibid.*
(3) *Ibid.*

» des soldats volontaires, nous ayons l'orgueil de
» nous placer au-dessus de l'idée du devoir et de pré-
» tendre agir de notre propre mouvement sans avoir
» besoin pour cela d'aucun ordre (1). » A Dieu seul
appartient de faire le Bien par amour, car lui seul
possède la sainteté ; l'homme ne doit prétendre qu'à
la vertu (2). Si l'amour nous est ordonné envers Dieu
et envers le prochain, il ne s'agit pas d'un amour
sensible, mais d'un amour pratique (3). Aimer Dieu
signifie aimer à lui obéir ; aimer le prochain, c'est
aimer à remplir nos devoirs envers lui (4).

C'est à la fois par sa liberté et par sa soumission à
la loi que l'homme est une personne, et qu'il est, à ce
titre, sacré et inviolable comme la loi morale pour
laquelle il est fait. L'homme doit donc être considéré par l'homme comme une *fin* et non comme un
moyen (5). Je dois me respecter moi-même comme je
respecte autrui. L'honnête homme ne craint rien tant
que d'amoindrir sa personne morale par une action
basse, et « ne peut souffrir d'être à ses propres yeux
» indigne de la vie (6). » Mais, ne l'oublions pas, si
l'homme doit être considéré comme une *fin* et non
comme un moyen, par rapport aux choses de ce monde,
c'est parce que « l'homme est *le sujet de la loi morale*,
» et par conséquent de ce qui est saint en soi et de
» ce qui seul peut donner à quelque chose un carac-
» tère saint (7). »

(1) *Ibid.*
(2) *Ibid.*
(3) *Ibid.*
(4) *Ibid.*
(5) *Ibid.*
(6) *Ibid.*
(7) « ... Er das subject des moralischen Gesetzes mithin dessen ist,

On voit par là que si la morale de Kant est une morale de liberté, c'est aussi une morale de *dépendance*, de *soumission*. Mais, au fond, n'est-ce pas la même chose? Car, à quoi nous peut servir la liberté si ce n'est à nous soumettre et à participer volontairement à cet ordre universel auquel la nature est soumise aveuglément? Avec de tels principes, la morale de Kant ne pouvait manquer de s'élever jusqu'à Dieu, principe de tout ordre moral et seule fin d'une volonté raisonnable et libre. C'est donc la démonstration de l'existence de Dieu qu'il va entreprendre dans la *Dialectique de la Raison pratique*.

Toutefois, avant de passer de l'*Analytique* à la *Dialectique*, Kant, fidèle à sa méthode ordinaire et au plan de ses autres ouvrages, jette un coup d'œil en arrière pour justifier la marche suivie dans cette première partie, et pour discuter de nouveau la légitimité des principes qu'il a établis. Cette discussion rétrospective est intitulée : *Examen critique de l'Analytique*.

Dans la critique de la *Raison pure*, l'Esthétique précède l'Analytique, et, dans l'Analytique, l'étude des *concepts* précède celle des *principes*. Cette marche était nécessaire ; car les *concepts*, pour être appliqués à des objets, ont besoin des intuitions pures du temps et de l'espace : et les *concepts*, à leur tour, doivent être étudiés avant les *principes*, puisque les principes résultent de l'application des *concepts* aux objets (1). Au contraire, les *principes* de la raison pratique ne

was an sich heilig ist, um dessen willen und in Einstimmung mit welchem auch überhaupt nur etwas heilig genannt werden kann. » (*Dialectique*, ch. II, n° V.)

(1) Examen critique de l'*Analytique*.

résultent pas des *concepts*; c'est l'inverse qui a lieu. Les principes sont connus tout d'abord (1). Avant de posséder le *concept* du *Bien* je commence par connaître le *principe* : « *Agis de telle sorte que ton acte puisse être érigé en règle universelle.* » Cette règle ne se déduit de rien ; et ce sont, au contraire, les *concepts* du bien et du mal qui s'en déduisent (2). De même que les *principes* précèdent les *concepts*, de même le *concept* du bien précède le *sens moral;* il fallait donc que l'*esthétique morale* (l'étude de la sensibilité morale) ne vînt qu'après l'étude du *concept* moral (3). Telle est la justification de l'ordre suivi dans l'*Analytique* et de la division en trois chapitres, dont le premier étudie les *principes*, le second l'*objet* de la loi *morale*, le troisième les *mobiles* de la volonté, c'est-à-dire, d'une part, les motifs égoïstes, les motifs sensibles, de l'autre, les motifs vraiment moraux (4).

Il faut remarquer d'ailleurs que la raison pratique, n'empruntant rien à l'expérience, doit suivre dans sa méthode l'ordre purement rationnel, c'est-à-dire l'ordre *déductif*, et aller du plus général au plus particulier. L'idée d'une loi universelle est tout ce qu'il peut y avoir de plus général; c'est donc comme la majeure de la déduction. L'idée du bien et du mal, c'est-à-dire l'idée de tel ou tel acte possible conforme ou non conforme à cette loi, est comme la mineure; enfin, l'idée d'une détermination de la volonté par tel

---

(1) N'en est-il pas de même pour les *principes* de la *Raison pure?* Les jugements ne précèdent-ils pas les notions abstraites?

(2) V. plus haut ce paradoxe que le *Bien* n'est pas le principe mais la conséquence de la loi morale.

(3) Examen critique de l'*Analytique*.

(4) *Ibid.*

ou tel motif est comme la conclusion pratique de ces prémisses (1). « Celui qui a pu se convaincre de la
» vérité des propositions contenues dans l'*Analytique*
» doit aimer ces comparaisons ; car elles font juste-
» ment espérer de pouvoir un jour apercevoir l'unité
» de la raison pure tout entière (de la raison théori-
» que et de la raison pratique), et tout dériver d'un
» seul principe, ce qui est l'inévitable besoin de la
» raison humaine, laquelle ne trouve une entière sa-
» tisfaction que dans une unité parfaitement systéma-
» tique de ses connaissances (2). »

Mais, si tout l'édifice de la morale repose sur des principes qui eux-mêmes sont contenus *analytiquement* dans le *concept* d'un être raisonnable et libre, ne faut-il pas que la critique établisse avant tout la possibilité du fait de la liberté? Or la liberté est absolument contradictoire et par conséquent impossible dans le monde sensible (3). On a cru pouvoir percevoir ce fait par l'expérience interne; mais c'est une illusion (4); en effet, les phénomènes de notre âme, que l'expérience nous révèle, sont dans le *temps*, et tout ce qui est dans le *temps* est nécessairement *déterminé* par un phénomène antérieur, ce qui exclut toute liberté (5). Ira-t-on, par un misérable subterfuge, appeler libre un acte déterminé dont la cause déterminante est interne, et confondre ainsi la *liberté* avec la simple *spontanéité?* (Tel est, on le sait, le

---

(1) *Ibid.*
(2) *Ibid.*
(3) *Ibid.*
(4) *Ibid.*
(5) *Ibid.* Au sujet de tous ces paradoxes sur la liberté, voir la deuxième partie de cet ouvrage (discussion de la troisième antinomie).

système de Leibnitz). Mais alors les aiguilles d'une montre seraient libres, car la force qui les fait mouvoir est cachée à l'intérieur de la machine. Une telle liberté ne fait de l'homme qu'un *automate spirituel* : « C'est la liberté d'un tourne-broche qui, une fois » monté, exécute tout seul ses mouvements (1)? »

Cette critique de Leibnitz est assurément très-juste, mais Kant est-il plus heureux dans ses efforts pour concilier le mécanisme de la nature avec ma liberté, lorsqu'il propose de nouveau la solution déjà donnée à propos de la troisième *antinomie* de la Raison pure? La fatalité règne absolument dans le monde des phénomènes, et ainsi elle régit mes actes comme phénomènes, c'est-à-dire en tant que je les ai accomplis dans le temps; mais ma raison et ma liberté agissent en dehors du temps, et par conséquent ne peuvent être *déterminées* par aucun phénomène antérieur (2). Ainsi, en supposant que nous connaissions « tous les mobiles » qui peuvent déterminer un acte, nous pourrions » calculer la conduite future d'un homme avec autant » de certitude qu'une éclipse de lune ou de soleil, » tout en continuant de le déclarer libre (3). »

Cette doctrine est, selon Kant, la seule qui puisse sauver la liberté. Car, dit-il, si ma liberté était dans le temps, et si les phénomènes s'accomplissant dans le temps étaient quelque chose de réel, tous ces phénomènes et ma liberté avec eux seraient déterminées par la volonté de Dieu (4). Ainsi Dieu et la liberté se-

---

(1) *Ibid.*
(2) *Ibid.*
(3) *Ibid.*
(4) *Ibid.*

raient incompatibles : or cela n'est pas, car, au contraire, *la liberté et la loi morale supposent Dieu*. Cette dernière proposition est d'une incontestable vérité (quoique la conséquence que la *Critique* en déduit contre la liberté de mes actes *comme phénomènes* soit sans valeur); c'est la dernière et la plus sublime des conclusions de la *Critique de la Raison pratique*. L'*Analytique* nous y a préparés; la *Dialectique* va nous en donner la démonstration. Ici nous rentrons en pleine vérité, en pleine lumière.

III

Dialectique de la Raison pratique.

La raison exige que nous nous élevions du *concept* du fini à l'*idée* de l'Infini, du conditionné à l'inconditionné. La philosophie spéculative n'a pu établir l'*objectivité* de cet idéal. Mais la Raison pratique a a aussi son idéal, c'est le *souverain Bien* (1). Peut-elle en démontrer l'objectivité?

Et d'abord, qu'est-ce que le souverain Bien? C'est l'accord parfait de la vertu et du bonheur. Sans doute le Bien moral ne doit pas être pratiqué en vue du bonheur; on a vu plus haut qu'un tel motif détruirait tout le mérite de la volonté; mais cependant il est *juste*, par conséquent il est *bon*, que le bonheur résulte de l'état moral de la volonté. Cet accord de la vertu et du bonheur est donc préférable à un état de choses contraire; il réalise le *maximum* possible du

---

(1) *Dialectique de la Raison pure*, ch. I.

Bien ; il est le souverain Bien (1). Mais un tel accord existe-t-il *objectivement*, c'est-à-dire réellement, ou n'est-il qu'un idéal *subjectif*, une conception de ma pensée ? C'est là la question.

Si la vertu et le bonheur étaient identiques, en affirmant leur union, je ne porterais qu'un jugement *analytique*. Mais c'est à tort que les stoïciens et les épicuriens identifiaient ces deux *concepts*, les premiers en mettant le bonheur dans la seule pratique de la vertu, les seconds en plaçant la vertu dans la seule recherche du bonheur (2). Loin d'être identiques, la vertu et le bonheur « se limitent mutuelle- » ment, se combattent dans le même sujet (3). » Leur union ne saurait être que celle de la cause à l'effet ; ainsi, je ne puis l'affirmer que par un jugement *synthétique* (4) ; et ce jugement est d'autant plus difficile à déduire, que je me trouve en face de l'*antinomie* suivante : ou bien le bonheur (le désir du bonheur) est cause de ma vertu, et alors elle n'est plus vertu, car elle est intéressée ; ou bien c'est la vertu qui est cause du bonheur ; mais cela ne se peut pas non plus, car mon bonheur dépend des lois de la nature et non de mes intentions (5). Dans les deux cas, il semble que l'union de la vertu et du bonheur, loin d'être démontrée, soit au contraire impossible.

Toutefois, cette antinomie n'est qu'apparente ; la première hypothèse est absolument fausse ; le désir du bonheur ne saurait, en aucune façon, être cause

---

(1) *Dialect.*, ch. II.
(2) *Ibid.*
(3) *Ibid.*
(4) *Ibid.*
(5) *Ibid., Antinomie de la Raison pratique.*

de la vertu ; quant à la seconde, elle n'est fausse que dans le monde des *phénomènes* (1). Il est vrai que, par l'effet des lois physiques de l'univers, le bonheur ne suit pas toujours la vertu, mais, « *par le moyen d'un auteur intelligible du monde,* » cette union peut être établie et maintenue (2). Sans doute, même sur la terre, et sans qu'il soit besoin de supposer autre chose que les conséquences naturelles de mes actes, la pratique de la vertu cause un sentiment de satisfaction : mais c'est un contentement purement intellectuel et non sensible ; il ne produit pas le bonheur parfait, puisque l'homme vertueux souffre encore par suite des penchants qu'il combat (3). Si donc la vertu ne suffit pas par elle-même à produire le bonheur qu'elle mérite, elle ne réalise pas le souverain Bien. Il faut quelque puissance supérieure pour le réaliser ; il faut que Dieu existe (4). Mais, dira-t-on, est-il prouvé que le souverain Bien existe quelque part ? Et, s'il n'existe pas, s'il n'est qu'un pur idéal, Dieu, qui ne m'est démontré que comme la condition nécessaire de la réalisation de ce souverain Bien, peut aussi être mis en doute. Vaine objection ; il m'est impossible de douter de la réalité du souverain Bien, et, par conséquent, de Celui qui en est la condition, sans douter en même temps de la loi morale : car le souverain Bien *fait partie de la loi morale*, puisque nous sommes obligés de travailler à le réaliser, non pas assurément en cherchant le bonheur, mais en nous efforçant de nous en rendre

---

(1) *Ibid.*, n° II (Solution de l'antinomie).
(2) *Ibid.*
(3) *Ibid.*
(4) *Ibid.*

dignes, en nous efforçant de détruire les penchants qui, par leur opposition à la loi morale, constituent un état de souffrance pour l'être moral (1). La conformité absolue de mes penchants avec ma raison est le but où je dois tendre; je ne puis y tendre que si j'ai l'espoir de l'atteindre, et je ne puis avoir cet espoir que s'il y a une autre vie. La loi morale ne peut ni me dispenser de poursuivre ce but, ni exiger de moi la poursuite d'un but chimérique ; donc la loi morale implique l'immortalité de l'âme ; elle implique Dieu sans lequel je ne pourrais jamais réaliser par moi-même ce souverain Bien qu'il m'est ordonné de vouloir réaliser (2).

Cette démonstration de l'existence de Dieu a cet avantage qu'elle prouve sa perfection en même temps que son existence. Si je ne connaissais Dieu que par les merveilles de la nature, je serais en droit d'affirmer qu'il est puissant, qu'il est sage et bon ; rien toutefois ne prouverait que sa perfection est infinie (3) : mais en le concevant comme celui qui réalise le souverain Bien, je trouve dans l'analyse même de ce *concept* la Perfection absolue; j'y trouve : 1° la personnalité, car la personnalité consiste dans la volonté, et ce dont le souverain Bien est la loi est *volonté* (4); 2° l'omniscience; car, pour répartir le bonheur en proportion exacte de la vertu, il faut lire au fond des cœurs ; 3° l'omnipotence ; 4° l'éternité, car il faut que la Justice soit toujours (5). En un mot, non-seulement je sais que Dieu est,

---

(1) *Ibid.*, n° V. (*Dieu postulat de la Raison pratique.*)
(2) *Ibid.*
(3) *Ibid.*, n° VII.
(4) *Ibid.*, n° V.
(5) *Ibid.*, n° VII.

mais aussi ce qu'il est ; j'arrive à me faire « un con-
» cept parfaitement déterminé de cet être parfait (1). »

Ainsi se trouvent démontrées, par la *Raison pratique*, toutes les vérités que la *Critique de la Raison pure*
avait déclarées problématiques. Dieu et l'immortalité
de l'âme sont des *postulats de la loi morale* (2), des
postulats de la liberté. Toutefois (car le scepticisme
trouve encore une part même dans cette admirable
doctrine), Kant ajoute que les attributs moraux de
Dieu sont les seuls dont nous puissions affirmer la
réalité, et que, pour ses attributs métaphysiques
(par exemple son existence en dehors du temps),
nous n'avons aucun moyen de les démontrer (3). Encore, le mode de connaissance que produit en nous la
preuve morale de l'existence de Dieu est plutôt la foi
que la science (4). Nous retrouverons les mêmes idées
dans la conclusion de la *Critique du Jugement*.

IV

Méthodologie de la Raison pratique.

La *Méthodologie*, qui termine la *Critique de la Raison pratique*, insiste sur la nécessité d'accoutumer
l'homme, par l'éducation, à aimer la loi morale *pour
elle-même*, et non pour l'attrait de l'intérêt ou les sa-
tisfactions de l'amour-propre. Kant montre admirablement que, même dépouillée de tout calcul de bon-

---

(1) *Ibid.*
(2) *Ibid.*, n° V.
(3) *Ibid.*, n° VII.
(4) *Ibid.*, n° VIII.

heur personnel, la seule pensée du Bien, la seule représentation de la vertu pure, possède la plus puissante force d'impulsion sur le cœur humain (1). La preuve en est dans la sévérité avec laquelle nous jugeons les autres, quand nous supposons à leurs bonnes actions un motif intéressé (2). Un excellent moyen de former chez les enfants le goût moral serait de leur donner à juger les actions d'éclat rapportées par l'histoire, et de les exercer à discerner, dans les intentions, les motifs supérieurs d'avec les motifs sensibles ou intéressés (3). Il faut bien se garder de leur faire admirer à l'égal du devoir certains actes dont la grandeur nous éblouit et exalte l'orgueil (4). C'est vers le Bien, aimé pour lui-même, vers le respect de la loi, en tant que loi, qu'il faut accoutumer l'enfant à tourner ses regards. Toute étude nous fait aimer son objet. Livrons-nous donc à la méditation de la loi morale, et sa beauté deviendra chaque jour pour nous un objet plus puissant d'amour, un mobile plus efficace d'action (5). « Deux choses remplissent
» l'âme d'une admiration et d'un respect toujours re-
» naissants et qui s'accroissent à mesure que la pen-
» sée y revient plus souvent et s'y applique davan-
» tage : *Le ciel étoilé au-dessus de nous, la loi morale*
» *au dedans de nous* (6). »

---

(1) *Méthodologie de la Raison pure pratique.*
(2) *Ibid.*
(3) *Ibid.*
(4) *Ibid.*
(5) *Ibid.*
(6) « Zwei Dinge erfüllen das Gemüth mit immer neuer und zu-
» nehmender Bewunderung und Ehrfurcht, je öfter und anhaltender
» sich das Nachdenken damit beschäftigt : der gestirnte Himmel über
» mir, und das moralische Gesetz in mir. » (Conclusion).

V

Appendice à la deuxième section. Fondements de la métaphysique des mœurs.

Bien que les *Fondements de la métaphysique des mœurs* aient paru avant la *Critique de la Raison pratique*, ils en sont le complément plutôt que la préparation ; car le *concept* du Bien et la division de nos devoirs y sont déterminés *quant à leur matière*, c'est-à-dire que l'auteur nous donne un *critérium* pratique pour reconnaître si un acte quelconque est moral, s'il constitue un devoir parfait ou un devoir imparfait : tandis que, dans la *Critique de la Raison pratique*, il s'était borné à examiner la forme de l'idée du Bien, son caractère *impératif*, et l'état de *dépendance* du sujet libre à l'égard de l'obligation morale.

Quelle est la *matière* du Bien, c'est-à-dire quelles sont les *choses bonnes*? Il n'y a qu'une chose qui soit absolument bonne, bonne par elle-même : c'est *une bonne volonté* (1). En effet, les biens de ce monde ne sont pas recherchés pour eux-mêmes, mais seulement en vue du bonheur qu'ils nous procurent; et le bonheur, à son tour, n'est pas absolument bon par lui-même, car il peut nous porter à la présomption et nous détourner de la vraie soumission à la loi morale (2). La bonne volonté, au contraire, est une fin par elle-même et non pas seulement une fin

---

(1) *Fondements de la métaph. des mœurs* (1re section, tout au commencement).

(2) *Ibid.*

moyenne destinée à nous faire atteindre une fin supérieure. Quelle serait, en effet, cette fin supérieure? la vie? la conservation? Mais l'instinct y pourvoit mieux que la volonté. La satisfaction de nos désirs? Mais quel but que celui-là! car on ne l'atteint souvent qu'aux dépens de la raison (1).

Reste à examiner à quelles conditions une volonté est bonne.

La loi d'une bonne volonté doit être valable pour toute volonté. Donc, pour qu'une action soit bonne, il faut « *agir de telle sorte que je puisse vouloir que ma maxime devienne une loi universelle* (2). » Ainsi, je ne puis vouloir que tout le monde me trompe ; tromper est donc contraire à la loi morale (3).

Si une action ne peut être conçue *sans contradiction* comme loi universelle, c'est un *devoir strict* de l'éviter. Ainsi, le suicide, le mensonge, ne sauraient être des lois universelles, puisque l'humanité serait détruite si de tels faits se généralisaient. Il y a d'autres actes qui, érigés en lois, n'impliqueraient pas contradiction; mais ils sont de telle nature que je ne voudrais pas vivre dans une société dont ils seraient la loi (4) : C'est un devoir, mais un devoir *large* de les éviter. Par exemple, l'égoïsme, la dureté envers les pauvres, n'impliquent pas absolument la destruction de la société ; mais voudrais-je vivre dans une société d'égoïstes et d'avares? Le dévouement, la charité, sont donc des devoirs, mais des devoirs larges,

---

(1) *Ibid.*, 1ʳᵉ section.
(2) *Ibid.*
(3) *Ibid.*
(4) *Ibid.*, 2ᵉ section.

des devoirs *imparfaits*; et ils sont d'autant plus méritoires que l'obligation de les accomplir est moins stricte (1).

Dans l'un et dans l'autre cas, l'obligation existe; c'est un *impératif catégorique*; quant aux impératifs *hypothétiques*, ils se subdivisent en *impératifs de l'habileté* et *impératifs de la prudence*. Les premiers nous imposent certains moyens comme conditions nécessaires pour atteindre un but donné (2); les seconds nous conseillent certains actes comme moyens d'arriver au bonheur (3). Les *impératifs d'habileté* se déduisent *à priori* de l'analyse du dessein que l'on se propose : ainsi, c'est de l'analyse de la donnée d'un problème de géométrie que l'on déduit la méthode nécessaire pour le résoudre (4). Les *impératifs de prudence* se déduisent de l'expérience (5). Pour l'*impératif catégorique* (l'affirmation de l'obligation morale), il ne se déduit ni de l'expérience ni d'une simple analyse; c'est « une proposition pratique *synthétique à priori* (6). » Comment donc établir son objectivité? Kant répond que l'homme, s'il fait partie, par ses instincts sensibles, du monde des phénomènes, fait partie, par sa raison, du monde intelligible (7). Comme tel, il doit avoir une loi *intelligible*, une loi purement rationnelle, et cette loi est l'*obligation morale*. Ainsi, l'union du sujet et de l'attribut dans la proposition *syn-*

(1) *Ibid.*
(2) *Ibid.*
(3) *Ibid.*
(4) *Ibid.*
(5) *Ibid.*
(6) *Ibid.*
(7) *Ibid.*, 3ᵉ section.

thétique, « *l'homme doit obéir à la loi morale,* » est justifiée par la double nature de mon être, par l'union des deux mondes sensible et intelligible en ma personne.

En se soumettant à la loi morale, la volonté est *autonome* ; en suivant les instincts sensibles, elle obéit à une loi de la nature, et non à la sienne ; elle est *hétéronome*. L'*autonomie* est le principe même de la morale (1), c'est-à-dire que le devoir de ma volonté est d'agir suivant *la loi faite pour elle*. Ici la doctrine de l'*autonomie* nous semble beaucoup plus précise que dans la Critique de la Raison pratique, où Kant identifie l'*autonomie* avec la *liberté* ; ici, c'est la *moralité* qu'il fait consister dans l'*autonomie*. Pour la liberté, il la prouve en montrant qu'elle est supposée par l'obligation ; et cette preuve peut se ramener à ce syllogisme admirable de clarté et de précision : « Je » ne suis *obligé* à agir moralement que si je suis libre ; » or, je suis très-réellement obligé à agir morale- » ment ; donc, je suis libre (2). » Toutefois, si la liberté est ici parfaitement démontrée, Kant, un peu plus loin, paraît la confondre avec la raison, qui doit, sans doute, être le mobile de la liberté, mais enfin qui n'est pas la liberté. « Tout être raison- » nable, » dit-il, « n'agit que sous l'idée de la » liberté ;... en effet, nous concevons dans un être » raisonnable une raison qui est pratique, c'est-à- » dire qui *est douée de causalité à l'égard de ses ob-* » *jets* (3). » Mettre la *causalité* dans la raison, n'est-ce

(1) *Ibid.*, 2ᵉ section. (L'*Autonomie de la volonté principe suprême de la moralité.*)

(2) *Ibid.*, 3ᵉ section.

(3) *Ibid.*, 3ᵉ section. (*La liberté doit être supposée comme propriété de tout être raisonnable.*)

pas la confondre avec la volonté, ou tout au moins en faire le principe *déterminant* de la volonté? Et qu'est-ce que la liberté, si la volonté est *déterminée*, même par la raison?

Au nom de cette liberté qui m'est démontrée par la réalité de la loi morale, je dois respecter l'être qui la possède; car la liberté est sacrée comme la loi qu'elle est destinée à accomplir. De là cette maxime que l'homme est respectable à l'homme, et « *doit être traité, non comme un moyen, mais comme une fin* (1). » Cette règle pratique renferme implicitement tous nos devoirs envers nous-mêmes et envers notre prochain (2). Elle renferme les devoirs parfaits (les devoirs de justice); car, si je viole la justice à l'égard des autres hommes, c'est que je les traite comme des *moyens* pour arriver à l'accomplissement de mes désirs (3). Elle renferme les devoirs imparfaits (les devoirs de charité); car, si je me dévoue aux autres, si je les secours, c'est que je veux travailler « à l'accomplissement des *fins* d'autrui (4), » et que je considère « l'humanité, et, en général, toute nature raisonnable comme *fin* en soi (5). »

Ce respect de la personne humaine, considéré ici par Kant comme le fondement des *devoirs* de justice, est posé, dans la *Métaphysique des mœurs*, comme principe du *droit*. Le droit, suivant Kant, est « l'ensemble des conditions auxquelles le libre arbitre » de l'un peut se concilier avec le libre arbitre de

---

(1) *Ibid.*, 2º section.
(2) *Ibid.*
(3) *Ibid.*
(4) *Ibid.*
(5) *Ibid.*

» l'autre » : en un mot, c'est l'exercice de ma liberté en tout qu'elle ne gêne pas celle des autres. Nous examinerons plus loin si cette définition est suffisante, et si pour déterminer le principe du *droit* il ne faut pas remonter jusqu'à la notion du *devoir* et du *Bien*.

RÉSUMÉ DE LA MORALE DE KANT.

L'homme, par la *raison spéculative*, ne peut démontrer la légitimité d'aucune proposition *synthétique à priori*; telle est la conclusion de la *Critique de la Raison pure*. Notre connaissance est donc réduite aux jugements *synthétiques à posteriori*, c'est-à-dire aux vérités de l'expérience (car, *pour les jugements analytiques*, ils sont bien rationnels, mais il ne constituent pas, à proprement parler, une *connaissance*). Nous voici donc bien près des conclusions du sensualisme : qu'importe, en effet, que nous ayons des *idées* suprasensibles, si ces idées ne constituent pas des *connaissances*, si nous sommes dans l'impuissance d'affirmer la réalité de leur objet? Mais, heureusement pour la raison humaine, il est un jugement, un seul, il est vrai, qui, bien que *synthétique à priori*, fait exception à la loi, et qui peut, qui doit être regardé comme légitime : c'est la proposition : « *l'homme est obligé d'obéir à la loi de la raison.* » Quel est le fondement de sa légitimité? Quel est le lien du sujet avec l'attribut? Ce lien est dans la double nature de l'homme, qui est à la fois un être sensible et un être raisonnable. Comme être raisonnable, il ne peut avoir d'autre loi que la loi de la raison (et la proposition serait même *analytique* si l'homme n'était qu'un être raisonnable ; mais puisqu'il est en même temps un être sensible, il faut en conclure qu'*un être sensible est le sujet des lois de la raison*, proposition évidemment *synthétique*). Mais l'être sensible ne peut être soumis à la raison par une nécessité physique, car la raison n'agit pas à la manière des forces physiques ; cette soumission ne peut être qu'une nécessité morale, l'obligation. Une fois cette proposition synthétique établie, tout le reste de la morale se déduit par la simple analyse des *concepts* de *loi rationnelle* et d'*obligation*.

La raison est la même pour tous ; donc, la loi morale est *universelle* ; ce qui est obligatoire doit pouvoir être connu et doit pouvoir être pratiqué. Or, ces caractères manquent à la morale du plaisir et à la morale de l'intérêt. Je ne puis sans contradiction vouloir ériger l'intérêt ni le plaisir, r loi universelle, puisque l'intérêt ni le plaisir ne sont les mêmes pour tous les hommes. De plus, le plaisir et l'intérêt ne sont pas obligatoires ; car la raison ne m'ordonne de les rechercher que *sous condition* (à savoir si je veux être heureux) ; mais je puis renoncer au bonheur, et par conséquent aux moyens d'y parvenir ; cela seul est obligatoire à quoi je ne peux renoncer sans contradiction, et il est contradictoire qu'un être raisonnable agisse déraisonnablement ; l'obéissance à la raison est donc obligatoire, non pas *conditionnellement*, en vue d'un but, mais *absolument, catégoriquement*, et pour elle-même. Cette obéissance constitue le Bien. Le Bien peut toujours être connu et peut toujours être pratiqué, par cela même qu'il réside dans l'intention seule ; il est évident que l'on n'en saurait dire autant des conseils de l'intérêt ; ils sont souvent trompeurs, et d'ailleurs on ne peut pas toujours faire ce qui est utile, car ici l'intention ne suffit plus. Le Bien possède donc seul les caractères essentiels à la loi de la raison.

Puisque le Bien réside dans l'*intention*, c'est-à-dire dans le choix du motif, et non dans l'exécution de l'acte qui n'est pas toujours en notre pouvoir, il en résulte que la *moralité* de la volonté ne réside pas dans la seule légalité d'une action; il faut, pour que la volonté soit morale, qu'elle agisse pour la loi, par respect pour la loi, et non par égoïsme, par orgueil, ni même en vue du plaisir de la conscience. Tous les mobiles égoïstes sont *empiriques* et non *rationnels*; par conséquent ils répugnent à la loi de l'être raisonnable.

Toutefois, si je ne dois pas chercher le bonheur, le bonheur n'est cependant pas un mal. Il est bon que la vertu soit récompensée par le bonheur; cela est juste, et par conséquent cela fait partie du *Bien absolu*, du *souverain Bien*, de la *Justice parfaite*. Cette Justice parfaite existe-t-elle? Oui; car c'est un idéal dont je suis *obligé* de me rapprocher sans cesse, bien que je ne puisse pas l'atteindre; et il serait contradictoire que l'homme fût obligé de tendre vers un idéal chimérique. Mais puisque ce souverain Bien, cet accord de la vertu et du bonheur n'existe pas sur la terre et ne peut être réalisé par les lois de la nature, il faut qu'il existe dans une autre vie et qu'il soit réalisé par un Être supérieur à la nature, par un Être raisonnable, parfaitement bon, éternel et tout-puissant. Ainsi se trouvent établies par la raison pratique ces grandes vérités que la raison spéculative nous faisait concevoir et nous faisait aimer sans pouvoir les démontrer, l'*immortalité de l'âme* et l'*existence de Dieu*.

Si le souverain Bien, le Bien absolu n'est qu'en Dieu, le plus grand bien qu'il soit au pouvoir de l'homme de réaliser est une *bonne volonté*. Une volonté est bonne quand elle veut ce qui est conforme à la fin universelle des hommes et de la société. Ainsi c'est un devoir *strict* de ne faire aucune action qui, étant généralisée, détruise la société humaine. C'est un devoir large, un devoir de charité, d'accomplir les actions qui, érigées en lois générales, rendraient l'état de la société plus conforme au type idéal que la raison conçoit.

L'idée du Bien nous amène naturellement à celle du *Beau* et à celle de *destination* ou de *finalité* (car la notion *de fin* est comprise à la fois dans celle du Bien et dans celle du Beau). L'étude de ces nouvelles notions, qui complètent la liste des idées de la raison pure, est l'objet de la *Critique du jugement*.

TROISIÈME SECTION

Analyse de la Critique du Jugement.

CHAPITRE PREMIER.

ANALYSE DE LA CRITIQUE DU JUGEMENT ESTHÉTIQUE.

I. *Préface et introduction.* — Rapport de la troisième *Critique* aux deux premières. — Distinction du jugement déterminant et du jugement réfléchissant. — Nécessité d'une règle pour le jugement réfléchissant. — Double point de vue de la *finalité.*
II. *Analytique du Beau.* — Quatre définitions du Beau. — Universalité du goût. — Du libre jeu de l'imagination et de l'entendement.
III. *Analytique du Sublime.* — Le Sublime est à la raison ce que le Beau est à l'entendement.
IV. *Appendice de l'Analytique.* — Théorie des beaux-arts.
V. *Dialectique du Jugement esthétique.* — Antinomie du Jugement esthétique. — De la finalité idéale et de la finalité réelle. — Symbolisme du Beau.

I

Préface et introduction.

Il y a deux mondes : le monde de la *nature* et celui de la *liberté*; du premier, nous ne connaissons rien, si ce n'est les représentations que s'en fait notre entendement : nous le concevons comme soumis à des lois déterminantes, fatales; nous n'en pouvons pénétrer l'essence, nous n'en pouvons atteindre par la pensée ni les limites ni l'origine, et son auteur luimême nous est inconnu, parce que notre entendement, borné aux notions sensibles, ne peut se rien représenter en dehors des phénomènes (1). Le monde de la liberté, au contraire, se révèle à nous par le commandement de la loi morale; et comme les lois de ce monde supérieur sont celles de notre raison elle-même, nous n'avons pas à sortir de nous-mêmes pour en vérifier la réalité : nous vivons, nous agissons dans ce monde moral, nous en sommes une partie, et par là nous sommes directement rattachés à la Raison suprême de toutes choses, à Dieu, sans lequel la loi morale serait un non-sens, une impossibilité (2).

A ces deux mondes correspondent nos deux principales facultés de connaître : le monde des *phénomènes* est l'objet et le seul objet de la raison spéculative, qui cesse de mériter notre confiance dès qu'elle essaie d'affirmer quelque chose de positif au sujet du monde intelligible. Le monde de la *liberté* est l'objet de la raison pratique dont l'objectivité est démontrée par le commandement *irrésistible*, et par conséquent *indubitable* de la loi morale. Telle est la conclusion des deux premières *Critiques*. La *Critique du jugement* se propose d'examiner la nature et de discuter la légitimité d'une troisième faculté, que Kant désigne sous le nom de *jugement réfléchissant*, et qui a pour objet le *concept* du Beau et le *concept* de finalité.

(1) Introduction, n° II.
(2) *Ibid.*

Cette troisième faculté est intermédiaire entre la raison spéculative et la raison pratique. En effet, le Beau emprunte sa *matière* au monde des sens (objet de la connaissance spéculative); mais, d'autre part, la notion du Beau a de frappantes analogies avec celle du Bien, et ainsi elle participe du monde intelligible. De même la notion de finalité, bien que notre esprit l'applique au monde sensible où tout nous semble convenance et harmonie, n'est au fond, comme l'idée du Beau, qu'une forme de la notion de l'Ordre, et ainsi se rattache au monde moral. En un mot, ces deux idées sont pour notre esprit comme un passage du monde des phénomènes, où elles ont leur *matière*, au monde intelligible où elles ont leur *forme* (1).

Il faut bien faire attention qu'en énumérant ces trois facultés, Kant ne prétend pas dresser la liste de toutes les facultés de l'âme, mais seulement celle des facultés de connaître *à priori* (car les facultés *expérimentales* ne sont pas du domaine de la *Critique*, qui se propose seulement d'étudier nos connaissances *pures*, *formelles*, nos connaissances *à priori*). Ainsi, la raison pure n'est pas la faculté de connaître *les objets sensibles*, mais la faculté de concevoir les principes *purs*, les principes *à priori* qui entrent comme *formes* dans la connaissance sensible. De même la raison pratique n'est pas la faculté de *vouloir*, mais la faculté qui conçoit les *principes à priori*, nécessaires pour servir de règle à la faculté de vouloir. De même, enfin, le *jugement* n'est pas la faculté de percevoir le Beau (cette perception et la jouissance qui l'accompagne sont l'objet de la faculté de *sentir*); le jugement est la

(1) V. la *préface* de la *Critique du Jugement*.

faculté de concevoir les *principes à priori*, les principes universels et nécessaires qui entrent comme éléments rationnels dans cette perception du Beau, dans l'exercice de cette *faculté de sentir* (1).

En rapportant le *jugement* à la *faculté de sentir* (2), Kant ne veut pas parler de la faculté d'éprouver un plaisir ou une douleur *sensible;* car le plaisir et la douleur sensibles ne sont que des *phénomènes* et appartiennent à l'expérience. Mais, outre le plaisir sensible, il existe un plaisir rationnel, qui résulte de l'harmonie perçue par notre esprit, entre les objets des sens et nos facultés supra-sensibles (3). Tel est le sentiment du Beau. La question est de savoir si à ce plaisir correspondent des principes rationnels, objets d'une faculté à part, le *jugement*. « Le *jugement*
» a-t-il par lui-même des principes *à priori?* Ces prin-
» cipes sont-ils constitutifs ou simplement régulateurs?
» Donne-t-il *à priori* une règle au sentiment du plai-
» sir ou de la peine, comme un moyen terme entre la
» faculté de connaître et la faculté de vouloir (de
» même que l'entendement prescrit *à priori* des lois à
» la première, et la raison à la seconde)? Voilà ce dont
» s'occupe la présente *Critique du Jugement* (4). »

On peut se demander pourquoi Kant fait du jugement une faculté distincte de l'entendement et lui assigne uniquement pour objet les règles *à priori* du sentiment esthétique, puisque l'entendement est aussi une faculté de juger et que nos jugements s'étendent

---

(1) *Ibid.*
(2) *Ibid.*
(3) Introd., n° III et n° VI.
(4) Préface.

à une foule d'objets. Mais Kant explique nettement sa pensée par la distinction du jugement *déterminant* et du jugement *réfléchissant*. L'entendement porte, sans doute, des jugements, mais ce sont des jugements *déterminants*; on appelle ainsi l'application des *catégories* aux objets, parce que notre entendement ne peut se faire une idée *déterminée* d'aucun objet qu'au moyen de cette application (1). Par exemple, le jugement qu'*un phénomène a une cause* est un jugement *déterminant*; car, sans cette application de la *catégorie* de cause à un phénomène, je ne puis me faire aucune idée de ce phénomène. Aucun plaisir ne résulte de cette *subsomption* des intuitions aux catégories : c'est un fait de connaissance pure et simple. Mais, une fois l'objet connu au moyen du jugement *déterminant*, la réflexion peut nous faire découvrir, entre la nature de cet objet et celle de notre esprit, une mystérieuse harmonie; l'affirmation de cette harmonie est un jugement, mais un jugement qui n'ajoute rien et n'enlève rien à la définition, à la nature de l'objet : ce jugement *de réflexion* n'est donc pas *déterminant*; l'idée que nous avons des propriétés et de l'essence de l'objet reste la même qu'avant la réflexion; cette réflexion n'affirme qu'une chose de plus, le plaisir que nous cause l'harmonie perçue ou pressentie entre les lois de ma pensée et les lois de la nature (2).

Néanmoins le jugement *déterminant* et le jugement *réfléchissant* ont cela de commun qu'ils nous font concevoir le particulier comme contenu dans le général. Mais, dans le jugement *déterminant*, le *général*

(1) Introd., n° IV.
(2) *Ibid.*

(c'est-à-dire le principe, la règle, la loi) m'est donné avant que mon esprit *subsume* le *particulier* à cette règle (1) ; ainsi le principe de *causalité* m'est donné avant le phénomène, et c'est en *subsumant* l'intuition du phénomène à ce principe que j'arrive à formuler ce jugement *déterminant* : « *Tout phénomène a une cause.* » Au contraire, dans le jugement *réfléchissant*, le particulier m'est donné d'abord ; ensuite, par la réflexion, je rapporte ce fait particulier à quelque loi générale (2) ; ainsi je commence par percevoir le phénomène, et ensuite je me demande quelle est sa place dans l'ordre général du monde. En un mot, les jugements *à priori* de l'entendement précèdent la connaissance expérimentale ; les *jugements* de la réflexion (bien qu'ils soient aussi *à priori*, suivent l'expérience et la complètent en reliant par la pensée toutes nos intuitions entre elles, en les ramenant à une idée directrice, à une raison d'être.

Cette *idée directrice* du jugement réfléchissant peut se formuler ainsi : « *Considérer la nature d'après une » unité telle que l'aurait établie un entendement* (3), » *si la nature était réellement l'effet d'une cause intelligente*. L'idée de *finalité* est donc le principe régulateur du jugement, et cela en vertu de la loi de notre esprit qui nous force à chercher en toute chose l'unité sous la variété. Mais ce n'est peut-être qu'une idée purement subjective (4) (ou du moins nous ne sommes pas en droit d'affirmer tout d'abord qu'elle corres-

---

(1) *Ibid.*
(2) *Ibid.*
(3) *Ibid.*
(4) *Ibid.*, n° V.

ponde à des lois, à des rapports réels de la nature des choses) (1). « Ce concept transcendantal d'une finalité
» de la nature n'est ni un concept de la nature ni un
» concept de la liberté ; car il n'attribue rien à l'objet
» (à la nature) ; il ne fait que représenter la seule
» manière dont nous devons procéder dans notre ré-
» flexion sur les objets de la nature, pour arriver à
» une expérience parfaitement liée dans toutes ses
» parties (2). » Le but de la réflexion est d'arriver à
résoudre « ce grand problème qui est *à priori* dans
» notre entendement : *avec les perceptions données*
» *par une nature qui contient une variété infinie de*
» *lois empiriques faire un système cohérent* (3). » Sans
» cette unité que nous supposons dans la nature, le
raisonnement *par analogie* serait impossible (4) ; et
comme l'analogie est le fondement de toutes les classifications que nous établissons pour relier entre elles
les lois de la nature ou ses différentes parties (5), que
deviendrait la science, si le jugement *réfléchissant* ne
donnait une règle et une direction aux recherches du
physicien et du naturaliste ? On voit ici que le rôle
assigné par Kant au jugement de finalité est au fond
le même qu'il avait attribué aux *idées transcendantales*
dans la *Critique de la Raison pure*.

Les jugements de finalité sont de deux sortes, *les*

---

(1) Nous ajoutons ici une restriction qui n'est pas indiquée dans l'introduction, parce qu'il nous semble que, plus loin, Kant rétablira l'*objectivité* de l'idée de *finalité*, lorsqu'il considérera le système des *fins* de la nature dans leur rapport avec l'homme et avec sa destination morale.
(2) *Ibid*.
(3) *Ibid*.
(4) *Ibid*.
(5) *Ibid*.

jugements de finalité proprement dits (ou téléologiques), et les jugements *esthétiques*. Quand un objet nous plaît par sa forme sans que nous nous préoccupions de sa destination, l'harmonie qui nous frappe, qui nous plaît, n'est pas l'harmonie des parties de cet objet entre elles, mais l'harmonie qui existe entre sa forme et la nature de nos facultés ; il y a alors *sentiment du Beau*, ou jugement *esthétique*. Si, au contraire, ce qui nous plaît dans l'objet est l'harmonie de ses parties entre elles et la conformité de l'ensemble à une destination déterminée, le jugement que nous portons est un jugement *téléologique* (1).

Ces deux sortes de jugements *intellectualisent* en quelque sorte la nature ; car le *Beau* et l'*Ordre* sont des notions *à priori*, des notions rationnelles. En supposant ainsi l'*Ordre* dans la nature, nous nous accoutumons à méditer sur l'Ordre absolu et à l'aimer ; par là il nous devient plus facile de nous y soumettre et de l'embrasser en quelque sorte par toutes les forces de notre âme lorsqu'il nous apparaît comme la règle, non-seulement de nos jugements, mais de nos volontés (2).

Kant aborde successivement l'étude du Jugement *esthétique* et celle du Jugement *téléologique* dans deux parties distinctes de la *Critique du jugement*. Chacune de ces deux parties est subdivisée à son tour en trois : l'*Analytique*, la *Dialectique* et la *Méthodologie*.

---

(1) *Ibid.*, n° VII et VIII.
(2) *Ibid.*, n° IX.

II

Analytique du Beau.

Dans la critique de la Raison pure, Kant avait employé le mot *esthétique* pour désigner la science des formes pures de la sensibilité. D'où vient qu'il l'emploie ici pour désigner le sentiment du Beau et les principes *à priori* du goût ? C'est que la sensibilité est pour quelque chose dans les jugements du goût. « Pour décider si une chose est belle ou ne l'est pas,
» nous n'en rapportons pas la représentation à son
» objet et en vue d'une connaissance, mais au sujet
» et au sentiment de plaisir ou de peine, au moyen
» de l'imagination... (1). Le jugement du goût n'est
» donc pas un jugement de connaissance ; il n'est point
» par conséquent logique, mais *esthétique* (2), » c'est-à-dire sensible (3).

Puisqu'il appartient à la sensibilité, ou du moins qu'il en relève en une certaine manière, le jugement *esthétique* est purement *subjectif* (4), c'est-à-dire qu'il ne porte pas sur la relation des représentations aux objets, mais sur « leur relation au sentiment de
» plaisir ou de peine, relation qui ne désigne rien de
» l'objet, mais simplement l'état dans lequel se trouve
» le sujet affecté par la représentation (5). » Autre

---

(1) *Analytique du Beau*, § 1.
(2) *Ibid.*
(3) On sait qu'avant Kant Baumgarten avait déjà employé ce mot *esthétique* pour désigner la science du Beau.
(4) *Ibid.*
(5) *Ibid.*

chose est se représenter par l'*entendement* un édifice régulier, parfaitement adapté à son but, et autre chose avoir conscience du sentiment de satisfaction qui se mêle à la représentation ; or, le jugement du goût réside uniquement dans cette conscience de ma satisfaction intérieure qui ne m'apprend rien de la nature de l'objet, et qui me fait seulement connaître la manière dont mes facultés sont affectées (1).

Par ces premières lignes de l'*Analytique du goût*, on voit tout d'abord que le but de Kant n'est pas de chercher quels sont les caractères du Beau dans les objets, mais quels sont les caractères du plaisir produit en nous par la beauté (2). On sait du reste que c'est l'esprit général de la philosophie de Kant, et l'essence même de la méthode critique de restreindre l'étude des choses à l'étude des formes *subjectives* de notre connaissance ; la *Critique du Jugement* restera fidèle à cette méthode, jusqu'au moment où, apercevant les rapports du Beau et du Bien, l'harmonie des principes du *jugement* avec les principes de la loi morale, Kant accordera tout à coup à l'idée du Beau et à celle de finalité l'*objectivité* qu'il leur a refusée tout d'abord.

L'*Analytique* du jugement esthétique se subdivise en deux parties : l'*Analytique du Beau* et l'*Analytique du Sublime*. Sans doute il y a des caractères communs entre l'émotion que produit sur nous le spectacle du Beau et l'émotion que produit le Sublime. Cependant le Beau a plus de rapport avec la sensibilité, le Sublime

---

(1) *Ibid.*

(2) V., dans la 2ᵉ partie de cet ouvrage, la critique que fait Schopenhaüer sur cette manière de poser la question.

avec la raison. Il faut donc étudier à part ces deux formes du jugement esthétique.

Bien que le plaisir produit par la vue du Beau ne soit pas seulement rationnel, mais encore sensible, cette satisfaction se distingue de toutes les autres jouissances par quatre caractères principaux qui lui assignent une place à part et un rôle singulièrement noble parmi tous les autres phénomènes de la sensibilité. C'est un sentiment, sans doute, mais d'une nature supérieure, et qui ne peut exister que chez un être raisonnable et moral.

1° *Le premier caractère du Beau est de produire une satisfaction pure de tout intérêt* (1). Il est facile de justifier cette première définition. Je puis trouver un palais beau sans avoir le moindre désir de le posséder; tel n'était pas le sentiment de ce sachem iroquois, qui ne trouvait de beau dans Paris que les boutiques de rôtisseurs (2). Non-seulement l'intérêt des sens, mais même l'intérêt de la morale n'entre pas comme élément dans le jugement du goût; car je ne trouverai pas un palais moins beau parce qu'il aura été construit par un homme injustement enrichi, dont la vanité aura englouti des sommes folles dans cette construction (3). « Un jugement sur la beauté, dans » lequel se mêle le plus léger intérêt » (égoïste ou même moral), « est partial et n'est pas un pur jugement de goût (4). »

---

(1) *Ibid.*, § 2 et 5.
(2) *Ibid.*, § 2.
(3) *Ibid.*
(4) *Ibid.*

Il résulte tout d'abord de ces principes que le *Beau* n'est pas l'*agréable*. En effet, j'aime un objet agréable pour me l'approprier, pour en jouir, et non pas seulement, comme un objet beau, pour le contempler. Je désire l'agréable, j'approuve le Beau, et je ne ressens d'autre plaisir que celui de l'approuver (1).

Le Beau n'est pas non plus l'utile. J'aime l'utile en vue d'une fin, non pour lui-même; j'aime le Beau pour lui-même, et sans me demander à quoi il sert (2).

Enfin le Beau n'est pas absolument identique au Bien; car nous avons intérêt, et même le plus grand des intérêts, à ce qui est moralement bon. D'ailleurs, c'est abaisser le Bien que de le confondre entièrement avec le Beau; ce serait confondre l'élégance des mœurs avec la vertu, la politesse avec la bienveillance (3).

2° Le caractère de désintéressement et d'impersonnalité donne aux jugements du goût le droit à l'assentiment universel : car il n'y a que nos plaisirs et nos intérêts qui soient variables (4). Cependant, quoique universel, le sentiment du Beau n'est lié à aucun des *concepts* de l'entendement : car, en portant ce jugement qu'un objet est beau, je n'en affirme rien au point de vue de la quantité, rien au point de vue de la réalité, de la négation ou de la limitation, rien au point de vue de la causalité, rien enfin au point de vue de la nécessité ou de la contingence (5). Com-

---

(1) *Ibid.*, § 3.
(2) *Ibid.*, § 4.
(3) *Ibid.*, § 5.
(4) *Ibid.*, § 8.
(5) *Ibid.*

ment donc un jugement *sans concept* peut-il être universel ? Parce que les lois *subjectives* de la pensée sont les mêmes chez tous les hommes (en cela bien différentes des *phénomènes subjectifs* de la sensibilité) : Or le jugement du Beau dépend des lois de notre pensée, et voici comment Kant l'explique : la vue d'un objet beau met en jeu à la fois notre imagination et notre entendement; en effet, l'imagination rassemble les éléments de l'intuition ; l'entendement donne de l'unité à cette intuition composée de parties diverses (1). Mais comme l'entendement, pour concevoir cette unité, n'est astreint à aucun concept déterminé, il se sent libre (2), se joue en quelque sorte librement avec l'imagination, la plus libre de nos facultés, dont il semble suivre complaisamment les fantaisies, et qui, à son tour, se prête complaisamment à sa direction aussi douce et facile que raisonnable. Alors, la conscience de ce jeu, à la fois libre et harmonieux, produit un sentiment de plaisir qui est le *jugement du Beau* (3). Sans doute, ce *sentiment*, cet état de l'esprit, n'est qu'un *phénomène subjectif*; mais on est en droit d'affirmer « qu'il doit pouvoir être universellement partagé (4) ; » car il y a des lois universelles de l'esprit, et de ce nombre sont celles qui règlent les rapports de l'imagination et de l'entendement (5). De ces considérations résulte la seconde définition du

---

(1) *Ibid.*, § 9.
(2) *Ibid.*
(3) Ce *sentiment* peut, sans contradiction, s'appeler un *jugement* ; car il n'est pas seulement un *sentiment*; mais il est la conscience de l'accord entre nos facultés, accord d'où résulte le plaisir.
(4) *Ibid.*
(5) *Ibid.*

Beau : « *Le Beau est ce qui plaît universellement sans concept* (1). »

3° Puisque le jugement du goût est pur de tout intérêt, il n'a pas pour objet une *fin déterminée se rapportant au sujet pensant*, ou, comme dit Kant, il n'implique aucune *finalité subjective* (2) ; de plus, comme il est indépendant de tout *concept*, il n'implique pas non plus la connaissance de la destination de l'objet beau, ou, en d'autres termes, la *finalité objective* (3). Et cependant le Beau implique bien la *finalité*, mais une finalité *indéterminée*, distincte à la fois de la *finalité objective* et de la *finalité subjective déterminée*; en un mot, la notion du Beau renferme la *forme* de la finalité sans la *matière* (4). Cette distinction, qui semble d'abord subtile et difficile à saisir, est cependant vraie et profonde ; c'est un des points les plus obscurs, mais aussi des plus importants de l'esthétique de Kant. On sait que la *forme*, dans le langage de la *Critique*, est la disposition générale de l'esprit à percevoir les choses ; la *matière* est l'objet particulier qui est perçu. Or, si en percevant le Beau, nous ne percevons pas le rapport particulier, déterminé, que l'objet peut avoir avec notre utilité (rapport qui constitue la *finalité subjective déterminée*); si nous ne percevons pas non plus l'aptitude des parties de l'objet à une certaine destination (rapport qui constitue la *finalité objective*), nous percevons cependant une certaine harmonie. Harmonie de quoi, avec quoi? Nous l'ignorons ; ou plutôt, l'artiste l'ignore ; mais le

(1) *Ibid.*
(2) *Ibid.*, § 11.
(3) *Ibid.*
(4) *Ibid.*

philosophe répond : c'est une harmonie entre les tendances générales de l'imagination et les tendances de l'entendement ; en un mot, une harmonie entre les *formes* de nos diverses facultés intellectuelles. Notre entendement trouve *un je ne sais quoi* en rapport avec sa propre nature dans la représentation que saisit l'imagination ; cet accord est bien, sans doute, une *finalité*, mais elle est *formelle* et non *matérielle*, car elle ne varie pas suivant la nature particulière des objets beaux. Ainsi s'explique la troisième définition : « *Le Beau est la forme de la finalité d'un objet en tant qu'elle y est perçue sans représentation de fin* » (*déterminée*) (1). En d'autres termes, un objet beau est une chose qui semble avoir été faite, non dans le but d'être utile à telle ou telle fin, ni de répondre à un certain type déterminé de perfection intrinsèque, mais dans le but de nous plaire sans qu'il soit facile de rendre raison de ce plaisir. Essayons de montrer par un exemple comment la formule de Kant peut s'appliquer au jugement que nous portons sur les œuvres de l'art. Supposons qu'un touriste ignorant, un architecte, un prêtre et un poëte, visitent une de nos magnifiques cathédrales gothiques. Le touriste songera au plaisir de pouvoir dire : « J'ai vu ce monument. » C'est là un avantage personnel ; c'est, dirait Kant, le point de vue de la *finalité subjective*. L'architecte admirera la solidité de la construction ; il s'expliquera cette solidité par la disposition des pierres et par les lois de l'équilibre ; ce qui le frappera est donc le rapport des moyens à un but, c'est une *finalité objective*. Le prêtre, à la vue de cette vaste nef, songera

(1) *Ibid.*, § 17.

avec bonheur au grand nombre de fidèles qu'elle peut contenir et qui accourent pour entendre la parole de Dieu ; son point de vue sera l'utilité morale ; c'est encore une *finalité objective*. Toutes ces considérations peuvent accompagner le jugement du Beau, mais elles ne le constituent pas. Le poëte, au contraire, peu préoccupé de savoir comment de si légères colonnes peuvent supporter cet immense édifice, admirera sans raisonner ; il admirera sans se demander pourquoi, et seulement parce que, à son insu, son imagination et son entendement seront satisfaits en même temps : son imagination, car la représentation offerte à son esprit par cette vue répondra aux efforts souvent vains, mais toujours renaissants qu'il fait pour se représenter une belle œuvre ; son entendement, car, par une association d'idées naturelle bien qu'inexplicable, ces colonnes légères, ces voûtes hardies, ces flèches aériennes réveilleront en lui le sentiment de la liberté, de la grâce, et élèveront sa pensée au-dessus des choses de la terre. Alors il éprouvera une satisfaction à la fois rationnelle et sensible ; il éprouvera le sentiment du Beau.

Il est vrai que nous trouvons certaines choses belles par la pensée même de leur destination (par exemple un palais, ou les parties du visage) ; mais un tel jugement, dit Kant, n'est pas purement *esthétique* ; il est mêlé d'un jugement *téléologique*. La beauté ainsi perçue est une beauté *adhérente* ; la *beauté libre*, au contraire, est sentie par l'esprit sans la moindre idée de la destination de l'objet : telle est la beauté d'une fleur (1).

---

(1) *Ibid.*, § 16. — Cette distinction amène Kant à traiter la question

4° L'universalité des jugements du goût suppose leur nécessité. Or, cette nécessité ne peut résulter que d'un *sens* du Beau commun à tous les hommes, inhérent à la forme de notre esprit (1). De là, une quatrième définition peu différente de la seconde : *Le Beau est ce qui est reconnu sans concept comme l'objet d'une satisfaction nécessaire* (2). »

A cette définition on peut objecter la diversité des goûts. Mais cette diversité tient le plus souvent à ce que les uns cherchent dans les objets la *beauté adhérente*, et les autres, la *beauté libre* (3). Une maison peut être mal construite, si on entend par là qu'elle est incommode pour l'habitation, et cependant plaire aux yeux; les uns diront qu'elle est belle, les autres la trouveront très-imparfaite : les uns et les autres ont raison, mais à des points de vue différents. S'agit-il d'une fleur? On sera bien plus facilement d'accord sur sa beauté, à moins cependant que l'un considère seulement sa forme et que l'autre tienne compte de son parfum; mais, alors, le second fera intervenir dans son jugement un élément étranger; ce ne sera plus un pur jugement esthétique.

---

de l'idéal. Il n'y a, suivant lui, d'idéal que pour la *beauté adhérente* car l'idéal suppose la parfaite réalisation d'un *concept*, et la *beauté libre* ne correspond à aucun *concept*. Ainsi, on peut concevoir l'idéal d'un palais, d'une figure humaine, mais non l'idéal d'une fleur.

(1) *Ibid.*, § 18 et suiv.

(2) *Ibid.*, § 22. Ces quatre définitions du goût correspondent aux quatre catégories. L'absence d'intérêt est une *qualité*; l'universalité se rapporte à la *quantité*; la *finalité* à la *relation*; la nécessité à la *modalité*.

(3) *Ibid.*, § 16.

Au fond, les quatre définitions du Beau peuvent se résumer en une : le *Beau est ce qui procure nécessairement chez tous les hommes une satisfaction fondée uniquement sur le libre jeu de l'imagination et de l'entendement.* En quoi consiste ce libre jeu? Cet accord entre l'imagination et l'entendement? Kant nous l'explique dans les dernières pages de l'*Analytique du Beau*. L'imagination, dont il parle ici, n'est pas l'imagination *reproductrice*, faculté dont les opérations n'ont aucune liberté et sont liées aux lois générales de la mémoire et de l'association des idées. C'est l'imagination *productrice*, créatrice, « cause » libre « des formes ar- » bitraires d'intuitions possibles (1). » Mais comment est-elle libre lorsqu'elle est déterminée à entrer en action par la vue d'un objet dont la forme lui est donnée par la perception? C'est que la forme des objets beaux, quoiqu'elle lui soit donnée et comme imposée par la perception, est telle cependant que l'imagination l'aurait voulu créer par elle-même (2). L'imagination est comme à son aise en contemplant ce que sa propre spontanéité l'aurait portée à concevoir. De même que l'intution d'un objet beau, quoiqu'elle lui vienne du dehors et lui soit imposée par les sens, ne gêne pas la liberté de l'imagination, de même aussi cette faculté n'éprouve aucune contrainte à se soumettre à la loi de l'entendement. Il semble qu'il y ait là une contradiction. Mais elle n'est qu'apparente : car la loi de l'entendement n'est qu'une loi *indéterminée*; elle consiste à imposer une *régularité quelconque*, et non une régularité déterminée, gênante, comme se-

---

(1) *Ibid.*, § 22 (Remarque générale).
(2) *Ibid.*

rait par exemple la symétrie (1). Pourvu que l'entendement, dont l'essence est la *règle*, ne soit pas choqué par l'absence complète de toute régularité, de toute unité dans la variété, l'imagination a le droit de se jouer capricieusement à travers toutes les formes variées qu'il lui plaît d'inventer et de combiner. En effet, si une seule forme peut s'accommoder à un concept *déterminé* (par exemple au concept du carré), une multitude de formes peuvent s'accorder avec la loi générale de régularité. Dès qu'il y a assez de régularité, pour que nous puissions « saisir l'objet en une seule » représentation (2), » cela suffit; il n'est pas nécessaire et même il ne faut pas que toutes les parties de cet objet se ressemblent. Ainsi, un jardin anglais est assez régulier pour être beau, pas assez pour cesser de l'être (3). Un jardin, absolument symétrique, géométriquement tracé, ferait éprouver à l'imagination une contrainte pénible (4). L'ordre, c'est-à-dire l'unité, ne plaît à l'imagination que si la variété s'y trouve, la variété ne plaît à l'entendement que s'il peut la ramener à l'unité. L'accord de ces facultés n'existerait plus si la variété n'était nulle part; car l'imagination serait asservie à l'entendement; ni si l'unité n'était nulle part; car ce serait le désordre, la révolte de l'imagination contre l'entendement. L'harmonie libre de ces deux facultés suppose le caprice sans désordre, l'ordre sans symétrie mathématique. Là où la symétrie est admise et même nécessaire, comme dans

---

(1) *Ibid.*
(2) *Ibid.*
(3) *Ibid.*
(4) *Ibid.*

une édifice, dans une plantation, c'est par une raison d'utilité, non par une raison de goût (1) (et la beauté qui en résulte n'est qu'une *beauté adhérente*, non une *beauté libre*). La nature réalise la beauté libre, et n'admet ni le désordre ni la symétrie. Ce voyageur, qui trouvait les forêts de l'île de Sumatra moins belles que les champs de poivre disposés en allées parallèles (2), manquait de goût. La variété est si nécessaire à l'imagination, qu'elle se plaît au spectacle de la mobilité, aux formes changeantes du feu qui brille dans une cheminée, au bruit d'un ruisseau qui murmure ; elle y voit l'image de sa propre mobilité (3). Le chant des oiseaux, que nous ne pouvons ramener à aucune règle musicale, nous plaît par sa liberté (4). Sans la liberté que l'imagination trouve au spectacle de la mobilité ou de la diversité, le sentiment du Beau disparaît : mais aussi, sans l'harmonie, la liberté de l'imagination ne serait plus que la licence, et ne produirait plus que des monstres. La solution du problème du Beau est donc dans l'accord de l'entendement avec l'imagination, c'est-à-dire de la règle, sans laquelle rien n'est harmonieux, avec la liberté, sans laquelle rien n'est vivant.

(1) *Ibid.*
(2) *Ibid.*
(3) *Ibid.*
(4) *Ibid.*

III

Analytique du Sublime.

Comme le Beau, le Sublime est l'objet d'un jugement de réflexion (1). Ce jugement est *à priori* (2) et ne suppose pas de *concept* (3). Mais, à côté de ces analogies, il y a une différence qui n'a jamais été bien remarquée avant la *Critique,* et qui ne permet pas de confondre le sentiment du Beau avec celui du Sublime. Le spectacle du Beau nous fait percevoir une libre harmonie entre l'entendement et l'imagination; le Sublime, au contraire, naît du désaccord de ces facultés, et de la violence faite à notre imagination par une sorte d'appréhension vague de l'Infini. Voilà pourquoi l'Océan, la tempête font naître en nous le sentiment du Sublime : car ils nous font penser à l'Infini. Le Sublime est donc dans notre esprit où se réveille cette idée de l'Infini, et non dans les objets dont aucun n'est réellement infini. C'est « un certain » usage supérieur que l'imagination fait de ses repré- » sentations (4). »

D'après cela, il est facile de comprendre que la Beau réside dans une *forme* (puisque l'imagination, pour être satisfaite, a besoin de concevoir une forme et de l'embrasser tout entière), et que le Sublime, au contraire, doit être cherché dans des objets dont la

---

(1) *Analyt. du Sublime,* § 23.
(2) *Ibid.*
(3) *Ibid.*
(4) *Analyt. du Sublime,* § 23.

forme nous échappe, dont les limites ne peuvent être saisies ni atteintes par notre imagination (1). De plus, la satisfaction du Beau « contient le sentiment d'une
» excitation directe des forces vitales, et pour cette
» raison elle n'est pas incompatible avec les charmes
» qui attirent la sensibilité (2) ; » au contraire, la satisfaction produite par le sentiment du Sublime « est un
» plaisir qui ne se produit qu'indirectement, c'est-
» à-dire qui n'est excité que par le sentiment d'une
» suspension momentanée des forces vitales et de l'ef-
» fusion qui la suit ;... aussi le sentiment du Sublime
» est-il incompatible avec toute espèce de charmes ;
» et comme l'esprit ne s'y sent pas seulement attiré
» par l'objet, mais aussi repoussé, cette satisfaction
» est moins un plaisir positif qu'un sentiment d'ad-
» miration ou de respect (3). »

Toutefois, si, dans une représentation sublime, il y a une violence faite à l'imagination et à l'entendement, qui est la faculté du *fini*, il y a harmonie entre la raison, faculté de l'*Infini*, et les objets qui excitent l'imagination à franchir les limites de son propre empire, c'est-à-dire du monde des phénomènes (4). De là résultent pour nous à la fois un plaisir et une peine; la peine naît de la disproportion sentie par l'imagination entre la *grandeur esthétique* (c'est-à-dire la grandeur susceptible d'être embrassée en une intuition), et la *grandeur rationnelle* que la raison conçoit comme surpassant infiniment la capacité de notre faculté in-

---

(1) *Ibid.*
(2) *Ibid.*
(3) *Ibid.*
(4) *Ibid.*, § 27.

tuitive (1); le plaisir est produit par l'accord entre deux jugements de mon esprit, dont l'un m'affirme mon impuissance à sortir par l'imagination du monde sensible, et dont l'autre m'affirme l'existence d'un monde *supra-sensible*, qui, pour être inimaginable, n'en est pas moins concevable (2). En effet, qu'est-ce que la conscience de mon impuissance à imaginer, si ce n'est la conscience que j'ai de concevoir quelque réalité au delà de ce que j'imagine? si je ne savais qu'il y a quelque chose au delà du monde sensible, souffrirais-je de ce que je ne peux en sortir? Ainsi le Sublime me révèle la réalité de l'Infini, dans le fait même de la souffrance que j'éprouve à ne pouvoir m'y élancer par toutes mes facultés.

Ce sentiment de l'Infini peut être produit ou par le spectacle d'une grandeur *inimaginable*, ou par celui d'une puissance qui semble vouloir m'écraser. Dans le premier cas c'est le *Sublime mathématique*; dans le second, le *Sublime dynamique* (3).

Le Sublime mathématique est ce qui est véritablement grand; mais comme il n'y a de véritablement grand que l'Infini et que la nature est finie, on appelle *sublimes* les choses qui, bien que finies, dépassent notre intuition et nous font par là songer au monde *supra-sensible*. « *Le Sublime est ce qui ne peut être conçu sans révéler une faculté de l'esprit qui surpasse toute mesure des sens* (4). »

Le Sublime dynamique résulte d'un double con-

---

(1) *Ibid.*
(2) *Ibid.*
(3) *Ibid.*, § 25.
(4) *Ibid.*, à la fin du paragraphe.

traste que je perçois, d'une part entre ma faiblesse comme être sensible et la puissance de la nature qui peut m'écraser, de l'autre entre cette puissance de la nature et ma raison qui se sent supérieure à toutes les forces physiques, car ces forces peuvent bien anéantir mon corps, mais non ma pensée et ma volonté (1). « La nature n'est pas jugée sublime en tant qu'elle » est terrible, mais en tant qu'elle engage *la force que* » *nous sommes* à considérer cette puissance de la na- » ture comme n'ayant aucun empire sur notre person- » nalité dès qu'il s'agit de nos principes suprê- » mes (2). » C'est pour cela que l'émotion du Sublime est si morale. Elle nous détache des sens, et, réciproquement, ce qui nous détache des sens est sublime : ainsi rien de plus sublime que la défense faite aux Juifs de représenter Dieu sous l'image d'aucun être vivant (3).

L'harmonie que la Raison trouve entre ses aspirations supra-sensibles et la vue d'un spectacle qui confond nos facultés sensibles, constitue une *finalité formelle* (4). Ainsi on peut appliquer au Sublime la troisième définition du Beau, qui, on l'a vu, est la plus importante de toutes. Quant aux trois autres définitions, elles conviennent aussi au Sublime, mais en un sens un peu différent. Comme le sentiment du Beau, celui du Sublime est désintéressé, il est universel, *quoique sans concept*, il est nécessaire (5). Mais tandis que le Beau est à la fois indépendant de tout intérêt sensible

---

(1) *Ibid.*, § 28.
(2) *Ibid.*
(3) *Ibid.*, § 29 (Remarque générale).
(4) *Ibid.*, § 27.
(5) *Ibid.*, § 24.

et de tout intérêt moral, le Sublime n'est pas étranger à l'intérêt moral ; et, pour l'intérêt sensible, il lui est plus qu'étranger, il lui est contraire et lui fait violence (1). Tandis que le Beau est à la fois indépendant de tout *concept* de l'entendement et de toute *idée* de la raison, le Sublime est seulement indépendant des *concepts*, mais non pas des *idées* : car il n'existe précisément qu'en réveillant l'idée du *supra-sensible* (2). Enfin, si le sentiment du Beau est nécessairement commun à tous les hommes, celui du Sublime est seulement capable de le devenir ; il est le propre de ceux dont l'éducation morale est plus parfaite, de ceux chez qui le sens de l'Infini est plus développé (3). Ainsi, dans les sublimes spectacles de la nature, l'homme grossier ne voit que le danger ; il sent la violence faite à sa nature et non la supériorité qu'il a sur la nature par sa raison. Mais, pour exiger une culture, le sentiment du Sublime n'est pas moins naturel ; car l'éducation ne le développerait pas, si la nature ne nous avait disposés à l'éprouver (4). Il y a donc un *sens commun* du Sublime ; et les jugements sur le Sublime ont le droit, comme les jugements sur le Beau, de prétendre à l'assentiment de tous les hommes (5).

Cette universalité existerait-elle si, comme le prétend l'école sensualiste, ces sentiments n'étaient que des phénomènes physiologiques ? si, comme le croit Burke, le sentiment du Beau était produit par un relâ-

---

(1) *Ibid.*, § 29 (Remarque générale).
(2) *Ibid.*
(3) *Ibid.*, § 29.
(4) *Ibid.*
(5) *Ibid.*

chement des fibres du corps, celui du Sublime par une tension des nerfs (1)? N'est-il pas évident que, si les principes du goût étaient purement *empiriques*, on n'en pourrait faire une science, et que le Beau, le laid, ne seraient que des impressions variables avec les individus? Mais il est faux que les hommes soient condamnés à ne jamais s'entendre quand ils parlent du Beau et du Sublime ; et cela prouve que le goût a véritablement des principes *à priori*, fondés sur les lois universelles de l'imagination, de l'entendement et de la raison (2).

(1) *Ibid.*, § 29, vers la fin.
(2) En affirmant cette *universalité* des jugements du goût, Kant n'entend pas seulement qu'ils sont universels *en fait*, mais *en droit*. D'où vient donc ce *droit*? Quel est leur *titre* à l'assentiment universel? Tel est le problème de la *Déduction des Jugements du goût*.

Kant le résout en disant que le jugement du Beau ne tient pas à la sensibilité individuelle, qui est variable, mais à une sensibilité supérieure, commune à tous les hommes (*Ibid.*, § 34). Chez tous les hommes, l'accord de l'imagination et de l'entendement est soumis aux mêmes conditions. J'ai donc le droit d'éxiger des autres hommes qu'ils sentent comme moi, puisque leur nature est la mienne. Comme on le voit, Kant ne fait que répéter ici, à propos de la *Déduction des Jugements du goût*, ce qu'il a déjà dit, à propos de la quatrième définition du Beau, sur l'existence d'un *sens commun*. C'est parce que nous croyons que les autres sentent le Beau comme nous que nous aimons à nous entourer d'objets beaux, moins pour nos yeux que pour ceux des autres ; ce désir est si instinctif qu'il est très-développé chez les sauvages ; c'est ce sentiment qui les pousse à se tatouer ou à se coiffer de plumes d'oiseaux (*Ibid.*, § 41). L'amour du Beau peut donc se mêler à un sentiment de vanité, à l'égoïsme, à l'amour de la jouissance, et cela s'est vu chez de grands artistes (*Ibid.*, § 42). Mais cela n'est vrai que de *l'amour du Beau dans les objets d'art*, parce qu'il peut se faire que nous les aimions pour être loués par les autres ; au contraire, *l'amour du Beau dans la nature* est nécessairement désintéressé, et c'est pour cela qu'il est toujours moral ; celui qui aime le Beau pour lui-même a le goût de la vertu (*Ibid.*).

IV

Théorie des beaux-arts.

Kant termine l'*Analytique du Sublime* par une théorie des beaux-arts, qui semblerait plus à sa place à la fin de l'*Analytique du Beau*, puisque l'art, suivant lui, a pour but de produire le Beau, et non le Sublime (1).

Les arts libéraux se distinguent des arts mécaniques en ce que ceux-ci se proposent pour but l'utile ou l'agréable, tandis que la fin des arts libéraux est la production du Beau. L'art a sa fin en lui-même, quoique indirectement il favorise la culture morale (2).

Kant est loin de réduire, comme l'école sensualiste du dix-huitième siècle, l'art à l'imitation de la nature. L'art est une création du génie, et non une imitation (3); et si l'on peut dire que l'art doit faire l'effet de la nature (4), cela signifie seulement que l'effort ne doit pas paraître ; il faut que l'œuvre « ne trahisse
» pas la forme de l'école et ne rappelle pas, de
» quelque manière, que la règle était sous les yeux
» de l'artiste et qu'elle enchaînait les facultés de son
» esprit (5). »

---

(1) En effet, on a vu plus haut que si un objet pouvait être beau, aucun objet n'est sublime, et que les objets qui réveillent en nous le sentiment du Sublime sont ceux dont l'imagination ne peut embrasser la forme. Or la *forme* est l'essence de l'œuvre d'art.

(2) *Ibid.*, § 43.
(3) *Ibid.*, § 46.
(4) *Ibid.*, § 45.
(5) *Ibid.*

Qu'est-ce que le génie ? Il ne suffit pas d'avoir du goût et de l'imagination pour avoir du génie ; il faut avoir de l'âme, c'est-à-dire éprouver un certain mouvement de l'esprit vers l'Infini (1). Cette tendance de l'esprit, dit Kant, « n'est pas autre chose que la *faculté d'exhibition d'idées esthétiques* (2). » Par *idées esthétiques*, on doit entendre « des représentations de l'ima-
» gination qui font beaucoup penser, sans qu'aucune
» parole puisse parfaitement exprimer ce que l'on
» pense (3). » Le nom d'*idées* convient bien à ces représentations, parce qu'elles tendent à nous faire franchir les bornes du monde sensible (4); et cependant on les appelle *esthétiques*, parce que l'artiste ne peut les exprimer qu'en employant une forme accessible à nos sens. Ainsi, le poëte essaie de rendre sensibles les êtres invisibles, le Ciel, l'Eternité ; mais tout en les représentant par des images empruntées au monde des sens, il leur donne une perfection et des attributs dont le monde réel n'offre pas d'exemple (5), de manière à nous faire songer, par la vue du sensible, aux choses supra-sensibles. Par exemple, le tonnerre, que les poëtes mettent aux mains de la Divinité, nous fait penser à la puissance infinie que ne saurait représenter aucune image (6). De même le peintre nous fait songer, par l'exhibition d'une forme, à ce qui est sans forme. Deviner quelle est l'image qui nous fera

---

(1) *Ibid.*, § 69.
(2) *Ibid.*
(3) *Ibid.*
(4) *Ibid.*
(5) *Ibid.*
(6) *Ibid.*

mieux songer à l'invisible, à l'*idée*, est précisément le propre du génie (1).

Si tous les arts ont cela de commun qu'ils doivent exprimer l'idée par la forme, ils diffèrent par la diversité des formes qui servent à l'expression de l'idée. Les uns l'expriment par la parole, les autres par des attitudes, les autres par le ton. De là cette triple classification des arts : l'art parlant, l'art figuratif, l'art du jeu des sensations (2). L'art parlant est le plus noble, en ce qu'il réalise le mieux l'accord de l'entendement et de l'imagination ; cet accord consiste en ce que l'éloquence donne à la sévère raison une forme qui charme l'imagination, et en ce que la poésie donne aux jeux de l'imagination une forme régulière capable de satisfaire la raison (3). L'art du jeu des sensations, c'est-à-dire la musique, est, au contraire, le dernier ; car, s'il nous émeut plus que l'art figuratif, autant et plus peut-être que l'art parlant, il s'adresse plutôt à la sensibilité qu'à l'intelligence (4). Entre l'art parlant et la musique, il convient donc de placer les arts figuratifs.

Enfin, au-dessous des beaux-arts, Kant ne dédaigne pas d'accorder une place aux *arts agréables*. De ce nombre sont les jeux d'esprit. Ils ne sont pas abso-

---

(1) *Ibid.*
(2) *Ibid.*, § 51.
(3) *Ibid.*
(4) *Ibid.*, § 53. A ce jugement sévère sur la musique, Kant ajoute une critique qui semble bien puérile : c'est que la musique est un art indiscret ; elle se fait entendre à travers les murs et va troubler le repos des voisins. Cette boutade en amène une autre contre le chant des cantiques religieux, qui vient interrompre les méditations du penseur ou l'obligent à se mettre aussi à chanter.
Ce passage a été supprimé par l'éditeur de Kant, Rosenkrank.

lument à mépriser, car, ils excitent le rire, ce bienfait que la Providence a donné à l'homme, avec l'espérance et le sommeil, pour le dédommager des maux de la vie (1). Le vrai talent comique, l'art de faire rire des gens sensés, est préférable à celui des rêveurs, qui « *cassent la tête* (2), » des génies, qui « *se cassent le cou* (3) » et les romanciers sentimentaux, « *qui fendent le cœur* (4). »

V

Dialectique du Jugement esthétique.

Fidèle à sa méthode, Kant fait suivre l'*Analytique* de la *Dialectique* et de la *Méthodologie*.

On sait que la *Dialectique*, dans le langage de la philosophie critique, est la discussion d'une Idée considérée comme *absolue*. L'*universalité* du Beau est l'affirmation de son caractère *absolu* ; par conséquent il doit y avoir une Dialectique du Jugement esthétique.

Toute *Dialectique* a son *antinomie* ; car, l'Absolu étant *transcendantal*, nous avons toujours autant de raisons pour le nier que pour l'affirmer (aussi longtemps, du moins que l'esprit ne s'élève pas à la distinction du monde sensible que conçoit l'entendement et du monde supra-sensible connu par la raison pratique).

---

(1) *Ibid.*, § 53 (Remarque).
(2) « Kopfbrechend. »
(3) « Halsbrechend. »
(4) « Herzbrechend. »

Voici l'*antinomie* que présente le J**u**gement esthétique.

Thèse. Le jugement de goût ne se fonde pas sur des *concepts*.

Antithèse. Le jugement de goût est universel, il faut donc qu'il soit fondé sur des *concepts* (1).

La solution de cette *antinomie* est cependant possible. Il est très-vrai, comme l'affirme la thèse, que le jugement du goût ne se fonde pas sur des *concepts déterminés* (c'est-à-dire sur les *catégories*); mais il se fonde sur un *concept indéterminé* (2) : et ce *concept* est « *celui du substratum supra-sensible des phéno-
» nes* (3). » Nous sentons une harmonie entre nos facultés et *ce concept indéterminé* de la nature *intelligible*, de la nature considérée comme *noumène* ; l'objet qui fait naître en nous ce sentiment vague, indéfinissable de la réalité supra-sensible, est appelé beau.

Ici se pose un nouveau problème : cette convenance, qui existe entre la nature *intelligible* et les facultés, de notre esprit est une *finalité* ; mais cette finalité vient-elle d'une disposition intentionnelle qui se trouve dans la nature, ou bien n'est-ce qu'un fait accidentel où notre esprit croit voir une harmonie établie à dessein? Dans la première hypothèse, il y aurait *finalité réelle* ; dans la seconde, la *finalité* ne sera qu'*idéale* (4).

Kant paraît se prononcer (au moins provisoirement), pour la finalité *idéale*. En faveur de cette hypothèse,

---

(1) *Ibid.*, § 55.
(2) *Ibid.*, § 56.
(3) *Ibid.*
(4) *Ibid.*, § 57.

il allègue l'universalité des jugements esthétiques, qu'il explique par l'universalité des lois *subjectives* de notre esprit, et en conclut que la règle du goût, tenant à la *forme* de nos facultés, ne saurait dépendre du monde extérieur (1). Si cette règle tenait aux propriétés de la nature, elle ne serait pas, dit-il, connue *à priori*. C'est toujours le même argument par lequel, dans la *Critique de la Raison pure*, il a refusé toute *objectivité* à nos idées *à priori*.

Le jugement esthétique doit donc avoir sa raison d'être dans la seule disposition du sujet, et « nous ne » saurions admettre *comme principe d'explication* une » fin réelle de la nature pour notre faculté de repré- » sentation (2), » c'est-à-dire une disposition faite exprès en vue de nous plaire. Nos facultés sont constituées de manière à s'accorder avec la nature ; mais la nature n'est pas faite pour s'accorder avec nos facultés ; ou, du moins, nous ne saurions l'affirmer ni chercher dans cette hypothèse, sans preuve, l'*explication* de nos jugements esthétiques : cette explication ne doit être cherchée que dans les lois de la pensée. L'hypothèse de la *finalité réelle* est donc superflue, ce qui ne veut cependant pas dire qu'elle soit fausse ; tel paraît être le sens de cette phrase : « la propriété » que la nature a de nous fournir l'occasion de perce- » voir une finalité interne » (c'est-à-dire une harmonie entre nos facultés et les objets), « ne peut être une fin » de la nature, *ou plutôt nous ne pouvons la regarder* » *comme telle* (3). » Ces derniers mots ne semblent-ils

---

(1) *Ibid.*
(2) *Ibid.*
(3) *Ibid.*

pas une réserve faite en faveur de la possibilité d'une *finalité réelle* (1), qui sera démontrée plus tard par la morale ?

La *Dialectique* se termine par l'examen des rapports du Beau et du Bien. Là est la véritable solution kantienne de la doctrine du Beau : tout ce qui précède n'est qu'une préparation.

On a déjà vu que le sentiment du Beau nous fait concevoir vaguement le *supra-sensible*; par une sorte de divination, nous reconnaissons, à travers les voiles d'une représentation matérielle, un principe dont on ne peut déterminer l'essence par aucun *concept*, mais qui est analogue à la nature de notre raison. C'est ce que veut dire Kant lorsqu'il met l'essence du Beau dans les *idées esthétiques*, c'est-à-dire dans des formes qui nous font songer à des objets invisibles, qu'elles n'expriment pas, mais dont elles suggèrent la pensée. En nous élevant ainsi par l'intermédiaire même du sensible jusqu'au supra-sensible, le sentiment du Beau nous dispose à goûter les choses du monde intelligible, du monde moral. C'est en ce sens que le Beau peut se définir le *symbole du Bien* (2).

Qu'est-ce qu'un symbole ? Nous n'avons pas d'intuition du *supra-sensible*, des *noumènes*. Mais, à défaut de l'intuition, il est une voie par laquelle l'entendement et l'imagination peuvent entrer, bien vaguement sans doute, en communication avec ce monde supérieur (3) : c'est le *symbole*. On appelle

---

(1) Néanmoins cette réserve n'est pas bien évidente, et nous discuterons plus loin l'hypothèse de la *finalité idéale*, comme si elle était le dernier mot de la doctrine de Kant sur ce sujet.

(2) *Ibid.*, § 58.

(3) *Ibid.*

ainsi une représentation sensible qui, sans être adéquate à une idée de la raison, nous fait penser à cette idée, en vertu de l'analogie qui existe entre les réflexions provoquées par cette représentation et celles que nous pouvons faire sur l'*idée*. On ne peut méconnaître la loi de l'esprit qui nous porte à chercher partout des analogies entre le monde sensible et les idées pures; les comparaisons, les expressions métaphoriques en sont la preuve : ainsi, les derniers rayons du soleil couchant nous font songer au calme que l'homme vertueux éprouve au moment de la mort (1). Réciproquement, on peut évoquer une idée pour mieux faire comprendre la beauté d'un spectacle naturel. Comme exemple de cette figure, Kant nous cite une belle comparaison d'un poëte qu'il ne nomme pas : « La lumière du soleil jaillissait comme jaillit le » calme du sein de la vertu (2). » Ce n'est pas qu'il y ait une analogie réelle entre les représentations et les idées; mais « il y en a une entre les règles au moyen » desquelles nous réfléchissons sur ces deux cho» ses 3. » Grâce à ces analogies, nous pouvons *subsumer* les idées de la raison à des *symboles :* le symbole correspond à la raison à peu près comme le schème correspond à l'entendement 4 ; c'est donc une espèce de connaissance intuitive du monde intelligible. Ainsi, nous n'avons pas évidemment d'intuition proprement dite de l'Etre Infini ; mais « on tom» berait dans le *déisme*, système suivant lequel on ne

---

(1) *Ibid.*, § 49.
(2) *Ibid.*
(3) *Ibid.*, § 58.
(4) *Ibid.*

» connaît absolument rien de Dieu, même au point
» de vue pratique, » si on écartait de l'idée de Dieu
toute espèce de mode intuitif (1). Nous connaissons
Dieu, non en lui-même, mais par des symboles, par
des analogies que notre pensée trouve entre son Être
intelligible et quelques-uns des objets de notre intuition sensible.

Le symbolisme ainsi défini, il est évident que le
Beau est le symbole du Bien, c'est-à-dire que la vue
du Beau nous fait penser au Bien. Les analogies sont
nombreuses : comme le Bien, le Beau plaît par lui-
même. Comme le Bien, il plaît immédiatement et indépendamment de tout intérêt ; enfin, l'accord qui se
trouve réalisé, à la vue du Beau, entre notre imagination et notre entendement, est analogue à celui qui
doit exister entre notre conduite et la raison pratique (2). C'est en qualité de symbole du Bien que le
Beau peut prétendre, comme le Bien lui-même, à l'assentiment universel. Là est le secret de son caractère
absolu et de ce *sens commun* du goût qui existe chez
tous les hommes ; car la raison, chez tous les êtres
qui en sont doués, se plaît aux analogies qui élèvent
la pensée au-dessus des sens (3). « C'est l'intelligible
» que le goût a en vue... c'est vers lui que conspi-
» rent nos facultés supérieures de connaître (4). »

En dépendant de la raison seule, dont il est le
symbole et dont il suit par conséquent les lois, le goût
est *autonome* (5). Il serait *hétéronome* s'il empruntait

---

(1) *Ibid.*
(2) *Ibid.*
(3) *Ibid.*
(4) *Ibid.*
(5) *Ibid.*

sa règle à l'expérience (1) (par exemple, au consentement général constaté *à posteriori*). C'est pourquoi
« la véritable *propédeutique* du goût est le développe-
» ment des idées morales et la culture du sentiment
» moral; car c'est seulement à condition que la sen-
» sibilité soit d'accord avec ce sentiment que le véri-
» table goût peut recevoir une forme déterminée et
» immuable (2). »

(1) *Ibid.*
(2) *Ibid.*, § 59 (*Méthodologie du goût*). Cette conclusion résume toute la *Méthodologie du goût*, chapitre très-court, et que Kant paraît n'avoir ajouté à la *Dialectique du goût* que par une raison de symétrie.

CHAPITRE II.

ANALYSE DE LA CRITIQUE DU JUGEMENT TÉLÉOLOGIQUE.

I. *Analytique du jugement téléologique.* — Nécessité de considérer la finalité dans la nature, et spécialement dans les êtres organisés. — *Universalité et subjectivité* de l'idée de finalité.
II. *Dialectique du Jugement téléologique.* — Antinomie. — Du mécanisme et de la finalité. De l'identité possible de ces deux sortes de causalité dans le monde intelligible.
III. *Méthodologie du Jugement téléologique.* — Système des fins de la nature. — Leur rapport avec la fin de l'être moral. — Dans quelles limites la loi morale nous fait connaître Dieu.

I

Analytique du Jugement téléologique.

La *Critique du Jugement esthétique* a analysé le Beau, qui réside dans la *forme de la finalité*, c'est-à-dire dans la convenance des choses avec les formes de notre intelligence ; la *Critique du Jugement téléologique* se propose d'étudier la finalité quant à sa *matière*, c'est-à-dire le rapport des choses entre elles, la relation, l'harmonie qui existe entre leurs parties.

L'entendement conçoit la nature comme produite par une causalité mécanique ; la raison pratique conçoit une causalité libre, intentionnelle, celle de ma volonté. Le jugement, en assignant à la causalité mécanique de l'univers un but librement choisi en vue d'une loi de sagesse, participe à la fois à la nature de l'entendement et à celle de la raison ; la finalité est donc un *concept* moyen entre celui de nature et celui de liberté (1).

Toute appropriation n'est pas une *finalité*. Ainsi, le cercle est merveilleusement approprié à la solution d'une foule de problèmes mathématiques ; mais la cause de cette appropriation, résultant évidemment de la nécessité des choses, ne saurait être attribuée à une intention. Pour qu'il y ait *finalité*, c'est-à-dire appropriation intentionnelle, il faut que cette appropriation soit *contingente* (2) ; il faut qu'elle ne puisse s'expliquer ni par la nécessité mathématique, ni par la nécessité mécanique. Ainsi, la régularité d'un jardin, le tracé d'un hexagone parfaitement régulier, supposent une intention (3). Il ne peut y avoir de doute à ce sujet, non plus que s'il s'agit de la disposition des pièces d'une machine. Mais s'il est facile de reconnaître la finalité dans les œuvres de l'art, cela est moins aisé dans les productions de la nature. Il faut un *critérium* qui nous permette de distinguer la causalité intentionnelle d'avec la causalité mécanique ; ce *critérium* est *la réciprocité de la cause et de l'effet* (4). Or, cette réciprocité se remarque dans les êtres organisés ; ainsi, un arbre est à la fois cause et effet de lui-même (5), non pas seulement parce que l'arbre, produit par l'arbre, en reproduit un autre, mais parce

---

(1) *Critique du Jugement téléologique*, § 60.
(2) *Analytique du Jugement téléologique*, § 61.
(3) *Ibid.*, § 63.
(4) *Ibid.*
(5) *Ibid.*

que chacune de ses parties est à la fois conservatrice des autres et conservée par les autres (1). Comment une cause mécanique pourrait-elle subordonner la cause et l'effet, de manière à produire cette double action ? On doit donc, pour éviter le cercle vicieux que présenterait l'explication purement mécanique, recourir à une causalité intentionnelle qui a conçu le but avant les moyens, l'effet avant la cause et la cause en vue de l'effet.

Ce critérium de la finalité ne permet de la reconnaître que dans les êtres organisés. Il y a bien sans doute, dans la matière inorganique, des aptitudes qui la rendent utile aux animaux et aux hommes, d'où l'on peut conclure que ces aptitudes sont une fin que s'est proposée la nature; mais cette fin n'a été voulue que comme un moyen en vue d'une fin supérieure, à savoir, la vie des êtres organisés; ce n'est qu'une *finalité extérieure* (2), c'est-à-dire relative à des choses extérieures; au contraire, dans l'organisme, il y a une *finalité interne* (3), parce que sa fin est en lui et que chacune de ses parties a pour fin les autres parties. Nous avons même beaucoup plus de raisons d'affirmer la finalité dans les productions vivantes de la nature que dans les œuvres de l'art. Assurément une montre suppose une intention de la part de l'horloger, puisque chaque partie concourt au mouvement des autres, et que la forme de chacune, la place de chacune n'a pu être déterminée que par le *concept* total de montre; mais aucun rouage n'a produit les autres; chacun

---

(1) *Ibid.*
(2) *Ibid.*, § 63
(3) *Ibid.*

existe *pour les autres*, mais non *par les autres* (1).
« Un être organisé est donc beaucoup plus qu'une
» simple machine; il est doué, outre la force motrice,
» d'une vertu formatrice (2). » Il est même impossible
de concevoir un être organique autrement que comme
un système de fins. Cela est si vrai que le physiologiste se demandera *à priori* quelle est la destination
d'un organe, avant même que l'étude de cet organe
lui ait appris s'il a, s'il peut avoir une destination (3).

Mais si la croyance à la *finalité* dans la nature vivante est *nécessaire, universelle*, Kant, toujours fidèle
au principe de la *Critique*, conclut encore ici, de cette
nécessité et de cette universalité mêmes, à la *subjectivité* de cette croyance (4). Si la finalité était dans la
nature, l'esprit ne l'y devinerait pas *à priori*; il ne la
concevrait qu'après l'avoir constatée *à posteriori* dans
les objets. Étrange argument et qui nous surprend
toujours, quoique la *Critique* nous y ait accoutumés !
Quoi ! parce que mon esprit conçoit l'ordre, l'ordre
ne peut être réalisé en dehors de lui ! Et parce que je
suis raisonnable, là où je verrai des marques de raison, je conclurai que c'est moi qui les y suppose
gratuitement ! Mais si c'est une nécessité de ma raison de voir de l'ordre là où il n'y en a pas, d'où
vient que je puis voir le désordre en certaines choses?
Ma raison serait comme un verre coloré qui me fait
tout voir de la couleur de ce verre ! Mais alors je
devrais voir l'ordre partout. D'où vient donc qu'il

---

(1) *Ibid.*
(2) *Ibid.*, § 64.
(3) *Ibid.*, § 65.
(4) *Ibid.*, § 66.

m'apparaît en certaines choses et non pas en certaines autres ? Cette différence ne saurait venir du sujet qui est toujours le même ; il faut donc qu'elle vienne de l'objet. Toutefois souvenons-nous encore que l'*objectivité* refusée ici à l'idée des causes finales n'est qu'une conclusion provisoire, et Kant nous le fait pressentir en ajoutant que cette idée a une utilité morale ; car, dit-il, cette pensée que tout, dans la nature, a sa raison d'être, nous fait supporter de meilleur cœur les choses qui nous sont désagréables et nous aide à les envisager du bon côté (1). Cette remarque nous prépare à la conclusion définitive que nous verrons dans la *Méthodologie*, à savoir que les fins de la nature sont des moyens concourant à l'accomplissement de notre fin suprême, à l'accomplissement de la loi morale. Mais auparavant Kant veut épuiser toutes les difficultés, toutes les contradictions que l'idée de finalité présente, suivant lui, à notre entendement. Ici encore la *Dialectique* aura son *antinomie*.

II

Dialectique du Jugement téléologique.

L'idée de la nature, lorsque notre esprit veut remonter aux causes des phénomènes, présente l'*antinomie* suivante :

Thèse. — Toute production des choses matérielles et de leurs formes doit être jugée possible par les lois mécaniques (2). La physique et en général toutes les

---

(1) *Ibid.*
(2) *Ibid.*, § 69 (*Dialectique du Jugement téléologique*).

sciences de la nature ne sont possibles que par ce principe.

Antithèse. — Quelques productions de la nature (à savoir les êtres organisés) ne peuvent être jugées possibles par les seules lois mécaniques (1). (L'*Analytique* a établi cette vérité.)

L'antinomie se résout par cette remarque que la *thèse* et l'*antithèse* ne sont ni l'une ni l'autre des principes objectifs : ce sont de simples maximes *subjectives*, des principes régulateurs ; la *thèse* est une loi de l'entendement, une loi du *jugement déterminant*; l'*antithèse* est une loi du *jugement réfléchissant* (2). Mais par rapport à la réalité des choses, elles peuvent être fausses l'une et l'autre sous leur forme absolue, exclusive ; il est possible qu'elles se concilient et que le *mécanisme* et la *finalité*, distincts au regard de notre esprit, ne soient qu'un seul et même principe réel, qu'une même cause : il est possible en un mot que la nécessité physique et la causalité intelligente soient *en elles-mêmes* identiques (3). Savons-nous s'il n'en est pas ainsi dans la réalité des choses, puisque cette réalité nous échappe ? Ou plutôt nous avons des raisons de supposer qu'il doit en être ainsi, car l'hypothèse contraire nous entraîne dans de graves difficultés.

En effet, c'est pour avoir considéré le mécanisme et la finalité comme *objectivement distincts* que tous les systèmes des philosophes ont abouti à des explications de la nature insoutenables ou du moins peu

---

(1) *Ibid.*
(2) *Ibid.*, § 69.
(3) *Ibid.*, § 71.

fondées. Epicure n'admet que la causalité mécanique et conclut à l'absence de finalité, en un mot au hasard ; mais le hasard n'est même pas un principe mécanique (1). Spinosa, frappé de l'unité et de l'harmonie qui règne dans la nature, suppose l'unité de la substance dans tous les êtres ; mais cette explication est absolument insuffisante ; car l'unité *ontologique* (l'unité de substance), n'est pas la même chose que l'unité de plan, de convenance que notre esprit trouve dans la nature (2). D'autres ont recours à l'hypothèse d'une nature vivante ; mais les partisans de l'*hylozoïsme* sont réfutés par un fait, l'inertie de la matière (3). Enfin, il y a une quatrième manière de concevoir le monde, c'est d'admettre qu'il doit son unité et son harmonie à une Intelligence distincte de lui, à un créateur qui l'a doué à dessein de certaines forces mécaniques et qui a calculé, avec toute la précision dont une sagesse infinie est seule capable, les effets, les combinaisons, les résultantes de ces forces. Certes, voilà une hypothèse sublime et à laquelle on ne saurait reprocher les contradictions que soulèvent les autres systèmes : mais c'est là une *conception transcendantale*, et par conséquent la raison (du moins la raison spéculative) n'a pas le droit d'y chercher l'explication du monde. Peut-être aurait-elle ce droit, s'il était démontré que le *mécanisme* est une explication insuffisante de la formation du monde (4) : mais cela n'est démontré que *pour notre esprit*, dont les lois

---

(1) *Ibid.*, § 72.
(2) *Ibid.*
(3) *Ibid.*
(4) *Ibid.*

subjectives n'ont peut-être rien de commun avec l'essence des choses. Sans doute, *étant donnée notre raison telle qu'elle est*, « il est absolument certain que » nous ne pouvons apprendre à rien connaître d'une » manière suffisante et à plus forte raison nous ex- » pliquer les êtres organisés... par des principes pure- » ment mécaniques de la nature ; il est absurde, *pour* » *des hommes*, de tenter quelque chose de pareil et » d'espérer qu'un jour quelque nouveau Newton vien- » dra expliquer la production d'un brin d'herbe par » des lois naturelles auxquelles aucun dessein n'a » présidé (1). » Qui sait toutefois si une intelligence plus parfaite que la nôtre ne concevrait pas cette explication mécanique qui nous semble impossible, ou même si le mécanisme et la finalité ne se confondraient pas à ses regards en une seule et même explication (2) ?

A l'appui de cette supposition, Kant observe que la distinction du *mécanisme* et de la *finalité* suppose celle du *contingent* et du *nécessaire*, et par suite celle du *possible* et du *réel* (3). Or, le *possible* et le *réel* sont des *concepts de modalité*, des *formes* de notre esprit, et un entendement parfait qui connaîtrait, non par *concepts*, mais intuitivement, ne ferait aucune distinction entre ces deux points de vue *subjectifs* de l'entendement humain (4). Comment donc une distinction qui ne saurait exister au regard d'un entendement parfait aurait-elle son fondement dans la réalité des

---

(1) *Ibid.*, § 74.
(2) *Ibid.*, §§ 75 (Remarque) et 76.
(3) *Ibid.*, § 75.
(4) *Ibid.*, § 76.

choses? D'ailleurs, quand même elle serait nécessaire à l'explication des phénomènes, ces phénomènes ne sont pas, en réalité, ce qu'ils nous paraissent ; leur principe réel, leur *substratum* est une essence inconnue de nous, véritable *noumène* (1), qui peut-être (qu'en savons-nous ?) a produit à la fois et le monde sensible et le monde intellectuel. De là résulterait tout naturellement l'harmonie entre les lois de la nature et celles de notre esprit; et cette harmonie, que nous appelons finalité, ne serait après tout que l'effet nécessaire d'une cause *efficiente* (2). Ainsi deux empreintes faites sur la cire par un même cachet se ressemblent si bien qu'un enfant pourrait supposer que l'une a été *copiée intentionnellement* sur le modèle de l'autre, et pourtant toutes les deux résultent d'une simple cause mécanique. Nous raisonnons comme cet enfant. Dans l'ignorance où nous sommes de cette cause unique dont l'action a produit à la fois la nature et l'esprit par une même nécessité, il nous semble que la nature aurait pu ne pas être intelligible, c'est-à-dire en harmonie avec les lois de notre raison, et de ce qu'elle est intelligible, nous concluons qu'un choix libre a seul pu la rendre telle par une adaptation calculée de ses parties. Mais si nous connaissions la nécessité qui l'a produite, ainsi que notre esprit, nous comprendrions que cet ordre lui devait être inhérent aussi essentiellement que l'idée de cet ordre est inhérente à la raison issue de la même cause.

---

(1) *Ibid.*
(2) *Ibid.*, et § 77. Est-il rien de plus inintelligible, de plus contradictoire ?

Ce n'est pas à tort que l'on a vu dans cette doctrine de Kant le fondement de la théorie de Schelling sur l'*Identité de la Nature et de l'Esprit*. Néanmoins ce n'est pour Kant qu'une hypothèse : Schelling en fera un dogme. Une autre différence encore plus profonde, c'est que, d'après Schelling, la raison peut atteindre ce *substratum* intelligible, cet *absolu* dont la nature et l'esprit ne sont que des modifications. Kant déclare au contraire que « le principe commun d'où » dérivent d'une part le principe mécanique et de » l'autre le principe téléologique étant supra-sensible, » il nous est impossible d'en avoir le moindre *con-» cept* déterminé et affirmatif (1). » Il s'ensuit que l'esprit humain, ne trouvant, dans cette identité de la nature et de l'esprit, rien qui satisfasse nos facultés *telles qu'elles sont*, doit distinguer toujours les deux points de vue (2). Tout en poussant aussi loin que possible l'explication mécanique des phénomènes, il ne faut donc pas renoncer à chercher leur liaison, leur rapport (3). C'est une loi de notre esprit, et cette loi d'ailleurs a sa raison d'être ; dans l'étude de la nature, elle sert de principe régulateur ; enfin, et c'est là son usage le plus noble, elle nous élève à l'idée de la finalité morale, à l'idée du Bien, et par là à l'idée de Dieu. Telles sont les hautes considérations qui sont développées par Kant dans la *Méthodologie*, et où nous allons trouver le dernier mot de sa philosophie.

(1) *Ibid.*, § 77.
(2) *Ibid.*
(3) *Ibid.*

III

Méthodologie du Jugement téléologique.

Quand même le *mécanisme* et la *finalité* seraient identiques en eux-mêmes, nous ne pouvons étudier la nature qu'avec notre raison telle qu'elle est, c'est-à-dire en distinguant les deux principes et en expliquant par l'un ce qui est inexplicable par l'autre. Après avoir constaté les phénomènes par l'expérience et découvert *comment* ils se produisent, nous sommes obligés de nous demander *pourquoi* ils se produisent ainsi. Nous avons beau remonter par la pensée dans la série des causes efficientes, et expliquer la production des types les plus variés par un principe générateur unique se développant mécaniquement (1), nous ne faisons que reculer la difficulté ; pourquoi, en effet, se demande la raison, ce principe a-t-il une aptitude à se développer ainsi d'un façon variée et progressive (2)? Ce ne sont plus les effets, c'est leur cause générale dont nous demandons la raison d'être. Ainsi seulement nous pouvons mettre de l'unité dans l'étude de la nature et la concevoir comme un tout (3).

« Il est permis à l'archéologue de la nature de se
» servir des vestiges encore subsistants de ses plus
» anciennes productions, pour chercher, dans tout
» le mécanisme qu'il connaît ou qu'il soupçonne, le
» principe de cette grande famille de créatures... Il

---

(1) *Ibid.*, § 79.
(2) *Ibid.*
(3) *Ibid.*

» peut faire sortir du sein de la terre, qui elle-même
» est sortie du chaos (comme un grand animal), des
» créatures où on ne trouve encore que peu de finalité,
» mais qui en produisent d'autres à leur tour, mieux
» appropriées au lieu de leur naissance et à leurs
» relations réciproques, jusqu'au moment où cette
» matrice se raidit, s'ossifie, et borne ses enfante-
» ments à des espèces qui ne doivent plus dégénérer,
» et où subsiste la variété de celles qu'elle a produi-
» tes, comme si cette puissance formatrice et féconde
» était enfin satisfaite. Mais il faut toujours, en défi-
» nitive, attribuer à cette mère universelle une or-
» ganisation qui ait pour but toutes ces créatu-
» res (1). » Ainsi l'hypothèse même d'une force unique
de la nature et des générations spontanées, que de
nos jours Darwin devait soutenir d'une manière si
bruyante, ne dispenserait pas encore d'admettre la
finalité et par conséquent l'intelligence. Kant l'a parfaitement vu, et c'est là un des points les plus re-
marquables de la *Critique du Jugement* : plus on
attribue à la nature une merveilleuse puissance, plus
il est nécessaire de chercher comment, pourquoi et
et de qui elle a reçu cette puissance. Mais laissons les
hypothèses gratuites, les prétendues transformations
de la matière brute en matière vivante ; ne nous oc-
cupons que des faits. Un des faits les plus inexplicables
sans l'idée des causes finales, c'est la transmission
héréditaire des caractères essentiels à chaque espèce,
à l'exclusion des caractères secondaires (2), qui varient
suivant les individus. Si la transmission de la vie doit

(1) *Ibid*.
(2) *Ibid*.

s'expliquer par les seules lois mécaniques de la nature, pourquoi toutes les propriétés des êtres vivants ne sont-elles pas indistinctement transmises aux descendants ? Pourquoi celles qui se transmettent et qui restent invariables sont-elles précisément celles qui sont utiles à la vie et celles qui constituent le type, comme si la nature avait voulu à la fois assurer la vie des animaux et la permanence de l'espèce (1) ? D'où vient ce choix de la nature qui conserve certains attributs importants et qui élimine capricieusement d'une génération à l'autre ceux dont l'être peut se passer, sauf à les faire reparaître dans des générations ultérieures (2) ? Expliquez cela, si vous pouvez, panthéistes, matérialistes, partisans de la nécessité naturelle. Comment, dans le système de la nécessité, certaines propriétés peuvent-elles être contingentes ? La nécessité peut-elle admettre l'accident ? Étrange nécessité qui, au lieu de produire toujours l'uniformité, varie ses effets comme la liberté et les choisit comme la raison, qui, pour réaliser l'unité dans la variété, produit l'unité par la transmission constante des caractères utiles, la variété par la transformation des caractères indifférents !

---

(1) *Ibid.*
(2) On peut objecter les monstres ; en effet, les monstres sont des êtres auxquels leurs parents n'ont pas transmis ces caractères essentiels à la vie ou conservateurs de l'espèce. Mais les monstres sont une exception, et ainsi l'argument de Kant sur la finalité reste valable, sauf à lui donner cette nouvelle forme : Pourquoi *presque jamais* les caractères essentiels à la vie de l'animal et à l'espèce ne se perdent-ils pas par la génération, tandis que *d'ordinaire* les caractères sans importance, les propriétés indifférentes varient de l'individu à l'individu ? N'est-ce pas là encore une différence inexplicable par la seule action mécanique ?

Cependant, comme il importe à la science, tout en admettant la finalité, de pousser aussi loin que possible la recherche des causes secondes et d'expliquer mécaniquement tout ce qui ne répugne pas absolument au *mécanisme*, on doit préférer, en histoire naturelle, les systèmes qui attribuent la plus grande part à la nature et nécessitent le moins souvent possible l'intervention de l'intelligence créatrice. Ainsi trois systèmes essaient d'expliquer la naissance des êtres organisés. L'*occasionalisme* admet une création nouvelle à la naissance de chaque individu. C'est refuser toute puissance de reproduction à la nature, et « on ne peut supposer, » dit Kant, « que ce système » puisse être accepté par aucun de ceux qui font quel- » que cas de la philosophie (1). » D'après le système de la *préformation générique*, la naissance des individus ne serait que le développement du germe préexistant et formé par la puissance créatrice dans le premier individu de chaque espèce : ainsi tous les chênes auraient été enveloppés dans le premier gland, tous les oiseaux dans le premier œuf, et ces germes n'auraient fait que s'accroître et se nourrir depuis la création. Ce système ne diffère du précédent que parce que Dieu aurait créé tous les individus du même coup au lieu de les créer successivement : au fond, c'est la même explication, car elle admet autant de créations particulières que d'êtres ; elle ne laisse à la nature que le pouvoir de nourrir ces germes, et de les tirer peu à peu les uns des autres (2). Enfin la doctrine de l'*épigénèse* se refuse à croire que les êtres

---

(1) *Ibid.*, § 80.
(2) *Ibid.*

vivants renferment, dès le principe, leurs semblables à l'état de germes déjà formés ; elle suppose seulement que la matière organique a une tendance à former des êtres vivants ; Dieu n'a donc créé que le premier individu et la *faculté* de perpétuer sa race ; les forces de la nature font le reste. Ce dernier système, en admettant des causes secondes, ouvre donc un vaste champ aux recherches de ceux qui veulent connaître les lois de la nature : et c'est par cette raison que Kant le préfère (1). Mais il faut remarquer que, tout en expliquant la génération par l'action des causes secondes, par la combinaison des forces matérielles, il reste cependant nécessaire d'expliquer par une cause intelligente l'existence de ce merveilleux pouvoir que la matière a de se reproduire (2). Si l'*épigénèse* ne considère pas la matière organisée comme une chose inerte, passive, et Dieu comme le seul *artiste* capable de la reproduire, si elle suppose que c'est la matière elle-même qui est l'*artiste*, il faut encore que l'existence de cet *artiste* soit due à une cause intelligente. Que la nature fasse tout ou qu'elle ne fasse rien, il faut, dans les deux cas, recourir à Dieu ; dans le second, parce que c'est lui qui fait tout, dans le premier, parce que lui seul peut avoir donné à la nature aveugle le pouvoir de produire des œuvres harmonieuses et où tout a sa raison d'être. S'il existait une machine merveilleuse capable de se mouvoir toute seule et de construire toute seule de nouvelles machines semblables, certes le mécanicien qui l'aurait faite et se serait reposé ensuite, serait plus admi-

---

(1) *Ibid.*
(2) *Ibid.*, § 81.

rable que s'il s'était remis plusieurs fois à l'œuvre pour construire les autres. C'est ce que *Blumenbach*, cité ici par Kant, avait parfaitement compris en soutenant le système de l'épigénèse : « car, que la ma-
» tière brute se soit originairement formée elle-même
» suivant des lois mécaniques, que la vie ait pu sor-
» tir de la nature morte, et que la matière ait pu
» prendre spontanément la forme d'une *finalité* qui se
» conserve elle-même ; c'est ce que Blumenbach re-
» garde justement comme absurde (1). » Ainsi il serait faux de croire qu'en reconnaissant à la nature de nouvelles, de merveilleuses propriétés, on rende moins indispensable l'explication des choses par les causes finales. La doctrine de Kant est sur ce point absolument inattaquable, et serait bonne à méditer pour certains physiologistes de nos jours qui pensent avoir détruit l'argument des causes finales parce qu'ils ont démontré la supériorité du système de l'*épigénèse* sur celui de la *préformation des germes* (2).

La nécessité où nous sommes d'expliquer l'univers par une cause intelligente nous conduit à le considérer comme un système de *fins*, subordonnées les unes aux autres. Si les parties qui composent les êtres organisés ont pour fin l'ensemble, la vie de cet être, à son tour cet être peut avoir pour fin l'utilité d'un être supérieur (3). Pourquoi les végétaux ? Pour servir

---

(1) *Ibid.*, § 80 (à la fin).
(2) Voir spécialement les travaux de M. le docteur Robin et la réfutation de ses doctrines matérialistes dans la *Revue des Deux-Mondes*, par M. Janet (15 février 1873).
(3) *Ibid.*, § 81.

d'aliments aux animaux. Mais pourquoi les animaux ? Pour le service de l'homme. L'homme, à son tour, existe-t-il en vue d'une fin plus élevée ? Oui, en vue de la loi morale. Ici, il n'y a plus à se poser cette question : *pourquoi* ? La loi morale n'existe pour aucune fin supérieure ; elle est par elle-même le but suprême, la dernière explication, la raison suffisante de toutes choses. C'est pour rendre possible l'existence terrestre de l'être appelé à accomplir la loi morale que toute la nature a été créée telle qu'elle est : en ce sens il est rigoureusement vrai de dire que tout a été fait pour l'homme. Sans doute, tout n'a pas été fait pour le bien-être, pour le bonheur sensible de l'homme ; la nature, si elle a fait beaucoup pour la conservation de notre vie, a laissé aussi subsister beaucoup de choses qui peuvent nous être nuisibles : « Elle n'a fait, en faveur de l'homme, aucune excep- » tion dans l'action de ses forces destructives (1). » (Aussi n'est-il pas étonnant que les épicuriens, qui regardent le bonheur sensible comme notre fin suprême, aient accusé la nature de n'avoir eu aucun souci de nous. Mais si on considère, au contraire, l'homme comme être moral, on reconnaîtra que, si la nature n'a pas tout disposé au mieux pour son bien-être, elle a cependant rendu possible sa culture morale et la formation de la société civile (2). Les obstacles mêmes qu'elle nous oppose servent à exercer notre courage et donnent à notre liberté l'occasion de grandir par la lutte. Ainsi ce n'est pas l'homme comme être sensible (comme *phénomène*), c'est l'accomplisse-

---

(1) *Ibid.*
(2) *Ibid.*, § 82.

ment du Bien moral qui est la fin suprême, qui est le dernier anneau de cette chaîne, dont les fins de la nature sont les anneaux intermédiaires. Cette fin est *inconditionnée*, et elle est la *condition* de toutes les *fins moyennes* qui lui sont subordonnées (1). « Si
» donc les choses de ce monde, en tant qu'êtres con-
» ditionnels, exigent une cause suprême agissant
» d'après des fins, l'homme est le but final de la
» création ; sinon la chaîne des fins, subordonnées
» les unes aux autres, n'aurait pas de principe ; et
» c'est seulement dans l'homme considéré comme
» sujet de la moralité, qu'on trouve cette législation
» inconditionnelle, relativement aux fins, qui le rend
» seul capable d'être le but final auquel toute la na-
» ture doit être téléologiquement subordonnée (2). »

En rattachant ainsi les fins de la nature à la loi morale, Kant reconnaît par là leur réalité, et l'*objectivité* de nos jugements téléologiques. Sans doute il ne le dit pas formellement ; mais on est en droit de supposer que telle est sa pensée. En effet, reconnaître un rapport entre les fins de la nature et le Bien, et admettre seulement l'*objectivité* du second terme du rapport sans l'objectivité du premier, ce serait là une contradiction si étrange que nous ne saurions l'attribuer à Kant. D'ailleurs on sait qu'il est conforme aux habitudes de sa philosophie de revenir, dans la *Méthodologie*, sur les négations de l'*Analytique* et de la *Dialectique*. Aussi nous n'hésitons pas à admettre que la conclusion définitive de Kant est favorable à la *réalité*

---

(1) *Ibid.*, § 83.
(2) *Ibid.* (à la fin).

objective des causes finales, tout en regrettant qu'il n'ait pas été plus explicite et qu'on soit obligé d'interpréter sa doctrine par induction.

Puisque nous ne pouvons arriver à démontrer la finalité de la nature qu'en sortant de la nature et en rattachant les harmonies physiques à l'ordre moral qui en est la raison d'être, il est clair que, pour trouver dans les causes finales une preuve concluante de l'existence de Dieu, il faut y joindre la preuve morale. Ainsi complétée, la preuve physico-théologique, que la *Critique de la raison pure* déclarait insuffisante, devient absolument valable. Qu'une intelligence ait présidé à l'ordre physique, c'est là, pour la raison *spéculative*, une haute probabilité, mais pourtant ce n'est qu'une affirmation *transcendantale*, et nous ne savons rien des choses *transcendantales*. Au contraire, par la considération de l'ordre moral, nous pénétrons dans ce monde intelligible, fermé jusqu'alors à notre esprit, et dès lors les affirmations, même *transcendantales*, deviennent légitimes, du moins en tant qu'elles ont un rapport avec la loi morale; par conséquent nous pouvons affirmer un Dieu auteur de l'ordre moral, et par suite auteur de l'ordre physique en tant que celui-ci a pour fin l'accomplissement de l'ordre moral. D'ailleurs, en supposant que l'ordre physique, à lui seul, prouvât l'existence d'une cause intelligente et toute-puissante, il ne prouverait pas que cet Être tout-puissant est parfait ni qu'il est unique (1). Aussi les païens regardaient leurs dieux comme puissants, comme terribles, mais

(1) *Ibid.*, § 85.

non comme infiniment bons ; et le poëte épicurien a pu dire des dieux du paganisme :

« *Primus in orbe deos fecit timor* (1). »

Mais l'ordre moral suppose un auteur qui possède en lui la plénitude du Bien, un Dieu parfait, et la perfection suppose l'*unité*; car la puissance peut se répartir, non la perfection (2). Ce Dieu, vers lequel nous nous élevons par la considération du Bien, doit être tout-puissant, pour pouvoir proportionner dans la vie future le bonheur au mérite ; éternel et immense ; car, sans cela, il ne pourrait produire toujours et partout l'accord de la vertu et du bonheur (3). C'est le Dieu bon, plus encore que le Dieu terrible ; c'est le Dieu du christianisme ; et ce n'est pas la crainte, c'est surtout l'amour qui lui a dressé des autels (4).

Qu'il est frappant de voir ici le philosophe critique, après avoir poussé le scepticisme bien au delà du pouvoir de la raison humaine, s'arrêter devant l'idée du Bien et faire l'acte de foi le plus complet, le plus sublime, devant l'Auteur infini, éternel de la loi morale ! En face de l'idée de Dieu gravée dans notre âme, il a douté et s'est demandé si cette idée n'était pas une fiction de notre esprit (5) ; en face de l'univers qui révèle la gloire de Dieu, il a douté encore

---

(1) *Ibid.*, § 84.
(2) *Ibid.*
(3) *Ibid.*, § 85.
(4) *Ibid.* (Remarque).
(5) Kant revient, à la fin de la *Critique du Jugement*, sur l'argument ontologique et sur les preuves physiques qu'il essaie d'infirmer par les arguments déjà employés dans la *Critique de la Raison pure*.

et s'est demandé si l'ordre des cieux, l'harmonie de la nature ne seraient pas de vains *phénomènes*. Mais, au fond de sa conscience, il découvre un spectacle plus admirable que le ciel étoilé; c'est la loi morale. On ne peut dire que ce soit un vain phénomène, car elle est nécessaire; ni que ce soit moi qui l'aie faite, car elle me commande. Elle est réellement, elle est éternellement, elle est supérieure à moi; elle ne peut donc me venir que d'un Etre qui résume en lui l'ordre moral tout entier, d'un Etre parfait; et le sceptique s'incline : il a reconnu son maître et son Dieu.

Est-ce là une preuve de sentiment? Non, elle est rigoureuse, elle est scientifique; car on ne peut sans contradiction admettre la loi morale sans admettre Dieu. Qu'est-ce qu'un honnête homme? Celui qui poursuit « *la destination que lui assigne la loi morale* (1). » Mais comment peut-il avoir une *destination* si Dieu n'est pas? Tout sur la terre s'oppose à ce qu'il atteigne ce but, qu'il se sent pourtant obligé et entraîné à poursuivre (2)... « Les honnêtes gens ont beau mé-
» riter d'être heureux, la nature, qui n'a point égard
» à cette considération, les expose, comme les autres
» animaux de la terre, à tous les maux, jusqu'à ce
» qu'un vaste tombeau les engloutisse et les rejette,
» eux qui pouvaient se croire le but final de la créa-
» tion, dans le gouffre de l'aveugle matière d'où ils
» étaient sortis. Ainsi cet homme de bien devrait aban-
» donner, comme absolument impossible, ce but qu'il
» avait et qu'il devait avoir en vue dans l'accomplis-

---

(1) *Ibid.*, § 87 (vers la fin).
(2) *Ibid.*

» sement des lois morales; ou... il faudra qu'au point
» de vue pratique, c'est-à-dire pour se faire un con-
» cept au moins de la possibilité du but final qui lui
» est prescrit, il reconnaisse l'existence d'une cause
» morale du monde, c'est-à-dire de Dieu (1). »

Reste à déterminer quelle sorte et quel degré de connaissance produit en nous la preuve morale elle-même. Ici, comme dans la *Critique de la raison pratique*, Kant réduit cette connaissance à celle des attributs moraux de Dieu (Justice, Sagesse, Bonté, Omniscience, Omnipotence, Eternité) (2); mais quant à ses attributs *métaphysiques* (son existence en dehors de l'espace, son intelligence intuitive), ce sont de pures *hypothèses* (3) : nous n'en pouvons affirmer la réalité.

Encore ne connaissons-nous les attributs moraux eux-mêmes que par *analogie* avec nos facultés (4). Le nom de *foi* convient mieux que celui de *connaissance* au procédé par lequel notre esprit adhère à la croyance en Dieu (5). C'est peu pour la raison spéculative, mais c'est assez pour notre destination morale. Car, appelés à réaliser le souverain Bien autant que cela dépend de notre volonté, il nous suffit de connaître Dieu en tant qu'il rend possible cette réalisation du souverain Bien (6). Toute autre connaissance, *n'étant pas pratique*, est inutile (7). Si nous regrettons que notre

(1) *Ibid.*
(2) *Ibid.*, § 85. Cf. *Raison pratique*, vers la fin.
(3) *Ibid.*, § 87. Cf. *Raison pratique*, vers la fin.
(4) *Ibid.*
(5) *Ibid.*, § 90.
(6) Voir *Critique de la Raison pratique*, dernier paragraphe.
(7) *Ibid.*

raison ne s'étende pas plus loin, souvenons-nous que
« la sagesse impénétrable par laquelle nous existons
» n'est pas moins digne de vénération pour ce qu'elle
» nous a refusé que pour ce qu'elle nous a donné en
» partage (1). »

(1) *Ibid.*

RÉSUMÉ DE LA CRITIQUE DU JUGEMENT.

Par la raison spéculative, l'homme ne connaît que les *phénomènes;* et les idées absolues inconditionnelles qu'elle nous donne ne sont que des principes régulateurs de l'expérience, c'est-à-dire de l'étude des phénomènes. Par la raison pratique, l'homme conçoit et connaît l'*Ordre*, comme indépendant des *phénomènes*. Enfin, par une troisième faculté, le *jugement réfléchissant*, non concevons, non plus les phénomènes sans l'Ordre, non plus l'Ordre sans les phénomènes, mais l'*Ordre dans les phénomènes*, dans les objets matériels. Ainsi le *jugement* est comme le lien de la raison spéculative et de la raison pratique; il constitue pour notre esprit le passage du monde sensible au monde intelligible.

Cette faculté intermédiaire entre le monde des sens est celui de la raison a elle-même comme deux degrés, l'un plus rapproché du monde sensible, l'autre plus rapproché du monde rationnel. Quand l'Ordre se manifeste dans un objet par la beauté, il est plus *sensible* encore qu'*intelligible*, et alors le jugement est *esthétique;* lorsqu'il se manifeste par une disposition de la matière inexplicable autrement que par une *intention*, un *dessein*, il est plus intelligible que sensible; le jugement est alors *téléologique*.

Par le jugement *esthétique* nous percevons une harmonie entre nos facultés ; l'objet dont la vue produit cette harmonie est appelé beau. Par le jugement *téléologique*, nous percevons une harmonie entre les parties de l'objet, et en même temps entre l'objet et une certaine destination.

On voit par là que la beauté, d'après Kant, ne réside pas dans l'*objet*, mais dans notre esprit ; l'objet n'est que la cause occasionnelle de l'accord entre notre imagination et notre entendement ; il faut, sans doute, pour produire cet accord, qu'il y ait dans l'objet la variété qui plaît à l'imagination et l'unité qui plaît à l'entendement : mais cette *variété* n'est que la diversité des intuitions par lesquelles nous saisissons les parties de l'objet ; l'*unité* qui se trouve dans cette variété n'est que le pouvoir que nous avons de percevoir ces intuitions diverses comme reliées entre elles dans une seule représentation. Le jugement du Beau est donc *subjectif* ; il tient à la constitution de nos facultés ; et c'est pour cela, d'après Kant, que ce jugement est nécessaire et universel.

Peut-on du moins admettre que l'objet dont la vue est *cause occasionnelle* du jugement esthétique a été fait à dessein par la nature pour produire cette satisfaction de l'imagination et de l'entendement ? Non, ou du moins cette hypothèse est inutile et sans preuve, puisque les seules lois subjectives de notre esprit suffisent à expliquer le sentiment du Beau : la nature de l'objet n'y est pour rien ; si l'objet était pour quelque chose dans le jugement du goût, le goût n'aurait pas de règles *à priori*.

Toutefois cette conclusion n'est peut-être que provisoire. En effet, le Beau est le symbole du Bien ; un symbole est une représentation qui nous fait penser par *analogie* à quelque idée : or le jugement du Beau a des *analogies* avec le jugement moral. D'abord il est désintéressé ; car le plaisir qui résulte de la vue d'un objet beau vient de la satisfaction de nos facultés intellectuelles, et non de la satisfaction de nos sens ; et ce désintéressement est analogue au désintéressement qui est le caractère de l'acte moral. De plus, le Beau exprime l'harmonie (puisqu'il produit l'harmonie entre nos facultés) ; et cette harmonie nous fait songer par analogie à celle qui doit exister entre notre volonté et la loi morale. La loi morale est donc la raison d'être du jugement esthétique ; et puisque ce jugement nous prépare à la pensée de l'ordre moral, de l'ordre intelligible, en nous montrant son image, son ombre jusque dans les phénomènes, il semble qu'il doit y avoir une intention de la nature dans l'aptitude du phénomène à produire le sentiment du Beau. Car si le Bien moral est, comme le proclame Kant, la fin de toute chose, si la nature n'a rien fait que pour nous préparer à le concevoir, comment n'aurait-elle pas mis à dessein dans les objets ces caractères qui sont à nos yeux le symbole du Bien ? On peut donc supposer que Kant, en reconnaissant au Beau le caractère *symbolique*, entend reconnaître en même temps par là l'intention de la nature, la finalité réelle qu'il a commencé par nier. Sans doute ce n'est là qu'une induction ; mais elle est vraisemblable ; et ainsi le Beau n'est plus *subjectif*, il existe *objectivement*, c'est-à-dire qu'il y a réellement dans certains objets une aptitude, *mise à dessein par la nature*, à produire en nous le sentiment esthétique.

Le Beau étant le symbole du Bien, le symbole de

l'Intelligible, le but de l'art est d'*exhiber des idées esthétiques*, c'est-à-dire de produire des représentations qui nous fassent penser aux choses intelligibles. Là est la grandeur de l'art, là est sa moralité.

Lorsqu'une intuition nous fait songer, non pas seulement à l'*intelligible*, mais à l'*Infini*, le sentiment qui naît en nous est celui du *Sublime*. Dans le jugement du Sublime, il n'y a plus, comme dans celui du Beau, satisfaction de l'imagination ni de l'entendement ; il y a, au contraire, une violence faite à ces deux facultés, car ce sont les facultés de concevoir le fini. Mais il y a satisfaction pour la raison ; la raison triomphe là où l'imagination et l'entendement, humiliés par le spectacle d'une représentation qu'ils ne sauraient embrasser dans son entier, sont contraints de reconnaître leur impuissance ; car cette impuissance est l'aveu de l'existence d'un monde *suprasensible* et de la supériorité de la faculté qui le conçoit.

En résumé, si l'esthétique de Kant ne détermine pas tous les caractères du Beau ou ne les indique que très-vaguement, elle est inspirée tout entière par cette pensée qui est l'âme des trois critiques, le peu de valeur du phénomène et l'immense valeur du monde intelligible. Le phénomène ne mérite l'admiration que par l'expression de l'Ordre, qui constitue la beauté en nous faisant penser au Bien, ou par l'expression de la grandeur qui nous fait penser à l'Infini.

Si, dans une œuvre d'art, l'Intelligible, le Bien, nous apparaît comme à travers un symbole, il nous apparaît d'une manière beaucoup plus manifeste encore dans les êtres organisés, car notre raison se sent incapable d'en expliquer la formation par la seule action d'une causalité mécanique ; il faut, pour en trouver la raison d'être, recourir à une causalité intelligente. Dans tout ce qui est produit par une cause mécanique, ce sont les parties qui sont la raison d'être du tout ; tandis que dans les êtres organisés c'est le tout, l'ensemble, la résultante qui est la raison d'être des parties et de leur disposition. Or, il n'y a que dans une intelligence que le plan général précède la disposition des parties ; donc l'être vivant a été pensé et voulu avant d'être réalisé, ce qui revient à dire que tenter d'expliquer l'organisme sans un créateur intelligent est un effort en quelque sorte tout au rebours de la raison humaine.

Mais au moment d'atteindre Dieu par la considération de la finalité, le philosophe critique fait un dernier effort de scepticisme pour échapper à cette conclusion. Qui sait si la distinction de la causalité *mécanique* et de la *finalité* n'est pas l'œuvre de notre raison imparfaite, et si la nature et l'esprit ne sont pas *en soi* absolument *identiques* ? Voici, par ce doute l'abîme, du panthéisme ouvert ; la philosophie allemande ne tardera pas à s'y précipiter. Mais Kant va encore une fois y échapper par la considération de la loi morale.

La nature n'est pas et ne saurait être une *fin* par elle-même ; car elle n'est pas parfaite et il n'y a que le *Bien* qui soit une fin par lui-même. Elle n'existe donc qu'en vue d'une fin supérieure ; et comme le Bien absolu ne peut consister que dans une *bonne volonté*, on doit considérer la nature comme organisée en vue de rendre possible l'existence terrestre de l'être destiné à réaliser la loi morale. A ce point de vue, on peut dire que tout a été fait pour l'homme ; non pas sans doute pour le bien-être de l'homme (car la nature nous entoure de difficultés, de douleurs, et si le bonheur terrestre était le souverain Bien, l'impie aurait raison d'accuser la nature d'imprévoyance ou de cruauté), mais pour le bien moral de l'homme et pour ses progrès dans la science et dans la vertu. Il n'y a donc en réalité qu'une seule fin de la nature, la fin morale du genre humain ; toutes les autres fins ne sont que des moyens qui concourent à l'accomplissement de cette fin suprême. Ici nous apparaît, bien plus clairement que dans tout ce qui précède, l'insuffisance de la causalité aveugle de la nature : comment une cause aveugle, imparfaite, aurait-elle tout disposé en vue de l'accomplissement de la loi morale ? Il faut donc reconnaître ici l'œuvre d'une causalité, non-seulement intelligente, mais morale, d'un être parfait renfermant en lui la plénitude du Bien, puisqu'il a fait tout en vue du Bien. Par là, Dieu est démontré d'une manière certaine, puisque la loi morale est certaine et qu'on n'y saurait voir une création *subjective* de mon esprit. Avec l'existence de Dieu me sont démontrés aussi ses attributs, du moins ses attributs moraux, car pour ses attributs métaphysiques, nous ne saurions les connaître, et nous n'avons pas besoin de cette connaissance pour faire le bien.

Tel est le dernier mot de la philosophie de Kant. Sans doute, nous voici déjà infiniment éloignés du scepticisme : si l'homme ne sait rien de Dieu par la raison spéculative, il sait, par la raison pratique, qu'il est Bon, qu'il est Parfait, qu'il est éternellement Parfait. Mais cette connaissance, d'après Kant, n'est pas réellement *science*, elle n'est qu'une *foi pratique*, et il déclare que cela nous suffit. Cela est-il vrai ? Et la raison de l'homme n'est-elle pas faite pour posséder quelque chose de plus ? Assurément, cette *foi pratique* aux attributs moraux de Dieu nous suffirait si l'homme n'était né que pour la vertu : mais est-il bien sûr que Dieu ne l'a pas aussi créé pour la science ? Ou plutôt la science n'est-elle pas elle-même une vertu ? Le christianisme nous enseigne que notre destination est de *connaître* Dieu, de l'*aimer* et de le *servir* : Kant réduit cette formule au dernier terme ; il supprime le devoir de *connaître* Dieu. N'acceptons pas cette restriction à nos devoirs : songeons que si la volonté a des obligations, l'intelligence en a aussi ; et quel peut être le devoir de l'intelligence, sinon de *connaître* ? Examinons donc si les raisons au nom desquelles Kant déclare nos facultés spéculatives impuissantes à connaître sont véritablement décisives, et si la métaphysique est éternellement condamnée à ne rien savoir sur le premier principe des choses.

DEUXIÈME PARTIE

DISCUSSION DU SYSTÈME DE KANT.

PREMIÈRE SECTION

Examen de la Critique de la Raison pure.

CHAPITRE PREMIER.

EXAMEN DE LA PRÉFACE.

I. De l'entreprise de changer la méthode en philosophie.
II. Est-il vrai que la physique et les mathématiques n'étudient pas les lois des choses, mais les lois de l'esprit ?
III. Peut-on soutenir que la foi morale du genre humain n'ait rien à craindre d'une critique où l'on révoque en doute la valeur des idées de la raison spéculative ?

Quand Descartes entreprit de réformer la méthode philosophique, il ramena toute sa nouvelle méthode à une consultation plus attentive des idées de la raison ; mais l'incertitude qu'il trouvait dans les systèmes de ses prédécesseurs ne lui suggéra pas la pensée de révoquer en doute l'autorité même de la raison et de nier sa compétence dans les questions de métaphy-

sique. Au contraire, la révolution que la *Critique* se propose d'accomplir n'est que la négation pure et simple de la raison ; ce n'est pas une réforme de la métaphysique, c'est sa suppression. Si, en effet, nous devons renoncer à savoir *ce que sont les choses*, et nous borner à chercher *comment nous les pensons*, la philosophie est ramenée tout entière à la logique. Quelle partie reste-t-il, dans une science ainsi réduite, qui puisse être encore désignée sous le nom de métaphysique ? Comment donc se fait-il que Kant laisse subsister ce nom et qu'il se flatte, par sa nouvelle méthode, « *de mieux réussir dans les problèmes de*
« *métaphysique* (1) ? » N'est-ce pas un étrange abus de mots que de parler de *métaphysique* à propos d'un système qui nous défend de nous en occuper ?

Mais sans nous arrêter à une question de *mots* (qui pourtant a bien son importance au point de vue de la classification des sciences), demandons-nous avant tout si cette négation radicale de la métaphysique est bien justifiée. Kant allègue la diversité et la contradiction des systèmes de philosophie spéculative : « S'il n'est
» pas possible de mettre d'accord ceux qui travaillent
» à la même tâche... on peut être persuadé qu'une
» telle étude est loin d'être sur la voie certaine d'une
» vraie science (2). » Mais quoi ! les systèmes de philosophie morale sont-ils moins nombreux et moins divers que les systèmes de métaphysique ? Si la diversité des opinions prouve l'impuissance radicale de l'homme à savoir la vérité, il faut douter de la raison pratique aussi bien que de la raison spéculative, et dire,

---

(1) *Préface*, p. 11, traduct. Tissot.
(2) *Préface*, 1er alinéa.

avec Montaigne, que nous n'avons aucune règle certaine pour distinguer le bien du mal.

Grâce à Dieu, nous n'en sommes pas réduits là ; en morale comme en métaphysique, la diversité des systèmes prouve seulement qu'il y en a de faux et non qu'ils soient tous également faux. En vain dira-t-on que nous n'avons pas de *critérium* pour distinguer une doctrine vraie d'avec une fausse. Ce *critérium* de vérité existe : c'est l'emploi d'une bonne méthode; et la méthode scientifique est indiquée par la nature de nos facultés. Elle consiste purement et simplement à nous servir de la raison pour connaître les vérités nécessaires, de l'expérience interne pour constater les faits intérieurs, de l'expérience externe pour constater les faits extérieurs. La méthode une fois déterminée, il est facile de voir que c'est pour l'avoir inégalement comprise et appliquée diversement que les métaphysiciens sont arrivés à des systèmes contradictoires entre eux ; et par conséquent le mal est moins irrémédiable que s'il tenait à l'impuissance absolue de nos facultés. En effet, tous les systèmes se réduisent à trois : le matérialisme, l'idéalisme panthéiste et le spiritualisme. Le matérialisme pèche contre la méthode en donnant des *vérités de fait*, telles que l'existence du monde et la constance de ses lois, pour des *vérités éternelles*, c'est-à-dire en substituant l'expérience à la raison. Le panthéisme tombe dans l'excès contraire en niant des vérités de fait, telles que la liberté de l'âme, le mal moral, l'imperfection de la créature, l'étendue finie de la matière, pour donner à toute chose le caractère absolu et éternel des idées de la raison : il nie le fini pour n'admettre que l'infini, les faits pour n'admettre que les idées. Aux yeux des matérialistes, toutes nos connaissances se réduisent à l'expérience ; pour les panthéistes, elles se réduisent toutes à la pensée pure. Le spiritualisme, au contraire, croit, sur les questions du fait, le témoignage de l'*expérience* : il admet la matière sur la foi des sens, la liberté, l'âme, sur la foi de la *conscience* ; et, sur la foi de la *raison*, il affirme Dieu en dehors du moi et du monde. Il se fie à chacune de nos facultés, mais seulement dans leur domaine respectif. Faut-il s'étonner si des méthodes aussi différentes mènent à des résultats opposés ? Mais si la vraie méthode est souvent méconnue, est-il pour cela impossible de la connaître ? Et si on l'oublie, doit-on s'en prendre à la philosophie ? Il serait plus juste de s'en prendre aux philosophes.

Toute réforme, en métaphysique, ne doit donc consister qu'à fixer les attributions respectives de nos diverses facultés. Mais une telle réforme n'était plus à faire quand parut la *Critique*. Depuis près de deux siècles, Bacon avait déterminé les attributions de l'expérience externe ; Descartes celles de l'expérience interne et de la raison. La méthode philosophique était trouvée ; il ne restait plus qu'à la perfectionner.

Il est vrai que cette méthode supose *à priori* la véracité de nos facultés, et que le but de la *Critique* est précisément de discuter et de contrôler leur véracité, c'est-à-dire leur conformité aux objets. Là est la nouveauté de la philosophie critique ; en cela consiste la révolution qu'elle est venue accomplir dans la métaphysique : ainsi du moins parlent ses admirateurs. Eh bien, si grand que soit le génie de Kant, nous n'hésitons pas à dire que cette entreprise de contrôler la légitimité de la raison est à la fois une œuvre impossible et une œuvre stérile : une œuvre impossible, car pour contrôler la véracité de nos facultés, nous n'avons que ces mêmes facultés ; une œuvre stérile, car si nous parvenions à prouver que notre raison est une faculté d'erreur ou d'illusion, nous n'aurions aucun moyen de la redresser, aucun moyen d'échapper à ses illusions. Nous pouvons, il est vrai, arriver à douter. Mais quoi ! Ce doute lui-même, nous n'y parvenons qu'en raisonnant ; et si l'usage de la raison est toujours illégitime, si mon esprit n'est fait que pour l'erreur, il se trompe encore, même quand il doute. Tout au plus comprend-on le sceptique qui doute parce qu'il veut douter et n'essaie pas de donner des raisons de son doute. Mais qu'on raisonne pour prouver que nous n'avons pas le droit de raisonner, n'est-ce pas le comble de l'inconséquence ? C'est comme si, pour prouver que le mouvement est impossible, on se mettait à marcher. Toute pensée, toute proposition exprimée en langage humain suppose les principes de la raison ; douter de ces principes, c'est douter de toute pensée, de toute parole, c'est douter de ce que l'on dit, même quand on dit qu'on doute.

Dira-t-on que, s'il est illogique de se servir de sa raison pour prouver que cette faculté est sans valeur, il n'est pas moins illogique de l'invoquer pour se rendre témoignage à elle-même, de la faire juge en sa propre cause, et de la croire sur parole quand c'est précisément sa véracité qui est en question ? Mais alors, si le doute et la croyance sont également illogiques, comme il n'y a pas d'état de pensée intermédiaire entre le doute et la croyance, il s'ensuit qu'il est illogique de penser. Le vrai rôle du philosophe c'est de s'exercer à ne plus penser.

Telle est l'inévitable conséquence où l'on arrive, lorsqu'au lieu de se servir des principes de la *raison* pour contrôler la valeur de ses *raisonnements*, la philosophie se sert du *raisonnement* pour contrôler la valeur des principes de la *raison*. Que penserait-on d'un homme qui essaierait de soulever son point d'appui pour en éprouver la solidité? C'est là assurément un étrange problème de mécanique; il n'est pas seulement insoluble, il est absurde même de le poser. Or, où est le point d'appui du raisonnement, si ce n'est dans les axiomes de la raison, ou, en d'autres termes (car il faut oser les appeler par leur nom), dans *les principes du sens commun*? Pourquoi donc serait-il plus raisonnable en métaphysique qu'en mécanique de vouloir soulever son point d'appui? Le problème est-il moins insoluble? Est-il plus raisonnable? Est-il moins contradictoire dans sa donnée? C'est donc pour la philosophie une condition non-seulement de vérité, mais d'existence que de ne jamais révoquer en doute les principes du sens commun. Dès qu'elle les heurte ou les conteste, elle se détruit elle-même en ébranlant son propre fondement. Le sens commun est à la métaphysique ce que les axiomes mathématiques sont à la géométrie. Aucun théorème ne peut se trouver en contradiction avec un axiome; de même aucune proposition vraie, en métaphysique, ne peut contredire le sens commun. La métaphysique a pour objet de développer le sens commun, d'en déduire toutes les conséquences qui y sont contenues implicitement, de montrer clairement aux hommes qui réfléchissent ce que tout le monde sait vaguement et à l'état latent;

elle doit par conséquent dépasser le sens commun, mais non le choquer; elle est *au-dessus* du sens commun, mais non *contre* le sens commun; car c'est, en définitive, du sens commun qu'elle tient tous ses droits.

Il va sans dire que par le mot *sens commun* on ne doit pas entendre toutes les opinions généralement reçues par le monde; car beaucoup sont le résultat des préjugés, des passions ou de la mode. De telles opinions peuvent devenir *communes* par accident, mais elles ne le sont pas essentiellement et par une nécessité de notre nature intellectuelle. Il faut donc restreindre le nom de *principes du sens commun* aux jugements absolument universels, à ceux que tout homme suppose dans toutes ses affirmations, et que Kant appelle *les formes mêmes de la pensée humaine*. Ces principes sont indémontrables, parce qu'ils sont la base de toute démonstration; en demander la preuve, réclamer leurs titres à notre croyance, c'est vouloir juger l'instrument même du jugement. Toute *critique* se fait à l'aide de ces axiomes; les soumettre eux-mêmes à la *critique*, c'est un problème qui peut se poser *en paroles*, mais que la pensée ne peut pas concevoir, car il est contradictoire dans les termes. Le philosophe n'a sur le sens commun qu'un seul droit, c'est de le consulter et de l'interpréter. Cette lumière universelle n'est pas dans sa dépendance; c'est sa pensée, au contraire, qui en dépend. C'est à la Raison à nous juger et non pas à nous à juger la Raison : la méthode critique consiste à intervertir ce rapport, et c'est là sa condamnation.

II

Si l'esprit humain pouvait, sans excéder ses droits, mettre ainsi en jugement ou tout au moins en suspicion ses facultés intellectuelles, on ne voit pas pourquoi ce droit appartiendrait plutôt au philosophe qu'au physicien ou au géomètre; et pourtant ceux-ci ont-ils jamais imaginé de poser une telle question ? Quel géomètre a jamais proposé de réformer les mathématiques par la *critique* des axiomes géométriques et par l'examen de leur *objectivité* ? Quel physicien a songé à révoquer en doute l'*objectivité* de nos perceptions ? Les savants se servent de leurs facultés intellectuelles pour chercher la vérité et ne perdent pas leur temps à se demander si elles sont véridiques. Ils supposent qu'elles le sont, et croient en toute confiance à leur témoignage; dira-t-on pour cela que les mathématiques et la physique, fondées sur l'hypothèse gratuite de la véracité de nos facultés, ne sont que des sciences hypothétiques?

« Sans aucun doute, » répondra un disciple de la *Critique*, « ce ne sont que des sciences hypothétiques.
» C'est précisément ce que soutient Kant dans sa pré-
» face : la logique, les mathématiques et la physique
» elle-même ne sont que les lois de notre esprit et non
» des choses ; elles ne nous apprennent pas comment
» sont les choses, mais comment elles seraient si elles
» étaient comme nous les pensons. La géométrie ne
» raisonne que sur les constructions mentales des
» figures et non sur les figures elles-mêmes. La physi-
» que ne constate dans la nature d'autres lois que celles
» dont notre propre esprit peut se faire une représen-
» tation ; la méthode expérimentale que Bacon a si

» bien déterminée et à laquelle la physique doit tous ses
» progrès, consiste précisément à faire dire à la nature
» ce que notre esprit lui dicte. Ce n'est donc que notre
» propre esprit que nous étudions dans toutes les
» sciences, et non les objets. De même, si la métaphysi-
» que consent à reconnaître que toutes nos idées ne
» sont que des idées, sans se préoccuper de savoir si
» elles sont conformes aux objets réels, alors seulement
» elle pourra être quelque chose; elle ne sera pas la
» science des choses, mais, comme la physique, la
» science de ce que seraient les choses si elles étaient
» telles que nous les pensons. »

Ainsi, pour autoriser par l'exemple des autres sciences, une méthode qui consiste à supposer la fausseté de toutes nos connaissances, Kant va jusqu'à réduire les mathématiques et la physique à la simple étude des lois de la pensée, à une connaissance purement *subjective!* Certes, jamais les physiciens ne se seraient doutés qu'en observant la nature, ils n'observaient que leur propre esprit. Kant, cependant, essaie de le prouver; mais la raison qu'il en donne est loin d'être concluante : « La raison, » dit-il, » doit aborder la nature, non pas comme un écolier » qui se laisse dire tout ce qui semble bon à son » maître, mais comme un juge établi pour faire subir » un interrogatoire à des témoins (1). » Soit; mais encore faut-il que le juge, s'il pose lui-même les questions, ne dicte pas lui-même les réponses des témoins. Il ne doit pas régler son arrêt sur sa pensée préconçue, mais sur les révélations qui lui viennent de l'extérieur. S'il est nécessaire d'interroger la

(1) *Préface.*

nature, d'expérimenter, c'est précisément parce que nous n'en trouvons pas la représentation dans les lois de notre pensée; autrement, nous n'aurions qu'à fermer les yeux et qu'à méditer sur notre propre pensée pour y lire, comme dans un miroir fidèle, les lois de la nature; nous pourrions les deviner *à priori*. Est-ce là ce que Bacon nous a appris à faire? Ou n'est-ce pas, au contraire, ce que faisaient les physiciens avant lui? Comment donc Kant peut-il comparer sa nouvelle méthode à la réforme apportée par Bacon? Kant recommande de « régler les objets sur notre pensée faute de les pouvoir connaître en eux-mêmes; » Bacon, tout au contraire, prescrit expressément de régler notre pensée sur les objets. La méthode de Bacon est la condamnation de celle de Kant.

Ce n'est pas une moindre erreur de regarder les mathématiques comme de simples relations de notre pensée avec elle-même et d'expliquer leur certitude par ce caractère *subjectif*. Suivant Kant, il n'y a de nécessaire, dans les vérités géométriques, que le lien qui unit l'hypothèse posée par notre esprit avec la conclusion impliquée par cette hypothèse. Notre esprit fait l'hypothèse par lui-même; il en tire des conséquences d'après la nécessité de sa pensée; il fait donc toute la géométrie; elle ne lui est pas imposée par les rapports nécessaires des choses. Mais quoi! S'il en était ainsi, d'où vient que mon esprit ne peut pas faire n'importe quelle hypothèse? D'où vient que je ne saurais, par exemple, supposer deux lignes droites entre deux points? Ma pensée se heurte à un obstacle. D'où vient cet obstacle? Des lois de ma raison, dira la *Critique*; mais que signifient ces mots:

les lois de ma raison, s'ils ne désignent pas une règle à laquelle elle est soumise ? A son tour, d'où vient cette règle si elle ne m'est pas imposée par la vérité ? Elle vient, dira-t-on, d'une nécessité interne. Ce n'est que reculer la question. Qui a imposé à ma raison cette nécessité ? D'ailleurs, si les lois de la géométrie n'étaient que les formes subjectives de ma pensée et n'étaient pas conformes à la vérité absolue, d'où viendrait la possibilité d'appliquer les mathématiques aux objets de l'expérience ? Il pourrait se faire que telle loi, démontrée vraie par la géométrie, fût fausse en elle-même, et se trouvât démentie par l'expérience. Ainsi il pourrait arriver que le côté d'un triangle, plus court, *d'après les lois de mon esprit*, que la somme des deux autres, fût plus long *en réalité*. La géométrie démontre que les surfaces d'un hexagone régulier et d'un triangle équilatéral *isopérimètres* sont comme 3 à 2 ; mais si ce n'est là qu'une loi de ma pensée, il n'est pas bien sûr que, *dans la réalité*, l'abeille fasse une économie de temps et de matériaux en donnant à ses cellules la forme hexagonale plutôt que la forme triangulaire ! Qui sait si une maison dont la solidité m'est prouvée par la géométrie ne va pas s'écrouler sur ma tête ? Telles sont les conclusions qu'il faut accepter si on regarde les vérités géométriques comme une suite de rapports purement *subjectifs*; et si l'on est obligé, pour éviter ces étranges conséquences, d'admettre que leur nécessité tient à des rapports *objectifs*, il faut en conclure que notre esprit n'est pas réduit à la simple science de ses *formes*, qu'il connaît quelque vérité, que cette vérité il la subit, il ne la fait pas, et enfin qu'elle existe en dehors de nous, sans nous être pourtant incommunicable.

III

Peu justifiée par des considérations logiques, la méthode de Kant est-elle mieux motivée par des considérations morales ? Est-il vrai que le raison spéculative, comme le soutient Kant dans sa préface, soit une ennemie de la raison pratique, et qu'en lui déniant toute connaissance de la vérité objective, on désarme ainsi l'adversaire le plus redoutable de la morale ? Ah ! sans doute, si la métaphysique nous donnait réellement des arguments aussi plausibles contre l'existence de Dieu que pour son existence, si elle prouvait, comme le prétend Kant, qu'aux yeux de la raison spéculative, « *la liberté est absolument inconcevable et impossible* (1), » la critique, en ruinant cette science sophistique, rendrait à la morale le plus grand des services. Mais si, au contraire, il se trouvait que la raison spéculative fût le fondement de la philosophie pratique, si, au lieu de conduire au fatalisme et à l'athéisme, elle possédait d'invincibles démonstrations de la liberté et de l'existence de Dieu, le résultat de la critique ne serait-il pas d'entraîner du même coup la ruine de la métaphysique et la ruine de la morale ? Le péril, suivant Kant, ne saurait être grand ni comparable aux avantages que procure sa méthode ; car, dit-il, les arguments spéculatifs que la *Critique* renverse n'intéressent que les écoles et n'ont aucune influence sur la croyance de l'immense majorité du genre humain (2). C'est là une erreur dange-

---

(1) 3⁰ antinomie.
(2) *Préface.*

reuse. Le scepticisme, dès qu'il règne dans la science, ne tarde pas à envahir l'esprit public. Si l'on enseigne aux penseurs que les preuves de l'existence de Dieu ne sont plus que des illusions *subjectives*, continueront-ils encore à les donner au peuple? Et le peuple pourra-t-il se contenter de croire sans preuves? Dira-t-on qu'il lui restera toujours les arguments populaires? Mais quelle différence y a-t-il, si ce n'est dans la forme, entre les arguments de l'école et les arguments populaires? En vain Kant soutient que « l'argument de l'existence de Dieu déduit de la con-
» tingence du monde n'a jamais pu devenir le partage
» du vulgaire et avoir sur lui la moindre influence (1). »
L'expérience dément cette assertion. Quoi! le campagnard ne saurait-il comprendre ce raisonnement si simple et si concluant : « D'où vient l'œuf? — De la
» poule. — Et la poule? — De l'œuf. — Mais le
» premier œuf? S'il n'est pas venu de la poule, il
» a été créé de rien, et s'il est venu de la poule,
» c'est la poule qui a été créée de rien. Dans les deux
» cas, il existe un Créateur. » Et cependant est-ce là autre chose que la preuve *à contingentiâ mundi* dépouillée du langage scolastique? Ce sont donc les fondements du bon sens populaire qu'on ébranle en ébranlant les arguments scientifiques de la philosophie. Le doute s'introduit vite dans les esprits quand il règne dans les écoles. Que le système de Darwin se généralise parmi les savants, et bientôt le paysan vous expliquera que le premier œuf n'est pas venu d'une poule, mais qu'il a dû éclore par génération spontanée, sans qu'il ait fallu pour cela un créateur.

(1) *Préface.*

Il ne faut plus compter sur la foi des masses quand les savants s'en moquent, et si aujourd'hui nous avons le malheur que la croyance en Dieu ne soit plus aussi générale parmi le peuple, les faux systèmes philosophiques ou scientifiques ne sont-ils pour rien dans cette perversion du bon sens populaire ?

La philosophie critique est donc dangereuse ; elle ne peut guérir, comme elle s'en flatte, les blessures qu'elle fait. La rejetterons-nous pour ce seul motif ? A la rigueur, nous en aurions le droit au nom même des principes de Kant ; car, s'il n'y a, comme il le professe, d'autre vérité que la vérité morale, comment l'intérêt moral ne serait-il pas un sûr *critérium* de vérité ? Mais nous ne nous contenterons pas de cette fin de non-recevoir ; car il ne s'agit pas seulement de savoir que la doctrine critique est fausse, mais de savoir en quoi et par où elle s'écarte de la vérité. Examinons donc successivement les raisons de douter que Kant a cru trouver dans l'analyse de la pensée humaine ; commençons par le principe fondamental de son scepticisme, c'est-à-dire par la question qu'il pose sur la valeur objective des jugements *synthétiques à priori*.

CHAPITRE II.

EXAMEN DE L'INTRODUCTION.

I. La *possibilité* des jugements *synthétiques à priori* est confondue par Kant avec leur légitimité.
II. Leur légitimité est prouvée par celle des jugements *analytiques*. Tout jugement *analytique* présuppose un jugement *synthétique à priori*.
III. Le jugement de *possibilité*, fondement de tous les autres jugements *synthétiques à priori*, est lui-même inséparable de la conscience de mon activité.

I

Après avoir établi, dès les premières pages de l'*Introduction*, que nous avons des jugements *à priori*, Kant les divise en jugements *analytiques* et en jugements *synthétiques* (suivant que l'attribut est contenu dans le sujet ou qu'il exprime une seconde idée).

Pour les jugements *analytiques*, il reconnaît qu'ils sont suffisamment fondés en fait et en droit, puisqu'ils sont une conséquence du principe de contradiction ; mais quant aux jugements *synthétiques*, il se demande sur quoi se fonde leur possibilité. Comment pouvons-nous affirmer d'un sujet A un attribut B qui n'est pas impliqué dans l'idée même de ce sujet ? Néanmoins ces jugements doivent être possibles, puisqu'ils existent, et que leur emploi est nécessaire dans la physique pure, dans les mathématiques et dans la métaphysique.

Cette question posée dans l'*Introduction*, Kant la résout dans l'*Esthétique transcendantale* en disant que de tels jugements ne sont *possibles* que par les *intuitions* du temps et de l'espace; et dans la suite de l'ouvrage, il rejettera comme *illégitime* tout jugement *synthétique à priori* qui ne se rapporte pas à une *intuition* (par exemple, l'argument *ontologique* de l'existence de Dieu).

Tout d'abord il y a là une confusion et une équivoque. L'*intuition* est-elle la condition de la *possibilité* ou la condition de la *légitimité* des jugements *synthétiques à priori* ? Kant passe d'un sens à l'autre; il dit d'abord que l'intuition seule rend ces jugements *possibles*, et, ensuite, il en conclut que sans cette condition ils sont sans *valeur* (1). Etrange contradiction ! car, pour qu'un jugement soit sans valeur, il faut encore qu'il soit *possible;* l'erreur n'est erreur qu'à la condition de pouvoir être pensée; s'il m'est *impossible* de porter des jugements *synthétiques à priori* sans *intuition*, comment se fait-il que la critique soit nécessaire pour me prémunir contre le danger d'être dupe de ces jugements que, par hypothèse, je ne saurais porter?

Mais sans insister davantage sur cette contradiction

---

(1) Nous avons maintenant les données requises pour la solution de la question générale de la philosophie transcendantale : « Comment les propositions synthétiques *à priori* sont-elles possibles? Car nous
» avons établi que c'est par des intuitions pures, l'espace et le temps...
» Mais, par cette raison, ces jugements ne s'étendent pas au delà des
» objets des sens et *n'ont de valeur* que relativement aux choses qui
» sont du ressort de l'expérience. »

et sur cette équivoque (qui cependant est la base de tous les raisonnements de la *Critique* contre l'objectivité des idées de la raison pure), disons seulement que dans les deux sens la pensée de Kant est fausse, et que l'*intuition* de l'espace et du temps n'est en aucune façon nécessaire ni à la *possibilité* ni à la *légitimité* des jugements *synthétiques à priori*. D'abord l'intuition n'est pas nécessaire à leur *possibilité*, puisqu'*en fait* nous formons de tels jugements sur des objets transcendantaux et indépendants du temps et de l'espace. Ainsi, lorsque j'affirme une cause première du monde, je porte un jugement *synthétique à priori* qui ne correspond à aucune *intuition*; et si je porte ce jugement, c'est évidemment qu'il est *possible*. Reste la question de savoir si ces jugements sont légitimes, c'est-à-dire s'ils ont un objet réel. Kant le nie, et s'appuie, pour contester leur légitimité, leur objectivité, sur l'absence d'*intuition*. Mais quoi! les intuitions pures du temps et de l'espace ne sont-elles pas pour Kant des formes *subjectives* de notre esprit? Comment donc une intuition purement *subjective* pourrait-elle par sa présence conférer l'*objectivité* à un jugement, et pourquoi son absence entraînerait-elle la négation de cette objectivité? N'est-ce pas là une évidente contradiction? Ainsi l'*intuition pure* à laquelle Kant attribue un rôle capital dans la formation de nos jugements *synthétiques à priori* n'en joue en réalité aucun; elle n'est pas nécessaire à la possibilité de ces jugements, puisque mon esprit s'en passe très-souvent; elle ne saurait leur donner aucun caractère de légitimité, car une *intuition* n'est en réalité que le fruit de l'imagination, et les représentations de l'imagination n'ajoutent rien à la vérité d'un jugement.

II

La théorie de Kant écartée, la question reste tout entière sous sa double forme : comment les jugements *synthétiques à priori* sont-ils possibles ? Comment et à quelle condition sont-ils légitimes ?

Il nous semble que cette double question revient à demander comment il est possible à l'homme de penser et à quelles conditions l'usage de la raison est légitime. En effet, toute pensée suppose quelques jugements *synthétiques à priori*; et si ces jugements ne sont pas valables, ce ne sont pas seulement nos affirmations métaphysiques, ce sont tous les jugements que nous portons à chaque instant et dans les choses ordinaires de la vie que nous devons suspecter d'erreur. Quel est le jugement dans lequel nous n'affirmions la réalité des choses que nous voyons ou les causes des effets que nos sens nous révèlent? Or ce sont là des jugements *synthétiques à priori*, puisque l'expérience ne donne que les sensations, non la réalité, les effets, non les causes.

Il est vrai, Kant admet que ces jugements sont légitimes quand ils sont nécessaires à l'*expérience*. Mais en quoi leur connexion avec l'expérience prouverait-elle leur légitimité si elle était douteuse en elle-même? Si l'expérience a besoin de certains jugements *synthétiques à priori*, au lieu d'en conclure, avec Kant, que ces jugements sont légitimes, puisque l'expérience l'est, je peux conclure tout aussi bien que l'expérience n'est pas légitime, puisqu'elle s'appuie sur des jugements dont la valeur est contestée. Dès qu'on ouvre la porte au scepticisme, on ne voit pas pourquoi la certitude de l'expérience pourrait être admise sans preuve et invoquée à l'appui de la certitude des jugements *à priori*. Ainsi ce n'est pas l'application possible des jugements *synthétiques* de la raison à l'expérience qui donne de la valeur à ces jugements ; et par conséquent il n'y a aucun motif pour admettre, comme le fait Kant, ceux qui sont susceptibles de cette application à l'expérience de préférence à ceux qui n'en sont pas susceptibles et qu'il appelle *transcendantaux*.

D'ailleurs, si la raison n'était croyable dans ses assertions *synthétiques* qu'autant que l'expérience a besoin d'elle, pourquoi la *Critique* n'exigerait-elle pas la même condition de crédibilité pour les jugements *analytiques* ? Le principe de contradiction sur lequel reposent les jugements *analytiques* est-il donc plus évident, plus inhérent à la nature de ma raison que l'axiome de causalité et les autres principes *synthétiques à priori* ? Sans doute, toute proposition contraire à un jugement *analytique* est contradictoire, et il n'en est pas de même quand il s'agit des jugements *synthétiques*. Mais si la négation des jugements *synthétiques à priori* n'implique pas contradiction, elle implique une *absurdité*, et l'on ne voit pas pourquoi le scepticisme reculerait devant le contradictoire s'il suspecte assez la raison pour admettre la possibilité de l'absurde.

Dira-t-on qu'en affirmant une proposition *analytique* on n'affirme rien que l'identité d'une conception *subjective* avec elle-même, tandis qu'un jugement synthétique affirme un rapport entre deux termes ? Que le jugement analytique ne prétend par conséquent qu'à une valeur objective purement *logique* et que le jugement *synthétique* prétend, au contraire, à une valeur objective *métaphysique?* — Nous ne pensons pas que cette distinction soit exacte ; les jugements *analytiques* ne sont pas de pures affirmations *logiques*; tous *présupposent* une affirmation *métaphysique*, un jugement *synthétique à priori*, qui, pour être sous-entendu, n'en est pas moins réellement pensé par notre esprit. Essayons de le démontrer.

On ne saurait nier assurément que tout jugement *analytique* ne présuppose le principe de contradiction. Mais ce principe, à son tour, en suppose d'autres avant lui ou du moins en même temps que lui ; en effet, si je dis « *le même est le même*, » j'affirme cette proposition ou au sujet des êtres réels ou au sujet des êtres possibles ; en d'autres termes, j'affirme par là qu'il y a des êtres réels ou tout au moins qu'il y a des êtres possibles. Or ces deux affirmations *à priori* sont évidemment *synthétiques*; en effet, l'idée de *réalité* n'est pas impliquée dans le sujet *être*, puisque l'on peut concevoir sans contradiction des êtres simplement *possibles*; et l'idée de *possibilité* elle-même ajoute à celle du sujet *être* une notion nouvelle, à savoir la notion de *contingence*. Voilà donc au moins deux jugements *synthétiques à priori* impliqués, présupposés par le principe de contradiction et par conséquent par tout acte de la pensée, même par les jugements analytiques. Il semble même qu'il y en ait un plus grand nombre : en effet, dans la proposition *le même est le même*, on n'entend pas qu'une chose ne saurait différer d'elle-même en aucune façon ni en aucun sens, mais seulement qu'elle ne saurait différer d'elle-même *dans le même temps* et *sous le même rapport*. L'affirmation du *temps* et celle des *relations pos-*

sibles entre les choses sont donc encore contenues dans le principe de contradiction. De plus il est impossible de concevoir ce principe sans le concevoir comme éternel et nécessaire, c'est-à-dire sans affirmer l'éternité et la nécessité, et ce sont là autant d'affirmations *synthétiques à priori*.

C'est donc une étrange inconséquence de la *Critique* d'avoir admis comme valables les jugements *analytiques* et d'avoir mis en question la légitimité des jugements *synthétiques* qui en sont inséparables. Ainsi à la question posée par Kant : « *Comment sont possibles,* » *comment sont légitimes les jugements synthétiques à* » *priori,* » il n'y a qu'à répondre simplement : « *ils le sont au même titre que les jugements analytiques, puisque les jugements analytiques les supposent.* »

III

Toutefois ce n'est là qu'un argument *ad hominem;* cela ne nous dispense pas de chercher pourquoi et comment la connaissance rationnelle commence par la *synthèse*, et quel est le lien qui fait à la fois la nécessité et la légitimité de cette synthèse. Il semble vraisemblable que ce *lien* est, non pas une intuition sensible ni une intuition idéale de l'imagination, mais une intuition de la conscience dans laquelle nous percevons à la fois et notre activité et l'objet vers lequel tend notre activité. Cet objet que nous affirmons par cela seul que nous y aspirons, c'est le *possible;* car on n'aspire qu'à ce que l'on suppose possible. Ainsi le seul fait de la conscience du *moi* est inséparable de ce premier jugement *synthétique : il y a quelque chose de possible*. C'est ce que démontre l'analyse du fait le plus simple de conscience. En effet, dès que la pensée de l'enfant commence à se dégager de l'instinct, sa connaissance embrasse à la fois trois objets : 1° la conscience de sa personne ; 2° la connaissance du *non-moi* ; 3° la conscience d'une aspiration du *moi* à la possession du *non-moi*. Ces trois éléments du sens intime sont inséparables et constituent ce que l'on peut appeler la *conscience de mon imperfection*. Que l'enfant même se distingue des objets qui l'entourent, cela est incontestable ; il n'est pas moins évident qu'il aspire à ce qui lui manque : tantôt, c'est un objet qu'il veut saisir ; tantôt, c'est une aspiration vague à l'amusement ou au bien-être. L'homme qui aspire à la science ou à la perfection morale agit en vertu de cette même tendance du *moi* à la possession du *non-moi*. On ne saurait saisir un seul moment où nous nous sentions exister sans nous sentir en même temps vouloir ou au moins désirer vaguement quelque chose. Mais ce *non-moi* que nous sentons, dont nous avons *conscience*, et qui agit sur nous par une sorte d'attraction, n'est pas toujours perçu comme réel et d'une manière déterminée. Nous aspirons, si nous souffrons, à un soulagement *quelconque*, par un moyen *quelconque* ; nous désirons un bonheur, une perfection qu'aucune expérience ne nous a fait connaître, mais que nous concevons comme *possible*. Dans ce jugement de la possibilité se trouve la transition de la conscience à la raison pure, du *subjectif* à l'*objectif*. Ce n'est pas une perception, mais bien un jugement *à priori* (car une perception donne le réel et non le possible) ; et il est évidemment *synthétique*, car il affirme à la fois deux idées : celle d'une chose qui n'est pas et d'une chose qui, à certaines conditions, passerait du néant à l'être.

Ce premier jugement *synthétique à priori* une fois donné comme inséparable de l'intuition de la conscience, on peut en déduire la légitimité de tous les autres. *S'il y a quelque chose de possible*, il y a un Etre nécessaire ; c'est celui dont la négation détruirait toute possibilité ; cet Etre est tout-puissant, puisque rien n'est possible que par lui ; parfait, puisque nulle qualité n'est possible ni concevable qu'elle ne soit en lui et par lui (C'est l'argument de Kant lui-même dans le traité intitulé : *Du seul fondement possible d'une démonstration de l'existence de Dieu*) (1). Ainsi le jugement de *possibilité* entraîne celui de l'existence de l'Etre infini ; en affirmant le contingent, j'affirme le nécessaire, l'inconditionné. On arrive également par la même voie à l'affirmation du principe de causalité ; car, s'il y a des choses *possibles*, elles ne peuvent être réalisées que sous certaines conditions : or tout phénomène, ayant été simplement *possible* dans le moment qui a précédé sa production, n'a pu apparaître qu'en vertu des conditions auxquelles il était subordonné. Enfin le principe de finalité (auquel se rattache l'affirmation de l'ordre et celle du Bien moral) se déduit à son tour de l'axiome de causalité ; car s'il y a une cause première, elle est libre ; si elle est libre, elle est intelligente ; si elle est intelligente, elle n'a rien fait qu'en vue d'une fin. On peut donc rattacher les uns aux autres tous les jugements *synthétiques à priori* de la métaphysique, et tous ont leur fondement commun dans l'*axiome de possibilité*, qui,

(1) V. l'introduction de ce mémoire.

à son tour, est, comme on l'a vu, impliqué dans la conscience de mon activité personnelle.

La même origine doit être assignée aux jugements *synthétiques à priori* des mathématiques ; c'est encore à ce même *axiome de possibilité* qu'on les doit rattacher, et tous peuvent s'en déduire. Toutefois c'est sous une forme nouvelle et plus complète que le mathématicien conçoit cet *axiome;* il ne sous-entend pas seulement, quand il suppose un nombre, une figure, qu'*il y a quelque chose de possible*, mais que *tout ce qui n'est pas contradictoire est possible*. Sans ce principe, le géomètre ne saurait plus ni définir, ni construire une seule figure. Avec ce principe, au contraire, il peut supposer l'espace et toutes les divisions concevables de l'espace. Le nombre des corps *possibles* peut sans contradiction être conçu comme *indéfini;* donc il est *indéfini*, et c'est cette somme indéfinie des corps *possibles* qui est l'espace. Il n'est pas contradictoire, donc il est *possible* de renfermer une partie de l'espace par trois lignes ou par un plus grand nombre ; donc il peut y avoir des triangles, des polygones, etc... Il *peut y avoir* des lignes courbes, des lignes brisées, des plans, etc... Ce sont là les *seuls axiomes* synthétiques (1) de la géométrie, et les propositions élémentaires que l'on donne ordinairement par une extension de langage pour des axiomes sont en réalité des théorèmes très-simples, évidents à première vue, mais cependant démontrables ; et c'est par le principe de *possibilité* que l'on arriverait à les démontrer, si l'on

---

(1) Nous disons les seuls axiomes *synthétiques* : l'axiome : *la partie est plus petite que le tout*, et cet autre : *deux quantités égales à une troisième sont égales entre elles*, sont des jugements analytiques.

voulait s'y amuser. Prenons pour exemple cette proposition que l'on donne généralement comme axiome : « *La ligne droite est le plus court chemin d'un point à un autre.* » Il y a deux choses dans cette proposition, à savoir, une *affirmation* et une *définition*; l'affirmation est qu'il y a entre deux points une ligne et *une seule* plus courte que toutes les autres ; la définition consiste à donner à cette ligne le nom de *droite :* c'est évidemment l'affirmation qu'il s'agit de démontrer. Pour y parvenir, il suffit de considérer que *la conception de deux cercles tangents n'est pas contradictoire;* donc, au nom du principe de *possibilité*, on peut supposer qu'il peut y en avoir un nombre *indéfini, quelle que soit la longueur de leurs rayons* (1) ; d'où il suit que deux points quelconques peuvent être considérés comme centres de deux cercles tangents possibles ; or, entre les centres de deux cercles tangents, il y a un chemin, *et un seul*, plus court que tous les autres (2), à savoir la somme des deux rayons qui passent par le point de contact.

Il en est donc des jugements *synthétiques à priori* des *mathématiques* comme de ceux de la métaphysique ; les uns et les autres découlent de l'*axiome de possibilité*. Pour les jugements *synthétiques* de la physique pure, nous n'essaierons pas de les ramener au même principe ; mais c'est qu'ils ne sont pas *à priori*, quoi qu'en ait dit Kant. En effet, comment saurions-nous, sans l'expérience, que la quantité de matière et

---

(1) Ce sont là des assertions que tout géomètre suppose, quoiqu'on juge inutile de les démontrer.

(2) Ce raisonnement serait une pétition de principe si, pour définir le cercle, il fallait avoir auparavant défini la ligne *droite ;* mais il suffit d'avoir défini la *ligne en général*.

de force reste toujours la même? Cela peut être *probable à priori*, mais nullement certain; car l'hypothèse contraire est concevable et par conséquent n'a pas le caractère d'absurdité et d'impossibilité qui se trouve dans la négation d'un jugement absolu de la raison pure.

Résumons :

1° Kant a soumis tous les jugements *synthétiques à priori*, à la condition de l'intuition sensible, ou tout au moins de l'intuition idéale de l'espace et du temps. Or cette condition n'est aucunement nécessaire à leur possibilité, puisqu'en fait nous pouvons porter de tels jugements sur l'Infini : elle n'est pas nécessaire non plus à leur légitimité, puisque la présence d'une intuition qui, d'après Kant, serait purement *subjective*, ne saurait constituer l'*objectivité* d'un jugement.

2° Les jugements *synthétiques à priori* sont aussi légitimes que les jugements *analytiques*, car ils les précèdent ou du moins en sont inséparables.

3° La conscience de mon activité est inséparable du jugement *synthétique à priori*, par lequel j'affirme la possibilité de quelque chose.

4° Ce jugement de *possibilité* est le fondement de toutes les autres propositions *synthétiques à priori*; tous les principes de la métaphysique et ceux des mathématiques le supposent et s'en déduisent.

CHAPITRE III.

EXAMEN DE L'ESTHÉTIQUE TRANSCENDANTALE.

I. De la nature du temps et de l'espace.
II. De leur objectivité.

I

Après avoir reconnu que toute perception supposait les notions *à priori* du temps et de l'espace, Kant réduit ces idées à de simples rapports subjectifs. Nous percevons les objets dans le temps et dans l'espace, mais ils n'y sont pas réellement.

Si Kant a été amené à cette conclusion, c'est qu'il n'admettait pas de milieu entre l'hypothèse qui fait de l'espace et du temps *des choses réelles* ou tout au moins des rapports entre les choses réelles et l'hypothèse qui en fait de simples formes subjectives de notre pensée (1). La fausseté de la première hypothèse lui paraît démontrer la vérité de la seconde.

On ne doit pas hésiter à rejeter avec Kant la première hypothèse. L'espace et le temps ne sont pas

---

(1) « Ceux qui admettent la réalité absolue du temps et de l'espace » sont obligés d'admettre deux non-êtres éternels et infinis. S'ils » prennent le parti de rattacher aux choses l'espace et le temps, ils » doivent attaquer la validité des mathématiques *à priori* » (*Critique de la Raison pure*, traduction Tissot. p. 79 et 80 de la 3ᵉ édition).

des *êtres*, car ce seraient des êtres absolument inertes, ce qui est contradictoire. Ce ne sont pas non plus des rapports entre les *êtres réels*, car si tous les êtres réels qui sont dans le temps et dans l'espace étaient anéantis, le temps et l'espace subsisteraient. Mais n'y a-t-il pas un milieu entre cette hypothèse leibnitzienne, qui fait de l'espace et du temps des attributs du monde *réel* et celle de Kant qui en fait de purs néants ? Ne seraient-ce pas des rapports entre *les êtres possibles* ? Ainsi s'explique leur nécessité et leur éternité ; car il y a eu éternellement des possibles, puisque de toute éternité Dieu est tout-puissant, et pourtant ce ne sont pas des êtres éternels comme Dieu, ni même des attributs de Dieu (1) (comme le soutient Clarke), mais de simples rapports entre les choses que Dieu a pensées de toute éternité, bien qu'il ne les ait réalisées qu'à son heure, dans sa haute et pleine liberté.

Il nous semble donc que l'espace peut être défini : *la somme indéfinie des phénomènes coexistants possibles*, et le temps, *la somme indéfinie des phénomènes successifs possibles*. Par cette hypothèse, nous échappons à la fois à l'erreur de Leibnitz qui paraît subordonner la nécessité du temps et de l'espace à l'existence des choses contingentes ; à l'hypothèse de Clarke qui fait de ces deux *imparfaits*, de ces deux *divisibles* des attributs de l'être parfait et indivisible ; à l'hypothèse critique enfin qui, en niant d'une manière absolue l'objectivité de l'espace, réduit par là

---

(1) Si le temps et l'espace étaient des attributs de Dieu, ils seraient *parfaits*, ce qui est un non-sens, et Dieu serait étendu, ce qui est contradictoire.

les mathématiques à la science des formes subjectives de la pensée, et rend ainsi impossible leur application à la mesure des choses réelles.

Dira-t-on que, si on regarde l'espace et le temps comme de simples possibles, on leur donne une existence purement idéale? Mais il y a une grande différence entre l'idéalisme de Kant qui les réduit à n'être plus que des *idées de l'homme*, et l'idéalisme qui les regarde comme l'objet des *idées de Dieu*. En effet, si ce sont des idées de l'homme, comme le soutient Kant, le temps et l'espace n'ont aucun rapport réel avec la nature, car ce n'est pas la pensée humaine qui a créé la nature à l'image de ses propres idées. Si, au contraire, ce sont des objets de la pensée de Dieu, l'espace et le temps peuvent bien être réellement la mesure des choses que cette pensée divine a créées sur le type de ses éternelles conceptions (1).

On pourrait objecter que si l'espace n'est que *la somme des corps possibles*, il est difficile de concilier une telle définition avec cette incontestable vérité, niée par Kant, mais affirmée par le sens commun : *les corps réels sont dans l'espace*. Comment des *réalités* peuvent-elles se trouver placées et contenues dans *une somme de possibles*? Mais cette objection est-elle absolument concluante? Une quantité *concrète* ne peut-elle faire partie d'une quantité *idéale*? Un homme me doit mille francs ; il m'en donne cinq cents; cette somme *réelle* que je possède *matérielle-*

---

(1) Ce sont, disons-nous, *les objets des idées de Dieu* et non *les idées de Dieu*. Les idées de Dieu sont parfaites ; leur objet peut être imparfait puisqu'il pense son œuvre, qui est nécessairement finie et imparfaite.

ment et *en fait* n'est-elle pas la moitié, et, par conséquent, n'est-elle pas contenue dans la totalité de la somme *idéale* dont je suis propriétaire *moralement* et *en droit*? Une demi-circonférence que je trace sur le papier n'est-elle pas contenue dans la circonférence totale, bien que la demi-circonférence soit *réelle* et que la circonférence totale soit purement *idéale*? Un architecte a commencé la construction d'un palais qui reste inachevé : ne dira-t-on pas qu'*une partie de l'édifice* est terminée. Ainsi le langage ordinaire, le sens commun n'hésite pas à considérer *une chose réelle* comme pouvant faire *partie* d'un *tout* purement *idéal*. Rien n'empêche donc d'admettre que les *corps réels* sont une partie *de la somme idéale des corps possibles*, ou, en d'autres termes, que le monde est une partie de l'espace : et si le monde est une partie de l'espace, il est dans l'espace, puisque la partie est dans le tout. Sans doute, il n'y est pas comme un contenu dans un récipient, mais comme un nombre est compris dans un de ses multiples (1).

---

(1) Une objection assez sérieuse peut, sans doute, être faite à cette théorie de l'espace. Si l'espace est la *somme* des corps possibles, pourquoi a-t-il trois dimensions? Comment une *somme* peut-elle avoir des dimensions? Nous répondons que l'espace n'est pas une somme *quelconque*, mais la somme des corps possibles. Or, s'il est *essentiel* aux corps d'avoir trois dimensions, l'espace qui les contient, ou peut les contenir, doit avoir les mêmes dimensions. La question n'est donc pas de savoir pourquoi l'*espace*, mais pourquoi les *corps* ont trois dimensions. Or à cette question il est évident que nous ne sommes pas tenus de répondre : il nous semble pourtant qu'il est permis, tout en avouant notre ignorance, de hasarder une explication, sous toutes réserves. Les lois de la géométrie sont les mêmes que celles de l'arithmétique : les corps étant composés de forces multiples doivent représenter diverses formes de la *pluralité*. Or les premières formes de la *pluralité* sont : 1° l'addition du simple au simple, de l'unité à elle-

II

Si le temps et l'espace ne doivent être considérés que comme la somme indéfinie des phénomènes et des corps possibles, la question de leur objectivité revient simplement à celle-ci : « Est-il *réellement possi-* » *ble* que les phénomènes se succèdent indéfiniment ? » Est-il *réellement possible* que la somme des corps » soit indéfiniment susceptible d'augmentation. » Le nier, ce serait nier l'axiome de *possibilité*, au nom duquel nous affirmons que les *possibles sont indéfinis*, axiome qui est, on l'a vu, le fondement des axiomes mathématiques comme des axiomes métaphysiques. Le temps et l'espace sont donc *objectifs*, non assurément qu'ils soient des *êtres*, mais en ce sens que Dieu

---

même ; 2° l'addition de la somme à elle-même, ou la multiplication ; 3° la multiplication du multiple par lui-même, ou la troisième puissance. A ces trois formes de la pluralité correspondent la ligne, la surface, le volume. Il est vrai qu'en arithmétique, au delà de la multiplication du multiple par lui-même (ou troisième puissance), il existe un nombre *indéfini* de puissances supérieures ; mais les corps, étant *réels*, ne pouvaient avoir un nombre *indéfini* de dimensions ; car l'indéfini n'existe que dans le domaine idéal de la possibilité pure. La multiplicité qui se trouve dans les corps ne pouvant être égale à celle dont les nombres sont susceptibles, le nombre de leurs dimensions devait être fini, et dès lors il fallait que le Créateur fixât, par un acte libre de sa volonté, le terme où il lui plaisait de s'arrêter.

Il semblerait que cette explication, d'après laquelle le nombre trois assigné aux dimensions des corps aurait été librement déterminé par le Créateur, donnerait aux vérités géométriques un caractère de *contingence*. Mais ce qu'il y a de nécessaire dans la géométrie ne consiste peut-être que dans les *rapports numériques* ; et quand même l'existence des *trois dimensions* ne serait qu'une vérité *de fait*, elles n'en seraient pas moins mesurables par les règles éternelles de l'arithmétique.

pense réellement cette totalité des possibles, comme l'objet éternellement réalisable (bien que non éternellement réalisé) de sa Toute-Puissance. Comment Dieu, en effet, se connaîtrait-il tout-puissant sans connaître la possibilité indéfinie de ses créatures ? Et c'est cette possibilité éternellement inépuisable des phénomènes et des êtres, prêts à sortir du néant à sa voix, qui est le temps, qui est l'espace.

Du moment que le temps et l'espace sont réellement des rapports entre les *possibles*, il s'ensuit qu'ils sont aussi, réellement et *objectivement*, des rapports entre les choses *réelles* : car les choses réelles sont au nombre des possibles, et les rapports numériques des êtres ne cessent pas d'être les mêmes, parce que de la possibilité ces êtres passent à la réalité. Voilà pourquoi la géométrie, qui est la science des rapports abstraits entre les différentes parties de l'espace, est en même temps applicable aux objets de l'expérience. Or, cette application serait impossible d'après la doctrine critique, car la matière ne peut être soumise à de simples lois de ma pensée. Comment la solidité d'un édifice dépendrait-elle des lois de la géométrie, si ces lois n'étaient pas les lois des choses aussi bien que de mon esprit ? Mais, bien que ces lois soient celles des choses, je les connais cependant *à priori*, parce qu'avant d'être les lois des choses *réelles*, elles sont celles des choses *possibles*, et que les possibles se connaissent *à priori*. Ainsi nous échappons au dilemme de Kant : « Ou le temps et l'espace sont des rapports entre les choses, et alors ils ne peuvent être connus, comme les choses elles-mêmes, que par l'expérience, ce qui est faux ; ou ils sont connus *à priori*, et alors ils n'ont aucune relation aux choses et ne sont que dans ma pensée. » Ce n'est pas dans ma pensée, c'est dans celle de Dieu que résident les possibles, et c'est parce que leurs lois ont leur fondement nécessaire dans ce premier principe et du monde et de la pensée qu'elles sont à la fois et les lois du monde et l'objet d'une intuition *à priori* de mon intelligence.

Nous ne devons pas non plus nous arrêter à cette autre objection de la *Critique* : « Si le temps et l'espace ont une existence objective, ils sont *la condition de toute existence en général*, et Dieu même est soumis à cette condition : Dieu même est dans le temps et l'espace. » Il n'y a que les êtres contingents qui soient contenus dans la *totalité des possibles*; l'Etre nécessaire ne saurait y être compris; il n'a d'autre rapport au temps et à l'espace que de les connaître comme l'objet de sa pensée, et, pour ainsi dire, comme la *matière idéale* propre à être appelée à l'*acte* par sa Toute-Puissance.

Ajoutons enfin que le temps et l'espace ne sont pas *infinis*, mais seulement *indéfinis*. Pour les *réalités*, il n'y a que deux manières d'être; elles sont finies comme les choses, ou infinies comme les perfections de Dieu. Mais, pour les *possibles*, il y a une troisième manière d'être, intermédiaire entre le fini et l'infini : c'est l'*indéfini*; et cette manière d'être est la seule qui convienne à la série des *nombres*, la seule qui convienne à l'espace et au temps. Supposons, en effet, pour un instant, que la série des nombres fût *infinie* au sens rigoureux du mot. Chaque terme de cette série est égal au précédent $+ 1$; or, *par hypothèse*, le nombre infini est contenu dans la série; donc, le nombre infini est égal à un nombre inférieur à lui, augmenté d'une unité, ce qui est absurde. Supposons encore une progression *décroissante* par raison 2 (soit $1 + \frac{1}{2} + \frac{1}{4} + \frac{1}{8} + \frac{1}{16}$, etc.) : Si le nombre des termes possibles est *infini*, *zéro* sera compris dans la série (car, tant qu'on ne sera pas arrivé à zéro, on n'aura qu'un nombre de termes *fini* et l'on pourra continuer) ; mais si *zéro* fait partir de la série des termes de cette progression décroissante, il est *moitié du nombre précédent*, ce qui est absurde; donc, *zéro* ne fait pas partie de la progression décroissante, et, par conséquent, la série des termes n'est pas infinie, mais seulement *indéfinie*, c'est-à-dire qu'*étant toujours finie, elle est toujours susceptible d'être continuée*. Il n'y a d'infini dans les nombres que la possibilité de les accroître toujours; or, ce qui peut s'accroître n'est pas infini. Cela posé, appliquons ces principes mathématiques à l'espace qui n'est, après tout, qu'une série de parties. Supposons pour un instant que l'espace fût, à rigoureusement parler, *infini*. Il y aurait donc, *par hypothèse*, un *nombre infini* de mètres d'espace à ma droite et autant à ma gauche. Supposons maintenant que dans chacune de ces parties infinies en nombre, que je fais égales à un mètre, chacun des termes de la progression décroissante considérée tout à l'heure vînt s'inscrire par ordre; cette série aurait, *toujours par hypothèse*, un nombre de termes infini, et *zéro* ferait partie d'une progression géométrique décroissante ; zéro serait la moitié d'un nombre ! Si on recule devant cette conclusion, il faut renoncer à la chimère de l'infinité de l'espace, et reconnaître qu'il est seulement *indéfini*, c'est-à-dire qu'au delà des corps réels, si nombreux qu'on les suppose, quel que soit l'accroissement qu'il plaise à Dieu de donner à leur nombre, il reste encore la possibilité que Dieu en crée d'autres. L'œuvre de Dieu ne pouvant être infinie comme lui, ne saurait épuiser sa puissance, et par conséquent, au delà de la somme finie des réalités, il y aura toujours la somme indéfinie des possibilités (1).

(1) On démontrerait de même, pour le temps, qu'il ne renferme pas un *nombre infini* d'heures, mais seulement un *nombre indéfini*, c'est-à-dire susceptible d'une *continuation* indéfinie.

CHAPITRE IV.

EXAMEN DE L'ANALYTIQUE TRANSCENDANTALE.

I. Est-il vrai que les catégories n'aient de valeur objective que dans leur application à l'expérience?
II. Examen de la théorie du *schème*.
III. Des principes de l'entendement. L'idée de force est le principe de tous nos jugements.
IV. Notre connaissance est-elle bornée au phénomène? Ne savons-nous rien des choses en *elles-mêmes?* — Réalité de la *préformation* de la Raison.

On a vu que l'une des raisons, la principale peut-être, pour laquelle Kant refusait de reconnaître l'*objectivité* des notions de temps et d'espace, c'était le caractère *rationnel (à priori)* de ces idées. Par le même argument, il conteste l'objectivité des *catégories*, c'est-à-dire des notions *à priori* de l'entendement. C'est *à priori* que nous supposons des causes; donc il n'y en a pas : car, s'il y en avait, ce seraient des *réalités* et on ne les connaîtrait qu'*à posteriori*. Ce raisonnement, sur lequel repose tout le système critique, n'est qu'une pétition de principe ; il suppose gratuitement cette majeure que l'on ne saurait accorder sans examen : « *Rien d'objectif, rien de réel ne peut être » connu que par l'expérience.* » Encore, si ce n'était là qu'une proposition gratuite! Mais elle entraîne après elle des conséquences tellement inadmissibles, que l'on ne saurait hésiter à la rejeter comme radicalement fausse. L'expérience ne donne que le contingent; donc, si elle seule atteint la *réalité*, il s'ensuit que le *contingent* peut seul exister ou du moins peut seul être affirmé comme réel! Le *nécessaire* ne saurait être! Il est purement *subjectif* par cela seul qu'il est nécessaire! En d'autres termes, il n'y a rien de nécessaire que les lois de mon esprit; il n'existe aucune nécessité réelle! Ne voit-on pas que cet argument pourrait facilement se tourner contre la loi morale elle-même? Elle est nécessaire; elle est connue *à priori* : comment donc se fait-il que la *Critique* puisse reconnaître son *objectivité* et ne la réduise pas à une conception vide de ma pensée? Mais sans parler de l'objet de la *raison pratique*, est-il possible d'admettre que dans le domaine de la raison spéculative il ne soit permis d'affirmer la nécessité d'aucun être, d'aucun rapport? Il n'y aurait rien de nécessaire! Mais s'il n'y a jamais rien eu de nécessaire, rien n'a jamais pu exister. Non-seulement Dieu n'est pas, mais le monde n'est pas; car, par hypothèse, le monde n'est pas nécessaire; il n'a pas eu l'être par soi; il n'a pas davantage eu l'être par une puissance étrangère : donc, il n'est pas. Quel scepticisme plus complet! Du moins, le matérialisme, s'il nie l'existence d'une intelligence nécessaire, admet la nécessité du monde. La *Critique* supprime toute *nécessité*; ce n'est qu'une *catégorie*, qu'une forme de mon esprit. Encore Kant ne s'arrête-t-il pas là : ce n'est pas seulement le concept de *nécessité* qui est purement subjectif : il en est de même de toutes les catégories, y compris celle de *réalité* et celle de *possibilité*. Donc, on ne saurait affirmer qu'il y ait rien de réel ni même rien de possible? Dira-t-on, avec Kant, que les *catégories* ont un usage *objectif* quand on les applique à l'expérience, et que, par conséquent, on peut affirmer l'existence *réelle* des objets de l'expérience ? soit ; mais l'expérience, si on en croit la *Critique*, n'atteint ces objets que comme *phénomènes*, tels qu'ils nous apparaissent, et nullement comme *noumènes*, c'est-à-dire tels qu'ils sont. Les choses en soi, les *noumènes*, ne sont donc pas les objets de l'expérience ; la catégorie de réalité ne saurait, par conséquent, leur être appliquée ; d'où vient donc que Kant affirme leur réalité (car, tout en soutenant que nous ignorons leur nature, il ne met pas leur existence en doute) ? D'où vient qu'il affirme, contre Berkeley, la réalité du monde, non pas du monde phénoménal, qui ne saurait être, puisque l'espace n'est rien, mais du monde *tel qu'il est*, du monde *en soi*, par conséquent d'un véritable *noumène* ? N'est-ce pas là faire une application *transcendantale* de la catégorie de *réalité* ? N'est-ce pas oublier qu'on a réduit l'usage de toutes les catégories aux seuls objets de l'expérience, aux simples phénomènes ?

Mais comment un système pourrait-il échapper à ces contradictions, quand il pose des principes que le bon sens dément à tout moment ? De ce nombre assurément est l'étrange assertion que les *catégories*, que les *affirmations de l'entendement, ont ou n'ont pas de vérité objective, suivant les cas* ; lorsqu'elles s'appliquent aux objets de l'expérience, elles sont légitimes ; en tout autre cas, elles ne le sont plus ! Est-il vrai ou non que tout être contingent ait une cause ? Quelquefois vrai, quelquefois faux, dira la *Critique* ; c'est selon : c'est certainement vrai d'une horloge ; mais en est-il de même du monde ? C'est un problème ; car l'horloger, aussi bien que l'horloge, est dans le temps et dans l'espace; il est *phénomène*; mais la cause du monde, s'il y en a une, est hors de l'espace, l'expérience ne peut l'atteindre; donc la raison n'en peut rien affirmer, pas même sa réalité ! — En vérité, pourquoi cette distinction ? De deux choses l'une : ou les jugements que porte l'entendement sur la causalité, la possibilité, la nécessité, sont toujours vrais, et alors ils n'ont aucun besoin d'être légitimés par leur application à l'expérience; ou bien ils ne le sont que par *accident*; mais alors il faudrait expliquer comment cette circonstance *accidentelle* (qui est leur application à l'expérience), transformerait ces jugements de faux en vrais. Or la *Critique* explique-t-elle comment l'expérience *légitime l'usage des catégories* ? Non, elle constate seulement que l'expérience *a besoin de les supposer légitimes*; telle est, suivant Kant, leur déduction. Mais quelle logique que de conclure à la légitimité d'un principe, au nom du besoin qu'on a de le supposer vrai ! C'est donc l'intérêt de la science et non celui de la vérité qui fait accepter les *catégories* de l'entendement comme principes d'explication des choses? Est-ce ainsi que le sens commun les considère ? Il y a des grandeurs, des causes, des possibles... là où nous avons besoin qu'il y en ait pour apprendre la physique; ailleurs, nous n'en savons rien. Quel argument ! C'est dans un besoin *subjectif* de notre esprit, que la *Critique* cherche la déduction de l'*objectivité* des principes !

Non, l'*objectivité* des principes *à priori* ne tient pas à l'emploi *accidentel* que j'en puis faire lorsque je les applique à l'expérience; elle tient à leur caractère de *nécessité*. Kant conclut précisément le contraire : c'est parce qu'ils sont *nécessaires* qu'ils seraient *subjectifs*.

Mais quoi ! Est-ce que l'observation psychologique ne démontre pas que les phénomènes intellectuels, purement *subjectifs*, sont plus ou moins libres ? L'imagination est libre : je peux, à mon gré, me figurer une rivière, une montagne, un palais ; je puis chasser ces idées, les rappeler, les changer ; c'est qu'elles ne sont que dans ma pensée. Mais que ces objets soient réellement devant mes yeux, puis-je les voir autrement qu'ils ne sont ? Non, car ils sont la *matière* de ma pensée ; et je ne suis maître que de la *forme*. Si donc les vérités de la raison s'imposent à moi, si la liberté que j'ai de modifier les *idées subjectives*, les produits de mon activité intellectuelle, ne peut rien contre la nécessité des axiomes de la raison, n'est-ce pas une preuve qu'ils sont *objectifs*, et que mon activité intellectuelle les *reçoit*, mais *ne les crée pas*?

D'ailleurs quelle contradiction n'y a-t-il pas à supposer que des idées *éternelles*, *absolues*, sont la forme de ma pensée qui est *contingente !* Les lois de mon esprit ne sont ni éternelles ni absolues. Elles ont commencé d'être quand il y a eu des hommes. Si donc les vérités nécessaires sont subjectives, si elles ne sont que dans mon esprit, — elles datent du moment où la terre a été habitable pour l'espèce humaine. Les vérités mathématiques ne sont pas plus *objectives* que les idées métaphysiques ; car elles se rapportent aussi à une *catégorie*, celle de quantité. Donc, lorsqu'il n'y avait pas d'esprit humain pour les penser, elles n'étaient pas ! $2 + 2$ ne faisaient pas 4 au temps des ichthyosaures et des ptérodactyles ! Comment avouerait-on de semblables conséquences ? Et cependant il est impossible d'y échapper, si on ne reconnaît pas franchement, avec le sens commun, que la vérité est antérieure à l'homme, qu'elle n'est pas par conséquent dans la dépendance de l'esprit de l'homme, que c'est, au contraire, l'esprit de l'homme qui dépend d'elle, et que c'est le sujet qui forme sa pensée sur la nature de son objet.

Il y a plus ; ce ne sont pas seulement les idées nécessaires et éternelles, ce sont toutes les idées qui, en un certain sens, ont nécessairement un objet. Toute idée suppose deux termes : le sujet pensant et l'objet pensé ; penser sans objet, ce serait ne rien penser, ce serait ne pas penser. Dira-t-on que nous avons des idées fausses et par conséquent sans objet ? Mais une idée fausse n'est qu'une synthèse fausse d'éléments vrais : si je pense une montagne d'or, je pense une réunion imaginaire de deux réalités ; la fausseté n'est que dans l'association ; chaque idée est vraie, si on la considère séparément. Qu'on suppose le monstre le plus étrange :

> « *Humano capiti cervicem pictor equinam*
> » *Jungere si velit et varias inducere plumas.*
> » *Undique collatis membris.* »

Ce monstre n'est composé que de parties réelles : l'idée que j'en ai a donc, sinon un objet, du moins des objets : seulement mon esprit associe, sépare, transpose les objets ; il fait, s'il est permis de parler ainsi, du faux avec du vrai ; c'est là le dernier effort de notre faculté d'erreur, de l'imagination. Et la raison n'aurait absolument aucun objet quand l'imagination elle-même en a ! Mais alors, que pense ma raison ? Rien, ou du moins rien d'étranger à elle-même ? Elle se pense elle-même ; elle pense ses lois ? Comment alors pense-t-elle quelque chose d'éternel si elle ne pense que ses lois qui sont contingentes ?

D'ailleurs, qu'est-ce que penser les lois d'une pensée qui ne pense rien de réel et ne pense qu'elle-même? Qui comprendra cette logomachie? Que sera l'activité d'un esprit qui ne s'exerce sur rien ?

Mais admettons toutefois pour un instant, avec la *Critique*, que nos pensées ne sont jamais conformes à leur objet. Du moins, cette hypothèse est-elle d'accord avec elle-même et pourra-t-elle se formuler sans se détruire par ses propres conséquences? Non; le scepticisme ne saurait jamais se poser sans se nier lui-même. Si les concepts de notre raison sont sans objets, il résulte de l'hypothèse même que, pour concevoir des idées conformes à la réalité des choses, il faudrait une raison absolument différente de la nôtre, une raison qui ne pensât pas par les *concepts* essentiels aux jugements humains. Mais comme l'*affirmation* et la *négation* sont des *concepts* essentiels à la pensée humaine, la pensée que *par hypothèse* nous supposons conforme à la réalité des choses ne serait capable ni d'*affirmer* ni de *nier* : comment donc serait-elle capable de penser? Et si elle ne pense pas, comment l'appelons-nous une pensée, une intelligence? Ne disons donc pas seulement que nous ne pouvons pas comprendre une intelligence constituée ainsi tout à l'inverse de la nôtre : nous comprenons, au contraire, fort bien qu'une telle intelligence ne pourrait exister, parce que les idées qu'on lui refuse *par hypothèse* sont essentielles, non pas seulement à la pensée humaine, mais à toute pensée, même à une pensée parfaite ; ce qui implique évidemment qu'elles sont conformes à la vérité (1).

(1) Du moment que nous reconnaissons dans les *concepts*, non pas

II

En limitant l'usage des concepts de l'entendement aux objets de l'expérience, Kant cherche un terme moyen entre l'entendement et la sensibilité, par l'intermédiaire duquel une notion intellectuelle puisse s'appliquer à une donnée sensible : ce terme moyen, suivant lui, est le *schème*; par ce mot il entend le *procédé général de l'imagination* qui sert à nous faire des représentations *dans le temps*. Ainsi le *schème de substance* est la *permanence dans le temps*, c'est-à-dire que pour affirmer l'existence d'une substance, il faut nous figurer quelque chose d'*uniformément successif*; — le *schème de la causalité* est « *la succession de la diversité suivant une règle ;* » — celui de la nécessité est *la représentation de l'existence en tout temps*. Cela revient

une simple nécessité *subjective* qui nous pousse à réunir les notions diverses en un petit nombre de notions, mais des lois absolues et éternelles qui trouvent leur application dans toutes les vérités particulières et contingentes, il va sans dire que l'*unité primitive de l'aperception*, ou la conscience que j'ai de rapporter les concepts à un même sujet pensant, a sa source dans l'unité *réelle* du sujet pensant, et non pas seulement dans une unité *fictive*, nécessaire à la synthèse, à la coordination de nos pensées ; nous reviendrons sur ce point dans l'examen de la *Dialectique*, et nous essaierons de montrer que le *moi* n'est pas un simple « *véhicule* » de nos pensées, une unité *hypothétique* et *abstraite*, imaginée pour figurer le lien de nos connaissances. Remarquons seulement ici qu'il n'y a pas besoin d'expliquer le jugement, c'est-à-dire l'union d'un concept et d'un autre concept (soit d'un sujet et d'un attribut), par cette *unité primitive de l'aperception* ; car les *concepts* ne sont, après tout, que le produit d'une abstraction qui décompose un jugement ; le vrai problème n'est donc pas de savoir comment nous réunissons deux *concepts* par le verbe *être* pour en former un *jugement*, mais comment nous décomposons un *jugement* pour en former des *concepts*.

à dire que nous ne connaissons la substance, la cause, la nécessité, que comme des rapports de temps. Mais l'analyse de ces notions ne se prête pas à une théorie aussi arbitraire. D'abord la substance peut se concevoir sans l'affirmation d'aucun rapport de temps : pour la substance nécessaire, cela est évident; immuable, elle échappe à la loi de la succession; on ne saurait donc dire qu'elle soit permanente, car la permanence est l'unité de l'être dans la diversité du phénomène, et rien n'est divers dans l'Etre éternel et nécessaire. Quant aux substances contingentes elles-mêmes, elles se conçoivent si bien en dehors du temps que, si elles n'étaient pas sans cesse renouvelées ou conservées par l'acte créateur, elles ne dureraient pas; elles n'existeraient que pendant un instant indivisible, ce τὸ ἐξαίφνης, dont parle Platon, qui n'est pas dans le temps, mais entre deux temps. La *permanence* n'appartient donc au concept de *substance* que *par accident*.

Il n'est pas exact non plus de dire que pour appliquer le *concept* de cause, même aux objets de l'expérience, il soit nécessaire de se représenter *la succession suivant une règle* (1). La cause et l'effet ne sont pas successifs, mais plutôt simultanés, car une cause n'est cause (ou du moins cause *en acte*) qu'au moment où elle produit son effet; l'effet, de son côté, ne dure plus quand la cause a cessé d'agir, à moins que d'autres causes ne le continuent : ainsi la pierre que je lance resterait suspendue en l'air au moment où ma

---

(1) La *succession suivant une règle* est la *loi* et non la *cause*. Cette confusion de la loi et de la cause est déjà dans Hume; elle se retrouve dans l'école positiviste.

main cesse de la pousser, si l'inertie et la pesanteur ne la sollicitaient pas à tomber.

Enfin, la nécessité ne saurait se représenter par l'*existence en tout temps* : la nécessité se trouve là où n'est pas l'*existence*, par exemple dans les vérités mathématiques; et quant à l'idée de l'Etre nécessaire, quel *schème*, quel rapport de temps pourrait lui convenir?

Ainsi le procédé général de l'imagination qui nous aide à nous représenter la suite du *temps* n'intervient pas dans la conception des catégories (excepté dans celle de la *quantité*). Et si l'on demande comment les concepts peuvent s'appliquer aux objets de l'expérience sans l'intermédiaire d'un terme moyen, nous accordons bien qu'il y a un *schème*, une représentation moitié intellectuelle, moitié sensible, mais elle n'est pas subordonnée au temps (1); ce *schème* est l'idée de *force*; cette notion est intellectuelle, car c'est la raison qui conçoit la *force* (l'expérience externe ne percevant que les *effets*); elle est sensible cependant, car tout ce qui agit sur les sens est une *force*. C'est grâce à ce *schème* que nous concevons la substance ou la *force en puissance*, la cause ou la *force en acte*, et enfin la nécessité ou l'Etre nécessaire, c'est-à-dire *la Force dont la possibilité implique l'actualité*. En un mot, la notion de *force* est le schème de tous les jugements *dynamiques* (2).

(1) Nous exceptons les conceptions géométriques qui supposent un *schème* représentatif de l'espace, et les conceptions arithmétiques qui supposent un schème représentatif du temps. Nous ne contestons donc l'exactitude de la théorie kantienne du *schème* que par rapport aux jugements dynamiques, et non par rapport aux jugements mathématiques; ainsi on peut très-bien admettre, avec Kant, que « *le schème de a quantité est le nombre.* »

(2) S'il en est autrement des jugements *mathématiques*, c'est qu'ils

III

L'entendement, suivant Kant, a quatre sortes de principes *à priori*, résultant de la subsomption des quatre catégories aux schèmes correspondants. Aux jugements mathématiques correspondent les *axiomes de l'intuition ;* aux jugements dynamiques correspondent les *anticipations de la perception*, les *analogies de l'expérience* et les *postulats de la pensée empirique*.

Kant a bien vu que le fondement des axiomes de l'intuition est ce principe : « *Tous les phénomènes sont des quantités extensives.* » Le schème de nombre intervient évidemment dans les jugements de quantité. — Mais pour les jugements *dynamiques*, même en admettant qu'ils puissent se ramener aux formules dont Kant donne la liste, ils supposent, comme on vient de le voir, autre chose que le schème de temps, à savoir, la notion de *force*.

En effet, le principe fondamental des *anticipations de la perception* est, suivant Kant, cette proposition : « *Toute sensation a une quantité intensive.* » Mais qu'est-ce que l'intensité, si ce n'est le degré plus ou moins grand de la *force* et de son action sur nous ?

La même notion de *force* rend seule intelligibles les *analogies de l'expérience ;* Kant les formule ainsi : 1° *La substance est permanente dans toute vicissitude phénoménale.* — 2° *Tous les changements arrivent suivant la liaison de cause et d'effet.* — 3° *Toutes les sub-*

---

sont *abstraits* et portent sur des quantités *abstraites ;* mais tout jugement qui porte sur des quantités *réelles* affirme la notion de *force*, identique à la notion d'*être*.

stances sont dans une action réciproque en tant qu'elles peuvent être perçues en même temps. Or, qu'est-ce que la *permanence*, sinon la force qui reste identique sous la variété de ses manifestations? Qu'est-ce que la *liaison de la cause et de l'effet*, si ce n'est l'action d'une force? Enfin l'*action réciproque* suppose, par définition même, un système de forces.

Les *postulats de la pensée empirique* sont : 1° *Ce qui s'accorde avec les conditions formelles de l'expérience* (en d'autres termes ce qui se conçoit dans le temps et dans l'espace) *est possible.* — 2° *Ce qui s'accorde avec les conditions matérielles de l'existence est réel.* — 3° *Ce dont la connexion avec le réel est déterminée suivant les lois de l'expérience est nécessaire.* Ces principes, ou plutôt ces définitions, sont contestables : quelque chose peut exister en dehors du temps et de l'espace, et par conséquent sans s'accorder ni avec les conditions *matérielles* ni avec les conditions *formelles* de l'expérience : et pour l'Etre nécessaire, il existe en dehors de toutes les lois de l'expérience. Dira-t-on que les deux premiers postulats déterminent seulement les conditions de la possibilité et de la réalité des *phénomènes*, et non des êtres en général? Mais si l'on entend ainsi la pensée de Kant, il faudrait dire que le troisième postulat détermine les conditions de la *nécessité des phénomènes*, ce qui est contradictoire, car aucun phénomène ne saurait être nécessaire. Il reste cependant vrai qu'il existe un *postulat de la pensée empirique*, c'est-à-dire un jugement *à priori* sans lequel je n'aurais aucune confiance dans les jugements de mes sens; c'est la persuasion que la nature des effets me révélera quelque chose de la force qui les produit.

Ainsi cette seule et même notion de *force* se retrouve dans toutes les opérations intellectuelles qui préparent et accomplissent l'expérience. C'est le principe de tous les jugements *dynamiques*. On peut même dire qu'en les appelant *dynamiques*, Kant reconnaît implicitement que l'affirmation de la force en constitue le fond et l'essence; pourquoi donc ne le reconnaît-il pas explicitement? N'est-ce pas parce que, sous l'influence de Hume, la *Critique* n'a pas bien débrouillé la confusion à l'aide de laquelle le célèbre sceptique anglais s'est efforcé de substituer à tous les rapports *dynamiques* de simples rapports *chronologiques*? Faute d'avoir rétabli l'idée dynamique, Kant n'explique pas mieux nos jugements sur les faits que les faits eux-mêmes, et la philosophie de Leibnitz a sur la sienne une immense supériorité non-seulement parce qu'elle rend compte des *objets*, mais parce qu'elle connaît mieux les *formes* mêmes de notre pensée.

IV

Si tous nos jugements sur les objets de l'expérience impliquent la notion de *force*, c'est-à-dire la notion d'un *substratum* des phénomènes, comment notre connaissance serait-elle bornée aux seuls phénomènes? N'est-ce pas, en effet, percevoir une propriété de la chose *en soi*, du *noumène*, que de connaître ce *noumène* comme *force*, comme principe d'action?

Il faut sans doute accorder à Kant que nous ne percevons pas l'essence de la matière; nous ne percevons même pas *toutes* ses propriétés : est-ce à dire que nous n'en connaissons aucune *telle qu'elle est*?

Est-il vrai que nous ne percevions que de pures apparences ? Une apparence suppose une réalité qui apparaît ; donc, dans la perception, ou c'est l'objet même qui m'apparaît, ou c'est une simple modification du *moi* qui se manifeste à mon esprit ; mais cette seconde hypothèse est en contradiction avec des faits évidents, à savoir l'*extériorité* de l'objet donnée dans la perception et l'*opposition* que je sens entre l'objet perçu et le sujet sentant. Que le *moi* m'apparaisse *hors du moi* pour s'opposer au moi, c'est une hypothèse que peut-être admettrait le système de Fichte, mais que personne n'acceptera jamais, à moins d'avoir un système. Je perçois donc l'objet à tout le moins comme *cause réelle* : le *phénomène* est ce que je perçois du *noumène* ; on ne peut donc demander si le *phénomène* a quelque rapport avec le *noumène* ; autant vaudrait demander si le peu que je sais de géométrie a quelque rapport avec la géométrie. Dira-t-on que si mes sens étaient autres qu'ils ne sont, les objets m'apparaîtraient *absolument* différents ? Mais j'ai différents sens ; la vue ne me donne pas toutes les perceptions que me donne le toucher, et réciproquement ; et cependant, il y a des propriétés qui me sont révélées à la fois par la vue et le toucher ; ce sont les *sensibles communs*, à savoir, l'étendue et le mouvement. L'analogie nous porte donc à supposer que, si nous avions d'autres sens, tout en nous révélant de nouvelles propriétés de la matière, ils en percevraient encore l'étendue et le mouvement, et que, par conséquent, ces propriétés des corps sont *objectives*, et non *subjectives*, comme la couleur ou la dureté.

D'ailleurs, si mes perceptions étaient *subjectives*, si elles n'étaient déterminées que par les lois de mon esprit et la nature de l'organe, d'où viendrait que deux objets m'apparaissent différents ? C'est le même esprit qui perçoit, le même œil qui lui sert d'organe, soit qu'il perçoive du blanc, soit du noir ; d'où vient donc que je distingue le blanc du noir, si la cause de cette diversité dans la perception ne vient pas de la *nature de l'objet?* C'est donc l'objet qui détermine mes différents états subjectifs ; c'est l'objet qui donne la *forme* à mes perceptions ; ma faculté de percevoir n'est qu'une puissance *indéterminée*, en attendant qu'elle passe à l'acte, sous l'action des réalités extérieures. Kant suppose précisément le contraire ; d'après lui, ce serait ma pensée qui imposerait la forme aux objets : s'il en était ainsi, non-seulement je les percevrais dans le même espace, mais dans le même lieu, sous la même figure ; je n'aurais qu'une perception, comme je n'ai qu'un seul esprit, ou, tout au plus, je n'aurais qu'une seule perception par chacun de mes cinq sens.

Kant, ne conteste pas, sans doute, que l'*objet* ne soit pour quelque chose dans ma perception, puisqu'il en est la cause; toutefois si je perçois l'objet, je le perçois non *tel qu'il est*, mais *tel qu'il n'est pas !* On peut se demander comment il se fait que rien de ce qui est dans la cause ne soit dans l'effet, et que l'effet ait en lui ce que sa cause ne lui donne pas. Si je ne perçois pas l'objet *tel qu'il est*, je le perçois *tel que mon esprit le voit en se voyant lui-même;* alors c'est *moi* que je perçois et non l'*objet*. Berkeley, dont Kant repousse le système, en demanderait-il davantage ?

Pour avancer une opinion si contraire au sens commun, il faudrait du moins des raisons bien fortes. Examinons donc les arguments dont Kant se sert pour soutenir que nous ne savons rien de la réalité des objets.

1° Pour savoir si l'objet est conforme à l'idée que s'en fait mon esprit, il faudrait avoir un *critérium* général de la vérité ; or la logique ne peut me le donner, car elle ne s'occupe que des lois de l'esprit et non des choses ; elle ne saurait donc déterminer à quelles conditions les lois de l'esprit sont conformes à celles des choses (1).

2° Les objets nous apparaissent dans l'espace ; or ; ils n'y sont pas, car l'espace n'est rien en réalité; de plus, ils nous apparaissent comme *causes*, comme *substances*; or, ils ne sont ni *causes* ni *substances*, car ces *catégories* ne sont applicables qu'aux *phénomènes* (2), et non aux *noumènes*, aux choses telles qu'elles sont.

3° Pour que ma connaissance fût conforme à son objet, il faudrait qu'il y eût une *préformation de la raison*, c'est-à-dire une harmonie préétablie entre mes jugements *à priori* et les lois de la nature. Or, cela n'est pas, car mes idées sont nécessaires et les lois de la nature sont contingentes (3).

4° L'idée du *noumène* est purement *négative*; c'est l'idée d'un inconnu situé hors de la portée de ma sensibilité ; c'est la limite où vient expirer ma faculté de connaître.

La première objection, si elle était fondée, mènerait au scepticisme absolu, et non aux conclusions de la *Critique*. D'ailleurs, n'est-il pas contradictoire d'ad-

---

(1) *Critique de la Raison pure*, édit. Hartenstein, p. 86.
(2) *Ibid.*, p. 220.
(3) *Ibid.*, p. 135 et 136.

mettre qu'il y a un critérium de la vérité subjective, et qu'il n'y en a aucun de la vérité objective ? N'est-ce pas affirmer comme *objectivement vrai* qu'il n'y a pour nous qu'une *vérité subjective* ?

Le seconde objection suppose, avec l'idéalité de l'espace et du temps, l'impossibilité d'appliquer les *catégories* de substance, de cause, etc., à ce qui n'est pas pur phénomène. Mais, de l'aveu même de Kant, les noumènes sont des *réalités inconnues*, en d'autres termes, des *substances inconnues;* donc, en affirmant qu'on ne peut rien en dire, il sous-entend que ce sont des *substances!* Quelle étrange contradiction ! De plus, Kant regarde les *noumènes* comme *causes* des phénomènes, tout en niant que l'effet ressemble à sa cause et en fasse connaître la nature. Comment peut-il soutenir, après cela, qu'il est illégitime de leur appliquer la catégorie de causalité ? Enfin, s'il n'est permis d'appliquer aucune des catégories aux *noumènes*, de quel droit Kant les considère-t-il comme *limitatifs* de notre connaissance ? A-t-il oublié qu'au nombre des *catégories* il a compté la *limitation* ?

Est-il vrai, enfin, que la *préformation de la raison* soit une supposition inadmissible et que les lois de notre esprit soient différentes de celles des objets ? Sans doute, les lois de notre esprit, les formes de notre pensée sont nécessaires, tandis que les objets sont contingents : mais n'y a-t-il donc pas de rapports *nécessaires* entre les objets *contingents*? Les arbres sont contingents ; il est cependant vrai que 2 + 2 arbres font *nécessairement* 4 arbres. Une maison est contingente ; cependant sa solidité dépend non-seulement des lois *contingentes* de la pesanteur, mais aussi des règles éternelles et *nécessaires* de la géométrie. L'homme enfin est *contingent*, et cependant les rapports des hommes entre eux sont réglés par les lois *nécessaires* de la morale. Il est donc faux de dire que des objets contingents n'ont pas de lois nécessaires, et que les formes de mon esprit ne sauraient, à cause de leur nécessité, s'accorder avec la nature des choses.

Concluons qu'il peut y avoir et qu'il y a très-réellement une harmonie préétablie entre les lois du sujet pensant et la nature de l'objet pensé; c'est la croyance du sens commun, et les arguments de Kant ne sont pas assez solides pour l'ébranler (1). Toutefois, cette *harmonie* préétablie — (qu'il est impossible de révoquer en doute sans douter en même temps de la possibilité d'appliquer la géométrie aux objets matériels et les lois morales aux actions des hommes), — ne saurait s'expliquer que par l'unité de la vérité en Celui dont la raison illumine la nôtre et préside en même temps aux lois de l'univers. En un mot, sans Dieu, l'accord de la raison et de l'expérience est un problème insoluble, dont le scepticisme peut se faire un argument contre la possibilité de toute connaissance. L'idée de Dieu explique seule la pensée comme elle explique seule la nature; seule elle résout toutes les difficultés que soulève la *Critique*. Mais cette idée, dont Kant a si bien reconnu le rôle capital dans la connaissance humaine,

---

(1) Ainsi tombe l'accusation d'*amphibolie* adressée par Kant à la méthode leibnitzienne, qui conclut du *concept* d'un objet à sa nature. Assurément notre *concept* n'est pas *adéquat* à l'objet, c'est-à-dire ne correspond pas à *tous* les attributs de l'objet ; mais il correspond à *quelques-uns* de ses attributs. On peut donc affirmer d'une chose qu'elle possède *au moins* ce que contient son *concept*, et en nier tout ce qui répugne à ce *concept*.

il va à son tour la soumettre à la critique, et, avec elle, l'existence de l'âme, l'existence du monde. Tel est, comme on l'a vu, l'objet de la *Dialectique transcendantale*. Examinons par quels arguments il prétend donner à la raison des motifs de douter de Dieu et d'elle-même, et voyons si elle doit désespérer d'arriver par ses propres forces à ces vérités dont Kant réserve exclusivement la démonstration à la raison pratique.

CHAPITRE V.

EXAMEN DE LA DIALECTIQUE TRANSCENDANTALE.

I. Est-il vrai que notre âme ne nous soit pas connue comme *substance* ?
II. Discussion des antinomies.
III. Rigueur des preuves spéculatives de l'existence de Dieu.
IV. L'Infini peut-il être réduit à un simple *idéal* abstrait ?

I

Il semblerait qu'un système qui réduit toutes nos idées à la modification du sujet pensant devrait au moins nous accorder la connaissance de ce sujet. Mais le scepticisme de Kant est encore plus radical ; il ne peut admettre que nous connaissions la réalité de quoi que ce soit. A ses yeux, la conscience, à laquelle nous en appelons pour établir la liberté et la spiritualité de l'âme, n'est qu'un mode de la sensibilité ; elle ne nous fait connaître que les modifications du *moi*, sans nous rien apprendre de sa nature ; elle ne saurait nous révéler s'il est *simple*, ni même s'il est une *substance*, une cause, une force. Ce *moi*, que je suppose *un* et *simple*, n'est que l'*unité synthétique* à laquelle je ramène mes perceptions ; c'est le *véhicule* de mes pensées. Ne pouvant connaître mes perceptions autrement que comme réunies, et ayant conscience de leur réunion, je conçois le *lien de cette réunion* comme un et indivisible ; mais ce serait un *paralogisme transcendantal*, de conclure que cet *indivisible* est une substance. Ainsi, le *cogito, ergò sum*, c'est-à-dire l'évidence même, ne trouve pas grâce devant la *Critique*.

Certes, il est impossible de pousser plus loin le scepticisme ; mais ici, encore, le scepticisme se détruit lui-même par ses inconcevables contradictions. N'est-il pas, en effet, absolument contradictoire de dire que je perçois *mes* modifications, et que je n'ai pas conscience du *moi* ? Comment puis-je sentir qu'elles sont *miennes*, si je ne perçois pas que *Je* suis et qui *Je* suis ? Le *moi*, dit Kant, n'est que ma faculté synthétique : mais cette faculté synthétique est encore *mienne* ; car je ne perçois pas une faculté synthétique *impersonnelle*, une pensée *quelconque*, mais bien *ma* pensée. Ce n'est donc pas un paralogisme de conclure de *mes* impressions à la réalité du *moi*. Encore nous ne parlons ici que dans l'hypothèse où le *moi* ne nous serait connu que comme *conclusion* ; mais c'est là une concession contraire aux faits ; car, en réalité, je n'ai même pas besoin de *conclure* de mes pensées au *moi* ; le *moi* est perçu *directement* comme *force*, comme *pouvoir*. Pour s'en convaincre, il suffit d'analyser le fait de la liberté. En effet, quand je délibère pour savoir si je ferai telle ou telle action, je me sens un *pouvoir* égal de la faire ou de ne pas la faire. Je me saisis donc moi-même comme *pouvoir*, comme *force*, avant même de percevoir le phénomène que cette force produira : or, me connaître comme *force*, n'est-ce pas me connaître comme *substance* ? Cette force ne cesse jamais d'être, lors-même qu'elle cesse d'agir ; car je me sens toujours *libre*, c'est-à-dire doué de *puissance*, même quand je suspends mes actes. La continuité de cette puissance n'est donc pas celle des *phénomènes* qu'elle produit, puisqu'elle est permanente, et que les phénomènes de volition sont intermittents : en d'autres termes, j'ai conscience de mon *être*, et non pas seulement de la liaison de mes actions.

Kant, il est vrai, nie ce pouvoir *égal* de faire ou de ne pas faire une chose, et s'il se propose, dans la *Critique de la Raison pratique*, de rétablir la liberté, il la réduit, dans la *Critique de la Raison pure*, à une simple détermination *phénoménale*, accompagnée d'une liberté *transcendantale*. Nous discuterons ce paradoxe à propos de la troisième antinomie.

II

Par *antinomies*, Kant désigne, comme on l'a vu, les contradictions où nous tombons quand nous voulons raisonner sur l'*absolu*. Ces contradictions sont-elles réelles ? Nous ne le pensons pas. Nous croyons que les quatre *antithèses* sont fondées sur des arguments très-contestables, et par conséquent ne sauraient être opposées valablement aux quatre *thèses* qui sont inébranlables.

1re Antinomie.

L'antithèse de la première antinomie consiste dans ce raisonnement : si le monde a commencé, il a été précédé par un *temps vide* ; or un temps vide ne renferme rien qui puisse déterminer quelque chose à exister dans la suite.

Cette argumentation est-elle bien concluante ? Nous accordons qu'il n'y a, dans un temps vide, aucune condition antérieure qui puisse déterminer le monde à exister... *si l'on fait abstraction de l'existence éternelle de Dieu*. Mais la Critique, tout en regardant l'existence de Dieu comme problématique, *pour la raison spéculative*, ne la regarde pas comme contradictoire ; il n'est donc pas contradictoire de supposer que le monde a été déterminé à exister, — en l'absence de tout phénomène *antérieur*, — par cette volonté éternelle qui agit en dehors du temps, quoique ses effets soient dans le temps. Qu'est-ce que le temps, après tout, sinon la succession des phénomènes ou *réels* ou *possibles* ? Ainsi, supposer un *temps vide* avant le commencement du monde, c'est supposer simplement que *le monde a été possible avant d'être réel* : est-ce là une notion contradictoire ? ou n'est-ce pas plutôt une simple notion du sens commun ?

De même qu'il nie la possibilité d'un commencement du monde, Kant nie, dans la même *antithèse*, la possibilité d'une limite du monde. En effet, dit-il, si le monde avait des bornes dans l'espace, il serait borné par un espace vide, c'est-à-dire par un *pur néant*. — Nous pouvons répondre qu'un espace vide n'est que la *somme des corps possibles* : Or, est-il contradictoire que les corps *réels* soient limités par les corps *possibles* ? si l'on trouve quelque difficulté à supposer un rapport de *lieu* entre une étendue réelle et une étendue simplement *possible*, nous demanderons si un trapèze, *réellement* tracé sur le papier, n'est pas contenu dans le triangle *idéal* que l'on obtiendrait en prolongeant ses deux côtés non parallèles.

Les arguments de l'*antithèse* ne sont donc pas rigoureusement concluants : la *thèse*, au contraire, peut

se démontrer mathématiquement : « Si le monde était
» éternel, » dit Kant, « une série infinie d'états suc-
» cessifs des choses serait écoulée. Or l'infinité d'une
» série consiste précisément en ce qu'elle ne peut
» être achevée par une synthèse successive. » En
d'autres termes, si le monde était éternel, il aurait
passé par un *nombre infini* d'états successifs : or un
nombre infini de parties successives ne saurait *jamais*
être actuellement réalisé : donc l'hypothèse de l'éternité du monde implique une absurdité mathématique.

Quoique cette *impossibilité d'une série infinie actuellement réalisée* soit évidente, l'importance de cette vérité mathématique est si grande, que nous ne croyons pas inutile de l'appuyer sur l'autorité de Cauchy. « Cette proposition, qu'on ne saurait admet-
» tre une série *actuellement* composée d'un nombre
» infini de termes, peut se démontrer par les mathé-
» tiques de mille manières différentes... Si la suite
» des nombres entiers pouvait être supposée prolon-
» gée à l'infini,... les termes carrés y seraient en très-
» grande minorité... or cette condition est incompati-
» ble avec l'hypothèse ; car, dans la suite des nombres
» carrés prolongés à l'infini, se trouverait, avec cha-
» que terme non carré, le carré de ce terme. Cette
» démonstration a été donnée pour la première fois
» par Galilée (1)... Cette proposition fondamentale
» s'applique aussi bien à une série de termes ou d'ob-
» jets qui auraient existé successivement qu'à une sé-
» rie de termes dont l'existence serait simultanée ; et,
» dans les deux cas, il est impossible que le nombre
» de ces objets soit devenu actuellement infini... Ce

---

(1) Cauchy, *Leçons de physique générale*, p. 24.

» que nous disons ici, on peut le dire du nombre des
» états par lesquels le monde a passé. Donc il y a eu
» un premier instant où la terre a paru dans l'espace,
» et le monde lui-même a commencé. Ainsi la matière
» n'est pas éternelle, et si les divines Ecritures ne
» nous eussent pas révélé cette vérité, nous serions
» forcés de l'admettre comme physiciens (1). »

Les mêmes arguments s'appliquent à l'étendue du monde ; il ne peut avoir *un nombre infini* de parties. Donc la *thèse* de la première antinomie est démontrée géométriquement, et l'antithèse ne l'est aucunement.

2ᵉ Antinomie.

La *thèse* est que tout composé se compose de parties simples ; l'*antithèse*, que des parties simples ne sauraient composer une étendue. Ici encore, c'est à Cauchy que nous emprunterons une démonstration en faveur de la vérité de la *thèse*.

« Serait-il possible que les derniers éléments des
» corps ne fussent pas simples, et que, dans un mor-
» ceau de matière on dût voir des composés qui
» n'auraient pas de composants. Ainsi l'atome ou l'être
» matériel simple n'a pas d'étendue... Si dans la divi-
» sion de la matière on n'arrive pas définitivement à
» des éléments simples et sans étendue, il faudra
» admettre, dans un morceau de matière, des êtres
» distincts *dont le nombre sera infini*... ce qui est con-
» traire aux principes que nous avons développés (2). »

---

(1) Cauchy, *Leçons de physique générale*, p. 25.
(2) *Ibid.*, p. 37. — Dans ce même passage, Cauchy cite l'autorité d'Ampère en faveur de la doctrine de la simplicité des atomes.

A cette démonstration mathématique qui prouve la vérité de la *thèse*, peut-on objecter rien de rigoureux? On alléguera, sans doute, avec Kant, en faveur de l'*antithèse*, que des êtres simples ne sauraient former une étendue. Euler avait déjà fait cette objection au système des monades de Leibnitz. Mais la difficulté est-elle vraiment insoluble? Elle le serait peut-être, si la matière était *continue*; mais cette continuité n'existe pas (car, s'il n'y avait pas de vide, même entre les molécules de l'éther, la propagation de la lumière serait *instantanée*, ce qui n'est pas, et se transmettrait des étoiles à nos yeux en un temps rigoureusement nul). Si donc la matière n'est pas *continue*, deux atomes *simples* peuvent former, non par leur juxtaposition, mais par leur *distance*, une étendue déterminée. « Une molécule intégrante, » dit encore Cauchy, « renfermant plusieurs atomes *inétendus*, » mais placés à certaines distances les uns des autres, » offrira des dimensions déterminées, quoique très-» petites. » Supposons maintenant ces atomes doués de la force nécessaire pour agir sur nos sens; nous les percevrons, et, de plus, nous les percevrons comme *contigus*, quoiqu'ils ne le soient pas, parce que les distances qui les séparent sont imperceptibles à nos sens. L'étendue matérielle peut donc se concevoir comme un agrégat de forces simples, de *monades*, formant dans l'espace, pour ainsi dire des constellations. Euler, critiquant le système de Leibnitz, dit que des esprits peuvent former un conseil, mais non une étendue. Sans doute, mais les *monades* ne sont pas des esprits, ce sont des forces qui agissent sur mes sens, et il n'est pas contradictoire que, par leur pluralité, ces forces produisent sur mes sens cette *pluralité des ré-*

sistances qui est pour nous *la seule manifestation de l'étendue matérielle*.

Nous ne prétendons pas par là expliquer tous les mystères que présente la question de l'essence de la matière ; nous soutenons seulement, avec Leibnitz, Ampère et Cauchy, qu'il n'y a pas de contradiction à la supposer composée d'éléments *inétendus* ; par conséquent, l'*antithèse* n'ayant pas à beaucoup près la rigueur de la *thèse*, il n'y a pas réellement d'*antinomie*, et il n'est pas besoin, pour échapper à cette prétendue contradiction, de nier, comme le fait Kant, la réalité du monde des *phénomènes*.

3ᵉ Antinomie.

La contradiction où Kant s'efforce de faire tomber la raison au sujet de la *causalité* n'est pas plus insoluble que les antinomies précédentes. Cette apparente contradiction vient tout simplement de ce que dans la *thèse* il conçoit une notion exacte de la causalité, tandis que dans l'*antithèse*, il altère cette notion et la confond avec celle de *succession*. Il démontre rigoureusement dans la *thèse* que la série des causes secondes suppose nécessairement une cause première. Cette première proposition est incontestable ; rien de plus contradictoire qu'une série infinie de *causes secondes ;* en effet, la cause seconde est ce qui agit sans avoir en soi-même la raison de son action. Supposer une infinité de causes secondes sans cause première, c'est donc supposer une infinité d'*actions*, dont aucune ne se suffit, ne s'explique par elle-même, et qui, cependant, dans leur ensemble, forment une série qui s'explique par elle-même. C'est comme si l'on supposait une science composée d'une infinité de propositions, déduites les unes des autres, mais dont aucune ne serait évidente *par elle-même :* en l'absence d'un axiome fondamental, toute la série des propositions manquerait de base, et ne serait, dans son ensemble, qu'une vaste pétition de principes ; de même une série de causes secondes, qui n'aurait pas de principe dans une cause première, serait dans son ensemble une série d'effets sans cause, et, comme dit Kant : « Il n'y aurait aucune intégralité de la série du côté des causes. » Il faut donc admettre une « *spontanéité absolue*, capable de commencer » d'elle-même une série de phénomènes, » c'est-à-dire « une liberté. » On voit qu'ici Kant, pour soutenir la thèse, conçoit la *cause* comme *le principe dont l'effet dépend*, c'est-à-dire qu'il regarde le rapport de cause à effet comme un *rapport dynamique ;* et cette conception est bien celle que se fait le sens commun. Dans l'antithèse, au contraire, il se représente la *causalité* comme un *rapport chronologique*, et réduit le principe de *cause* à cette formule : *toute action est précédée par une autre*, d'où il suit que nulle action *première* n'est possible, et que toute série de causes doit être indéfinie comme la série des parties du temps. Mais il est absolument faux que la causalité soit *un rapport de succession ;* elle n'implique la succession en aucune façon, car la cause et l'effet sont *simultanés* et non *successifs* ; il serait contradictoire que, dans un premier moment, la cause agît sans avoir d'effet, et que, dans un second moment, l'effet fût produit après que la cause a cessé d'agir. Si donc la *cause* n'est pas *le phénomène antérieur*, la nécessité où est la raison de supposer *une cause à tout phénomène*, n'implique pas, comme on le soutient dans l'antithèse, la nécessité de supposer *un phénomène antérieur à tout phénomène.* Ainsi la conception d'un phénomène premier n'est pas contradictoire ; l'*antithèse* n'est pas démontrée ; la thèse est au contraire incontestable, et par conséquent, ici encore, il n'y a pas d'antinomie.

Avec l'antinomie disparaît la nécessité de la résoudre et d'en concilier les deux termes par l'étrange théorie de *deux causes*, l'une *intelligible*, l'autre *phénoménale*, et de supposer que nos actes sont à la fois libres comme *noumènes* et determinés comme *phénomènes*. Nos actes sont *phénomènes* et s'accomplissent dans le temps ; notre volition elle-même est un *phénomène* psychologique, et si elle était déterminée par les circonstances précédentes, elle ne pourrait être libre à aucun point de vue. En quoi consisterait la liberté *même transcendantale* de mes actes, d'un mensonge, par exemple, s'il était fatalement *déterminé* par ma mauvaise éducation ? Il est encore libre, dit Kant, en ce que la raison m'en a dissuadé, et que la raison n'est pas soumise à la détermination des causes physiques. Mais alors, ce n'est pas la cause de mon mensonge qui est *libre*, puisque la liberté n'est que dans la *raison*, et que, par hypothèse, la raison n'a exercé aucune influence sur ma conduite. Tout au plus la cause de mes actes serait-elle libre lorsque j'écoute la raison, c'est-à-dire lorsque j'agis bien ; en d'autres termes, le bien serait libre, le mal jamais ; pourquoi donc serais-je responsable du mal ? La liberté existe donc même dans le monde des *phénomènes* (au moins des phénomènes psychologiques), et il est inutile de lui chercher un asile dans le monde *transcendantal*.

Il n'y a qu'une seule cause libre qui agisse *en dehors du temps* : c'est la volonté de Dieu, parce que Dieu est infini, et par conséquent supérieur au temps ; mais ses effets sont dans le temps, parce qu'ils sont finis, et ainsi il peut se produire dans le temps des effets déterminés par une cause libre.

4° Antinomie.

Mais comment une cause qui agit en dehors du temps peut-elle produire des effets qui sont dans le temps? Telle est la difficulté soulevée dans la quatrième antinomie. D'une part, dit Kant, tous les *phénomènes*, toutes les causes qui agissent dans le temps, *dépendent* de quelque *condition* ; si donc il n'y avait pas de cause *indépendante* dont ils *dépendent*, un *inconditionné* qui soit la *condition* de toute chose, une raison suprême de ce qui n'a pas sa raison *en soi*, rien n'aurait nulle part de raison d'être, rien ne serait. Le contingent ne peut donc exister que par le *nécessaire* ; c'est la *thèse* ; elle est inébranlable. Mais, d'autre part, cet Etre nécessaire n'est ni dans le monde, où tout est contingent, ni en dehors du monde, car alors il ne pourrait produire d'effet dans le monde; c'est là l'*antithèse*.

Nous accordons que l'Etre nécessaire n'est pas dans le monde; mais il est faux de dire qu'un Etre situé en dehors du monde et en dehors du temps ne puisse agir sur le monde. Mon âme n'est pas dans l'espace; n'agit-elle pas sur mon corps qui est dans l'espace? Pourquoi donc Dieu, qui est à la fois en dehors de l'*espace* et du *temps*, n'agirait-il pas sur les corps situés dans l'espace et sur les phénomènes qui sont dans le temps?

D'ailleurs, qu'est-ce que le *temps*, sinon la *succession* ? Dire que l'Etre situé en dehors du temps ne peut produire des effets qui soient dans le temps, c'est dire qu'une puissance infinie, exempte de la nécessité où est l'homme de diviser son action en moments successifs ne peut créer aucun être soumis à cette nécessité, par conséquent rien de *fini;* c'est dire qu'une Intelligence, qui voit comme d'une même intuition toute vérité, ne peut créer des intelligences soumises à la nécessité de penser *discursivement* et de s'élever comme pas à pas à la connaissance de la vérité; en un mot, c'est dire que l'Infini, par cela seul qu'il est Infini, ne peut agir sur le fini; c'est dire qu'une Puissance, par cela même que rien ne lui manque, ne peut agir sur rien ! Ainsi *l'antithèse* se réduit facilement à l'absurde, et ne saurait par conséquent ébranler la *thèse*.

En résumé, aucune des *antithèses* ne repose sur des assertions évidentes ; les quatre *antinomies* ne consistent qu'à opposer à quatre propositions vraies quatre assertions arbitraires. Loin de démontrer l'impuissance de la métaphysique, elles nous fournissent la preuve du contraire. La raison n'est pas fatalement condamnée à se contredire sur la question de l'origine du monde ; ainsi tombe la principale objection de Kant contre l'usage *transcendantal* des catégories ; et dès lors nous pouvons entreprendre de chercher, même par la raison spéculative, les preuves de l'existence de Dieu.

III

Ces preuves, suivant Kant, se réduisent à trois : la preuve *ontologique*, la preuve *à contingentiâ mundi*, et celle des *causes finales*.

Les objections de la *Critique* contre la preuve ontologique sont difficiles à réfuter, et peut-être même concluantes, sinon contre le fond, du moins contre la forme de cette preuve. Mais ne pourrait-on pas, en changeant la *forme* que lui ont donnée saint Anselme et Descartes, établir rigoureusement la *nécessité* et par conséquent l'*existence* de l'Etre parfait? Si tant de philosophes de génie, malgré le vice de forme évident de l'argument ontologique, n'ont pu s'empêcher de le trouver démonstratif, c'est que la conclusion est vraie, malgré le peu de rigueur des prémisses. L'Etre parfait est nécessaire : la raison le sent lors même qu'elle n'arrive pas à démontrer l'identité de ces deux termes, *perfection* et *nécessité*; mais peut-être arriverait-on à établir cette identité si, au lieu de conclure de la perfection à la nécessité, on partait de la nécessité pour conclure à la perfection. Il y a un Etre nécessaire; car, si rien n'était *nécessaire*, rien n'eût jamais été, *rien n'eût même été possible*. L'Etre nécessaire est donc la raison de tous les *possibles*; mais, d'autre part, la raison de tous les *possibles* ne peut être que dans un Etre qui possède tous les attributs positifs possibles, et par conséquent à qui rien ne manque, en un mot dans un Etre parfait; donc l'Etre nécessaire est parfait, et, ce qui revient au même, l'Etre parfait est nécessaire. Sous cette forme nouvelle, l'argument ontologique est celui que propose

Kant lui-même dans un de ses premiers ouvrages : (*Du seul fondement possible d'une démonstration à priori de l'existence de Dieu*). On peut s'étonner qu'il l'ait oublié au point de ne pas même essayer de le combattre. Il reste donc, à tout le moins, une preuve *à priori* de l'existence de Dieu que la *Critique* n'a même pas tenté d'invalider (1).

Mais quand même la difficulté des preuves métaphysiques donnerait beau jeu au scepticisme, il se brise nécessairement contre la clarté des preuves physiques de l'existence de Dieu. En vain, Kant essaie de les soumettre à la *Critique* ; ces attaques ne sauraient porter :

Telum imbelle, sine ictû.

A la preuve cosmologique ou *à contingentia mundi*, il ne fait que deux objections : 1° Cette preuve suppose le principe de causalité, et comme ce principe n'a d'application que dans le monde sensible, on ne saurait s'en servir pour conclure à l'existence de Dieu ; 2° Quand même il serait légitime de conclure, par le principe de causalité, de l'existence du monde à la *nécessité* de sa cause, on suppose *à priori* que cette cause *nécessaire* est *parfaite*, ce qui est revenir à l'argument ontologique.

(1) La seule objection que la *Critique* aurait pu soulever contre cette preuve, c'est qu'elle s'appuie sur les *concepts* de *modalité* (à savoir sur ceux de *possibilité* et de *nécessité*), concepts qui, d'après les principes de l'*Analytique transcendantale*, n'ont d'application que dans le domaine de l'expérience. Mais une telle assertion est insoutenable ; car il faut absolument que les objets *transcendantaux* de la pensée soient ou *impossibles*, ou *possibles*, ou *nécessaires*, et, dans chacune de ces trois hypothèses, il y a au moins un concept de *modalité* qui leur est applicable.

Nous avons déjà vu, en discutant l'*Analytique*, que si le principe de *causalité* n'est pas vrai *en lui-même et dans toutes ses applications*, il n'y a aucune raison pour qu'il devienne vrai par la circonstance *accidentelle* de son application à l'expérience. La première objection est donc sans valeur. A la seconde, nous répondrons que la preuve cosmologique se suffit à elle-même, et est absolument indépendante de l'argument ontologique. En effet, si le monde est contingent, et par conséquent *créé de rien*, il faut non-seulement que le Créateur soit *nécessaire*, mais *tout-puissant*, et *parfait*. Je ne conclus pas de la création à l'Etre nécessaire, et *ensuite* de l'Etre nécessaire à sa perfection, ce qui serait en effet revenir à la preuve ontologique ; je conclus *directement* de la création à la perfection du Créateur.

La véritable difficulté de la preuve cosmologique n'est pas dans la majeure : « *Ce qui est contingent » suppose un Créateur tout-puissant,* » mais bien dans la démonstration de la mineure : « *le monde est con-» tingent.* » Cependant Kant n'a pas contesté ici cette dernière proposition : mais comme cette vérité de la contingence du monde est précisément mise en doute aujourd'hui par le matérialisme et le positivisme, il est nécessaire d'y insister, et de montrer toutes les contradictions où entraîne l'hypothèse de l'éternité de la matière. La plus manifeste de toutes ces contradictions, c'est la supposition d'un *nombre infini* d'états successifs par lesquels le monde aurait passé, supposition qui est, comme Cauchy l'a démontré (1), mathématiquement impossible. Si les philosophes

---

(1) V. p. 317 de cet ouvrage.

n'étaient pas encore plus difficiles en fait de preuves que les géomètres, cette démonstration de la *non-éternité* du monde suffirait évidemment à elle seule. Mais comme un sceptique ne se rend pas facilement à une preuve, même tirée des mathématiques, quand cette preuve conclut à l'existence de Dieu, il n'est pas inutile de joindre au témoignage des sciences mathématiques celui des sciences physiques. La géologie nous apprend que la terre n'a pas toujours été habitable : donc les plantes, les animaux, et à plus forte raison l'homme, qui est venu le dernier sur la terre, ne sont pas éternels ; ainsi, quand même la matière serait éternelle, il faudrait encore recourir à une création pour expliquer la naissance des êtres vivants. Il est vrai que, pour échapper à cette conclusion, Darwin a supposé que les animaux, et l'homme par leur intermédiaire, pouvaient provenir d'une série de transformations de la matière ; mais cette hypothèse implique la possibilité de la *génération spontanée* et celle d'une *transformation indéfinie* des espèces ; or, la science nie précisément la possibilité de semblables phénomènes. Accordons cependant, pour faire à l'athéisme toutes les concessions qu'il peut demander, que ces conclusions de la science *actuelle* soient démenties un jour par la science de l'*avenir,* et que la doctrine du *transformisme* vienne à triompher : même, dans cette hypothèse, la supposition d'une nature éternelle sera encore insoutenable : en effet, chacune de ses *évolutions* n'a eu lieu qu'*à son heure*, et quand tout dans la nature était prêt pour la produire : or, si la nature était éternelle, l'*heure de chaque transformation aurait pu et aurait dû arriver*, je ne dis pas un million, un milliard, mais *une infinité d'années plus tôt* ; la nature devait être prête à recevoir l'homme une éternité avant le moment où *en fait* il a paru ; car tous les phénomènes requis pour rendre la terre habitable avaient eu, depuis une éternité, tout le temps nécessaire pour s'accomplir. Pourquoi donc chaque changement de l'univers s'est-il produit si tard? Que de contradictions ! Et comment y échapper sans admettre la création? Ajoutons que si jamais, par impossible, la science expliquait la naissance des animaux par la génération spontanée et admettait la transformation des espèces, il n'en resterait pas moins vrai que l'homme, *qui est libre*, ne saurait provenir de l'animal qui ne l'est pas. A tout le moins mon âme est *créée*, car aucune évolution de la matière n'a pu produire la liberté et l'intelligence. C'est là une conclusion rigoureuse et indépendante des hypothèses que peuvent former les savants. Ainsi, même par le transformisme, on n'échapperait pas plus à la création spéciale de l'homme qu'à la création initiale de la matière : et la preuve *à contingentia mundi* n'est pas plus ébranlée par les objections des athées modernes que par les objections de la *Critique*.

La preuve des causes finales n'est pas moins solide ; nous reconnaîtrons volontiers, avec Kant, qu'*à elle seule* elle démontre la Providence, mais non l'Infinité et la Toute-Puissance de l'Architecte du monde ; pour prouver sa Toute-Puissance, il faut joindre à cette preuve celle de la contingence du monde ; mais toutes deux réunies nous démontrent à la fois et l'infinité et la sagesse (par conséquent la *personnalité*) de Dieu. Nous avons vu d'ailleurs avec quelle réserve, — nous pouvons dire avec quelle faiblesse, — Kant attaque cette preuve, qu'il

respecte, parce qu'elle est celle du genre humain.
La seule objection qu'il fasse contre sa validité, c'est
que nous n'avons pas plus le droit d'appliquer le
concept de *finalité* que celui de *causalité* à l'auteur
transcendantal du monde. Il nous semble, au contraire, que si ce *concept* de finalité, c'est-à-dire de
cause intelligente, est applicable aux objets de l'expérience (à une horloge, par exemple), il doit *à plus
forte raison* s'appliquer à la cause du monde, puisque nous trouvons dans le monde une harmonie
beaucoup plus savante que dans une machine ou
une horloge.

Pour ébranler la certitude de l'argument des
causes finales, il faudrait que la science arrivât à
expliquer l'harmonie du monde par une causalité
mécanique (1). Mais la seule tentative pour expliquer
mécaniquement les organismes vivants est l'*influence
du milieu*, invoquée par le darwinisme ; et en vérité,
il faut que l'athéisme soit bien à court, je ne dis
pas d'arguments, mais même d'hypothèses, pour avoir
recours à celle-là! N'est-il pas évident que, si l'influence du milieu peut avoir la vertu de modifier ou
de perfectionner un organe *adapté par avance à ce
milieu*, elle ne saurait *former* aucun organe. Si la
structure de l'œil et sa délicatesse à percevoir les
vibrations lumineuses, sont des effets mécaniques
produits sur la matière par l'impression de la lumière, si la délicatesse du tympan de l'oreille est
l'effet de l'impression de l'air sur mon organisme,

---

(1) Lors même que la science y parviendrait, l'existence de Dieu
ne resterait pas moins démontrée par la preuve de la contingence du
monde, et par les preuves morales.

comment se fait-il que la lumière n'ait pas transformé en œil, que l'air n'ait pas transformé en oreille chaque portion de matière organique soumise à l'influence de ces milieux? Si c'est l'air qui a formé chez les animaux terrestres les organes de la respiration aérienne, et l'eau qui a formé chez les poissons les organes de la respiration aquatique, comment se fait-il que, si l'on plonge un mammifère dans l'eau, ses poumons ne se transforment pas en branchies, que les branchies d'un poisson, si on le sort de l'eau, ne se transforment pas en poumons? On rougit presque d'avoir à réfuter des choses si peu sérieuses... les plus sérieuses cependant que des savants aient pu inventer pour se passer de Dieu. D'ailleurs, quand l'influence du milieu expliquerait, — ce qui est impossible, — l'harmonie de l'organisme avec le milieu, comment expliquerait-elle l'harmonie qui existe entre *l'organisme d'un être et les besoins d'un autre*? Comment, par exemple, se fait-il que la mère ait du lait précisément à l'époque où l'enfant en a besoin, et où il ne pourrait digérer aucune autre nourriture? Quel mécanisme matériel expliquera cette harmonie morale? S'il n'y avait pas là un effet de *prévoyance*, si la nature n'était pas l'œuvre d'une Bonté infiniment sage, non-seulement ces harmonies seraient inexplicables, mais elles seraient impossibles. C'est pourquoi la preuve des causes finales restera toujours la preuve de l'humanité, comme l'appelle Kant; car les systèmes sceptiques passent, et le sens commun reste.

IV

Non-seulement Kant n'a attaqué que faiblement et, s'il est permis de parler ainsi, pour l'acquit de sa conscience, le principe des causes finales, mais il le suppose même, lorsqu'il assigne un *but*, à défaut d'un *objet*, à la raison spéculative. Si nous pensons l'Infini, quoiqu'il n'existe pas (*pour la raison pure*), si nous ne pouvons nous empêcher d'y croire et de le supposer, cette illusion, dit-il, *a sa raison d'être :* Sans elle, en effet, nous ne serions pas portés à remonter toujours des causes secondes à d'autres causes secondes antérieures : notre esprit, dans cette ascension, a besoin d'être stimulé par l'espoir de trouver la cause première; il ne la trouve pas, mais en la cherchant, il trouve ce qu'il ne cherchait pas, à savoir, de nouvelles causes secondes, et par là s'augmente indéfiniment notre connaissance des lois physiques. Ainsi la nature, en nous donnant cette illusion de l'*Idéal*, aurait agi envers nous comme ce père qui flattait ses enfants de l'espoir de trouver un trésor enfoui dans son champ; le trésor n'existait pas, mais le champ n'en fut que mieux labouré. C'est prêter à la nature une ruse fort ingénieuse; mais il nous semble que le moyen est bien disproportionné avec la *fin*. Quoi! le merveilleux pouvoir de penser l'Infini, n'aurait d'autre but que de me faire mieux connaître le monde matériel! Une si sublime conception n'est qu'un moyen, et le but est si peu de chose! Car, qu'est-ce que le monde par rapport à l'Infini! Non, il n'en peut être ainsi; et ma raison est une dérision de la nature si l'idée de l'Infini n'a pas Dieu même pour objet et ne m'a pas été donnée pour le connaître.

Du moins, si dans la *Critique de la raison pure* Kant réduit l'idée de Dieu à un pur *idéal*, sans objet réel, dans la *Critique de la raison pratique*, il rétablira l'objectivité de cette idée. Mais il est un système qui se tient à la conclusion *provisoire* de la *Dialectique transcendantale*, et dont le dernier mot est : « *Dieu* « *n'est que l'idéal de la perfection.* » Néanmoins, cet *idéal pur* est regardé comme objet de science, comme objet d'amour, comme principe régulateur de notre conduite et de notre esprit ! Cette théorie poétique et vague peut-elle se soutenir devant une analyse rigoureuse des idées ? Pour en faire l'épreuve, essayons de définir le Dieu *impersonnel* et abstrait de l'*Idéalisme*. Il est l'*idée de la Perfection*. Mais qu'est-ce que la Perfection ? Est-ce un être ? Si ce n'est pas un être, à tous le moins c'est un attribut ; car toutes nos idées sont concrètes ou abstraites ; les idées concrètes correspondent à des êtres, les idées abstraites à des attributs. La perfection est donc un attribut, mais un attribut de quoi ? D'un être réel ? Non, répondra l'idéaliste, puisque, suivant lui, Dieu n'a pas d'existence réelle. D'un être possible ? Non, car l'idéaliste déclare que la perfection et l'être s'excluent, et que, par conséquent, Dieu est *impossible*. Ce sera donc l'attribut d'un être *impossible*, d'un être dont l'idée, par hypothèse, implique contradiction ! Mais si le *parfait* implique contradiction, il faut que la *perfection* soit également une *idée contradictoire*; or ma pensée ne peut concevoir le contradictoire; donc, je ne conçois pas la perfection, et si je ne la conçois pas, comment peut-elle être un *idéal* de ma pensée ? Sans doute, je puis concevoir les formes *idéales* de la géométrie, quoiqu'elles ne correspondent à aucun corps *réel ;* mais la rondeur parfaite, la forme parfaitement carrée, si elles ne sont l'attribut d'aucun corps *réel*, sont à tout le moins l'attribut des corps *possibles* : c'est pourquoi je peux les penser et mesurer les formes des corps *réels* d'après ces formes idéales. Mais l'idéal abstrait de la perfection, ne correspondant ni à rien de réel ni à rien de possible, ne saurait même être pensé, et l'idéalisme ne peut échapper à ce dilemme : « *Si l'idée de l'être parfait n'est pas contradictoire,* » *de quel droit affirmez-vous que cet être soit impos-* » *sible ? Et si elle implique contradiction, alors elle* » *ne peut même pas être une conception de mon* » *esprit.* »

Enfin, quand la doctrine de l'idéalisme n'entraînerait pas ces contradictions, en quoi cet idéal abstrait pourrait-il servir de règle à ma conduite ? Comment, dans sa contemplation, trouverais-je le modèle auquel je dois me conformer? La règle de ma conduite, c'est de me perfectionner; or, se perfectionner, c'est devenir de plus en plus semblable à Dieu : mais si Dieu n'est pas, s'il ne pense pas, s'il n'est pas bon, est-ce par la science, par la vertu, est-ce par tout ce qui augmente ma personnalité, mon être, que je me rapprocherai de ce Dieu impersonnel, de ce Dieu néant?

Du moins, à défaut de la raison, le cœur trouverait-il quelque satisfaction dans cette doctrine ? Ce Dieu abstrait, dont la définition est d'*être ce qui n'est pas*, offrira-t-il un objet aux aspirations de mon âme ? Sans doute, les poëtes de l'idéalisme peuvent s'écrier dans les transports de leur enthousiasme : « O idéal, je t'adore ! » Mais quel est cet objet de leur adoration ?

Est-ce seulement l'idéal relatif du progrès social et de la vertu? Mais alors ce n'est que l'idéal du sage des stoïciens, ce n'est pas la perfection, le divin. Est-ce au contraire la *perfection abstraite*, c'est-à-dire l'impossible, le néant? Mais alors il n'y a pas de quoi justifier leur enthousiasme. Ajoutons qu'il n'y a pas même lieu d'espérer jamais le perfectionnement *relatif* du monde, s'il n'y a pas une cause intelligente pour le conduire vers le progrès. Quelle force poussera l'humanité vers ce règne de la justice que rêvent toutes les âmes nobles? Sera-ce l'attraction de l'*idée abstraite* du Juste, du Divin? Mais quel amour peut-elle exciter chez celui qui ne croit pas que la justice et la bonté sont les attributs d'un Dieu réel?

S'il n'est pas de Dieu, quel don plus funeste pouvait nous être fait que la faculté de le penser? Quelle plus désolante déception que celle qui nous attend, si, après avoir conçu la perfection, nous arrivons à reconnaître qu'elle n'existe nulle part? Ne vaudrait-il pas mieux n'en avoir jamais eu l'idée, et ne pas avoir appris à connaître, à aimer ce qu'il nous est éternellement défendu de trouver? Mieux vaudrait accoutumer notre esprit à mettre son idéal dans un bonheur terrestre; car, si un tel idéal, lui aussi, n'est qu'un rêve, il nous laissera, au réveil, des regrets plus supportables.

Mais, grâce à Dieu, la raison n'est pas assez contraire aux intérêts du cœur pour accepter cette désolante doctrine de l'*idéalisme* qui, pour tout objet d'adoration, nous laisse une simple création de notre faible intelligence, ou, pour mieux dire, un mot vide de sens, une chimère absolument indéfinissable. La raison n'admet pas plus d'idées sans objet que le cœur d'amour sans objet. Puisque je pense Dieu, puisque son idée n'est pas une simple association de notions expérimentales rassemblées par l'imagination, puisque je ne forme pas cette idée par un travail personnel de mes facultés, mais que je la conçois par une nécessité à laquelle ma pensée ne saurait se soustraire, il faut bien qu'elle me vienne d'une cause extérieure, d'une réalité intelligible qui s'impose à moi. C'est Dieu lui-même que je pense, Dieu qui se manifeste à moi, qui se communique à mon intelligence; c'est lui qui exerce sur moi cet attrait tout-puissant, que l'abstraction pure serait incapable de produire, et qu'il est, par conséquent impossible d'expliquer par l'action d'une idée sans objet (1).

(1) A l'examen de la *Dialectique transcendantale*, nous n'ajoutons pas celui de la *Méthodologie* ; quelle que soit l'importance de ses deux parties principales (la *Discipline de la Raison pure* et le *Canon de la Raison pure*) on n'y trouve rien que l'on ne retrouve ailleurs : dans la première de ces deux parties, Kant nie que la philosophie puisse prétendre à être une science exacte ; ce n'est qu'une conséquence des principes soutenus dans l'*Analytique*, sur l'impossibilité prétendue de justifier l'usage des jugements *synthétiques à priori* en dehors de l'expérience : nous avons discuté plus haut ce paradoxe. Quant au *Canon de la Raison pure*, où nous trouvons par anticipation le fond de la *Critique de la Raison pratique*, il n'y a qu'à louer, à admirer, rien à discuter.

RÉSUMÉ.

Résumons maintenant, en quelques mots, les objections que nous avons faites au système de Kant, et essayons d'indiquer le vice fondamental de la *méthode critique*. Kant sépare partout ce qui devait être seulement *distingué*, et ensuite il conclut à l'impossibilité de faire la *synthèse* des éléments que l'abstraction a seule pu séparer. Il se demande si le sujet pensant pense quelque chose de réel, et comment on pourrait prouver la vérité de l'objet pensé, comme si ces deux termes, la pensée et son objet, ne s'impliquaient pas mutuellement. Il cherche le lien qui réunit le sujet et l'attribut dans les jugements *synthétiques à priori*; mais pour avoir besoin de chercher ce lien, il faut avoir commencé par le briser; car notre raison nous donne les jugements synthétiques, en quelque sorte tous faits, et non pas seulement les idées qui en sont les éléments; il n'y a donc pas à demander de quel droit nous réunissons ces idées dans un même jugement : la raison ne les conçoit que comme réunies; le lien est dans la nature même de notre raison, ou plutôt dans la nature de la *vérité;* car supposer que les lois de ma raison diffèrent des lois de la vérité, qu'il y a une vérité *pour moi* et une vérité *absolue*, c'est encore réaliser des abstractions, c'est prendre les deux points de vue sous lesquels notre esprit considère la même et unique vérité (le point de vue de son existence en dehors de moi et le point de vue de l'action qu'elle a sur moi), pour deux choses différentes dont l'une serait la vérité, l'autre· la fausse apparence. Toujours, par le même procédé d'abstraction, Kant considère le phénomène comme séparable du noumène, la perception comme séparable de la pensée, comme si l'on pouvait percevoir sans penser, et qu'une pensée pût exister sans constituer un degré quelconque de connaissance. Dans le sujet pensant lui-même, il regarde les modifications du *moi* comme distinctes du *moi* et pouvant exister sans le *moi*, d'où il résulte que de la conscience de ma pensée je ne saurais conclure à mon existence. Il pousse l'abstraction jusqu'à diviser en deux parties, appartenant chacune à un monde distinct, l'acte indivisible de ma volonté, et conclut que le même acte est libre dans un de ces deux mondes, celui des *noumènes*, fatalement déterminé dans l'autre, celui des *phénomènes*. Enfin, il va jusqu'à séparer tout ce qu'il a de plus inséparable, à savoir, l'*attribut* et la *substance*, la *perfection* et l'*Être parfait*, et admet, à titre de simple *idéal* de la raison pure, cette perfection qui n'est ni réalisée ni réalisable. Pour rétablir un lien entre tous les éléments de notre connaissance, qu'il a ainsi séparés par une pure fiction logique, il est réduit à en chercher la synthèse dans une intuition ou dans l'expérience ; par là, il se trouve ramené aux conclusions de la philosophie empirique sur les bornes de la connaissance humaine, avec cette différence, toutefois, qu'il se réserve de sortir par une autre voie de ces étroites limites de l'expérience où nous enferme la Critique transcendantale.

SECONDE SECTION

Examen de la Critique de la Raison pratique.

CHAPITRE UNIQUE

I. La raison *pratique* est-elle distincte de la raison *spéculative?*
II. Kant ne donne pas une idée exacte de la liberté.
III. L'*obligation* est-elle, comme l'enseigne Kant, le principe du Bien moral, ou n'a-t-elle pas son principe elle-même dans l'idée du Bien, de l'ordre absolu ?
IV. Excellence de la doctrine de Kant sur la *dépendance* de la volonté par rapport à l'obligation morale.
V. *De la morale particulière de Kant.* — Omission des devoirs envers Dieu. — Définition incomplète du *droit.*

I

La méthode par laquelle, dans la *Critique de la Raison pratique*, Kant s'élève de l'idée du Bien à la démonstration de l'existence de Dieu, est inattaquable, mais à une condition : c'est qu'on admette, avec le sens commun, la véracité des principes de la raison ; elle ne pourrait résister à la critique, si on acceptait les conclusions du scepticisme transcendantal sur l'impuissance de la raison spéculative; car, pour établir l'objectivité de l'idée du Bien, Kant est obligé de faire une application *transcendantale* de ces mêmes concepts de l'entendement dont il a prétendu borner l'usage au domaine de l'expérience.

Le Bien existe, dit Kant; il y a une loi morale qui me commande; et, de la loi, il conclut au *législateur*. N'est-ce pas là une application pure et simple du principe de *causalité* ? De plus, Kant reconnaît que le souverain Bien, — ou l'union parfaite de la vertu et du bonheur, — ne peut se réaliser que par la volonté d'un Etre parfait. Outre l'application du principe de *causalité*, nous trouvons là encore un aveu du principe de *substance* (car, si nous faisions abstraction de ce principe, nous pourrions concevoir l'*Idéal* du *souverain Bien* ou la *Perfection* sans réaliser cette perfection dans un *Être* parfait). Ainsi, Kant nous autorise, par son propre exemple, à affirmer les axiomes de la raison *en dehors du monde sensible*. D'où vient ce droit, s'ils ne sont pas vrais toujours et partout ? Dira-t-on qu'ils *deviennent* légitimes par le seul fait que la loi morale les suppose ? Mais c'est faire un cercle vicieux. *La loi morale ne les supposerait pas si leur vérité absolue ne nous était pas connue déjà*; car si les principes de *causalité* et de *substance* n'avaient qu'un usage empirique, rien ne nous empêcherait de supposer que, dans le monde *intelligible*, il peut exister une loi sans législateur, une Perfection absolue sans un Être parfait qui en soit le sujet. Sans doute Dieu est véritablement comme le dit Kant, un *postulat de la loi morale ;* mais pourquoi? Parce que la cause est un *postulat de l'effet*, et qu'il est impossible de concevoir l'effet sans la cause ; or, n'est-ce pas là précisément un principe de la raison pure ? Au fond, l'argument moral suppose la vérité de la métaphysique, puisqu'il se ramène à un syllogisme dont la majeure, « *tout effet a une cause* » est un jugement métaphysique, et dont la mineure seule, « *il y a une loi morale,* » est donnée par la *raison pratique* ; si, comme le professe Kant, nous ne trouvons de certitude objective que dans la *raison pratique*, la mineure du syllogisme est seule valable, mais la majeure ne l'est pas, et, par conséquent, la conclusion : « *donc il existe un auteur de cette loi,* » est purement subjective comme la majeure elle-même. Ce n'est pas assurément qu'il faille regarder comme inutile l'argument moral, car il nous fournit une mineure incontestable, et la solidité de la mineure n'est pas moins nécessaire que celle de la majeure; nous soutenons seulement que, puisqu'il emprunte sa majeure à la *raison pure* et sa mineure à la *conscience morale*, cet argument implique l'égale certitude de ces deux facultés. Si donc, on révoque en doute la légitimité des axiomes de la raison pure, on ébranle par la base la preuve morale elle-même. Si les conclusions de la *Critique de la Raison pure* sont vraies, celles de la *Critique de la Raison pratique* sont fausses, et le scepticisme transcendantal nous a fermé toutes les issues par lesquelles Kant se flattait d'échapper au doute. Il y échappe, il est vrai, mais par une inconséquence. Pour nous, il nous faut choisir entre ses conclusions critiques et sa philosophie morale : le choix peut-il être douteux ?

II

Tout en nous félicitant de l'heureuse inconséquence, grâce à laquelle Kant a oublié, dans la *Critique de la Raison pratique*, les principes du scepticisme transcendantal, nous regrettons que cette inconséquence n'ait pas encore été plus complète; car son système moral n'en serait que plus parfait. La doctrine de la troisième *Antinomie* sur la liberté se retrouve dans la *Critique de la Raison pratique*. On se rappelle qu'après avoir prouvé, dans la *thèse*, qu'il existe une cause libre du monde, Kant s'efforce de prouver, dans l'*antithèse*, que la liberté ne peut exister et que le concept d'une cause *indéterminée* implique contradiction. Pour résoudre cette antinomie, il abandonne à la fatalité le monde des *phénomènes* et réserve une place à la liberté dans le monde *intelligible*; et, appliquant cette distinction à mes actes volontaires, il conclut qu'ils sont déterminés, *en tant que phénomènes*, par des causes naturelles, mais qu'ils sont libres *en tant qu'ils dépendent de la raison*. Cela revient à dire que ce n'est pas ma volonté mais ma raison qui est libre. Sous l'influence de cette théorie, Kant réduit, même dans sa philosophie morale, la liberté à un rapport avec la raison. La liberté, d'après la *Critique de la Raison pratique*, n'est autre chose que l'*autonomie*; or l'*autonomie* consiste à suivre la loi faite *pour* la volonté, c'est-à-dire la raison; la liberté, au contraire, — j'entends la liberté que le sens commun reconnaît, que la conscience me révèle, — consiste à suivre la loi faite *par* moi, ou, en d'autres termes, à me déterminer moi-même et par moi-même. Si la liberté se confondait avec l'*autonomie*, c'est-à-dire avec l'obéissance à la raison, à la loi faite *pour moi*, mes actes cesseraient d'être libres quand ils sont *hétéronomes*, c'est-à-dire quand j'obéis à la loi de l'intérêt ou aux suggestions de la passion. Où donc est la *responsabilité* morale pour le coupable, s'il cesse d'être libre par cela seul qu'il fait mal? C'est là une difficulté insoluble pour tous les philosophes qui, avec Platon, avec Leibnitz et avec Kant, font consister la liberté dans la *détermination de la volonté par la raison*.

III

Une autre conséquence des principes posés dans la *Critique de la Raison pure* et de la méthode critique qui consiste à renfermer toute la philosophie dans l'étude des *formes* de la pensée, — c'est le caractère purement *formel* que Kant attribue au Bien moral. Au lieu d'en chercher l'essence dans l'*Ordre universel*, dans la *conformité avec la Raison de Dieu*, et par conséquent dans une réalité métaphysique, c'est dans le fait subjectif de l'*obligation* qu'il en place l'origine; suivant lui, une chose n'est pas obligatoire parce qu'elle est bonne, elle est bonne parce qu'elle est obligatoire, car l'essence du Bien réside *dans la conformité d'une volonté avec une loi qui lui commande*. Kant n'a pas vu que cette définition du Bien ne pouvait s'appliquer tout au plus qu'à la volonté humaine et non à la Perfection absolue, au-dessus de laquelle il ne saurait exister de loi. Dira-t-on que la volonté de Dieu est *obligée*, par cette nécessité morale dont parle Leibnitz, d'obéir aux lois de sa Raison? Sans doute, il est impossible à Dieu d'agir contre la Raison, mais cette impossibilité vient de sa nature, et ne constitue pas une *obligation*, puisque l'obligation implique la dépendance et l'*infériorité* où la volonté se trouve par rapport à la loi. Le Bien absolu n'est donc pas la *conformité obligatoire*, mais la *conformité en général* à la Raison suprême; et si pour l'*homme* cette conformité devient obligatoire (1), c'est que l'imparfait doit trouver sa règle dans le Parfait, et lui être *subordonné*; ainsi, l'*obligation* qui n'est que la *subordination*, résulte, non de l'essence du Bien, mais du rapport entre le Bien et l'homme ; en un mot, l'obligation ne constitue pas le Bien en lui-même, mais c'est le Bien qui constitue l'obligation pour l'homme. Il faut chercher plus haut l'essence du Bien ; au lieu d'expliquer sa nature par le *fait* du commandement qu'il nous impose, on doit expliquer par sa nature le *droit* qu'il a de nous commander. Or, comme tout droit a son fondement dans la Raison, le Bien s'identifie avec la Raison, avec l'*Ordre absolu*, avec l'accomplissement de la destination de toute chose suivant le plan voulu par la souveraine Raison.

(1) En disant que la conformité de notre volonté au Bien est obligatoire, nous ne prétendons pas affirmer d'une manière absolue que l'*homme est toujours obligé à faire tout le bien possible* ; car alors quel est l'homme qui ne serait toujours coupable? Peut-on dire que Monthyon était *obligé* à léguer plusieurs millions aux hospices? — Nous reconnaissons, sans doute, que ce qui n'est pas obligatoire *toujours et pour tous* peut le devenir *accidentellement* pour celui qui se sent appelé par la voix de sa conscience à des actes de charité ou d'héroïsme qui passent l'ordinaire. Il ne faut pas facilement résister à ces inspirations de la conscience, sous prétexte que nous ne sommes pas *obligés* à les suivre, et dans le doute, le plus sûr est d'agir comme si on était obligé : mieux vaut risquer de faire plus que son devoir que de faire moins. Il n'en est pas moins vrai que, dans bien des cas, il y a des actions éminemment bonnes qui ne sont pas obligatoires, et par conséquent ce *n'est pas l'obligation qui est le principe du Bien*; c'est l'inverse qui est vrai.

IV

Mais si la doctrine de Kant est incomplète par rapport à la détermination de l'*objet* de la loi morale, il a beaucoup plus exactement défini les *principes* et les *mobiles* qui doivent guider notre conduite. S'il a en quelque sorte trop attribué à l'*obligation*, puisqu'il y cherche l'essence même du Bien, il en a analysé les caractères avec une telle profondeur qu'il est désormais impossible de défigurer par de fausses théories ce caractère *obligatoire* de la loi morale, dont aucune doctrine empirique ne peut donner l'explication. L'obligation ne peut se ramener ni à l'intérêt qui *conseille* et ne *commande* pas, ni à aucun mobile *personnel :* elle assigne à notre personne un rôle de *dépendance*, d'*infériorité* vis-à-vis de la loi, dépendance qui se manifeste dans le sentiment du *respect*. Le mérite ne consiste pas à accomplir l'acte ordonné, mais à l'accomplir par *respect* pour la loi : or ce sentiment du respect implique à la fois et l'aveu d'une *puissance* supérieure à nous qui nous impose la loi, et l'amour d'une *bonté* infinie qui rend cette puissance digne de nous commander.

On voit par là combien le principe de Kant est opposé à la doctrine que de nos jours on a voulu ériger sous le nom de morale indépendante : loin de faire de notre liberté le *but* de la morale, il la considère comme faite pour la soumission à la *loi :* et s'il déclare que la personne humaine doit être traitée non comme *un moyen*, mais comme une *fin*, c'est dans sa *sujétion* à la loi morale qu'il place le principe qui rend la personne sacrée (1).

Ajoutons, du reste, avec Kant, que ce *respect*, cette dépendance de la loi, ce joug auquel notre volonté doit se soumettre, s'il est d'une part une peine, une « humiliation, » est en même temps ce qui fait notre dignité. « Une telle obéissance a quel-
» que chose qui nous relève... car elle nous fait re-
» connaître en nous la faculté d'être déterminés par
» autre chose que par l'intérêt. » Et pourquoi ce caractère de désintéressement est-il si noble ? C'est parce qu'il dépasse les bornes d'une nature sensible, d'une nature qui aurait sa fin en elle-même. Heureux joug que celui qui soumet la partie inférieure de notre âme à la partie supérieure, et met ainsi en nous cet *ordre* qui constitue l'harmonie et la beauté de toute chose ! Si notre raison ne se plaint pas d'être astreinte à la nécessité de la vérité, si, au contraire, elle ne trouve sa dignité que dans cette soumission à la vérité, pourquoi ne serait-ce pas aussi dans la loi qui l'oblige que notre liberté trouverait le principe de sa grandeur ? « Devoir, mot grand et sublime ! Quelle
» origine est digne de toi ? Où trouver la racine de ta
» noble tige... où il faut placer la condition indispen-
» sable de la valeur que les hommes peuvent se don-
» ner à eux-mêmes (2) ? » Cette origine, digne du devoir, Kant n'hésite pas à la placer en Dieu, sans lequel il n'y aurait pas de loi morale. Quel *fait*, purement humain, mériterait tant de respect et d'admiration ?

Mais, tout en reconnaissant ce qu'il y a de grandeur

---

(1) *Dialectique de la Raison pratique*, ch. II, n° 5 (à la fin).
(2) *Critique de la Raison pratique* (*Analytique*, ch. III).

et de vérité dans cette belle doctrine du *respect pour la loi*, ici encore nous trouvons une lacune : Kant n'a pas vu que si le *respect de la loi* est un mobile éminemment moral, c'est parce que la loi est *bonne* et non pas seulement parce qu'elle est *la loi* ; ainsi c'est en réalité au Bien lui-même que s'adressent notre amour et notre respect quand nous nous inclinons devant la loi ; c'est le Bien, c'est Dieu que nous adorons en conformant notre volonté au commandement de la loi morale. Par conséquent, le *respect de la loi* n'est qu'un principe, excellent sans doute, mais un principe *dérivé* d'un principe encore supérieur ; et ce principe supérieur, ce principe fondamental de la moralité est *l'amour du Bien*. Quand cet amour prendrait la forme d'un attrait sensible, cet attrait ne diminuerait pas la moralité ; autrement il faudrait dire, quand on se sent transporté de l'amour du Bien : « *J'éprouve du plaisir à faire une bonne action : je crains de ne pas être vertueux !* » Toutefois, si cet attrait sensible que le Bien exerce sur nos cœurs ne diminue pas le mérite, c'est à cette seule condition que nous le regarderons comme une faveur de Dieu, et non comme l'œuvre de notre liberté. Pour nous faire comprendre que cet amour sensible du Bien n'est qu'une faveur gratuite, Dieu permet le plus souvent que l'accomplissement du devoir nous soit pénible ; et alors ce n'est plus, comme dit fort bien Kant, un *amour d'inclination*, c'est un *amour pratique*, c'est-à-dire une disposition de la volonté à faire le bien, que la loi morale exige de nous. Kant a donc parfaitement compris quel est, dans l'état *le plus ordinaire* de l'âme, le principal *mobile* moral, à savoir, le *respect* ; mais c'est à tort qu'il condamne *tout autre mobile* qui s'ajouterait à celui-là et spécialement tout attrait sensible ; car l'amour du bien peut revêtir cette forme quoiqu'il n'en soit pas toujours ainsi, et l'amour du Bien, l'amour de Dieu, constitue le plus parfait état de l'âme humaine.

V

Cette omission du plus sublime et du plus parfait mobile de la loi morale, l'*amour de Dieu*, a pour conséquence la suppression de toute la morale *religieuse*. Kant ne reconnaît pas de devoirs spéciaux de l'homme envers Dieu : la *justice* et la *charité*, telles qu'il les définit dans les *Fondements de la métaphysique des mœurs*, n'embrassent que nos devoirs envers les hommes. Ces vertus ont, dit Kant, leur principe dans cette maxime : nous devons *considérer la personne humaine non comme un moyen, mais comme une fin.* Cette formule résume admirablement sans doute, nos devoirs envers nos semblables. Mais comment séparer ces devoirs de ceux que nous avons envers Dieu ? Si nous devons considérer la personne humaine comme une *fin*, n'est-ce pas parce que sa participation à la loi morale, la *fin suprême* de toutes choses, la rend sainte et respectable ? A plus forte raison, Dieu, qui est le principe même de la loi morale, doit être considéré comme une *fin absolue*, c'est-à-dire que c'est à lui que nous devons rapporter toutes nos actions, toutes nos pensées, tous nos sentiments. C'est donc par une inconséquence que Kant a négligé le devoir d'aimer Dieu et par suite toute la morale religieuse ; ce ne sont pas les principes de son système moral qu'il faut en accuser, c'est le siècle où il vivait.

Enfin, une autre inconséquence à signaler dans la morale particulière de Kant, c'est l'omission de la notion du *devoir* dans la définition du *droit*. Le droit, d'après la *Métaphysique des mœurs*, est « l'ensemble » des conditions auxquelles le franc-arbitre de l'un » peut se concilier avec le franc-arbitre de l'autre. » En d'autres termes, le droit est le libre exercice de la liberté de chacun en tant qu'elle ne gêne pas la liberté d'autrui.

Cette définition n'est pas fausse, mais elle est incomplète : si la liberté est sacrée, c'est en tant qu'elle est la condition de l'accomplissement du *devoir* ; ainsi c'est la notion du *devoir* qui est le véritable principe de celle du *droit*. Séparée de la notion du *devoir*, la liberté n'est plus qu'un *fait*, et on ne peut fonder le *droit* sur un *fait*.

Observons encore que, de la définition du *droit* telle qu'elle est donnée par Kant, on ne pourra jamais déduire la distinction, capitale en morale, des *droits cessibles* et des *droits incessibles*. Il est évident que je puis céder ma propriété avec ou sans condition ; si on le niait, il n'y aurait plus ni transactions ni droit d'héritage. Mais je ne puis céder mon droit à la vie ; c'est un préjugé et une grossière ignorance de s'imaginer qu'on n'est pas coupable en tuant un homme s'il a volontairement exposé sa vie dans un combat singulier ; car je n'ai aucun droit de lui enlever un bien qu'il n'a pas le droit de me céder. Je ne saurais non plus, sans un crime envers moi-même, me vendre comme esclave (si ce n'est, bien entendu, par dévouement, motif qui permet d'exposer même sa vie). Or, si le fondement de tous les droits est dans ma liberté, comment expliquer cette distinction entre les droits que je puis céder et ceux auxquels il m'est défendu de renoncer ? Si la liberté est cessible, tous les droits le sont; si elle est incessible, tous les droits sont également incessibles. Dans les deux cas, la conclusion est inacceptable.

Au contraire, si l'on fonde le droit sur le devoir, ces questions sont beaucoup moins difficiles. J'ai le droit : 1° de faire mon devoir ; 2° de conserver les moyens nécessaires à l'accomplissement du devoir (la vie, la liberté) ; 3° de conserver les biens qui sont le fruit naturel du devoir accompli (la réputation, la propriété, fruit du travail). Il est évident, d'après cette division, que les droits des deux premières classes sont *incessibles* parce que je ne puis renoncer ni à mon devoir ni aux moyens de l'accomplir ; mais je peux céder la récompense de mon devoir (1).

Au fond, ce n'est que sur une question de méthode que porte cette discussion. Il est vraisemblable que si Kant a mis le principe du droit dans la *liberté*, c'est en vue de sa fin morale et non *par elle-même* qu'il la regarde comme sacrée ; mais c'est là un *sous-entendu*, et, par suite, une grave lacune au point de vue de la rigueur scientifique.

Malgré ces réserves, il est impossible de ne pas éprouver pour la doctrine morale de Kant une profonde admiration. C'est le plus beau système de morale conçu par la raison humaine, car la morale chrétienne a une origine divine. Quand on pense au degré

---

(1) Il y a pourtant des cas où je n'ai pas le droit de renoncer à ma propriété, c'est quand elle est nécessaire à l'accomplissement de mon devoir : ainsi un père ne peut donner à un étranger l'argent indispensable pour l'éducation de ses enfants.

d'abaissement de la philosophie et des mœurs au siècle où Kant a formulé ce système, si grand et si bien fait pour nous remplir de l'enthousiasme du devoir, on songe à ces stoïciens de l'ancienne Rome au milieu de la décadence morale d'une époque qui ne comprenait plus que la philosophie d'Epicure. Mais la morale de Kant est fort au-dessus du stoïcisme, parce qu'elle conduit à reconnaître Dieu pour principe de l'Ordre *absolu* ; cette conclusion de la *Critique de la Raison pratique* se retrouvera de nouveau, et l'objectivité de l'Ordre sera affirmée encore plus formellement à la fin de la *Critique du jugement*.

TROISIÈME SECTION.

Examen de la Critique du Jugement.

CHAPITRE PREMIER.

EXAMEN DE LA PRÉFACE ET DE L'INTRODUCTION.

De la distinction établie par Kant entre la raison, l'entendement
et le jugement.

Un ordre très-régulier, mais souvent artificiel, règne dans les trois *Critiques*. — Nos facultés sont classées, subdivisées par Kant avec une symétrie qui fait quelquefois violence à la nature de l'esprit humain. On a déjà montré que la distinction qu'il établit entre la *raison spéculative* et la *raison pratique* est plus apparente que réelle ; il nous reste à examiner si la *raison spéculative*, l'*entendement* et le *jugement* sont réellement des facultés distinctes ou seulement des formes d'une faculté unique, la *raison*.

Nous avons vu que par *entendement*, Kant désigne la faculté de concevoir les *catégories* et de former, en les appliquant à l'expérience, des jugements *déterminants*. La *raison* est la faculté de penser l'*Idéal*, l'Infini, notion dont l'objectivité, suivant la *Critique*, ne peut être prouvée que par la loi morale. Enfin, le *jugement réfléchissant* est la faculté de concevoir deux notions, celle du *Beau* et celle de *finalité*; ces notions sont applicables à l'expérience ; mais l'expérience est possible sans elles, car l'expérience les précède ; et c'est seulement une fois la nature de l'objet conçue par l'entendement sous une forme déterminée, que la réflexion fait naître en nous le sentiment du Beau et la conception d'un but.

Cherchons d'abord si l'entendement est réellement distinct de la raison.

Lorsque je conçois un objet donné comme *grand*, comme *doué de qualités*, comme *cause* ou comme *effet*, comme *possible* ou *réel*, c'est l'entendement qui lui applique ces attributs. Mais les *concepts* de *grandeur*, de *qualité*, et en général toutes les *catégories*, sont quelque chose de *relatif*. On ne peut les comprendre que par comparaison avec une quantité plus grande, une qualité plus parfaite, une cause plus reculée, ou plutôt par comparaison avec la grandeur *absolue*, la perfection *absolue*, la cause première. Le limité n'a de sens que par l'illimité ; ainsi, toutes les fois que je porte un jugement déterminant, même sur les objets de l'expérience, j'affirme implicitement l'Infini dans le fini, et, par conséquent, l'entendement implique la raison en tant qu'elle applique ses notions absolument générales à tel ou tel cas particulier.

Quant à la distinction du jugement *déterminant* et du jugement *réfléchissant*, elle est réelle ; car si ces deux jugements ne sont pas le produit de deux facultés différentes, ce sont deux opérations successives et par conséquent distinctes d'une même faculté ; mais est-il bien exact de rapporter d'une part toutes les *catégories* au jugement *déterminant*, et de l'autre le Beau et la finalité à la *réflexion* ?

Que la finalité se rapporte à la réflexion, on doit l'accorder, car je puis connaître un objet avant de savoir à quoi il sert. Le Beau, au contraire, nous frappe d'abord, avant toute réflexion ; l'émotion qu'il nous cause accompagne ou même précède la connaissance de l'objet et en distrait notre attention : on dit alors que la beauté *éblouit*. Il en est toujours ainsi du sentiment produit par la beauté *libre* ; et si d'autres fois il faut être connaisseur pour prononcer sur la beauté (comme dans la peinture et dans l'architecture), c'est qu'il s'agit d'une beauté *adhérente*, et qu'au jugement du goût se mêle le jugement *réfléchissant* de finalité.

Ce n'est pas que le goût doive être pour cela rapporté au jugement *déterminant* ; car la beauté d'un objet n'ajoute pas à la connaissance que nous avons de sa nature. Mais pourquoi n'y aurait-il que deux classes de jugements, les jugements *déterminants* et les jugement *réfléchissants* ? Si le goût ne peut se ranger ni parmi les premiers, ni parmi les seconds, ne faut-il pas admettre qu'il constitue une troisième classe de jugements, comprenant celui du Beau et celui du Sublime ?

En revanche, Kant aurait pu rapporter au jugement *réfléchissant* deux *catégories* : celle de *relation* et celle de *modalité*. Incontestablement celles de *quantité* et celles de *qualité* sont *déterminantes* ; mais il n'en est pas de même de la *relation*, car nous pouvons connaître un objet en lui-même, d'une manière déterminée, avant de connaître ses relations avec les autres objets ; on perçoit les effets avant de savoir leurs causes, et on ne remonte aux causes que par la *réflexion*. La *contingence* et la *nécessité* (qui constituent la *catégorie* de *modalité*) ne sont pas non plus des concepts *déterminants*; car deux physiciens pourront avoir la même connaissance des lois de la nature, quoique l'un sache qu'elles sont contingentes et que l'autre se les figure comme nécessaires. D'ailleurs, on ne peut rapporter à deux facultés différentes la notion de *contingence* et celle de *finalité*, car elles se supposent et s'impliquent mutuellement.

Il serait donc plus exact de rapporter : 1° au jugement déterminant, la *quantité* et la *qualité* ; 2° au jugement réfléchissant, la *relation*, la *modalité*, la *finalité* ; 3° à une faculté à part, les notions du *Beau* et du *Sublime*. Toutefois ces trois classes de jugements trouvent leur unité dans la raison ; car ils ne sont, après tout, que des applications diverses de la faculté de concevoir l'*Absolu* : le jugement déterminant ne conçoit la quantité et la qualité relatives que par leur rapport à l'Infini et à la Perfection ; les jugements de causalité, de contingence, de finalité, supposent et affirment la Cause première, l'Inconditionné (et, par conséquent l'Intelligence absolue, puisque la Cause première, étant libre, ne peut agir que par raison) ; enfin, le jugement esthétique est comme un pressentiment de l'existence d'un *Ordre absolu*, qui nous plaît par sa propre excellence, et non par son rapport avec notre bien personnel ; par là ils se rapportent à la même faculté qui conçoit le Vrai et le Bien.

CHAPITRE II.

EXAMEN DE LA CRITIQUE DU JUGEMENT ESTHÉTIQUE.

I. *Examen de l'Analytique du Jugement esthétique.* — Kant n'a pas cherché les caractères du Beau, mais les caractères de nos jugements sur le Beau. — Des quatre définitions du Beau. — Objectivité du jugement esthétique. — Du Sublime. — Objectivité du jugement sur le Sublime.

II. *Examen de la Dialectique du Jugement esthétique.* — La finalité que suppose le jugement esthétique est *réelle* et non pas seulement *idéale*. — Comment le Beau est le symbole du Bien.

I

Le principal mérite de l'*Analytique* du Beau est d'avoir ramené l'esthétique à des principes généraux. Avant Kant, comme l'a fort justement remarqué Schopenhaüer (1), les philosophes qui avaient traité la question du Beau ne s'étaient posé que des problèmes spéciaux (2). Ils avaient cherché dans quelles conditions tel ou tel art particulier pouvait produire le plaisir *esthétique*; en un mot, ils s'étaient bornés à établir des règles *empiriques* de l'art; ils ne s'étaient pas demandé quels étaient les caractères généraux du Beau. En posant cette question, en s'éle-

---

(1) *Du monde de la Volonté et de la Représentation.*
(2) Il faut excepter Platon et saint Augustin.

vant au-dessus du point de vue étroit que Schopenhauër reproche à Aristote, à Burke, à Winkelmann, à Lessing, à Herder, Kant a évidemment ouvert à l'esthétique une voie nouvelle. Toutefois, comme Baumgarten, son prédécesseur et le fondateur de l'esthétique allemande, Kant ne s'est attaché qu'à analyser les phénomènes psychologiques produits par la vue du Beau, et n'a pas cherché à déterminer la nature du Beau en lui-même. Schopenhaüer se sert de plusieurs comparaisons ingénieuses pour critiquer cette méthode. Kant, dit-il, pour savoir ce que c'est que le Beau, n'interroge que les jugements qu'il produit en nous; c'est comme si, au lieu de s'assurer d'un fait par ses propres yeux, on ne consultait qu'un témoin; Kant parle du Beau *par ouï-dire*; il est comme un aveugle intelligent qui ferait une théorie de couleurs d'après l'idée qu'il en a.

Sans doute, il faut commencer par étudier l'impression que le Beau produit sur nous avant de chercher à définir ce qu'il est en lui-même ; mais ce que reproche Schopenhaüer à Kant, ce n'est pas d'avoir commencé par l'analyse psychologique, c'est de s'être arrêté là. Ce reproche nous semble parfaitement justifié par la méthode de Kant; ici encore, comme dans les deux premières *Critiques*, il borne la science à la recherche des formes de notre pensée : de là le caractère purement subjectif des trois dernières définitions du *Beau* données dans l'*Analytique* : comme définitions de nos jugements sur le Beau, elles sont complètes; elles sont d'une exactitude et d'une précision merveilleuses ; mais on ne saurait y voir des définitions du Beau; non-seulement elles ne déterminent pas la nature du Beau en soi, mais elles impliquent qu'il n'y a rien de Beau en soi, et que le Beau n'existe que *pour l'esprit humain*. Il est très-vrai que les jugements du Beau sont nécessaires, universels (*V. la* 4ᵉ *définition*), que la satisfaction qu'ils procurent n'est accompagnée d'aucun concept *déterminé* (2ᵉ *définition*) et qu'elle est produite par l'accord de l'entendement avec l'imagination (*V. l'explic. de la* 3ᵉ *définition*). Mais quelle est la raison d'être de cette universalité du jugement esthétique? Qui produit cet accord de l'entendement et de l'imagination? Dire que ces phénomènes psychologiques ont leur raison d'être dans les lois de ma pensée, ce n'est rien expliquer, c'est tout simplement dire que ma nature est faite comme elle est faite; c'est comme si un physicien, pour expliquer les phénomènes de l'électricité ou de la lumière, se contentait de dire qu'ils sont dus apparemment à une loi de la nature. D'ailleurs, si la beauté ne réside pas dans les *objets*, si le jugement que je porte sur le Beau n'a de raison d'être que dans les formes *subjectives* de ma pensée, comment se fait-il qu'en présence de certains objets je ressente cette harmonie de l'entendement et de l'imagination, et qu'en présence d'autres objets j'éprouve, au contraire, un sentiment de peine et de répulsion? Ne faut-il pas avouer qu'à tout le moins certains *objets* sont plus capables que certains autres de satisfaire mon goût, et que par conséquent les jugements du goût dépendent, non pas seulement des lois de ma pensée, mais de la nature des objets extérieurs perçus par mes sens? Le goût a donc une *matière*, et toute *matière* n'est pas également capable d'être jugée belle; en d'autres termes, le Beau n'est pas dans la *forme* de ma pensée, mais dans *la nature des choses*. Enfin, si en affirmant la *beauté* j'affirme seulement la satisfaction que me fait éprouver l'harmonie de mes facultés entre elles, comment cette satisfaction serait-elle *pure de tout intérêt?* (1re *définition*.) Une satisfaction fondée sur la seule nature de mes facultés ne serait-elle pas essentiellement *égoïste?* Pour que le jugement esthétique soit *désintéressé*, et par conséquent impersonnel, ne faut-il pas qu'il résulte de la vue d'une chose belle *par elle-même*, digne d'être aimée pour elle-même, et non pour le plaisir qu'elle me procure? Il est vrai que ce plaisir est *intellectuel* plus encore que sensible; mais le plaisir intellectuel, pour être plus noble que le plaisir sensible, n'en est pas moins un sentiment égoïste, si c'est ce plaisir que je recherche et non l'*objet* qui le cause. Ainsi le caractère de désintéressement, si justement signalé par Kant, dans sa première définition du Beau, est inconciliable avec le caractère subjectif qu'il attribue au plaisir du goût dans les trois dernières définitions. Ajoutons que le Beau n'excite pas seulement en nous la *satisfaction*, mais l'*admiration;* et l'admiration, comme le *respect*, dont elle est une forme, ne peut s'adresser qu'à un *objet* extérieur à nous et supérieur à nous. Le Beau réside donc dans l'*objet* admiré, et non dans ma pensée, dont la loi est d'admirer cet objet et non d'admirer ses propres formes. Ainsi le jugement esthétique est *objectif* ou il n'est pas; le ravissement qui l'accompagne ne peut s'expliquer que par une beauté dont la vue nous élève au-dessus de nous-même, et qui par conséquent n'est pas produite par un simple état *subjectif* de nos facultés.

Si la doctrine de Kant sur le Beau, malgré ses défauts et ses inconséquences, est déjà une œuvre remarquable au point de vue de l'analyse psychologique, sa théorie du Sublime l'emporte encore de beaucoup en précision et en exactitude; il y a sans doute même ici des réserves à faire ; mais sur plus d'un point cette théorie est restée définitivement acquise à l'esthétique. Kant a surtout mis en lumière deux vérités très-importantes : 1° Le Sublime est distinct du Beau ; 2° l'essence du Sublime est la manifestation de l'Infini par un spectacle qui, bien que fini, dépasse les bornes de notre imagination et écrase notre petitesse. Notre imagination est essentiellement finie ; elle peut embrasser un beau spectacle, mais elle ne saurait être frappée par l'Infini que d'une manière en quelque sorte négative, en sortant violemment d'elle-même, et en reconnaissant, par son impuissance, non plus son accord avec la raison, mais sa subordination à la raison.

Tels sont les caractères *subjectifs* du jugement sur le Sublime, et on ne saurait mieux les décrire que Kant ne l'a fait. Mais ici se présente encore la question de l'*objectivité* de nos jugements : le *Sublime* n'est-il qu'une *forme subjective* de notre esprit, ou existe-t-il réellement quelque *objet* sublime? Kant, suivant sa méthode ordinaire, se prononce (au moins provisoirement, pour la *subjectivité*. Le Sublime, dit-il, est l'Infini ; or l'Infini n'existe pas dans la nature; donc le Sublime ne réside que dans l'esprit qui conçoit l'Infini. Cette conclusion est-elle rigoureuse? Si l'Infini n'existe pas dans la nature, n'existe-t-il pas réellement et objectivement en dehors de la nature, en Dieu? Dieu n'est-il pas l'*objet réel* des jugements et des sentiments que nous appelons sublimes? Et lorsque nous voulons définir le Sublime, où cherchons-nous des exemples, si ce n'est dans les expressions qui nous donnent la plus vive impression de la grandeur de Dieu? Quand nous lisons dans la Genèse : « *Dieu dit que la lumière soit! et la lumière fut*, » ou dans la prophétie de Baruch : « *Quel est celui qui a* » *changé le lit des mers?... Il a appelé la lumière, et* » *la lumière lui a obéi en tremblant... Et il a appelé* » *les étoiles, et elles ont dit* : « *Nous voici!* » *Et elles* » *ont brillé avec joie pour celui qui les a créées. C'est* » *notre Dieu, et on n'en trouvera pas d'autres contre* » *lui. Il a trouvé toutes les voies de la sagesse, et il* » *les a enseignées à Israël son enfant. Et ensuite il a* » *été vu sur la terre et a habité au milieu des hom-* » *mes.* » N'est-ce pas là le véritable sublime? Lorsque Platon dit dans le *Timée* : « *Il est difficile de par-* » *ler du Père de toutes choses : disons cependant quelle* » *cause l'a déterminé à produire le monde : il l'a pro-* » *duit parce qu'il est bon, et que la Bonté ne peut en-* » *vier l'être à aucune chose.* » N'est-ce pas encore ici l'idée de la Divinité qui rend ces paroles sublimes? En un mot, le Sublime est l'émotion que nous fait éprouver l'idée de Dieu. Comment cette émotion serait-elle sans *objet*? Comment serions-nous ainsi ravis, transportés, par la pensée d'un simple *idéal*, d'un *néant*? Une pure abstraction pourrait-elle agir ainsi sur notre être, et le transformer tout entier?

Si Dieu est l'objet réel du jugement sur le Sublime, on peut aussi, par extension, appliquer ce nom de *sublime* à certains objets de la nature qui réveillent en nous l'émotion et pour ainsi dire le frisson de l'Infini. Telles sont, Kant l'a bien vu, l'Océan qui produit sur nos faibles sens l'effet de l'immensité, la tempête qui, par la manifestation terrible des forces de la nature, évoque en nous la pensée de la Toute-Puissance divine. Tel est encore, dans le calme de la nuit, le spectacle du ciel étoilé, dont Kant a comparé l'effet à celui que produit en nous la majesté de la loi morale. Or, cette propriété que de tels objets ont de nous faire trembler devant Dieu est inhérente à leur nature et non pas seulement à celle de l'esprit qui les contemple, car tous les objets n'ont pas la même propriété ; elle n'appartient qu'à ceux dont la grandeur effraie notre imagination. Concluons donc qu'il y a réellement des choses sublimes dans la nature ; et si la faiblesse de notre imagination est un des deux termes de cette disproportion par laquelle Kant explique le sentiment du Sublime, le second terme est la grandeur de l'*objet* ou la force dont il est la manifestation.

II

Le Beau est dans les objets, et non pas seulement dans l'esprit, puisque certains objets ont, de préférence à d'autres, le privilège d'exciter en nous le sentiment *esthétique*. On ne saurait donc admettre avec Kant que les jugements du goût soient purement subjectifs. Mais une nouvelle question se présente : cette harmonie de l'objet avec la nature de nos facultés, ce pouvoir que l'objet a de produire, comme dit Kant, le libre accord de l'imagination et de l'entendement, prouve-t-il une intention de la nature, une *harmonie préétablie* par elle à dessein entre les lois de notre esprit et les lois qui régissent les phénomènes ? Ou bien doit-on admettre qu'il y ait seulement une intention *apparente* de la nature? Dans le premier cas, il y aurait une *finalité réelle*; dans le second cas, il n'y aurait qu'une finalité *idéale*. Cette question est l'objet de la *Dialectique du jugement esthétique* : Kant, comme on l'a vu, se prononce pour la *finalité idéale* (1).

Les arguments qu'il oppose à l'hypothèse de la *finalité réelle* sont les mêmes que ceux dont il s'est servi dans la *Critique de la raison pure* pour nier l'objectivité des *concepts*. Les jugements de goût, dit-il, sont *à priori*, donc ils ne peuvent rien affirmer au sujet des intentions de la nature, puisque tout ce que nous savons de la nature, nous ne le savons qu'*à posteriori* : de plus, ces jugements sont universels, et par conséquent sont inhérents aux lois générales de l'esprit humain. Mais quoi ! le jugement du Beau ne serait-il pas encore universel et *à priori*, si la nature avait intentionnellement *préformé* les objets sur le même type de beauté que notre esprit conçoit? L'hypothèse que Kant repousse, à savoir celle de la *finalité réelle*, implique l'existence d'une intelligence créatrice, et cette intelligence a dû mettre dans notre esprit les mêmes règles de beauté qu'elle a suivies dans la formation du monde. Ainsi la finalité réelle peut être connue *à priori*, et explique tous les phénomènes du jugement esthétique. Au contraire, l'hypothèse de la *finalité idéale* n'explique rien : elle est même insoutenable; car si notre esprit est ainsi fait que tel objet éveille en lui le sentiment du Beau, sans que l'accord de la nature de l'objet avec les lois de ma

---

(1) Nous ajoutons encore ici une réserve; cette conclusion n'est que *provisoire*.

pensée soit l'effet d'une disposition intentionnelle du Créateur, cette harmonie sera l'effet ou du hasard, ou de la nécessité; or le hasard, ni en général aucune cause aveugle, ne peut produire aucun phénomène intellectuel, et le jugement du Beau est évidemment un fait intellectuel ; quant à la *nécessité*, elle ne saurait non plus expliquer aucun phénomène psychologique, puisque l'existence de mon âme n'est pas nécessaire, mais *contingente*.

Nous trouvons d'ailleurs une nouvelle preuve de la *finalité réelle* dans le caractère essentiellement *moral* que Kant attribue avec tant de raison au jugement esthétique : le Beau, dit-il, est le symbole du Bien, c'est-à-dire qu'il réveille en nous la pensée du Bien, par certaines analogies qui existent entre le goût et le jugement moral. Si donc Dieu nous a créés pour le Bien, s'il s'est proposé en toutes choses d'augmenter en nous la connaissance et l'amour du bien, comment ne reconnaîtrait-on pas un effet de sa prévoyance dans la faculté qui nous a été donnée de concevoir *symboliquement* le bien, le supra-sensible, par l'intermédiaire du jugement esthétique ? Il était bon que toutes nos facultés fussent accessibles à l'influence du Bien ; mais le Bien, par lui-même, ne parle qu'à la raison ; l'imagination ne peut le saisir sous sa forme abstraite ; le sentiment du Beau, merveilleux intermédiaire entre la raison et l'imagination, vient au secours de notre faiblesse : il procure à l'imagination les jouissances calmes et pures de la raison, il fait goûter à la sensibilité un plaisir purement spirituel ; il la transforme ainsi en auxiliaire de la raison. Et ce ne serait pas à dessein, ce ne serait pas dans l'intérêt de notre moralité que la nature, ou plutôt Dieu, aurait établi cette harmonie entre nos facultés intellectuelles et nos facultés sensibles !

Mais c'est trop peu de dire que le Beau est le *symbole* du Bien : il faut dire qu'il en est le symbole *naturel*. Un symbole peut être ou naturel ou accidentel : il est naturel, s'il y a un rapport *objectif*, une analogie réelle entre le signe et la chose signifiée ; si, au contraire, le signe ne rappelle la chose que par une association d'idées arbitraires, le symbole est accidentel, artificiel. Quand un géomètre prend la lettre *x* comme *symbole* de toute quantité inconnue, ce symbole est artificiel, car aucune relation réelle n'existe entre cette lettre et la quantité cherchée. Il n'en est pas ainsi de la relation que nous trouvons entre le Beau et le Bien ; ils ont des rapports réels : le Beau, comme le Bien, fait naître dans notre âme un plaisir sans trouble, un plaisir stable qui ne laisse après lui ni satiété ni regrets ; comme le Bien, le Beau est l'objet d'un jugement *désintéressé*; comme le Bien, enfin, le Beau est l'*Ordre*, mais le Bien est l'Ordre s'imposant à la raison comme obligatoire ; le Beau est l'Ordre qui nous apparaît comme aimable et attrayant ; et n'est-ce pas ce que signifie cette définition célèbre : « *Le Beau est la splendeur du Bien ?* » L'Ordre, en devenant ainsi l'objet d'une perception sensible, réalise cette supposition de Platon : *Si le Bien pouvait*
» *être perçu par les yeux, il exciterait les plus merveil-*
» *leuses amours de l'être raisonnable.* »

Cette manifestation de l'Ordre ne pouvait se produire à nos yeux que par le moyen d'une *forme* matérielle, et en ce sens la définition de Hegel « *l'expression de l'Idée par la forme,* » convient parfaitement au

Beau dans l'art et dans la nature. Mais cette nécessité d'une *forme* pour manifester le Beau à nos yeux, ne résulte que des lois *subjectives* de notre nature sensible. Pour une intelligence qui verrait clairement l'essence de l'Ordre, et que cette vue transporterait d'amour, le Beau existerait sans manifestation matérielle (et c'est ainsi, même pour l'homme, que le *Beau moral* apparaît dégagé de toute forme sensible). Que reste-t-il donc dans la notion du Beau, abstraction faite de la forme? Il reste l'*Ordre*, avec sa propriété d'être *aimé pour lui-même*. Telle est la définition *essentielle* du Beau ; sa manifestation *subjective* par la *forme* n'est qu'un *accident*, et, par conséquent, l'*objectivité* est inséparable de son essence.

CHAPITRE III.

EXAMEN DE LA CRITIQUE DU JUGEMENT TÉLÉOLOGIQUE.

I. *Examen de l'Analytique du Jugement téléologique.* — De l'usage des causes finales dans les sciences naturelles.
II. *Examen de la Dialectique du Jugement téléologique.* — De la prétendue identité de la *finalité* et de la *nécessité*.
III. *Examen de la Méthodologie du Jugement téléologique.* — Est-il vrai que nous ne connaissions que les attributs *moraux* de Dieu? — La connaissance de Dieu est-elle seulement objet de *foi* et non objet de *science*?

I

Les adversaires des causes finales se sont souvent prévalus d'une parole de Bacon pour exclure de la science et renvoyer dédaigneusement à la métaphysique toute considération de *finalité*. Mais ont-ils jamais pu réfuter les pages admirables de l'*Analytique du jugement téléologique*, où Kant, tout en contestant *provisoirement* le caractère *objectif* de la finalité, établit du moins que le physicien et le physiologiste ne sauraient se passer de la supposer, ni dans leurs recherches sur la nature en général, ni surtout dans l'étude des êtres organisés?

L'étude de la nature, comme le remarque Kant, ne suppose-t-elle pas, en effet, une notion à l'aide de laquelle nous puissions ramener à l'*unité* ce concept de *nature?* Or la nature n'est pas *une* au point de vue mathématique, car elle est composée de parties, ni même au point de vue *dynamique*, car ses *forces* se conçoivent séparément; donc elle ne peut être *une* que par le *plan*, par le rapport de chaque partie au tout, et admettre ce rapport c'est admettre la finalité.

Cette nécessité de concevoir un rapport unique entre toutes les parties de la nature est surtout évidente quand il s'agit des êtres vivants. Cela vient, dit Kant, de ce que dans l'*organisme* chaque partie est à la fois *cause et effet* des autres parties, et de ce que le *tout* est la raison d'être de chaque *partie*; or, ce rapport ne peut s'expliquer par la *causalité mécanique* toute seule; car, dans la succession des causes mécaniques, chaque *effet* est *cause* du suivant mais non du *précédent*; il faut donc, pour expliquer la *réciprocité* des organes, admettre une cause surnaturelle, une cause intelligente. On ne saurait mieux définir que ne le fait ici Kant le caractère auquel nous reconnaissons la finalité; quel signe, en effet, plus évident d'intelligence, d'intention, quelle preuve plus manifeste de l'insuffisance de la causalité mécanique, que la subordination réciproque de la *cause* et de l'*effet?* Si nous considérons un pont dont toute la solidité est due à la clé de voûte, nous ne doutons pas que sa construction ne soit l'œuvre d'une intelligence. Pourquoi? C'est que la clé de voûte n'est soutenue que par les autres pierres et que celles-ci ne sont soutenues que par la clé de voûte. La solidité de chaque pierre de la voûte est ainsi *cause* et *effet* de la solidité de toutes les autres, et le *tout* est la raison d'être des *parties*. Il y a là une marque évidente de *dessein* qui ne se trouve pas dans un tas de pierres jetées au hasard les unes sur les autres ; car les pierres inférieures soutiennent les pierres supérieures sans être soutenues par elles. Or cette réciprocité de la cause et de l'effet se retrouve évidemment dans l'organisme ; les fonctions du cœur sont causes et effets des fonctions respiratoires, des fonctions nutritives, etc. De plus, le *tout*, ici encore, est la raison d'être de chaque partie. Comment donc expliquer le *circulus* de la vie par la causalité mécanique ? Ajoutons que cette réciprocité d'action fait de l'organisme une unité très-réelle, non pas l'unité abstraite de l'*assemblage*, mais une unité indivisible ; d'une pierre cassée résultent des fragments qui sont des pierres entières, parce que l'unité de la pierre n'est qu'une unité d'*assemblage* ; mais un organe divisé ne serait plus un organe, ce serait un composé sans vie. Or, comment expliquer l'unité de l'organe par la seule action des forces naturelles qui sont multiples ? C'est aussi impossible que d'expliquer la construction d'un pont par la seule pesanteur des pierres. Il n'y a qu'une force *simple* qui puisse ramener la multiplicité des parties matérielles de l'objet à une unité absolue ; et comme l'action de chaque force matérielle, de chaque *monade* est restreinte à un très-petit espace, et par conséquent incapable de relier entre elles toutes les parties de l'organisme, il faut remonter à une force d'une autre nature, à une cause intelligente, pour trouver le principe premier et la seule explication de la vie (1).

(1) Dira-t-on, pour échapper à cette conclusion, que les fonctions physiologiques ne dépendent pas de la *structure* de l'organe, mais de la nature de ses *éléments matériels*, des *propriétés immanentes des tissus*, et que par conséquent la vie est le résultat d'une juxtaposition

Les *causes finales* sont donc véritablement *scientifiques* puisque aucun phénomène physiologique ne peut s'expliquer sans les supposer. Si cette vue profonde de Kant sur l'identité du concept de *finalité* et de celui d'*organisme* avait besoin de justification, elle en trouverait une éclatante dans les aveux détournés des physiologistes, qui supposent la *finalité* sans vouloir la proclamer expressément. Les darwinistes, pour écarter l'idée de création et de Providence, ont recours à l'hypothèse d'une *sélection naturelle*; ils substituent ainsi à une finalité intelligente, une finalité inintelligible; mais enfin c'est encore une *finalité*, c'est-à-dire une *appropriation*. Cette notion d'appropriation est tellement inhérente à la physiologie, que cette science est obligée d'accepter les mots de *but*, de *dessein*, et de parler de *mou-*

---

de forces purement physiologiques et non d'une structure savante qui obligerait à chercher une cause intelligente? Tel semble être le système de M. le Dr Robin. Mais quoi! quand les tissus auraient des propriétés *immanentes*, comme on l'admet aujourd'hui, ces propriétés suffiraient-elles pour expliquer la vie *abstraction faite de la* FORME *de l'organe?* De ce que toutes cellules dont se compose le cœur sont douées par elles-mêmes de la propriété de se contracter, s'ensuivrait-il que le sang circulerait, si le cœur n'était construit comme une pompe aspirante et refoulante, si les artères et les veines n'étaient pas disposées comme elles le sont ? Les propriétés du tissu de la rétine suffiraient-elles pour expliquer la vision, si la pupille de l'œil ne donnait entrée aux rayons lumineux, si les humeurs que le globe de l'œil contient ne réfractaient pas les rayons lumineux sous l'angle nécessaire pour qu'ils arrivent exactement sur la rétine? Les fonctions organiques résultent donc à la fois et des propriétés du tissu et de la *forme* de l'organe ; par conséquent il est impossible d'exclure de la physiologie l'idée d'un mécanisme savant, d'une structure dont le plan a été préconçu, où se trouve déterminée par avance la place de chaque élément, et où par conséquent le *tout* est la raison des *parties*, suivant la définition que Kant donne de la finalité (Voir M. Janet, *Revue des Deux-Mondes*, 15 février 1873).

vements adaptés à un but. Il est curieux de voir un ennemi déclaré de la métaphysique, M. Vulpian, employer ces termes dans son intéressante théorie des *mouvements reflexes :* « Outre la tendance que les
» excitations qui sont transmises à la substance grise
» de la moëlle ont à s'y propager, elles offrent un
» autre caractère qui est de la plus haute importance.
» Elles tendent, en effet, à provoquer des réactions
» *appropriées*, adaptées, qui semblent concourir, d'une
» façon intentionnelle, à atteindre un but déterminé...
» Je pince légèrement un doigt d'un des membres
» postérieurs d'une grenouille... et j'observe un brus-
» que mouvement du membre... Ce mouvement de
» retrait du membre n'est pas une réaction indétermi-
» née... un certain nombre de muscles se contractent
» seuls, et le résultat de ces contractions ainsi *har-*
» *monisées*, c'est de soustraire le membre à la cause
» excitante. Ainsi la moëlle épinière, par des mou-
» vements reflexes *appropriés*, permet à chaque partie
» du corps de se soustraire aux causes irritantes.....
» L'éternument...., ce mouvement si complexe, qui
» nécessite la mise en jeu d'un grand nombre de mus-
» cles, sous l'influence d'une irritation de la mem-
» brane pituitaire..., n'est-il pas aussi une réaction
» tendant à expulser la cause d'irritation?... Enfin le
» cri, reflexe lui-même, n'est-il pas aussi en quelque
» sorte, un mouvement de conservation (1). »

Ainsi, lors même que l'on ne veut pas admettre les causes finales comme preuve de l'existence de Dieu, on est encore obligé de les admettre comme des *faits.*

---

(1) Vulpian, *Leçons sur la physiologie du système nerveux*, 19º leçon, p. 414, 415, 416, 423.

Pourquoi faut-il que l'on s'arrête à moitié chemin, et que des savants, qui démontrent si bien l'harmonie de la nature, refusent de s'élever à la seule cause qui puisse rendre compte de cette harmonie? On parle de la *Nature*, mot vague et équivoque, comme si l'on craignait de trouver Dieu dès qu'on parlerait clairement. Mais c'est en vain qu'après avoir démontré les faits scientifiques qui prouvent Dieu, on voudrait arrêter l'esprit humain dans la voie de l'explication. S'il est vrai de dire, avec Newton, que Dieu, *sans les causes finales*, ne serait plus que la *Nature* et le Destin, on peut dire aussi, en renversant la proposition, que la *Nature, avec les causes finales*, suppose Dieu et la Providence. C'est là que la logique pousse invinciblement les esprits qui réfléchissent, et ainsi la science, même sans le vouloir, les ramène à Dieu; elle n'a pour cela qu'à constater les faits; la raison fait le reste et remonte à la Cause intelligente que ces faits supposent nécessairement (1).

(1) Tout en admettant avec Kant que c'est surtout dans les êtres organisés que la *finalité* se manifeste le plus visiblement, nous pensons cependant que l'ordre général de la nature *inanimée* la suppose aussi nécessairement. Tout, dans le système sidéral, est en équilibre ; les astres et les planètes se soutiennent mutuellement par leur attraction *réciproque*, et on peut dire que chacun des corps célestes est comme la *clé de voûte* de tout le système, puisque, si un seul d'entre eux était placé dans un autre lieu de l'espace que celui qu'il occupe, il s'ensuivrait une perturbation dans le cours de tous les autres. Ainsi, là aussi, comme dans l'organisme, les *parties* sont faites en vue du *tout* ; le mouvement de chaque partie du système est à la fois *cause et effet* du mouvement des autres : le *mécanisme* sans la *finalité* est donc aussi impuissant à expliquer les phénomènes *astronomiques* que les phénomènes *physiologiques*.

II

Après avoir établi la nécessité de reconnaître la *finalité* dans la nature, Kant arrive, conformément à sa méthode critique, à tout remettre en question par la distinction du *subjectif* et de *l'objectif*. Dans la *Dialectique du jugement téléologique*, il se demande si la finalité, quoiqu'elle apparaisse *à notre esprit tel qu'il est fait* comme distincte de la nécessité et du mécanisme, ne serait pas *en réalité* identique à la nécessité. Cette identité *transcendantale* de la causalité *intelligente* et de la causalité *mécanique* lui paraît être le seul moyen de résoudre l'antinomie suivante (car toute *Dialectique* doit avoir son *Antinomie*) :

1° Thèse. — « Il faut supposer toutes les produc-
» tions de la nature comme possibles par les lois
» mécaniques. »

2° Antithèse. — « Il faut supposer quelques pro-
» ductions naturelles (les êtres organisés) comme
» impossibles par les lois mécaniques. »

Au lieu de résoudre cette prétendue antinomie en disant que le mécanisme, *à lui tout seul*, n'explique rien, mais que le *mécanisme, dirigé par une cause intelligente*, explique tout, même les êtres organisés, Kant nie l'*objectivité* des deux propositions, et les regarde seulement comme principes régulateurs, l'une de l'*entendement*, l'autre du *jugement réfléchissant*. Pour que ces deux assertions fussent objectivement vraies, il faudrait, dit-il, que le *mécanisme*, par lequel l'entendement explique tout, fût réellement distinct de la *finalité* que suppose le jugement réfléchissant ; or cette distinction suppose celle du *nécessaire* et du *contingent*, celle *réel* et du *possible*, et de telles distinctions n'existent que pour un entendement *discursif*, pour une intelligence *finie*.

Ces conclusions renferment en germe toute la théorie de Schelling sur l'identité de la *nature* et de l'*esprit*, de la *nécessité aveugle* et de l'*intelligence*. Aussi Schelling s'extasie devant ce passage de la *Critique du Jugement* et en vante la profondeur. Mais examinons si la justesse de la pensée en égale la profondeur.

Il nous semble, au contraire, qu'ici tout est faux ; il est inexact que l'*entendement* explique tout par les seules lois mécaniques; il est inexact de dire que le *jugement réfléchissant*, en supposant la *finalité*, exclut par là toute explication mécanique; enfin il est inexact que la distinction du *nécessaire* et du *possible* n'existe qu'au regard d'un entendement discursif et que ces deux contraires puissent être identiques dans la pensée d'une intelligence parfaite.

Il est faux, disons-nous, que l'*entendement* explique tout dans la nature par la nécessité physique, par le mécanisme *seul*. L'*entendement* est la faculté qui conçoit le principe de *causalité*; mais ce principe *est inséparable du concept d'une cause première, d'une cause libre;* en effet, affirmer que tout phénomène a une cause, c'est affirmer que chaque phénomène, pris *séparément*, n'a pas sa raison d'être en lui-même et est par conséquent *contingent*; comment donc la série totale des phénomènes, dont chaque élément est *contingent*, serait-elle *nécessaire?* Une addition d'éléments *contingents* peut-elle donner une *somme* nécessaire? Il serait aussi raisonnable de supposer qu'en additionnant des *zéros* on aurait une *somme* égale à un nombre positif. Ainsi le principe de causalité, qui est la loi de l'*entendement* n'est au fond que le principe de la *contingence de la nature*. Or, admettre la contingence de la *nature*, la contingence des *causes mécaniques*, c'est admettre que la nature a été créée par une cause surnaturelle, que les causes *mécaniques* ne procèdent pas du mécanisme, mais de l'*intelligence*, de la liberté; et comme une cause intelligente et libre n'agit qu'en vue d'un *but*, d'une *cause finale*, le principe de *causalité* suppose la *finalité*, et ainsi l'*entendement* et le *jugement réfléchissant*, loin de se contredire, s'expliquent et se complètent. L'*entendement* ne conçoit les *causes mécaniques* que comme des moteurs *intermédiaires* mus par un premier moteur intelligent: le *jugement*, à son tour, conçoit la *finalité* ou l'action de la cause intelligente, comme s'exerçant par des *moyens*, c'est-à-dire par des *causes mécaniques*, qu'elle adapte à des fins. En un mot, si l'*entendement* explique le mouvement d'une horloge par les lois de la mécanique, il ne suppose pas pour cela que ces *lois mécaniques* aient construit et monté l'horloge; et si le *jugement réfléchissant* conclut qu'un horloger a monté l'horloge, il ne nie pas pour cela que l'horloger n'ait employé des ressorts et des rouages, c'est-à-dire des *causes mécaniques*. Dira-t-on que cette comparaison de la nature et de l'horloge est défectueuse? Oui, elle l'est; mais elle l'est en ce que l'horloger s'est *servi* des causes mécaniques et que la cause intelligente de la nature les a *créées*.

Ainsi l'antinomie n'existe pas; l'entendement et le jugement supposent l'un et l'autre le *mécanisme* comme cause *intermédiaire*, et la *finalité*, l'intelligence comme cause *première*. Ces deux *concepts* de finalité et de mécanisme peuvent donc se concilier tout en restant distincts, car ils se concilient par la *subordination* de l'un à l'autre, et la subordination suppose la distinction. Il est par conséquent inutile et impossible de les identifier.

Enfin, il est inexact que la distinction du *nécessaire* et du *contingent* soit un simple procédé logique à l'usage d'une intelligence *discursive* et par conséquent finie. Car si Dieu ne distinguait pas le *nécessaire* du *contingent*, il ne pourrait concevoir la distinction de la *détermination* et de la *liberté*; nos actes moraux ne seraient pas libres devant Dieu; alors comment seraient-ils méritoires? La doctrine de l'*identité* de la *finalité* et de la *nécessité*, lors même qu'elle serait soutenable, — ce qui n'est pas, — au point de vue de la raison spéculative, est donc inadmissible au point de vue de la raison pratique; hâtons-nous d'ajouter que Kant l'abandonne dans la *Méthodologie*, en face de l'argument moral de l'existence de Dieu, et rétablit la vraie notion de *finalité*, dont il admet définitivement l'*objectivité*.

III

On a déjà vu, dans la *Méthodologie de la raison pure*, que Dieu une fois reconnu pour auteur du monde moral, rien n'empêche de le reconnaître en même temps pour cause de la nature. Dans la *Méthodologie du jugement téléologique*, cette conclusion n'est plus donnée comme une simple *hypothèse*: elle est démontrée par la seule considération de l'excellence de l'*être moral*. De même que, dans sa philosophie morale, Kant prescrit de regarder l'homme comme une *fin* et non comme un *moyen*, de même, dans la *Critique du jugement*, il enseigne que c'est ainsi que Dieu même l'a traité, et que toute la création a l'homme pour *fin*. Dès lors, il y a réellement, *objectivement*, des *fins* dans la nature ; tout a été calculé par la Providence pour rendre possible l'existence terrestre de l'être moral. En même temps que cette conception démontre la *finalité*, elle en donne une idée beaucoup plus juste que le système de Leibnitz, car l'auteur de la Théodicée sacrifie quelquefois l'homme à l'ordre de la nature, comme si Dieu avait pu préférer une fin inférieure à une fin supérieure. De plus, la théorie de Kant justifie la Providence contre toutes les objections fondées sur l'existence du mal physique, puisque Dieu, dit-il, s'est proposé pour but, non pas le bien-être, le bonheur terrestre de l'homme, mais sa moralité, dont l'épreuve rehausse le mérite. Ainsi tout est bien dans la nature, parce que tout concourt à rendre possible la pratique de la loi morale. N'est-ce pas le véritable optimisme ? Et quelle conception plus digne de la Providence la philosophie peut-elle nous donner ?

Cependant, nous ne pouvons aller jusqu'à dire que la théodicée de Kant soit complète ; trop de restrictions se mêlent aux vérités mêmes qu'il démontre par l'argument moral. Sans doute, il reconnaît que nous pouvons affirmer avec une entière certitude la *Perfection*, la *Justice*, l'*Omniscience*, l'*Eternité* même de Dieu ; mais pouvons-nous affirmer avec certitude que Dieu est *Créateur* ? C'est un point sur lequel la doctrine de Kant n'est pas suffisamment explicite. Peut-on inférer de la *finalité* qui règne dans la nature à la création *ex nihilo* ? Kant le nie dans la *Dialectique de la*

Raison pure. Le reconnaît-il dans la *Critique du Jugement*? C'est au moins douteux. Il appelle, il est vrai, Dieu *l'auteur du monde* ; il emploie même souvent le mot de *création* pour désigner la nature; mais peut-être la *création* est-elle simplement à ses yeux une conséquence *vraisemblable* des attributs moraux de Dieu (1). Un disciple de Kant dira-t-il que la connaissance des attributs moraux de Dieu nous suffit, et qu'il n'importe pas à notre moralité de connaître ses attributs métaphysiques, ni, en particulier, de savoir s'il est créateur ? Mais quoi! est-il indifférent, au point de vue de nos devoirs, de savoir si Dieu est seulement notre juge, ou s'il est aussi notre créateur, *notre Père*? Dans le premier cas, je ne lui devrais que le *respect*; dans le second, je lui dois encore de la reconnaissance, de l'amour? C'est là une question de pure métaphysique, sans doute; mais de cette question dépend toute la religion ; on ne peut donc la supprimer qu'en supprimant du même coup la religion et tous les devoirs envers Dieu.

D'ailleurs, quand même la connaissance des attributs métaphysiques de Dieu serait inutile pour l'accomplissement de mes devoirs *pratiques* envers le Créateur, souvenons-nous qu'il y a, comme l'a si bien vu Aristote, non-seulement des vertus pratiques,

---

(1) C'est ce qui semble résulter de cette phrase : « Nous pouvons
» dire que, *d'après la nature de notre raison*, il nous est impossible de
» concevoir la possibilité d'une finalité fondée sur la loi morale... sans
» un auteur et un souverain du monde » (*Méthodologie du Jugement téléologique*, § 87). Ainsi la *finalité* et par conséquent la Providence seraient *objectivement* vraies; mais la nécessité de conclure de la Providence à la création ne serait fondée que sur les lois subjectives de la raison.

mais des vertus *théoriques*, c'est-à-dire qu'il est moral et souvent obligatoire de connaître la vérité *spéculative*. Si je puis penser à l'Infini, n'est-ce pas une preuve que ma destination est de connaître Dieu ? Et si je n'agis pas conformément à la destination de mes facultés, n'est-ce pas une révolte partielle contre la loi morale ? C'est singulièrement restreindre ce devoir que j'ai de connaître Dieu, que de venir dire à l'homme : « Tu chercheras Dieu dans ta conscience, » mais tu ne le chercheras pas par ta raison. » Je pourrais me résoudre à ce sacrifice, s'il n'en coûtait qu'à ma curiosité ; mais il en coûterait aussi à ma moralité, car je ne puis admettre que Dieu m'ait donné l'idée d'une cause première pour ne pas m'élever à lui par cette idée. En un mot, je n'ai pas le droit de croire que Dieu m'ait donné la raison sans but ; *je n'ai pas le droit de croire que mes facultés soient purement subjectives, puisque c'est lui qui me les a données.* Ainsi, la croyance à la Providence m'oblige à croire à ma raison et à croire à tout ce qu'elle m'enseigne sur Dieu : la *foi morale entraîne la foi métaphysique.*

En employant ces mots de *foi morale* et de *foi métaphysique*, nous entendons une croyance accompagnée de la certitude complète. Mais est-ce bien ainsi que l'entend Kant, lorsqu'il appelle *foi* l'adhésion que la preuve morale de l'existence de Dieu doit produire en nous ? On peut en douter. « La foi, » dit-il, « est » un état moral de la raison dans l'adhésion qu'elle » accorde aux choses inaccessibles à la connaissa[nce] » théorique (1). C'est une libre adhésion, non p[...]

---

(1) *Critique du Jugement*, § 90.

» à des choses dont on puisse trouver des preuves
» dogmatiques,... mais à des choses que nous ad-
» mettons en faveur d'un but (le Souverain Bien) que
» nous nous proposons d'après les lois de la li-
» berté (1). » Il semble que, d'après ces définitions,
la *foi* à l'existence de Dieu, tout en étant un *postulat*
de la raison pratique, n'aurait pas une certitude égale
à celle que donne la science. Assurément, dans sa
conscience, Kant n'a jamais douté de Dieu; mais en
donnant le nom de *foi* et en refusant celui de *science*
à la certitude que nous avons de l'existence de Dieu,
il a méconnu la portée de notre raison, qui est faite
et pour *croire* et pour *démontrer* Dieu.

Gardons-nous, cependant, de tomber dans l'excès
opposé à celui de Kant. Si l'on ne doit pas dire que
Dieu est seulement objet de *foi* et non de *science*, on
se tromperait aussi en disant qu'il est seulement objet
de *science* et non de *foi*. Dieu est, en réalité, tout ensemble objet de *science* et de *foi*. Il est objet de *science*,
car son existence se déduit rigoureusement des axiomes
de la raison; et il est cependant objet de *foi* volontaire,
car notre volonté a le pouvoir d'accepter librement ou
de révoquer en doute les preuves que nous donne la
raison. Les sens, l'imagination, que l'idée de Dieu
dépasse, suffisent pour solliciter la volonté à se ré-
volter contre la raison, et, par conséquent, la volonté
peut avoir du mérite à croire en dépit des facultés
inférieures. En ce sens, il est vrai de dire, avec Kant
(à la fin de la *Dialectique de la Raison pratique*), que
la connaissance de Dieu est entourée d'assez d'obscurités pour que l'adhésion de notre esprit ne soit pas

---

(1) *Ibid.*

fatale ; qu'en permettant ces obscurités pour laisser du mérite à notre croyance, la Providence a agi sagement, « et n'est pas moins digne de vénération pour
» ce qu'elle nous a refusé que pour ce qu'elle nous a
» donné en partage. »

Le défaut de la théodicée de Kant est d'avoir exagéré ces obscurités, d'avoir involontairement donné aux sceptiques de savants arguments pour douter de ce Dieu même qui est l'objet de sa foi. En démontrant son existence comme postulat de la loi morale, Kant nous interdit toute autre voie pour nous élever à lui ; aussi son Dieu est trop loin de nous ; nous pouvons encore le vénérer, mais c'est à peine si nous pouvons l'aimer. La théodicée chrétienne, au contraire, nous rapproche de Dieu ; elle ne conteste la légitimité d'aucune des facultés qui peuvent nous faire trouver Dieu ; elle nous montre Dieu comme présent à toute notre âme, à notre raison, à notre cœur comme à notre volonté ; c'est en lui que nous vivons, que nous nous mouvons, en lui que nous existons : « *in eo vivimus, movemur, et sumus.* » Le christianisme a résolu ainsi, de la manière la plus satisfaisante pour la raison, l'éternel problème de la philosophie, celui des rapports du fini et de l'Infini, en rapprochant Dieu de l'homme et l'homme de Dieu *autant qu'il peut se faire sans identifier le Créateur et la créature;* par là on évite à la fois, et l'excès où tombe le déisme qui supprime tout rapport entre Dieu et le monde, et l'excès du panthéisme, qui ne le supprime pas moins en confondant, en identifiant les deux termes. La philosophie critique ne pouvait sans doute prétendre à s'élever si haut et à résoudre ainsi les problèmes métaphysiques, puisque, par une réserve excessive, elle les déclare inaccessibles à la raison ; mais du moins elle arrive, dans ses dernières conclusions, à proclamer deux vérités capitales : l'existence *personnelle* de Dieu, d'une part, et de l'autre l'impossibilité de faire abstraction de l'idée de *finalité*, c'est-à-dire de Providence, dans l'étude de la nature. Ce second point, qui est spécialement l'objet de la *Critique du jugement*, n'est-il pas de première importance à une époque comme la nôtre, dont l'erreur favorite est la prétention de faire de *la science sans Dieu ?* En démontrant, par une exacte analyse de nos facultés, cette nécessité de chercher, dans la croyance aux causes finales, l'*idée directrice* dont la science a besoin pour comprendre la nature et en deviner les secrets, Kant a comblé une lacune du *Novum Organum* ; il a complété la philosophie des sciences naturelles, et la *Critique du jugement* reste comme la protestation solennelle de la raison contre le divorce que l'on voudrait vainement établir entre la philosophie religieuse et la science.

TROISIÈME PARTIE.

PARTIE HISTORIQUE.

De l'influence de Kant sur ses successeurs et des jugements portés sur son système en Allemagne.

CHAPITRE PREMIER.

COMMENT TOUT LE DÉVELOPPEMENT DE LA PHILOSOPHIE ALLEMANDE PROCÈDE DU SYSTÈME DE KANT.

Quoique les dernières conclusions où la philosophie allemande est arrivée avec Hegel soient radicalement contraires à celles de la *Critique*, son point de départ, cependant, est dans le système de Kant, qui a donné naissance à celui de Fichte, comme à son tour le système de Fichte a amené ceux de Schelling et de Hegel. Cette assertion semble d'abord contradictoire : Comment se fait-il que le développement logique d'un système aboutisse à des conclusions qui contredisent les prémisses ? Mais cela tient précisément à ce que la contradiction est dans les prémisses même, c'est-à-dire dans le système de Kant qui se détruit lui-même par ses inconséquences, comme nous avons essayé de le démontrer, et comme le démontreront bien mieux les objections de Jacobi, de Hegel, de Herbart, dont nous donnons plus loin l'analyse. En posant en principe que toute la science humaine se borne à connaître les lois *subjectives* de la pensée, Kant amène ses successeurs à se demander s'il y a, en dehors de nos idées, des réalités *objectives*, et si ce monde transcendantal que Kant suppose comme réel, quoiqu'il n'en puisse rien affirmer, ne serait pas un pur néant, en un mot si nos *idées*, qui sont la somme totale de nos connaissances, ne seraient pas aussi la somme de toutes les vérités, de toutes les réalités. En effet, si l'homme ne connaît que ses idées, ne pense que ses idées, comment peut-il admettre, même à titre d'hypothèse, l'existence d'un autre objet que ces idées elles-mêmes?

Toutefois, c'est seulement par un développement graduel que la logique a tiré du kantisme des conclusions si contraires *en apparence* aux principes de la *Critique*. Fichte est l'intermédiaire nécessaire entre Kant et Schelling. Essayons donc d'examiner comment l'idéalisme de Fichte procède du scepticisme transcendantal.

L'existence du monde extérieur ne pouvait être assurée aux yeux d'un disciple de Kant. Nous ne connaissons, en effet, le monde que par l'expérience ; or l'expérience n'est possible que par les *concepts*, les *concepts* supposent les *idées*, et, d'après la *Critique*, les *concepts*, les *idées* ne sont peut-être que des vues *subjectives* de notre esprit, de pures illusions. Comment donc la perception, qui a besoin d'*intermédiaires illusoires*, ne serait-elle pas elle-même suspecte d'illusion ? Il se pourrait qu'il n'y eût ni monde extérieur, ni hommes semblables à moi ; car je ne sais rien de la nature, si ce n'est l'impression qu'elle produit sur le *moi*, et cette impression n'est qu'une modification du *moi*, un phénomène purement subjectif. Si je conclus de cette *impression* à la réalité d'une cause extérieure, c'est au nom du principe de causalité ; mais ce principe, à son tour, n'est pour la *Critique* qu'une forme *subjective* de mon esprit. Ainsi le monde extérieur n'est qu'une impression, subie par le *moi*, et transportée par ma pensée en dehors du *moi* au nom d'un principe qui n'existe qu'en *moi* et n'a de vérité qu'en *moi !*

Ce sont là des conclusions auxquelles Kant essaie en vain d'échapper ; en vain, dans la *Critique de la Raison pure*, il veut réfuter l'idéalisme de Berkeley. Du moment qu'il admet la possibilité d'une idée sans *objet*, rien ne prouve que l'idée du monde ait un objet. Tout ce que je sais du *non-moi*, c'est que je suis forcé par une nécessité, *peut-être trompeuse*, de ma nature intellectuelle de le concevoir comme extérieur, et que *le moi pose nécessairement le non-moi* ; alors on peut dire avec Fichte : « La conscience d'une chose hors du
» moi n'est absolument que le produit de notre fa-
» culté représentative : nous ne savons des choses
» que ce que nous posons, suivant la nature de notre
» conscience. Dans ce que nous appelons la connais-
» sance des choses, nous ne connaissons, nous ne
» voyons donc continuellement que nous-mêmes. Les
» lois de la nature ne sont que les lois mêmes de no-
» tre esprit, le système du monde n'est que le sys-
» tème de mon intelligence... Je ne puis donc dire
» que je sente, que je voie ; mais seulement que je
» pense que je fais tout cela... Il n'y a, pour toute

» réalité, que des images qui ne représentent rien et
» personne à qui elles se présentent (1). »

Il est vrai que Fichte recule lui-même effrayé devant de telles conséquences, et ajoute : « Je com-
» prends parfaitement tout cela; mais je ne puis le
» croire (2). » Toutefois, si ces conséquences l'effraient, elles n'en découlent pas moins de son système et de celui de Kant; et Fichte reconnaît bien qu'il ne saurait les éviter; car, s'il les repousse par la *foi,* il les admet par la *science.*

Que reste-t-il donc, aux yeux du philosophe? Quelle est la réalité qu'il lui est encore permis d'affirmer ? Le *moi*, la conscience des représentations du *moi*. Mais ce *moi,* cette unique réalité qui soit au monde, n'est pas pour Fichte le *moi* individuel ; c'est la *conscience universelle,* dont la conscience individuelle n'est que la manifestation. Par là son *idéalisme subjectif* se rapproche du *panthéisme,* et prépare la voie à Schelling, à Hegel. Cependant, c'est encore un *idéalisme* pur; car il semble exclure asolument la réalité de la *nature*. Au contraire, la philosophie de Schelling est pour ainsi dire pénétrée de la croyance au *dynamisme* de la nature ; il cherche à en rétablir la réalité contre Fichte et aussi contre Spinosa, auquel il reproche d'avoir fait de la nature une abstraction morte. Néanmoins, comme Fichte, il admet que rien n'est réel en dehors des lois de notre esprit. Comment concilier ces assertions contradictoires? Par l'hypothèse de l'*identité* de la nature et de notre esprit : ce sont pour Schelling deux manifestations d'une même sub-

---

(1) Fichte, *Traité de la destination de l'homme.*
(2) *Ibid.*

stance, l'Absolu. « L'Intelligence (ou l'Absolu), » dit Schelling, « se manifeste sous deux formes : aveuglé-
» ment et sans conscience, ou librement et avec con-
» science (1); » sa manifestation aveugle est le monde physique; sa manifestation consciente est le monde moral (2). Ainsi, puisque l'esprit et la nature ne sont plus qu'une seule et même chose, la connaissance de la vérité n'est que la connaissance de moi-même.

Hegel affirme encore plus expressément, s'il est possible, la réduction de toute chose à l'*idée*. Comme Kant, il n'admet aucune connaissance, si ce n'est celle de la pensée; mais il nie en même temps qu'il y ait des réalités en dehors de la pensée, et ainsi il se trouve que la connaissance *subjective* des lois de mon esprit est en même temps la connaissance *objective* de la vérité, par conséquent la science universelle. Ecoutons sur ce point le témoignage d'un disciple fidèle qui ne peut être soupçonné d'avoir inexactement compris la pensée de Hégel : « Si la logique est une science, « dans le sens strict et seul vrai du
» mot, il faut qu'elle soit une science absolue : et, par
» science absolue, il faut entendre une connaissance
» qui est adéquate à l'absolue et éternelle nature de
» la pensée et des choses tout ensemble (3)... Ainsi
» considérée, la logique devient métaphysique, et
» l'on peut découvrir ce qu'il y a d'arbitraire et d'er-
» roné dans les anciennes distinctions de la vérité lo-
» gique et de la vérité métaphysique, des réalités
» éternelles et des éternelles possibilités (4). »

---

(1) Schelling, *Introduction à l'essai d'un système de la nature*.
(2) *Ibid*.
(3) Véra, *Introduction à la logique de Hegel*, p. 66.
(4) *Ibid*., p. 70.

Ainsi Hegel, tout en partant de la maxime même de Kant, à savoir, que *nous ne connaissons que le sujet, la pensée*, soutient contrairement aux conclusions de la *Critique*, que ce *sujet* est en même temps *objet*; et de ce principe idéaliste il tire des conséquences aboutissant au plus audacieux dogmatisme. Mais comme, réciproquement, cet *objet* qu'affirme Hegel n'est pas distinct du *sujet*, une telle méthode ne rétablit la réalité de l'*objet* qu'en paroles ; l'*objet*, c'est le *sujet* seul, mais sous un second nom ; la voie reste donc ainsi ouverte à l'idéalisme sceptique et au nihilisme de Schopenhauër, dont la doctrine est la dernière expression et la conséquence la plus logique du kantisme.

Toutefois si tout le développement de la philosophie allemande procède de Kant, ses successeurs n'ont subi son influence qu'en modifiant, et souvent en combattant sa doctrine. Le rôle de la *Critique* a été d'exciter la pensée, mais elle ne l'a pas dominée ; elle a même trouvé des adversaires déclarés, spécialement Jacobi ; tout en l'attaquant, aucun d'eux ne l'a dédaignée ; elle a exercé sur tous assez d'influence pour avoir besoin d'être discutée. Suivons l'histoire de cette lutte commencée avec Jacobi, continuée par Hegel, par Herbart même, qui se disait disciple de Kant, continuée encore de nos jours, et dont la philosophie critique est sortie, non pas victorieuse sans doute, mais toujours imposante, toujours digne d'être méditée et approfondie par ceux mêmes qui la combattent.

CHAPITRE II.

POLÉMIQUE DE JACOBI CONTRE LA DOCTRINE DE KANT.

Si la philosophie de Kant, dès son apparition, compta quelques disciples qui l'adoptèrent sans réserves (comme Reinhold, Mellin, Beck), elle rencontra une double opposition, et de la part de certains disciples qui lui reprochèrent de s'être arrêtée à moitié chemin dans la voie du scepticisme, et de la part des défenseurs du sens commun.

Au nombre des premiers furent Schulze et Maimon. Schulze, dans son *OEnesidemus*, refuse à Kant le droit d'admettre la réalité du monde ; car, si le *phénomène* ne nous apprend rien du *noumène*, il ne nous apprend pas même que ce noumène *existe*. Cette critique est reproduite par Jacobi dans l'intérêt du sens commun ; car toute objection qui pousse le demi-scepticisme au scepticisme complet le réduit par là à l'absurde. Du reste, il semble que l'impossibilité de se tenir longtemps dans un scepticisme conséquent avec lui-même ait ramené Schulze au dogmatisme ; en effet, ses derniers ouvrages sont animés du même esprit que la philosophie de Jacobi (1). Plus radical encore, Maimon conteste, non-seulement la connais-

---

(1) Willm, *Histoire de la philosophie allemande*, t. II, p. 181 et suiv.

sance de l'*objet*, mais même celle des lois du *sujet* pensant. Il refuse à Kant le droit d'affirmer que le temps et l'espace soient les formes de notre sensibilité, et que les concepts *à priori* trouvent leur légitimité dans leur application à l'expérience (1).

Mais tandis que, plus hardis que leur maître, ces disciples de Kant allaient jusqu'au bout des principes de la *Critique*, les défenseurs du réalisme attaquaient ces principes au nom du bon sens et de la foi du genre humain. Le plus illustre représentant de ce dogmatisme militant fut Jacobi.

Jacobi est avant tout le partisan du sens commun, non pas de ce sens commun vulgaire qui croit sans réfléchir, mais de cette raison croyante qui, sans souffrir qu'on mette en doute ses dogmes fondamentaux, aspire à les comprendre et à les démontrer. Dieu et l'Eternité furent dès son enfance l'objet de ses méditations. On raconte qu'à l'âge de neuf ans il tomba évanoui à la pensée de l'Eternité. La première fois qu'il lut le traité de Kant sur « *le seul fondement pos-* » *sible d'une démonstration de l'existence de Dieu*, » il éprouva, en trouvant une preuve solide, inattaquable de cette grande vérité, une émotion comparable à celle de Malebranche lisant le *Traité de l'homme*, de Descartes.

Délivré des soins d'une profession commerciale qui absorbait le temps dû à ses méditations et où sa probité le rendait ridicule, il se donna tout entier à la philosophie et à la défense des objets de sa foi, Dieu, l'âme, la liberté. Or, ce qui menaçait alors ces croyances, c'était surtout l'*idéalisme*. De là, la lutte de Ja-

---

(1) *Ibid.*, 2ᵉ vol., p. 185, 186.

cobi contre l'idéalisme sceptique de Hume, contre l'idéalisme transcendantal de Kant, et enfin contre l'idéalisme panthéiste de Schelling.

Le principe de Jacobi est de tout ramener à la conscience. Mais la conscience n'est pas seulement pour lui la *conscience morale*, c'est aussi la *conscience psychologique*, c'est même la perception interne des axiomes de la raison. Il regarde comme identiques ces facultés que Kant a séparées par une abstraction peu naturelle, et la voix de la raison nous révélant la vérité ne lui semble pas moins impérative que la voix de la raison pratique nous commandant l'obéissance à la loi morale. Nous avons un sens intime du Vrai, aussi invincible, aussi indiscutable, aussi sacré que le sens du Bien; et nous devons la même foi à la conscience, soit qu'elle affirme, soit qu'elle ordonne. C'est de cette *foi rationnelle* que part Jacobi pour attaquer l'idéalisme sous toutes ses formes (1), et spécialement le scepticisme de Kant.

Il reproche à la *Critique* d'avoir méconnu les lois de l'esprit humain, à la connaissance desquelles cependant Kant veut ramener toute la philosophie. C'est méconnaître, en effet, la nature de l'esprit que d'affirmer le sujet pensant et de mettre en doute la réalité de la vérité pensée, d'affirmer la sensation et de douter de l'objet senti. C'est faire une pure fiction et réaliser des abstractions que de supposer

(1) Quatre de ses ouvrages se rattachent spécialement à cette polémique : 1° le dialogue intitulé *David Hume ou Idéalisme et Réalisme* ; 2° l'*Epître à Fichte* ; 3° l'écrit intitulé : *De l'entreprise de la Critique de mettre la raison d'accord avec l'entendement et de renouveler la philosophie* ; 4° le livre *des choses divines*, spécialement dirigé contre Schelling.

ainsi le sujet existant d'un côté et l'objet de l'autre ; car, en réalité, dans un même fait indivisible de conscience, nous saisissons le *sujet* qui perçoit et l'*objet* perçu, le sujet qui pense et la vérité pensée (1). Cette « révélation » simultanée du sujet et de l'objet est si évidente, qu'il est contre nature d'en douter, comme il serait contre nature de ne pas marcher droit (2). Nous percevons donc les choses, et ce n'est qu'après la perception de la réalité que notre esprit s'en fait une *idée abstraite* (3). Les idées ne sont donc que la forme et, pour ainsi dire, l'ombre de l'objet (4). La preuve, s'il en faut une, que la *connaissance* de l'objet précède l'*idée* (assertion qui ruine le système de Kant), c'est que, pour nous assurer si une idée est juste, nous la comparons à son objet (5). Cette révélation de la réalité ne se démontre pas : il faut y croire ; et comme toute connaissance part de là, il en résulte que *toute connaissance débute par un acte de foi* (6).

En vain l'idéalisme demandera si cet acte de *foi* est légitime. Ce doute n'est qu'un jeu d'esprit, un sommeil artificiel où le philosophe, comme le magnétiseur, s'amuse à se plonger (7). En effet, qu'est-ce que de dormir et de rêver, si ce n'est de perdre la perception de la réalité pour ne plus voir que des idées (8) ?

(1) *Idéalisme et Réalisme.*
(2) *Des choses divines.*
(3) *Idéalisme et Réalisme.*
(4) *Ibid.*
(5) *Ibid.*
(6) *Ibid.*
(7) *Ibid.*
(8) Cette remarque de Jacobi est une critique aussi profonde que spirituelle de la méthode de Kant.

Ce ne sont pas seulement les objets *réels*, dont on peut dire que nous en avons une perception immédiate, distincte de l'*idée* et antérieure à l'*idée* : ce sont aussi les principes de l'entendement et de la raison. Nous possédons un sens du vrai ; l'intuition de l'entendement nous révèle notre *causalité libre*. Nous *sentons* en nous une force libre qui agit, et *ce sentiment est inséparable de la conscience que nous avons de notre existence*, car nous ne nous sentons exister qu'en nous percevant tour à tour actifs et passifs (1), et la passivité n'est que l'*activité qui souffre*. Ainsi, la notion d'activité et de causalité est un *fait de conscience* et non un concept abstrait, un rapport de temps, comme le veut Kant, un rapport de succession (explication d'autant plus insoutenable que la cause et l'effet sont *simultanés* et non *successifs*) (2). Si l'on se demande comment l'idée de *cause*, étant fondée sur le sens intime et par conséquent sur l'expérience, peut avoir une valeur universelle, la réponse, dit Jacobi, est que, sans cette idée, toute expérience est impossible. En effet, les choses, quelles qu'elles soient, ne nous sont connues que par la résistance qu'elles nous opposent, résistance qui manifeste une double causalité, la mienne et celle de l'objet (3).

Avec la certitude de ma causalité libre, la conscience me donne en même temps la perception de l'*unité* (car je suis *un*), celle de la *pluralité* (car l'objet senti et le *moi* sont deux), celle de l'*étendue* (car

---

(1) *Ibid.*
(2) *Ibid.*
(3) *Ibid.* Si Jacobi explique fort bien ici l'origine de l'*idée de cause*, il explique d'une manière insuffisante l'*universalité du principe de causalité*.

l'étendue résulte de la distinction de plusieurs êtres et de leur action réciproque), et enfin celle de la *succession*, dont l'idée naît en moi par suite de l'action et de la réaction mutuelle du sujet et de l'objet (1). « Par conséquent, poser l'individu, c'est poser néces-
» sairement en lui les idées d'unité et de pluralité,
» d'état actif et d'état passif, d'étendue et de succes-
» sion ; ces idées sont innées dans tout individu. Elles
» sont la racine de l'entendement que respecte même
» le plus complet délire (2). »

Ainsi, les *catégories*, qui constituent ce que Kant appelle l'*entendement*, nous sont données, non par une faculté particulière, mais par un fait de conscience ; non comme des formes pures de la pensée, mais comme des réalités vraiment *distinctes en nombre*, vraiment *actives* et *passives*, vraiment *étendues* et *successives*. Nous pouvons, sans doute, par la réflexion qui succède à la connaissance intuitive, abstraire ces idées et les généraliser; mais c'est là une opération fictive, qui détruit progressivement la réalité (3). Après avoir ainsi anéanti par la réflexion ce que la spontanéité de la conscience nous a donné comme réel, doit-on s'étonner qu'il faille une *synthèse* pour rejoindre à la *notion pure* la réalité que nous en avons séparée fictivement (4) ? Les jugements *synthétiques à*

---

(1) *Ibid*. Cette déduction est très-exacte quant à l'idée de l'étendue *finie* et de succession *finie*, mais n'explique pas les notions de temps et d'espace *indéfinis*.

(2) *Ibid*.

(3) La *généralisation* est, en effet, une sorte d'anéantissement progressif de la réalité, puisqu'une idée perd en *compréhension* ce qu'elle gagne en *extension*.

(4) *Lettre à Fichte*.

priori n'ajoutent au sujet *pur* que ce que le sentiment intime nous avait primitivement donné dans ce même sujet ; il n'y a donc pas à mettre leur légitimité en question. S'ils sont *synthétiques*, c'est qu'ils ont pour objet de reconstituer ce qu'avait séparé une analyse artificielle.

Puisque l'entendement perçoit la réalité, il est faux de dire que nous soyons réduits à la connaissance des *formes pures* des choses, et que la seule science à notre portée soit la science des lois et des *formes* de notre pensée. S'il était vrai que nous connaissions seulement ce que nous construisons nous-mêmes, le *moi* serait la limite de toute la science humaine ; et cette conclusion nous conduirait non-seulement au système de Fichte, mais à la doctrine de l'*identité* de Schelling (1). Où trouver, en effet, la *pluralité* et la distinction des êtres, si nous ne raisonnons que sur des formes vides, également et indistinctement applicables à tous les êtres ? Le matérialisme et le spinosisme ont un point commun avec l'idéalisme : c'est qu'ils tentent de ramener toute dualité à l'unité (2). Mais la conscience, en laquelle le genre humain a foi, nous donne l'objet et le sujet dans un même acte, et cependant elle nous les donne comme *distincts*. La *Critique*, en divisant l'acte de la perception pour n'en considérer que la *forme*, s'est condamnée à ne jamais trouver qu'un des deux termes du rapport qui constitue la vérité.

Enfin, la conscience nous donne non-seulement les concepts de l'entendement (la *cause*, l'*unité*, la *diver-*

---

(1) *Des choses divines.*
(2) *Lettre à Fichte.*

sité, etc...), mais aussi les idées de la raison (l'*Absolu*, l'*Infini*) ; en d'autres termes, la raison et l'entendement ne sont, suivant Jacobi, que la conscience elle-même. La raison n'est donc pas une faculté sans objet, comme le suppose la *Critique ;* elle a un *contenu ;* son nom seul l'indique : Kant, ainsi que les autres philosophes de l'Allemagne, se sert, pour désigner la raison, du mot *Vernunft* ; or, la racine de *Vernunft* est *Vernehmen*, et *nehmen* veut dire *prendre*, *saisir* (1). La raison, en effet, *saisit* la vérité : « elle suppose le vrai comme son objet nécessaire (2) ; » elle suppose le vrai comme le sens interne et le sens externe supposent le temps et l'espace ; elle n'est quelque chose que par cette supposition. L'homme a naturellement et invinciblement foi dans la véracité de sa raison aussi bien que dans la véracité de ses sens. C'est une illusion, dira l'idéaliste. Mais si la raison, en concevant l'Infini, n'est qu'une faculté d'illusion, elle est l'égale de l'imagination ; elle est au-dessous de l'entendement et des sens, et il eût mieux valu, dans l'intérêt de la science, que la raison nous eût été refusée (3). Il n'en est pas ainsi : la certitude de l'existence de Dieu que nous donne la *raison* est inséparable de la certitude de la conscience. « L'homme trouve Dieu, parce qu'il ne
» peut se trouver lui-même qu'avec Dieu... L'homme
» se perd lui-même dès qu'il refuse de se trouver en
» Dieu (4). »

La raison a donc un *objet*, puisque dans ma cons-

(1) *Ibid.*
(2) *Ibid.*
(3) *Des choses divines.*
(4) *Lettre à Fichte.*

cience je trouve à la fois et le *moi* et le sentiment de l'existence de l'Être sans lequel la réalité du *moi*, comme celle du monde qui m'entoure, serait inexplicable. Puisque la perception du *moi* est réelle, et que je ne perçois pas sans me percevoir *en rapport avec quelque chose*, il faut que tout ce dont je perçois le rapport avec moi (c'est-à-dire le monde qui agit sur moi et le Dieu en qui mon être a sa raison d'être) soit aussi réel que le moi lui-même. En un mot, tout se tient dans ma connaissance, et Kant n'a pu y faire deux parts, l'une pour le dogmatisme, l'autre pour le scepticisme, qu'en méconnaissant cette unité de ma pensée.

Tels sont les arguments par lesquels Jacobi démontre le caractère abstrait et artificiel de la philosophie de Kant. Mais du moins ce système, en contradiction avec la nature de ma pensée, est-il d'accord avec lui-même? Non, car d'un côté, il prétend échapper à l'idéalisme de Berkeley, et de l'autre il soutient l'idéalité du temps et de l'espace. Comment les objets peuvent-ils exister réellement, si l'espace où ils existent n'est qu'une *forme* de ma pensée? « Pour
» comble de contradiction, Kant prétend, plus tard,
» convertir cette foi naturelle à l'existence des choses
» extérieures en une certitude démonstrative; mais,
» chose étrange, sa démonstration destinée à ruiner
» l'idéalisme incomplet de Hume et de Berkeley, n'a-
» boutit qu'à un idéalisme universel et parfait: il prouve
» que l'expérience intime du *moi* est impossible sans
» l'expérience externe; mais par là il détruit à la fois
» la certitude du monde interne et celle du monde
» extérieur (1). »

---

(1) *Préface générale* mise en tête des *Œuvres* de Jacobi.

La contradiction n'est pas seulement dans la théorie de la sensibilité ; l'entendement et la raison ont bien de la peine à s'accorder : la raison aspire à trouver l'*absolu* ; l'entendement est trop sage pour le lui permettre ; la paix se fait néamoins sur cette base : *L'entendement s'abstiendra de nier la réalité de l'infini, et la raison, de son côté, renoncera à l'affirmer et se contentera de donner de l'unité aux concepts de l'entendement* (1) : d'après ce traité, comme on le voit, la raison n'obtient pas grand'chose, pas même que l'on ait foi dans sa véracité (2). Mais il faut avouer que, si l'entendement n'est pas généreux, c'est qu'il est bien pauvre (3) ; il n'a rien de son propre fonds ; il ne peut rien nous apprendre sans les *intuitions*, et il faut que l'imagination les lui fournisse. Encore, même à l'aide de ces intuitions d'emprunt, il n'arrive qu'à la seule connaissance des phénomènes sensibles, « *phénomènes qui ne sont rien en eux-* » *mêmes*. Tout ce qui constitue le système des con-
» naissances humaines est ainsi suspendu entre un
» x problématique (l'objet), et un x non moins pro-
» blématique (le sujet), qui viennent l'on ne sait d'où,
» tendent on ne sait où, et se combinent l'on ne sait
» comment (4). » Cette explication ressemble à celle qui fait reposer la terre sur le dos d'un éléphant, l'éléphant sur le dos d'une tortue, la tortue on ne sait sur quoi ; la raison repose sur l'en-

---

(1) Voir l'écrit intitulé : *De l'entreprise de mettre l'entendement d'accord avec la raison*. Cet ouvrage est tout entier sur le ton épigrammatique que le titre fait pressentir.
(2) *Ibid.*
(3) *Ibid.*
(4) *Ibid.*

tendement, l'entendement sur l'imagination, celle-ci sur la sensibilité qui à son tour repose sur l'imagination ; cette dernière est la tortue du système (1).

Arriverons-nous au moins à connaître quelque chose de réel par la raison pratique? Non, car il n'y a pas deux raisons. De plus la morale suppose la liberté, et la *Critique* admet la *détermination* universelle : en vain Kant essaie de rétablir la liberté en la faisant consister dans l'obéissance à la loi morale; c'est là la moralité et non la liberté (2).

Ces différentes objections de Jacobi contre Kant peuvent se résumer ainsi :

1° Kant a cherché les lois de l'esprit dans ses *idées* et non dans ses *jugements*, oubliant que le jugement ou l'*affirmation* précède l'idée ou *conception* abstraite de la chose. De là vient qu'il s'est demandé si nous avions le droit d'affirmer la réalité, l'objectivité de nos idées; il n'a pas vu que ce droit vient de ce qu'*avant de nous former par abstraction l'idée de l'objet, nous avons d'abord perçu ou connu l'objet comme réel.*

2° Kant ne va pas jusqu'à nier la foi naturelle, puisqu'il affirme l'existence du monde ; mais c'est une inconséquence, puisqu'il déclare en même temps que nos perceptions n'atteignent pas la réalité.

3° Kant n'a vu dans l'*être*, la *cause*, la *succession*, l'*étendue* que des catégories abstraites de l'entendement ou des formes de la sensibilité. Il n'a pas remarqué qu'avant de réduire ces notions à l'état d'*abstractions*, j'ai commencé par percevoir *en moi* une

---

(1) *Ibid.*
(2) Voir la continuation du même ouvrage par Kappen.

cause réelle, une succession réelle, et, *dans la résistance de l'objet au moi*, une étendue réelle.

4° La raison n'est pas une faculté destinée à concevoir un idéal imaginaire; elle a un objet réel, à savoir Dieu, que je perçois dans un *fait de conscience*, dans le fait de ma contingence et de la dépendance où je suis de Dieu.

Ces objections nous semblent absolument concluantes contre la philosophie critique. Le doute sur l'*objectivité* de nos idées ne peut naître qu'après l'*abstraction*, et l'abstraction est précédée par l'affirmation, par la connaissance; n'est-il donc pas étrange, puisque nous commençons par connaître, d'aller nous demander ensuite si la connaissance est possible? Nul peut-être mieux que Jacobi n'a fait ressortir cette contradiction du criticisme; c'est comme si un homme allumait un flambeau à un foyer, et allait ensuite voir, à la lueur de ce flambeau, si le foyer est lumineux.

Le seul point contestable, — ou équivoque, — de la doctrine de Jacobi, est l'identité qu'il semble établir entre la conscience et la raison. C'est bien sans doute la conscience qui nous donne les idées de *cause*, de *durée*, d'*étendue*; mais pour concevoir la *Cause première*, le *Temps* et l'*Espace indéfinis*, j'ai besoin de l'idée de l'*Absolu*, et il est contradictoire de dire que cette Idée me vient de la connaissance du *moi fini* et *contingent*. Toutefois, ce qui est vrai, c'est que la raison, qui me donne cette notion de l'Absolu, est *inséparable*, quoique *distincte*, de la conscience, et que pour percevoir par la conscience mon *imperfection*, ma *dépendance*, il faut que je sache par la raison qu'il y a un Etre parfait, une Cause première dont je dépends ; ainsi, la véracité de l'une de ces deux facultés suppose la véracité de l'autre, et c'est évidemment ce que Jacobi veut dire, quoiqu'à prendre sa doctrine à la lettre il fasse de la connaissance de Dieu une perception de conscience. A parler rigoureusement, je ne perçois pas l'Etre nécessaire, mais je perçois ma contingence, qui suppose *analytiquement* sa nécessité. Je ne perçois pas Dieu, mais je perçois la dépendance où je suis de Dieu (1). En un mot, je ne sens pas Dieu, mais je sens que je ne suis que par lui et qu'il est impossible qu'il ne soit pas.

(1) C'est ainsi que sans percevoir l'espace, je perçois que les corps sont dans l'espace.

CHAPITRE III.

JUGEMENT DE HEGEL SUR LE SYSTÈME DE KANT.

Jacobi a établi surtout l'objectivité de la conscience et de l'entendement ; l'objectivité de la raison est spécialement le point que Hegel s'efforce de démontrer contre Kant.

Quoique le Dieu dont l'auteur de la *Logique* proclame l'objectivité ne soit pas celui qu'adore le genre humain, le Dieu infiniment bon, et par conséquent *personnel*, dont la Bonté a produit toute chose, mais je ne sais quel *absolu* abstrait et inintelligible, néanmoins, les arguments par lesquels il combat le scepticisme de Kant peuvent servir à prouver l'existence réelle du vrai Dieu. En effet, tout ce que dit Hegel sur l'impossibilité d'admettre une *forme* sans matière, c'est-à-dire une *idée* sans *objet*, une connaissance constituée par un seul terme (par le sujet), tout cela est vrai en soi, et la conclusion logique de ces principes est l'existence réelle du Dieu que je pense.

Ce que Hegel reproche avant tout à Kant, c'est « l'*absurdité* (1) » du problème qu'il a posé. « Un des » points fondamentaux de la philosophie critique est » qu'avant de s'élever à la connaissance de Dieu et de

---

(1) Hegel, *Logique*, § 10. Voir la traduction de M. Véra.

» l'essence des choses, il faut chercher si notre fa-
» culté de connaître peut nous y conduire... Ce point
» de vue a paru si plein de justesse, qu'il a excité
» l'admiration... et a détourné l'esprit de l'objet de la
» connaissance pour le renfermer dans l'étude de lui-
» même et des éléments formels de la pensée. Or,
» toute recherche relative à la connaissance ne peut
» se faire qu'en connaissant ; porter ses recherches
» sur ce prétendu instrument de la connaissance, c'est
» connaître. Or, vouloir connaître avant de connaître
» est aussi *absurde* que la sage précaution de cet éco-
» lier qui voulait apprendre à nager avant de se ris-
» quer dans l'eau (1). »

Même dans la partie de son système qui se rapporte à la connaissance des choses finies, Kant, dit Hegel, se condamne à ne rien savoir et à ne posséder que des formes sans contenu ; en effet, il reconnaît que la perception repose sur l'intuition du temps et de l'espace, et ces intuitions ne sont, suivant lui, que des illusions (2), par conséquent des *formes* vides, car ce qui n'est rien ne peut rien contenir.

Ces premières objections sont analogues à celles de Jacobi ; les suivantes sont au contraire fondées sur les principes propres au système de Hegel. Abordant le fond même du système de Kant, Hegel se demande s'il est possible d'avoir des idées purement *subjectives*? Non, car l'hypothèse répugne. Qu'est-ce qu'une idée subjective ? Une idée qui n'est pas conforme à la vérité ; mais *la vérité n'est telle que par la pensée qui la conçoit*, et par conséquent, toute idée est conforme à la vérité,

---

(1) *Ibid.*, traduction Véra.
(2) *Ibid.*, § 43, traduction Véra.

puisque c'est l'idée qui fait la vérité (1). Les contradictions que nous trouvons dans nos idées ne prouvent pas qu'elles ne soient pas conformes à la nature des choses, car *c'est dans l'essence même des choses que réside la contradiction* (2). L'esprit humain ne saurait saisir la vérité que telle qu'elle est, c'est-à-dire comme *contradictoire*, et ainsi il n'est pas étonnant que Kant ait pu mettre la raison en contradiction avec elle même dans les *Antinomies*; il faut même s'étonner qu'il n'ait trouvé que quatre antinomies (3). Toute réalité renferme le principe de déterminations opposées; donc, connaître la réalité, c'est la connaître comme l'unité concrète de ces oppositions. C'est ainsi qu'en réfutant Kant, Hegel lui concède la réalité des prétendues contradictions des *Antinomies*, et fait servir les erreurs de son adversaire à établir son propre système.

Les Antinomies ainsi résolues, l'auteur de la Logique passe aux objections de Kant contre les preuves de l'existence de Dieu. Ces preuves sont de deux sortes : ou l'on conclut du monde à Dieu (c'est l'argument *cosmologique*); ou l'on conclut de l'idée de Dieu à sa réalité (c'est la preuve *ontologique*). Ces deux méthodes sont également légitimes. S'élever du monde à Dieu, du fini à l'Infini, c'est l'*essence même de la*

---

(1) Tel nous semble du moins le sens des paragraphes 44 et 47 de la *Logique*. L'argument est-il concluant? Est-ce la pensée qui fait la vérité? Cela est vrai de la pensée de Dieu, non de la pensée de l'homme. Mais comment cette distinction existerait-elle pour Hegel, et en général pour le panthéisme ?

(2) *Ibid.*, § 48. On sait que la coexistence des *contradictoires* est le paradoxe fondamental de la philosophie de Hegel.

(3) *Ibid.*

la pensée, c'est par là seulement que la pensée de l'homme se distingue de l'intelligence des animaux (1). Ainsi, en nous refusant le droit de conclure du monde des phénomènes à la réalité du monde *transcendantal*, et à celle de l'Etre Absolu, Kant conteste à l'homme le droit de penser. La critique de Kant contre la preuve ontologique n'est pas plus fondée, car la *notion* et l'*être* ne sauraient être ni séparés ni même distingués, si ce n'est lorsqu'il s'agit des choses finies (2). « La notion de Dieu est la plus riche de
» toutes ; comment n'aurait-elle pas un contenu assez
» riche pour atteindre à l'être, qui est la plus abs-
» traite, la plus pauvre de toutes les déterminations?...
» Cette remarque vulgaire de la *Critique*, que la pen-
» sée et l'être sont deux choses distinctes, pourra
» troubler l'esprit, mais ne parviendra pas à troubler
» le mouvement par lequel il va de la pensée de Dieu
» à l'affirmation de son existence (3). »

D'ailleurs, dans quelle étrange contradiction ne tombe pas le scepticisme lorsqu'il prétend nous contester la connaissance de l'Infini ! Notre connaissance, suivant lui, serait limitée aux choses finies. Mais quoi ! Pour connaître une limite, ne faut-il pas avoir quel-

---

(1) *Ibid.*, § 50 et 51. Hegel ajoute, il est vrai, que si l'esprit a le droit de s'appuyer sur le *fini* comme *moyen terme* pour s'élever à l'Infini, c'est que la pensée *supprime ce moyen terme en même temps qu'elle le pose*. Cette assertion obscure tient aux principes mêmes de la philosophie de Hegel ; on sait que, suivant Hegel, le monde *phénoménal* est le *moment négatif* de l'Idée, l'Idée sortant d'elle-même ; à l'instant où l'esprit a pensé le monde, l'Idée *revient en elle-même* et supprime ainsi la négation posée dans le *moment négatif*. Nous ne prétendons pas expliquer ces obscurités.

(2) *Ibid.*, § 51.

(3) *Ibid.*

que notion de ce qui est au delà? « *On ne sent un manque, une limite que lorsque l'on va au delà de cette limite* : la connaissance n'est limitée et imparfaite que parce qu'on la compare avec la science universelle et parfaite. Désigner un objet comme fini et limité, *c'est fournir la preuve de la présence réelle de l'infini et de l'illimité*, car on ne peut assigner une limite qu'autant qu'on porte dans sa conscience l'illimité (1). »

Cette noble revendication du droit de connaître l'Absolu, cette protestation contre le scepticisme de la *Critique*, se retrouve dans le discours prononcé par Hegel à l'ouverture de son cours de 1818 : « Il y a encore aujourd'hui des penseurs qui affirment et qui prétendent démontrer qu'il n'y a pas de connaissance de la vérité... suivant eux, la connaissance ne s'applique pas à l'absolu, à Dieu... ils prétendent que ce qui peut être connu n'est pas le vrai, que ce qui fait l'objet de la science est l'élément extérieur et historique... Et cet abandon de la recherche de la vérité qui, de tout temps, a été regardé comme la marque d'un esprit vulgaire et étroit, est aujourd'hui considéré comme le triomphe de l'esprit. Autrefois le désespoir de la raison était accompagné de douleur et de tristesse, mais bientôt on vit l'indifférence... reconnaître sans s'émouvoir l'impuissance de la raison, et mettre son orgueil dans l'oubli le plus complet des intérêts les plus élevés de l'esprit ! De nos jours, la prétendue philosophie critique est venue prêter son appui à cette doctrine, en ce qu'elle assure avoir démontré

---

(1) *Ibid.*, § 60, traduction Véra.

» que nous ne pouvons rien savoir de l'Eternel et de
» l'Absolu. Quant à moi, je maintiens que la philoso-
» phie a un objet, un contenu réel (1). »

Enfin si l'on révoque en doute l'objectivité de l'absolu, ce doute atteint nécessairement la réalité de la finalité qui règne dans la nature. Or, que deviennent le Bien et le Beau, si la *finalité*, comme le suppose la *Philosophie critique*, n'est qu'une vue subjective de notre esprit (2) ?

En résumé, Hegel a bien établi contre Kant qu'il y a une affirmation de la vérité et un aveu implicite de la connaissance que nous en avons, dans la simple question du sceptique qui se demande s'il la connaît; car il faut savoir quelque chose de la vérité pour en parler, et c'est en parler que de demander si on la connaît. Il est également vrai qu'il n'y a pas d'idées subjectives, que toute pensée suppose un objet pensé; que, par conséquent, on peut conclure de l'idée de Dieu à son existence réelle, et qu'enfin, si nous n'avions pas la connaissance de l'Infini, notre connaissance serait rigoureusement identique à celle des bêtes. Seulement, nous ne pouvons prendre ces assertions au même sens que Hegel, pour qui l'Infini, l'Absolu n'est pas l'*objet* de la pensée, mais s'identifie à la pensée elle-même. Toutefois, si Hegel dépasse le but en identifiant l'*objet* avec le *sujet*, il reste vrai que ces deux termes s'impliquent, que la pensée et l'être se supposent mutuellement; ce sont deux termes, sans

---

(1) *Discours d'ouverture*, traduction Véra, imprimé en tête de la traduction de la *Logique*.

(2) Voir *Logique*, § 55 à 60.

doute ; mais comme la pensée n'existe que par son rapport à l'autre terme, à l'*être*, détruire l'être, *l'objet*, c'est détruire le rapport qui constitue la pensée. Ne rien connaître, c'est ne penser rien, c'est ne pas penser ; et ainsi, l'on peut dire : « *Je pense, donc l'objet de ma pensée est vrai* (1). »

(1) Il va sans dire que cette conclusion ne s'applique qu'aux jugements primitifs et non à ceux qui sont le produit des opérations discursives de la réflexion, ou, à plus forte raison, de l'imagination. Mais ces opérations mêmes, où l'erreur peut se glisser, ne peuvent nous induire en erreur que par une fausse association d'idées qui, chacune séparément, sont vraies et adéquates à leur objet.

CHAPITRE IV.

RÉACTION PLATONICIENNE CONTRE LE KANTISME.
HERBART.

La philosophie de Kant et celle de ses successeurs est animée d'un esprit essentiellement novateur; le dédain du passé et l'inutilité des efforts de l'ancienne métaphysique est le premier comme le dernier mot de la *Critique*. Un immense espoir de tout renouveler et de changer la face de la science est l'inspiration qui soutient Schelling et Hegel. S'ils tiennent de quelque système passé, c'est de celui des Éléates et des Alexandrins; mais avec quelle rigueur ils ont transformé ces vagues doctrines ! A cette audace et à cet abus de l'esprit novateur devait naturellement succéder une réaction de justice envers le passé, un retour vers l'ancienne métaphysique; mais cette réaction devait aussi tenir compte du mouvement qui s'était manifesté pendant un demi-siècle avec tant d'éclat; il il n'était pas possible qu'après Kant et Hegel la philosophie, tout en revenant vers les doctrines de Platon et de toute l'école spiritualiste, n'aspirât pas à leur donner plus de précision scientifique. Il y a trop de vérité dans l'*idéalisme* pour que le réalisme rationnel ne lui fasse pas une large part; car s'il est faux qu'il n'existe que les *idées*, il reste vrai que les *idées* sont les types éternels des choses, et qu'elles sont plus intelligibles à notre esprit que les choses elles-mêmes.

Herbart représente en Allemagne cet esprit éclectique qui sait concilier l'idéalisme de Platon avec le réalisme, la hardiesse de la pensée avec les grandes traditions de la philosophie ancienne. Sa doctrine est souvent obscure; mais il est du moins un point incontestable : c'est qu'elle peut être considérée comme une tentative de conciliation entre le kantisme réformé et le platonisme. Il ne se propose pas de détruire l'œuvre de Kant; il veut la refaire, et lui-même se donne quelque part le nom de kantiste de 1829.

L'erreur principale de Kant, suivant Herbart, est d'avoir voulu commencer ses recherches par la critique de nos facultés. Une telle critique est impossible, car nos facultés ne peuvent se juger elles-mêmes ; c'est par une revue analytique et par une classification des notions de notre esprit que doit tout d'abord procéder la métaphysique ; c'est là la seule critique possible de la raison (1). Lorsque cette analyse nous offre des notions ou des jugements qui ont le triple caractère d'être *primitifs*, d'être *absolus*, et de *pouvoir servir de fondement à d'autres propositions*, on doit poser ces jugements comme des principes et partir de là pour en déduire toute science (2).

C'est là tout simplement la méthode du sens commun, qui suppose *à priori* l'objectivité des notions par cela seul qu'elles sont dans notre esprit. Cepen-

---

(1) Herbart, *Introduction à la philosophie*. Voir M. Willm, *Histoire de la philosophie allemande*, t. IV, p. 515.

(2) *Ibid.* Voir M. Willm, *ibid.*, p. 518.

dant Herbart tient trop de compte des questions soulevées par la *Critique* pour les résoudre sans discussion ; ce droit de supposer l'objectivité de nos idées, il le démontre. Lorsque nos idées s'appliquent à l'expérience, leur légitimité vient de l'expérience qui les suppose (1). S'appliquent-elles, au contraire, aux objets qui sont en dehors du domaine de l'expérience ? Nous trouvons la preuve de leur vérité dans l'insuffisance des données expérimentales, dans les contradictions où l'expérience nous fait tomber si nous ne croyons qu'à elle seule (2). En effet, ce ne sont pas les notions *absolues*, les notions *transcendantales* du *monde en soi*, de la *cause première*, etc..., qui sont contradictoires : ce sont les notions de l'expérience ; les idées, si simples en apparence, de *changement*, de *mouvement* (3), ne peuvent être analysées sans que l'esprit n'arrive à deux conclusions qui s'excluent l'une l'autre, ainsi que les Éléates l'ont prouvé. Ainsi, le mouvement ne saurait se concevoir ni sans cause, ni comme imprimé par une force externe, ni comme ayant son principe dans une force interne (4). L'étendue des corps et la durée des phénomènes ne sont pas moins contradictoires ; car ce qui est étendu n'est pas *un* corps, mais une suite de parties étrangères les unes aux autres ; ce qui dure n'est pas *un* être, mais une suite d'êtres dont l'un a cessé d'exister quand l'autre apparaît (5). En un mot, ce n'est pas l'Absolu, c'est tout ce qui est fini, tout ce qui est

---

(1) *Ibid.* Voir M. Willm, *ibid.*, p. 556.
(2) *Ibid.*
(3) *Ibid.*
(4) *Ibid.* Voir M. Willm, *ibid.*, p. 542.
(5) *Ibid.*, Voir M. Willm, *ibid.*, p. 549.

soumis aux conditions de l'expérience (l'espace et le temps) qui présente à l'esprit des *antinomies* : cela vient de ce que la vérité absolue n'est pas dans ces choses ; elle est dans les *types*, dans les *idées* immuables. Faut-il nier pour cela l'existence des objets sensibles ? Non, car toute apparence suppose une réalité qui apparaît (1). Mais l'*être en soi* (Kant dirait le *noumène*) n'est pas doué des qualités contradictoires que perçoivent les sens (2) ; la perception ne nous donne qu'un *phénomène* pour ainsi dire *défiguré*, une copie imparfaite de la *chose en soi*. La raison, cependant, devine et conçoit le type absolu à travers cette copie informe ; et la certitude où nous sommes que nos sens perçoivent imparfaitement nous oblige à chercher la vérité en dehors et au-dessus de l'expérience (3). En un mot, le rôle de la métaphysique est de corriger l'expérience ; or, elle ne peut la corriger qu'en la dépassant, en affirmant, en connaissant l'Absolu : *Par là se trouve démontrée la légitimité des affirmations transcendantales et l'objectivité des idées, de l'Infini*.

On peut douter que les contradictions signalées par Herbart dans les notions de l'expérience, soient bien réelles : celles que trouvaient les Eléates dans l'existence du mouvement tiennent tout simplement, ou à la fausse idée de la division à l'infini de la matière (4), ou à quelque équivoque de langage. Il n'y a d'autre contradiction dans l'être fini et muable que

---

(1) *Ibid.* Voir M. Willm, *ibid.*, p. 552, 553, etc.
(2) *Ibid.*
(3) *Ibid.*
(4) Cette fausse idée ne serait-elle pas le principe du sophisme d'Achille et de la tortue ?

celle que Platon exprime, en disant que le *fini* participe à la fois de l'*être* et du *non-être*. Ce n'est pas, à proprement parler, une *contradiction*, c'est une *limitation* : mais cette *limitation* n'est intelligible — (et en cela Herbart a raison) — que par la pensée de l'*Absolu* ; car, ce que ce monde a d'*être*, il ne le tient que de sa ressemblance imparfaite avec l'Etre infini : si la connaissance des choses est possible, elle ne l'est que par la connaissance de la Vérité qui est en Dieu et dont les choses ne sont qu'une copie, une ombre.

Herbart nous conduit ainsi à des conclusions diamétralement opposées à celles du scepticisme transcendantal. C'est dans le monde transcendantal que réside la connaissance ; les *idées* ne trouvent pas leur déduction dans les objets de l'expérience ; c'est l'expérience, au contraire, qui trouve la preuve de sa vérité dans la ressemblance, quoique bien imparfaite, des objets avec les idées.

Au nombre des rectifications apportées par Herbart à la philosophie critique, il faut signaler la défense de l'argument physico-théologique. Le procédé de l'esprit, dit Herbart, est le même, soit qu'à la vue de l'harmonie régnant dans l'univers, nous affirmions la réalité de Dieu, soit qu'en voyant agir nos semblables et en les entendant parler avec raison, nous en tirions la conséquence qu'ils sont doués d'intelligence. Si ce procédé n'est pas légitime dans le premier cas, comment le serait-il dans le second (1) ? Néanmoins,

---

(1) Herbart, *ibid.* Voir M. Willm, *ibid.*, p. 564, 565. C'est là assurément une remarque bien simple, et cependant elle suffit absolument pour fermer la bouche à tous ceux qui prétendent contester la rigueur démonstrative de la preuve des causes finales. A un sceptique qui s'obstinerait à dire qu'il y a bien dans la nature des signes de des-

Herbart convient qu'il faut compléter les preuves de l'existence de Dieu par l'argument moral, sans lequel la notion de la divinité resterait vague et indéterminée.

On voit que l'objet principal de Herbart a été de justifier les applications *transcendantales* des principes de la raison, et, pour les justifier contre Kant, il s'est servi d'un principe emprunté à Kant lui-même, l'imperfection et l'insuffisance de la connaissance sensible. Ainsi, loin d'être impossible, la métaphysique est, au contraire, nécessaire, par cette raison qu'elle seule explique tout, que sans elle l'expérience est inintelligible. Sans la métaphysique, point de science; si on révoque en doute les vérités qu'elle démontre, il faut douter de tout, il faut arriver au *nihilisme* absolu. C'est ce que va nous démontrer, à son tour, par les résultats où il aboutit, le système du seul kantiste complétement conséquent, Schopenhauer; exposons les conclusions que sa logique impitoyable a tirées de principes de son maître; elles nous prouveront, plus sensiblement que toutes les réfutations, la fausseté des principes de la *Critique*.

---

sein, d'intelligence, mais que l'on ne peut conclure avec certitude de cette finalité *apparente* à une intention, à une intelligence *réelle* qui gouverne le monde, on peut répondre en développant l'idée de Herbart : « Vous parlez, vos paroles font des mots, des mots qui ont un
» sens ; vos mots font des phrases intelligibles ; vos phrases font un
» discours suivi où tout est lié ; je vois là une *apparence* d'intention,
» d'intelligence ; vous parlez comme si vous aviez des idées, comme
» si vous vous compreniez vous-même ; mais de cette *apparence* d'in-
» telligence, je ne saurais conclure à l'existence *objective* d'une intel-
» ligence qui coordonnerait vos paroles ; il me *semble* que vous pensez,
» que vous êtes doué de la même raison que moi ; mais c'est peut-
» être une illusion *subjective* de ma part, et je n'ai pas la témérité
» d'affirmer que vous pensez réellement. »

CHAPITRE V.

UN KANTISTE CONSÉQUENT : SCHOPENHAÜER.

En terminant la *Critique de la Raison pure*, Kant, plein de confiance dans les *résultats* de la méthode critique, exprime l'espoir que « si l'on voulait bien convertir ce sentier en route royale, » on pourrait arriver, avant un siècle, à satisfaire complétement la raison humaine sur une matière dont elle s'était jusque-là occupée inutilement. Un siècle n'était pas écoulé que la méthode critique, déjà convaincue de fausseté et de contradiction par Jacobi, par Hegel, par Herbart, trouvait sa condamnation définitive dans les conséquences que Schopenhaüer en a déduites. Sans doute, Kant n'en reste pas moins grand et digne d'admiration, par ses vues de génie et par la foi morale qui les a inspirées, en dépit de ses principes et de sa méthode ; mais, pour ces principes mêmes et pour cette méthode, dont il espérait la régénération de la philosophie, il n'en est rien demeuré, il n'en est rien sorti, si ce n'est des doctrines qui auraient révolté son âme noble et croyante, et dont le dernier mot est le *nihilisme*, dont la conclusion inévitable est le désespoir et la sanglante ironie du scepticisme.

C'est à bon droit, en effet, que Schopenhaüer se prétend disciple de la *Critique*; mais il n'a emprunté

à Kant que ses principes sceptiques, et il lui reproche souvent de ne pas avoir poussé le doute assez loin. C'est au nom de la philosophie de Kant qu'il s'élève contre Hegel, et qu'il lui oppose des arguments qui, s'ils étaient bien fondés, seraient la condamnation non pas seulement de l'hégélianisme, mais de toute métaphysique en général. Son ironie s'exerce spécialement contre les preuves de l'existence de Dieu. « Qu'ont-ils fait, » s'écrie le moderne disciple de Kant, « pour cette chère démonstration cos-
» mologique, blessée à mort par la raison critique de
» Kant? Une cause première est tout aussi *cogitable*
» que le point où l'espace finit et où l'espace com-
» mence (1)... On ne peut pas songer à un état de la
» matière duquel auraient procédé tous les autres...
» Cette loi de causalité ressemble au balai enchanté
» de Gœthe, lequel, ayant commencé de fonctionner,
» ne cesse de courir que lorsque le vieil enchanteur,
» son maître, le rend au repos (2). »

Sous cette ironie d'un goût au moins douteux, on reconnaît l'objection des *antinomies* contre la possibilité d'une *cause première*. Mais, plus conséquent que son maître, Schopenhaüer n'admet pas même que l'on ait le droit de reconnaître des causes *dans le monde des phénomènes*, et de conclure par là du phénomène perçu à la *réalité* des objets sensibles (3). D'ailleurs, comment concilier cette *réalité* des choses

---

(1) Quand on ne la concevrait pas, il n'est pas pour cela moins nécessaire de l'admettre ; la création n'est qu'un mystère, l'éternité des causes secondes est une contradiction. Mais il est des philosophes à qui la contradiction coûte moins à admettre que le mystère.

(2) Cité par Foucher de Careil, Hegel et Schopenhaüer, p. 149.

(3) Voir Foucher de Careil, *ibid.*, p. 183 et 184.

avec l'*idéalité* de l'espace et du temps où le monde est contenu? Kant, ajoute Schopenhaüer, a bien senti cette difficulté et il s'est donné bien de la peine à refaire tout un chapitre de la *Critique de la Raison pure* pour essayer d'échapper à l'idéalisme de Berkeley où ses principes devaient nécessairement l'entraîner (1).

D'ailleurs, qu'est-ce que ce principe de causalité qui ne vient pas des sens et que nous appliquons, suivant Kant, aux choses sensibles? D'après la *Critique*, c'est une *forme* subjective de l'*entendement*; cette conclusion n'est pas encore assez négative pour le scepticisme de Schopenhaüer; il n'y a pas, dit-il, de *formes pures* de la pensée, d'*idées à priori* (2); l'*entendement*, auquel Kant attribue la conception de ces prétendues idées *à priori*, n'existe pas comme faculté distincte de la sensibilité. C'est pour avoir voulu le concevoir comme une faculté distincte que Kant n'a pu arriver à en donner une définition unique et constante : Schopenhaüer compte, dans la *Critique de la Raison pure*, sept définitions de l'*entendement*, toutes différentes les unes des autres, pour ne pas dire contradictoires : 1° la *faculté de juger*; 2° la *faculté de produire des représentations*; 3° la *faculté de la connaissance en général*; 4° la *faculté des règles*; 5° la *source des principes*; 6° la *faculté des notions*; 7° la *faculté d'unir les phénomènes au moyen des règles* (3). Toutes ces opérations intellectuelles que Kant rapporte à l'*entendement*, peuvent se ramener,

---

(1) Voir même ouvrage, p. 186.
(2) *Ibid.*, p. 198.
(3) *Ibid.*, p. 192.

selon Schopenhaüer, à une seule, la *représentation;* et encore la représentation n'est pas distincte de l'*intuition* fournie par les sens ; ainsi, l'intelligence n'est qu'un mode de la sensibilité (1) : le *principe de causalité* est le lien subjectif qui unit nos représentations successives (2); et la faculté qu'on appelle la raison n'est que le pouvoir d'abstraire et de réfléchir sur les données de l'expérience.

Ici encore, la logique nous semble pour Schopenhaüer contre Kant. En effet, si les notions de l'entendement n'ont d'application que dans le domaine de l'expérience, pourquoi faire de cette faculté, réduite à coordonner les impressions sensibles, autre chose qu'une faculté sensible? Kant prouve, il est vrai, que la *forme* de nos connaissances précède leur *matière :* cette conclusion est vraie en elle-même; mais, si elle est vraie, cela tient à ce que ces formes ne sont pas des *formes vides ;* elles ont une *matière*, à savoir, les *objets possibles*. Au contraire, Kant les considère comme des *formes* absolument *vides*, notion contradictoire, puisque toute forme suppose une matière; Schopenhaüer a donc raison de rejeter ces idées sans objets, ces pensées qui ne contiennent rien de réel. En un mot, si les idées *à priori* ne constituent aucune *connaissance* objective, elles ne sont rien, elles ne sont pas, et notre intelligence ne possède rien qui ne lui vienne des sens. C'est donc vainement que Kant a réfuté le sensualisme de Locke; les concessions qu'il lui fait, en refusant le nom de *connaissances* aux idées qui ne nous sont pas données par la sensation, pour-

---

(1) *Ibid.*, p. 198.
2) *Ibid.*, p. 199.

raient suffire au sensualisme et au matérialisme lui-même. Mais ce n'est pas seulement au système de Locke que le scepticisme transcendantal nous ramène ; il faudrait, pour être conséquente avec elle-même, que la *Critique* refusât aussi, avec Hume, toute objectivité à la connaissance sensible, puisque le temps et l'espace ne sont plus rien, et qu'avec leur réalité disparaît la réalité du monde. Schopenhaüer n'hésite pas à aller jusque-là, et réduit ainsi le monde matériel, aussi bien que l'esprit, à une pure *représentation* subjective.

Sans doute, à côté de la partie négative du système de Schopenhaüer (la théorie de la *représentation*), il y a une partie positive et dogmatique, la théorie de la *volonté*. Mais peut-on admettre sans contradiction l'existence réelle du monde comme *volonté*, après l'avoir réduit à une simple *représentation* de notre esprit? D'ailleurs, quel sens attacher au mot de *volonté*, quand l'auteur nous dit que cette volonté n'existe pas seulement dans l'homme, mais dans toute la nature? La matière brute, la pierre est douée de volonté (1). On ne peut s'empêcher de comparer cette *volonté* universelle à celle qu'Auguste Comte, dans les derniers écarts de sa pensée, attribuait au *Grand Fétiche*, c'est-à-dire à la nature matérielle. Enfin, pour comble de contradiction, la volonté qui, suivant Schopenhaüer, est l'essence de toute chose, est à la fois liberté et fatalité : le *vouloir*, dit-il, est *identique*, *immuable* et *libre* (2). S'il est *identique* et *immuable*, comment peut-il être libre ? En quoi ce *vouloir* diffère-t-il de la nécessité? La volonté n'est donc qu'un mot choisi ar-

---

(1) *Ibid.*, p. 225, 226.
(2) *Ibid.*, p. 227.

bitrairement par Schopenhaüer pour exprimer tout le contraire de ce qu'il veut dire dans la langue de tout le monde ; c'est l'activité fatale de la nature ; aussi n'est-il pas étonnant que ce philosophe identifie le vouloir avec l'instinct (1), avec le principe vital des animaux et des plantes (2).

En un mot, le scepticisme et le déterminisme, voilà ce que Schopenhaüer a emprunté à la philosophie de Kant ; mais d'échapper à ces tristes conclusions, à l'exemple de son maître, par la raison pratique, c'est à quoi il ne songe même pas ; et peut-être dans le fond de sa pensée faisait-il à Kant l'injure, assurément bien imméritée, de regarder sa philosophie morale et sa foi en Dieu comme des précautions oratoires, ou comme des concessions faites au vulgaire par faiblesse. De telles croyances, en effet, sont, aux yeux de Schopenhaüer, ridicules et méprisables. « Dieu, » dit-il, « est bon pour les niais et les cochers de fiacre (3). » En vain, on voudrait croire qu'il entendait parler du Dieu impersonnel de Hegel : est-ce bien le Dieu impersonnel du panthéisme que les simples et les ignorants adorent? N'est-ce pas la croyance à l'Infini, sous n'importe quelle forme, que le philosophe sceptique renvoie outrageusement à ceux qu'il appelle les *niais?* Schopenhaüer est athée ; car, la preuve la plus évidente, la forme la plus absolue de l'athéisme est le blasphème, et tout son système se résume dans ce blasphème : « *tout est mal.* » Là où la science voit des causes finales, de l'ordre, de l'har-

---

(1) *Ibid.*, p. 235.
(2) *Ibid.*
(3) *Ibid.*, p. 181.

monie, il ne trouve que désordre et souffrance. Socrate remarquait, en bénissant la Providence, que tout, dans la constitution et dans l'instinct des êtres organisés, concourait à la conservation de la vie ; mais, selon Schopenhaüer, la vie c'est le *mal*, et tout ce qui concourt à la protéger, à la conserver, à la perpétuer est mauvais. Le monde n'est plus ainsi qu'une cruelle ironie, et le bien, s'il existe, ne peut être qu'une tendance vers l'anéantissement (1). Dans un morceau célèbre, Jean-Paul feint d'avoir rêvé que Dieu n'existait pas, et ce rêve nous glace d'effroi ; mais le rêve de Jean-Paul n'est rien à côté du monde tel que nous le fait Schopenhaüer.

Voilà donc ce qui reste du kantisme : voilà ce que la logique en a fait ! Le kantisme moins la morale, — c'est-à-dire moins tout ce qu'il a de grand, moins tout ce qu'il a de positif, — le scepticisme, et, ce qui est encore plus triste, l'indifférence à l'égard des plus graves intérêts de la raison, voilà où l'engouement pour un faux principe et pour une méthode paradoxale nous a amenés ; et ce sont ces funestes conséquences que des systèmes nouveaux, comme le positivisme, la morale indépendante, nous donnent pour un progrès immense, pour un affranchissement glorieux de la raison humaine (2). Et cepen-

(1) *Ibid.*, p. 268 à 289.
(2) Le positivisme a spécialement emprunté à la partie sceptique du système de Kant la négation de la métaphysique comme science, l'impossibilité de connaître autre chose que des *phénomènes*, la négation de la personnalité de l'âme, réduite ainsi à une collection de *phénomènes*, et enfin le déterminisme historique. Les théoriciens de la morale indépendante s'appuient également sur l'autorité de Kant pour nier la possibilité d'affirmer Dieu et pour réduire l'idée de l'Infini à une conception subjective. Mais en vérité de quel droit de tels systèmes osent-

dant, quelle époque a jamais eu besoin, plus que la nôtre, de croyances morales philosophiques et religieuses? Quand la fatale influence du scepticisme a-t-elle été plus sensible? Le doute a soufflé partout; et si on doit juger de la vérité d'une doctrine par ses fruits, l'expérience n'a-t-elle pas assez prouvé que le scepticisme n'est pas la vérité? Aussi, nous sommes las de douter, il nous faut des croyances, et comme en même temps nous sommes plus difficiles que jamais sur les conditions de la certitude, il nous faut des croyances raisonnées (*rationabile obsequium*), et nous ne saurions plus admettre, *au point de vue pratique*, des vérités qui seraient réellement en opposition avec la raison *spéculative*. Le scepticisme moral est donc la conséquence nécessaire du scepticisme métaphysique, et si par malheur il venait à prévaloir, quel avenir nous serait réservé! On a beaucoup parlé de progrès depuis un siècle; on en parle, on y croit encore, même au lendemain des catastrophes les plus terribles, — et il faut se féliciter de ce que l'on ne désespère pas, car c'est une preuve de vitalité; — mais quel sera ce progrès, quelle sera cette grande *idée*, que poursuivront les sociétés, si, oublieux de la philosophie, nous reléguons les *idées* dans le monde des chimères? D'où apprendrons-nous à réaliser le règne de la justice, cet idéal que notre siècle a tant de fois cru saluer dans un avenir prochain, si les notions rationnelles sont abandonnées,

---

ils, pour se donner du crédit, se recommander du grand nom de Kant, lorsque, s'arrêtant à ses principes et à ses doutes provisoires, ils aboutissent à la négation de l'obligation morale, à la négation de tout ce que Kant croyait et adorait? (**V.** la conclusion de cet ouvrage.)

et si on ne croit plus à la science qui les rattache à leur véritable principe ? Que deviendront la littérature, les arts, que deviendront surtout les caractères, si nous ne secouons pas le joug d'un scepticisme qui abaisse nos esprits vers les choses terrestres, les intérêts matériels, et si notre intelligence, vide de toute croyance, reste ouverte sans défense aux idées les plus funestes ? Si nous n'avons pas renoncé à toute grandeur morale, n'allons pas demander des leçons à une philosophie qui nous donne de savants arguments pour douter de la raison, comme si, pour arriver à douter, il nous fallait autre chose que la faiblesse de notre esprit et son assujétissement aux choses des sens ! Loin de dédaigner la métaphysique comme une science inutile, apprenons d'elle à croire de plus en plus à ces réalités éternelles du Vrai, du Beau et Bien, qui ne sont pas *transcendantales,* puisque notre raison est faite pour elles ; et soyons persuadés que, plus notre foi en la vérité de ce monde invisible sera ferme, plus nous serons capables de bien remplir notre destination et comme individus et comme membres de la société (1).

(1) Aux jugements portés sur le kantisme en Allemagne, nous nous étions proposé, d'abord, d'ajouter ici ceux dont il a été l'objet dans l'Ecole française ; et le mémoire soumis à l'Institut contenait une exposition des leçons de M. Cousin sur la *Critique de la Raison pure.* Mais au moment de livrer ces pages à l'impression, nous avons pensé qu'il était inutile de donner ici l'analyse d'un ouvrage qui est dans les mains de tous ceux qui s'occupent de philosophie. Nous aimons mieux renvoyer le lecteur aux leçons mêmes de M. Cousin.

CONCLUSION.

De la part qui doit être faite à la Critique et de son rôle définitif dans le développement de la philosophie.

I. Nécessité de profiter de la *Critique* et de la dépasser.
II. *Des résultats positifs de la Critique.* — 1° Théorie des idées *a priori* définitivement acquise à la science. — 2° Rôle de ces idées dans les sciences expérimentales. — 3° Théorie spiritualiste de l'art. — 4° Certitude de la preuve morale de l'existence de Dieu. Impossibilité d'ébranler la doctrine de Kant sur ce point : vains efforts tentés de nos jours pour fonder une morale *indépendante* de la croyance en Dieu. — Le Bien n'est-il qu'un pur *idéal* abstrait?
III. *De l'utilité que le dogmatisme peut retirer de l'étude de la Critique, même dans ses erreurs.* — Des limites de la connaissance sensible. Des limites de la raison.
IV. — *Justification de la métaphysique.* — 1° Unité de la raison spéculative et de la raison pratique. Tous les axiomes de la raison peuvent se ramener à l'affirmation de l'Etre parfait. — 2° La certitude de la métaphysique est supposée par les autres sciences. — Fausse théorie du positivisme, sur les trois phases du développement intellectuel de l'humanité. La science, la métaphysique et la religion sont inséparables, et c'est par leur union seule que peut se réaliser le progrès intellectuel et moral. — 3° Objectivité des principes de la raison prouvée par le devoir que nous avons *de respecter et d'aimer la vérité.*

I

Si l'on s'en tenait aux conclusions du système de Kant, la philosophie, sans autre but que l'affermissement de la *foi morale*, devrait à tout jamais renoncer aux spéculations métaphysiques ; et ce nom même de *métaphysique* serait désormais relégué au nombre de ces mots qui ne servent plus qu'à désigner les illusions passées d'une philosophie primitive et crédule. Et cependant, quand nous examinons ce vaste mouvement philosophique, issu du système même de Kant, et sur lequel nous venons de jeter un coup d'œil, nous sommes frappés, au contraire, de voir les nouveaux efforts de la métaphysique pour affirmer sa puissance, pour résoudre par les méthodes les plus hardies les problèmes transcendantaux, pour chercher l'*objet* dans le *sujet*, les lois des choses dans celles de la pensée ; en un mot, l'esprit humain n'est jamais devenu plus audacieux qu'après l'apparition de la *Critique*, destinée précisément à mettre pour toujours fin à ses audaces. En posant la redoutable distinction de la vérité subjective et de la vérité objective, et en révoquant ainsi en doute la possibilité de rien connaître de réel sur les objets de nos pensées, Kant avait cru ouvrir un abîme infranchissable entre l'esprit humain et les vérités du monde intelligible. Tout au contraire, ce défi jeté à la raison spéculative n'a fait qu'accroître son ardeur à résoudre le problème déclaré insoluble, et à pénétrer l'essence de l'être par la puissance de l'idée ; de là le gigantesque développement de la philosophie allemande, qui, dans son ambition, n'a pas craint de s'appeler la philosophie de l'*Absolu*.

Mais quoi ! les erreurs de cette métaphysique téméraire, qui arrive, en définitive, à mettre en l'homme la Raison absolue et à diviniser la nature, ne semblent-elles pas justifier la prudence excessive de Kant et sa méfiance à l'égard des spéculations trancendantales? Gardons-nous de le penser : l'erreur de la philosophie allemande n'est pas d'avoir cru à la puissance de la raison spéculative, mais d'avoir, par un excès contraire à celui de Kant, méconnu les droits de la raison pratique; en d'autres termes, elle a cherché l'Infini en dehors de l'idée du Bien, et ainsi, au lieu de trouver le vrai Dieu, le Dieu personnel, le Dieu dont le nom est celui de la Bonté, elle s'est égarée dans l'adoration du Dieu-Nature ou de l'idée abstraite et vide. Entre ces deux excès, dont l'un consiste à sacrifier absolument, avec Kant, la raison à la morale, et l'autre à sacrifier, avec Hegel, la morale au raisonnement, la vraie méthode ne serait-elle pas dans la croyance à l'unité indissoluble de la raison spéculative et de la raison pratique, dans la réduction des axiomes de la raison, des *jugements synthétiques à priori*, à l'idée du Bien qui les suppose tous et qui en est le principe suprême? La philosophie qui suivrait cette méthode, tout en combattant la *Critique*, lui ferait cependant une large part, puisque c'est, en définitive, sur l'idée morale qu'elle s'appuierait pour justifier tous les jugements et tous les concepts de la raison pure. Dans cette dépendance mutuelle de la métaphysique et de la morale, la métaphysique retrouve tous les titres à notre confiance que lui a contestés Kant; mais elle ne les retrouve que par son identité avec la morale, et l'idée du Bien reste, comme le dit Platon, le véritable soleil qui éclaire le monde intelligible. Que la philosophie entre dans cette voie, et ainsi elle dépassera la *Critique*, tout en s'inspirant de son esprit; en même temps elle écartera de l'idée de

Dieu, comme l'a voulu aussi Kant, toute notion indigne, toute conception panthéiste ou idéaliste ; en un mot, elle retrouvera le Dieu *personnel*, la Providence ; et comme c'est par l'idée de sa Bonté que nous élevons à lui, nous apprendrons tout ensemble à le connaître et à l'aimer.

Mais avant de chercher à démontrer cette identité de la raison spéculative avec la raison pratique, et d'essayer, par cette voie, d'échapper aux conclusions sceptiques de Kant à l'aide de ses conclusions dogmatiques, recueillons d'abord toutes les vérités positives et définitivement acquises à la science qui sont établies dans les trois *Critiques*. Tel sera notre point de départ. Ce sera, par conséquent, sur les démonstrations mêmes de Kant que nous nous appuierons pour nous élever, avec plus de hardiesse qu'il n'a osé le faire, vers la connaissance de l'Etre Infini, dont l'existence est révélée non-seulement par la *foi* morale, mais aussi par la *science*.

II

1° Nous venons de prononcer le mot de *science*, pour désigner la connaissance de l'Etre parfait ; et si, en cela, nous protestons contre l'assertion de Kant, qui refuse à la connaissance de Dieu le caractère *scientifique* pour la réduire à un acte de *foi* morale, c'est Kant cependant qui nous fournit les principes indispensables à cette science de l'Absolu qu'il déclare impossible. Sur quoi, en effet, peut se fonder la métaphysique, si ce n'est sur ces axiomes universels que le sensualisme refuse à notre intelligence ou qu'il fait dériver des sens ? Or, aucun penseur n'a mieux réfuté sur ce point les prétentions du sensualisme, aucun n'a mieux démontré que ne l'a fait Kant le caractère absolu de ces notions et l'impossibilité de leur assigner une origine empirique. Après avoir prouvé d'une manière irréfutable que ces notions ne viennent pas des sens, il va plus loin : il établit que la connaissance sensible elle-même procède de ces notions et n'est possible que par elles. Non-seulement il rend à la *raison pure* la place que le sensualisme de Locke lui refusait à côté de nos autres facultés, mais il démontre qu'elle est la faculté fondamentale, celle qui domine, qui embrasse toutes les autres; les autres facultés sont comme le *contenu* de notre intelligence et lui appartiennent par accident; la raison est notre intelligence elle-même; les sens lui fournissent des matériaux dont elle juge; elle seule les rend intelligibles et les pense. C'est là un point d'une importance capitale ; c'est la loi première de la psychologie ; et, personne, avant Kant, ne l'avait constatée d'une manière aussi nette et aussi scientifique. De tout temps, sans doute, les philosophes spiritualistes avaient distingué la *raison*, ou la faculté de connaître les *vérités éternelles*, d'avec l'expérience qui nous fait percevoir les êtres *contingents*. Mais si Platon décrit admirablement cette faculté supérieure qu'il appelle le νοῦς; si Aristote la regarde comme destinée à l'immortalité, après l'extinction des facultés sensitives ; si, dans les temps modernes, Descartes, Bossuet, Fénelon, Leibnitz ont prouvé l'origine divine de la raison, aucun de ces grands philosophes ne s'est attaché à montrer qu'elle intervient dans les opérations sensibles elles-mêmes, et qu'elle seule les rend intelligibles. Malebranche, il est vrai, a bien vu que la perception de l'étendue sensible n'est possible que par la conception de l'étendue intelligible; mais au lieu de conclure, conformément aux faits, que les *idées* interviennent dans l'acte de la perception, il admit qu'elles constituaient la perception à elles seules. Par une analyse plus exacte, et tout en laissant à l'expérience sa juste part, qui consiste à fournir la *matière* de la perception, Kant détermine avec une précision merveilleuse le rôle de la raison dans l'expérience. Dans la simple affirmation de l'existence des corps, il découvre : 1° la notion *à priori* de l'espace; 2° les *concepts* de *substance*, de *réalité*, de *cause*, etc...; 3° l'idée de l'*Absolu*, sans laquelle les qualités *relatives* que nous percevons dans les objets contingents seraient inintelligibles. Ainsi, pour Kant comme pour Platon, le fini implique l'infini, non pas, sans doute, comme un principe renferme sa conséquence, mais comme la vue d'un objet implique la perception de la lumière qui le fait voir. On ne peut penser à rien sans penser implicitement à l'Infini. Il est rigoureusement vrai de dire : « *Toute proposition du langage humain* » *affirme Dieu.* »

Sans doute cette belle théorie de la raison reste incomplète, puisque la *Critique* conteste l'objectivité de l'idée de l'Infini, et qu'après avoir si bien montré comment la loi de notre intelligence est de penser Dieu et d'affirmer Dieu, Kant nie la légitimité de cette affirmation. Mais ce doute, on le sait, n'est que provisoire; et quand même la raison pratique ne le résoudrait pas, le problème de l'objectivité de nos idées reste posé pour stimuler la noble curiosité de la philosophie. N'est-ce pas déjà un résultat précieux, que d'avoir mis en lumière cette aspiration à l'idéal, ce besoin du divin, qui est le fond de notre raison, et d'avoir montré que l'*empirisme* ne nous suffit pas?

2° Ce n'est pas seulement en psychologie et en morale que Kant a démontré cette insuffisance de l'empirisme : il ne lui accorde même pas le privilège de régner sans partage dans les sciences naturelles. Toutes nos expériences sur les êtres organisés sont guidées par une idée *à priori*, celle de *finalité*. On a vu, dans la *Critique du jugement*, comment le concept même d'*organe* se résout en celui d'appropriation, d'*harmonie entre des moyens et une fin*. Dans tout ce qui peut s'expliquer par la simple causalité mécanique, le tout est l'effet des parties; or, dans l'être organisé, le tout est à la fois cause et effet de ces parties; chaque partie est à la fois cause et effet des autres; c'est là *un fait*, et ce fait ne peut s'expliquer que par une causalité différente de la causalité mécanique, la causalité de l'intelligence (1). Ainsi, à moins de faire *de la science incomplète*, il est aussi impossible d'étudier la nature que d'étudier l'âme humaine sans trouver Dieu partout.

3° Enfin, après avoir ruiné l'empirisme en psychologie et avoir réduit son rôle dans les sciences physiques elles-mêmes, Kant l'a banni absolument de l'esthétique. La théorie sensualiste de l'art, la confusion du Beau avec l'Agréable, régnait presque sans partage

---

(1) Nous avons vu plus haut comment cette doctrine de Kant, sur l'impossibilité de bannir de la science l'idée de finalité, se trouve confirmée par les aveux implicites de savants très-peu sympathiques à la métaphysique, et comment ils sont obligés d'admettre, à titre de *faits*, des *appropriations* entre les organes et les besoins des êtres vivants.

lorsque parut la *Critique du jugement.* Dès les premières pages, Kant détruit ces doctrines superficielles, en posant comme caractère essentiel du sentiment du Beau le *plaisir désintéressé* qu'il procure. Or, ce caractère *impersonnel* du sentiment esthétique est ce qui permet de ramener les principes du goût à une science. Aussi, dès que l'analyse de Kant eut rétabli la véritable notion du Beau, l'esthétique, restée stationnaire depuis Platon ou du moins depuis Plotin, prit tout à coup un développement prodigieux qui sera le vrai titre de gloire de la philosophie allemande. Quand la *Critique du jugement* n'aurait eu d'autre résultat que de produire et d'inaugurer ce mouvement, ce serait déjà assez pour lui mériter une place importante dans l'histoire de la pensée humaine. Mais Kant a fait plus encore ; sur plus d'un point il a deviné, comme du premier coup d'œil, ce que devaient trouver et définitivement formuler Schiller, Schelling et Hegel. L'un des premiers (1), dans les temps modernes, il a reconnu les rapports de l'esthétique avec la métaphysique et la psychologie ; par là il a élevé la question du goût à la hauteur d'une science philosophique ; il a rendu à l'art sa véritable dignité, méconnue par les doctrines sensualistes du dix-huitième siècle ; et cette révolution dans la théorie de l'art a porté ses fruits, car elle a vulgarisé cette grande vérité, devenue banale aujourd'hui à force d'évidence, à savoir, que l'art doit exprimer l'*idée*, qu'il ne s'adresse aux sens que pour parler à l'esprit, et que, s'il emploie la matière, c'est pour la spiritualiser.

---

(1) Nous ne disons pas le *premier* absolument, ce serait oublier Baumgarten.

4° Mais nous serions infidèles aux intentions de Kant si, après avoir loué sa réfutation de l'empirisme, nous y voyions autre chose qu'une introduction à cette admirable philosophie morale, par laquelle il nous fait enfin pénétrer dans ce monde intelligible, que la *Critique de la Raison pure* nous faisait regarder à la fois comme l'éternel inconnu et comme le suprême désirable. En combattant l'empirisme en psychologie et dans les sciences, Kant a voulu détruire le principal obstacle qui empêche la pensée de chercher Dieu, à savoir, l'*indifférence à tout ce qui passe nos sens*. Après cette préparation, que l'on pourrait appeler, en empruntant le langage de Platon, la *purification* de l'âme (κάθαρσις), il nous élève à l'idée du Bien ; et en même temps qu'il éclaire par elle toutes les questions qui se rattachent à notre destinée présente et à notre destinée future, il y trouve la démonstration la plus rigoureuse de l'existence de Dieu. Ici viennent se briser tous les efforts du scepticisme : s'il y a une loi morale, une loi universelle et absolue, elle ne peut être que la loi de Dieu : toute autre origine est insuffisante à l'expliquer, insuffisante à justifier son autorité sur des êtres raisonnables et libres ; et l'athée est réduit à cette inévitable alternative ou d'étendre ses doutes jusqu'à la loi morale, ce qui est sa condamnation, ou de se mettre en contradiction avec lui-même, ce qui le condamne encore. En vain essaiera-t-on d'échapper à ce dilemme ; les systèmes modernes qui ont tenté de construire une morale sans Dieu n'ont en réalité conservé de la morale que le nom, et en ont défiguré la notion en niant son caractère essentiel, celui d'*obligation*. Ecoutons sur ce sujet les aveux du chef actuel de l'école positiviste française : « On qualifie d'immo-

» rales les négations de l'origine surnaturelle de la
» morale ; *elles le seraient en effet si la nature humaine*
» *possédait la morale comme un commandement*, et
» non comme un développement tiré graduellement
» de son sein, au même titre que le développement
» de la science (1). » Ainsi, M. Littré en tombe d'accord, *si la loi morale était un commandement*, si elle avait ce caractère *impératif* qui, suivant Kant, est son essence même, on ne pourrait nier Dieu sans nier la morale! Mais, en vérité, à quelle extrémité est réduit un esprit droit se débattant dans les étreintes d'un faux système, lorsque, pour nier Dieu, il est contraint de nier que la morale soit *un commandement!* Qui peut donc la concevoir autrement? Peut-elle être obligatoire sans être un commandement? Et si elle n'est pas obligatoire, quelle idée nous en former? La morale, dit-on, n'est pas une loi qui commande, mais un développement, un progrès. Un progrès vers quoi? Est-ce un progrès vers le bien-être? Alors ce n'est plus la morale, mais l'amélioration physique. Un progrès vers la vérité? Alors c'est la science et non la morale. Un progrès vers la justice? Mais qu'est-ce que la justice? Si on ne la considère pas comme l'obéissance à un *Ordre* absolu, éternel, et par conséquent comme un idéal *obligatoire*, la justice ne sera plus qu'une satisfaction des besoins de l'humanité ou une satisfaction de ma raison : dans les deux cas, ce n'est que la plus haute expression du bien-être, et la morale revient à la doctrine de l'intérêt. D'ailleurs un développement est un *fait*, et la morale n'est pas un fait; car le *fait*, c'est *ce qui est*, tandis que *la morale*, c'est *ce qui*

---

(1) M. Littré, *Aug. Comte et la philosophie positive*, p. 216.

doit être. Ramener la morale à un fait, c'est identifier le *fait* avec le *devoir*, le *fait* avec le *droit*. Que deviennent enfin la responsabilité, le mérite et le démérite, si la morale est une évolution fatale amenée par le cours de la nature? Où retrouver dans cette doctrine l'*idée du Bien?* Quelle démonstration de l'existence de Dieu nous donne ici ce philosophe qui croit en douter, puisqu'il ne peut faire abstraction de Dieu qu'en faisant également abstraction de la conscience humaine!

Non moins vains sont les efforts d'un système encore plus récent, la *morale indépendante.* Tout d'abord reconnaissons que cette doctrine a sur le positivisme un avantage réel, celui de reconnaître la liberté humaine. C'est sur le fait de la liberté qu'elle essaie de fonder une morale dont la prétention est de se passer de Dieu. Mais là éclate l'inconséquence de ce système. Si la morale suppose la *liberté*, il est impossible qu'elle ne suppose pas en même temps l'existence de Dieu : car, si Dieu n'existait pas, la matière seule serait éternelle avec ses lois fatales ; or, du sein de la matière et de la fatalité, jamais n'a pu sortir un homme doué d'une âme immatérielle, d'une volonté libre. Quelle combinaison matérielle a pu produire la liberté, puisque tous les effets des forces physiques sont déterminés? L'existence de Dieu est donc vraiment, pour parler le langage de Kant, un *postulat de la liberté*, c'est-à-dire que ces deux vérités s'enchaînent mutuellement, et que la négation de l'une est la négation de l'autre. En les séparant on se condamne soi-même à la plus flagrante contradiction, et le système fondé sur cette inconséquence peut, à bon droit, revendiquer le nom de *mo-*

rale indépendante, car elle est sans nul doute indépendante des lois de la logique.

Encore, si c'était là la seule contradiction! Mais non contents d'avoir fait sortir la liberté d'un développement fatal des forces naturelles, les auteurs de cette doctrine ont encore la prétention d'assigner à ma volonté une loi en dehors de la notion d'*Ordre :* L'idée d'un Ordre éternel et absolu, d'une loi morale supérieure à la volonté de l'homme et obligatoire pour l'homme, suppose nécessairement l'existence de Dieu : on ne le nie pas, au contraire, on l'avoue très-clairement, puisque, pour écarter Dieu, on écarte l'idée de l'Ordre, et que l'on cherche la loi de la liberté, non dans sa fin, mais en elle-même. La liberté, dit-on, n'est pas un moyen en vue de l'accomplissement d'une destination qui lui est assignée : elle est sa fin à elle-même ; elle ne tire pas son prix d'une loi qu'elle est appelée à accomplir, mais de sa propre nature. Par cela seul que je suis libre, ma liberté est respectable ; *mon acte est bon ou mauvais, suivant que je respecte ou que je diminue, soit la liberté des autres, soit la mienne.*

Cette formule peut séduire un instant, parce qu'elle correspond exactement à une certaine catégorie de devoirs. Ainsi la plupart des devoirs de *justice* consistent à ne pas violer la liberté de nos semblables. Mais comment ramener les devoirs de *charité* à cette formule? Je refuse de secourir un pauvre ; en quoi, par ce refus, l'ai-je rendu moins libre qu'auparavant? Si tous nos devoirs se réduisent au respect de la liberté, je puis être égoïste et avare en conscience. Il y a plus : même parmi les devoirs de justice, combien seraient inexplicables, d'après le nouveau code de morale? Que dirait-on d'un fils ingrat, qui, non content de montrer de l'indifférence à ses parents, refuserait de les soutenir dans leur vieillesse? Et si, pour s'excuser, il leur répondait : « De quoi vous plaignez-vous ? Je ne gêne » pas votre liberté : que pouvez-vous me demander » de plus? A votre tour, respectez la mienne que » troublent vos plaintes. » Cette réponse ne serait-elle pas absolument correcte d'après les principes de la morale indépendante? Et si l'absurdité de semblables conséquences nous révolte, reconnaissons que nos devoirs reposent sur un principe beaucoup plus général et beaucoup plus élevé que le simple respect de la liberté.

Ce principe, où peut-il être, sinon dans un but assigné à la liberté et supérieur à elle? D'ailleurs, n'est-il pas absurde et contradictoire de prétendre que la liberté est sa fin à elle-même? Qu'est-ce que la liberté, sinon le pouvoir de vouloir *par nous-mêmes*, c'est-à-dire *la plénitude du vouloir?* Or peut-on dire que le but de la volonté soit de *vouloir pour vouloir*, et non de *vouloir telle ou telle chose*, tel ou tel *bien* supérieur à nous ? On ne veut pas sans vouloir quelque chose; la volonté tend donc nécessairement à une fin *extérieure à elle*. Vouloir pour vouloir, être libre pour être libre, si cela était possible, serait aussi absurde que de parler pour parler, de marcher pour marcher ou de manger pour manger : l'homme raisonnable ne parle que pour instruire les autres ou pour s'instruire; il ne marche que pour sa santé ou pour ses affaires; il ne mange que pour soutenir ses forces : en un mot, l'activité d'un être raisonnable ne s'exerce qu'en vue d'un but étranger : la volonté la plus libre agit d'après des motifs, ou, en d'autres termes, cherche sa fin hors d'elle-même.

Mais parmi ces fins que cherche ma liberté, quelle est celle qui est digne d'elle, celle qui exige une volonté libre? Ce n'est pas mon intérêt, ce n'est pas la satisfaction de mes désirs, en un mot, ce n'est pas mon *bien personnel;* car, pour l'aimer, je n'aurais pas besoin d'être libre; l'instinct y suffit : donc ce ne peut être que l'amour du *bien impersonnel*, c'est-à-dire de l'*Ordre absolu* ; c'est là un objet auquel je puis librement donner ou refuser mon amour, ma coopération, et par conséquent c'est une fin qui ne convenait qu'à un être libre. Mais si cet *Ordre* existe, et si en même temps j'y dois coopérer librement, ce n'est pas là une loi de la nature imposée par la fatalité; c'est une loi idéale, un plan qui m'est proposé et que je dois exécuter. Cette règle idéale, est-elle une simple conception de mon intelligence, ou est-elle le *commandement* d'une Intelligence Eternelle, d'une Volonté Sainte? Suppose-t-elle un législateur, ou mon esprit se fait-il à lui-même sa loi? Kant ne semble même pas supposer que cela fasse question. Son sens droit l'emporte ici sur toutes ses habitudes critiques, et, sans discussion, à titre de conséquence immédiate, il conclut de l'*objectivité* de la loi morale à l'existence réelle du Législateur. Pourquoi faut-il que l'évidence de cette conséquence n'ait pas frappé, avec la même force invincible, certains disciples infidèles de Kant, qui, appliquant au Bien absolu ce qu'il avait dit *provisoirement* de l'Infini, considèrent la Perfection morale comme un *Idéal* abstrait, comme une création subjective de notre activité intellectuelle? Mais puisqu'il faut démontrer ce qui ne fait question ni pour le simple sens commun ni pour le plus critique des philosophes, ne reculons pas devant cette tâche, et essayons de mettre au jour la contradiction d'une supposition qui cherche dans l'homme l'origine première de la loi qui l'oblige et qui lui commande : voyons si par aucune subtilité, par aucun tour de force de dialectique, il est possible d'échapper à cette conclusion rigoureuse de Kant : « *Dieu est un postulat de la loi morale.* »

Que pourrait être le Bien absolu, le Bien idéal, s'il n'est pas Dieu lui-même, s'il n'est pas l'attribut réel d'un Etre réellement existant et réellement parfait? Une abstraction, dit-on, comme les figures idéales de la géométrie, comme le cercle idéal, le triangle idéal; et si la géométrie, pour être fondée sur des abstractions, n'en est pas moins une science rigoureuse, pourquoi la morale ne serait-elle pas aussi une science et une science rigoureuse, — même si l'idéal moral n'est qu'une conception abstraite ? Voilà, pensons-nous, l'objection dans toute sa force. Peut-être suffirait-il de la réfuter par ses conséquences : si l'idéal moral n'est qu'une idée sans réalité, comment expliquer que cette idée me domine, me gouverne, me récompense et me punisse? Dans une telle hypothèse, le Bien ne serait plus que le produit d'une opération de l'esprit, c'est-à-dire un néant. Ah! s'il en était ainsi, le dernier effort de la philosophie, l'expression la plus haute et la plus absolue de la vérité serait dans ce blasphème du stoïcien mourant : « *Vertu, tu n'es qu'un mot!* » Mais ce ne sont pas seulement le sentiment et la conscience qui protestent contre cet idéalisme; la raison spéculative ne repousse pas moins une telle doctrine. La morale, dit-on, peut être une science rigoureuse, comme la géométrie, quand même l'*idéal moral* ne serait pas réalisé dans un Etre parfait, et ne serait qu'une pure abstraction, comme le cercle et le carré parfaits ! Cette comparaison ne sert de rien à l'idéalisme ; car si les abstractions de la géométrie ne sont pas *réalisées dans la matière*, elles sont *réellement pensées* par l'intelligence de Dieu ; c'est à cette origine divine que les vérités mathématiques doivent leur caractère scientifique, et elles n'existeraient pas plus, si Dieu n'était pas, que la vérité morale elle-même. Toute vérité abstraite, en effet, ne saurait exister que comme un rapport ou entre des réalités, ou, à tout le moins, entre des *possibilités intelligibles*. Si donc les lois mathématiques sont *éternelles*, c'est que de toute éternité il y a eu des rapports *intelligibles*, ce qui suppose une *intelligence* éternelle : en effet, comment les intelligibles auraient-ils préexisté à l'intelligence capable de les penser ? Si Dieu n'existait pas, à quel titre ces lois *idéales* de la géométrie auraient-elles été vraies avant que l'homme ne les pensât ? A titre de rapports entre les réalités matérielles ? Mais leur vérité est indépendante de l'existence de ces réalités. A titre de lois *futures* de ma pensée ? Mais dans cette hypothèse, elles n'étaient pas encore vraies ; elles étaient seulement destinées à le devenir. Elles étaient vraies, dira-t-on, par la nécessité de leur nature ? Mais puisque leur nature est d'être *intelligibles*, comment parler de leur nature, si aucune intelligence n'existait pour les penser ?

Si donc les rapports de la géométrie n'ont de vérité que par la réalité de la Pensée divine, il en est de même, évidemment, des lois nécessaires de la morale. Ces lois ne sont pas des rapports *de fait* entre les êtres réels ; car, si personne ne pratiquait la loi morale, elle n'en existerait pas moins pour cela : ces rapports sont donc dans une intelligence ; or cette intelligence qui les constitue en les pensant n'est pas la mienne; car ils sont éternels, nécessaires, tandis que mon intelligence est finie dans le temps et contingente. Peut-on admettre qu'une intelligence finie ait créé dans le temps des rapports éternels? D'ailleurs ma pensée ne fait pas la loi morale, elle la subit. Le caractère obligatoire qui distingue cette loi, le respect qu'elle exige de moi me prouvent sa supériorité sur moi; elle n'est donc qu'un vain mot, ou elle m'est imposée par une Raison plus excellente que la mienne, et qui a non-seulement le *pouvoir* mais le *droit* de me commander.

C'est à ce *commandement* que Kant reconnaît la parole et par conséquent la présence de Celui dont le Bien est la réalité, et qui m'ordonne de travailler à achever son image en moi par une bonne volonté. Quelle preuve, en effet, plus frappante de la réalité d'un être que son action directe sur moi? Et quelle action plus sensible que celle que Dieu exerce sur moi en me parlant le langage du devoir? En vain l'on objecterait que c'est ma conscience qui me parle ce langage et non Dieu lui-même? Ce serait être dupe d'une équivoque : le rôle de ma conscience n'est pas de parler, mais d'écouter. Elle peut résister à cette parole que Dieu lui fait entendre, mais elle ne saurait arriver à la prendre pour sa propre voix. La conscience est véritablement un sens de Dieu : et comme mes sens me font en même temps percevoir la réalité des objets qui m'entourent et leur *extériorité*, de même ma conscience perçoit nettement la distinction d'une autorité *qui s'impose à moi* et du *moi* qui doit s'y soumettre : n'est-ce pas là entrer en communication directe avec la volonté divine? Kant ne va pas même assez loin en disant que Dieu est un *postulat* de la loi morale;

on peut dire que Dieu et la loi morale sont perçus dans une seule et même intuition, et c'est par une pure abstraction que j'arrive à les séparer.

Illusion de la conscience! Dira-t-on. Je sens cette loi comme extérieure à moi; mais est-ce une preuve qu'elle vient de Dieu? Ne concevons-nous pas toutes les créations idéales, comme extérieures? — Sans doute nous les concevons comme extérieures *dans* l'*espace*, mais non pas comme situées en dehors de la sphère de notre activité personnelle, car nous les formons, nous les changeons à notre gré, nous nous sentons un plein pouvoir sur ces fictions de notre esprit : comment donc la loi morale, sur laquelle je ne puis rien et qui peut tout sur moi, serait-elle une de ces créations de ma pensée? Et d'ailleurs, si elle n'était rien autre chose, quelle idole! Quoi! je respecterais un produit de mon intelligence, je lui soumettrais ma volonté, je lui donnerais tout mon amour! Nous rions de la crédulité de cet artiste qui fait un Dieu d'un bloc de marbre et qui adore l'ouvrage de ses mains : mais si la loi morale n'est qu'une idée, si elle ne correspond à rien de réel en dehors de ma pensée, si j'en suis le créateur, en m'inclinant devant elle, fais-je autre chose que d'imiter cet idolâtre insensé?

Enfin, si la loi morale n'a pas son fondement dans la Raison divine, en quoi est-elle bonne, en quoi est-il meilleur de m'y conformer que d'y manquer? Le Bien n'est-il pas la conformité de ma volonté à ma destination? L'idéal moral est-il autre chose que la conception de cette conformité, supposée aussi complète que possible? Supprimez cette notion de destination, et avec elle on supprime toute mesure de la moralité humaine. Si je n'ai pas reçu la parole pour dire la vérité, quel mal y a-t-il à mentir? Est-ce que la nature de la parole ne se prête pas également à dire la vérité et à faire un mensonge? Pourquoi l'un de ces deux actes est-il préférable à l'autre, si l'intelligence et la parole ne m'ont pas été données en vue d'un *but déterminé*, et si ce but n'est pas *bon en lui-même*, c'est-à-dire s'il ne m'a pas été assigné par une puissance intelligente et bonne? J'ai donc une *destination*, et comme toute destination suppose une pensée créatrice qui l'a déterminée et qui a donné à son œuvre les moyens de l'atteindre, je conclus directement de l'idée de ma fin à l'auteur de mon être. Dieu n'est donc pas seulement la condition de la sanction morale; Kant le considère surtout à ce point de vue : Dieu est aussi la condition de la moralité elle-même en tant qu'il assigne à chaque être libre la destination dont l'accomplissement constitue la moralité.

En résumé, la loi morale est la loi de Dieu, ou elle n'est rien; car elle ne peut être obligatoire que si elle est absolument bonne, et rien d'absolument bon ne peut être si ce n'est par une réalité absolument bonne : La loi morale est la loi de Dieu, ou elle n'est rien; car, si elle n'est pas éternelle, elle n'est pas, et rien ne peut être éternel que par une réalité éternelle : elle est la loi de Dieu, ou elle n'est rien; car elle me prescrit de me conformer à ma destination, et mes facultés ne sauraient avoir de destination, si elles ne sont pas l'œuvre d'un créateur intelligent. Mais que faut-il entendre par ces mots : *la loi de Dieu*? Est-ce autre chose que la communication de la Raison divine à la mienne, et l'association de ma volonté à la Volonté divine? C'est Dieu en moi, en tant que sa loi m'éclaire et m'oblige ; c'est moi en Dieu en tant que j'accepte librement cette association au plan divin, et comme cette participation à la vie divine. Ah ! qu'une morale athée vienne maintenant m'inviter à fonder mes devoirs sur le principe de la *dignité humaine !* Quelle est cette dignité qu'elle me propose au prix de celle qu'elle m'enlève ? Quelle dignité plus grande, en effet, que celle qui consiste à n'obéir qu'à Dieu, à m'affranchir de tout, hormis du souverain Bien ? Etre libre, à qui, sans m'abaisser, puis-je me soumettre, si ce n'est à celui qui est l'éternelle Raison, l'éternelle Harmonie, le Principe de toute Bonté ? Qu'il est facile maintenant de comprendre l'enthousiasme de l'homme vertueux, l'enthousiasme du philosophe, à la vue de cette loi gravée au fond de nos cœurs et dont le spectacle du ciel étoilé n'égale pas la majesté ! Si la suprême félicité ne peut consister que dans la jouissance du Parfait, si nos facultés sont incapables de se reposer dans une jouissance inférieure, nous pouvons, dès cette vie, par l'adhésion libre à Dieu, que produit en nous un acte de vertu, nous assurer par avance notre part de cette félicité. Voilà pourquoi il est rigoureusement vrai de dire, avec Kant : « Il n'y » a qu'un Bien absolu, c'est une bonne volonté. » Par cette bonne volonté, qui m'assure la paix sur la terre, c'est-à-dire au séjour même des épreuves, je m'unis à Dieu ; je sens sa présence à son commandement ; je sens sa présence à la félicité dont il me pénètre, dont il me transporte pour peu que je ne me détourne pas de lui : et, après cela, je douterais de son existence ? Si l'insensé a pu nier Dieu dans son cœur, c'est qu'il ne l'a pas ouvert à Dieu. Qu'il écoute son commandement ; qu'il se soumette à la loi *par respect pour la loi,* par respect pour la majesté du Bien ; qu'il s'oublie lui-même pour n'aimer que la Vérité : alors il se défendra vainement de croire en Dieu, car il sentira qu'il l'aime.

III

Nous avons dû longuement insister sur la rigueur de l'argument moral, non-seulement pour faire ressortir l'immense importance du résultat final de la *Critique*, qui aboutit, par là, à la démonstration de la Personnalité divine et de la personnalité humaine, mais aussi parce que cette preuve est la base sur laquelle nous nous appuierons pour défendre la certitude de la métaphysique. En possession des vérités que Kant a mises hors d'atteinte, nous avons désormais le point fixe à l'aide duquel on peut rétablir toutes celles qu'il a attaquées. Après avoir constaté la solidité des résultats positifs de la *Critique*, il nous reste donc à en discuter les résultats négatifs et à justifier le dogmatisme métaphysique par le dogmatisme moral ; car l'un est inséparable de l'autre, malgré tous les efforts que Kant a faits pour les séparer. Toutefois, avant de montrer ce qu'il y a d'excessif et de dangereux dans les restrictions que la *Critique* impose à la connaissance humaine, il convient d'examiner si, réduite à de justes limites, cette méthode critique ne pourrait pas servir à nous suggérer des réflexions salutaires, à nous mettre en garde contre certaines illusions et à diminuer surtout la confiance aveugle avec laquelle, de nos jours surtout, on prend l'expérience sensible pour la mesure de toute vérité. Assurément, on doit rejeter comme fausses et comme impossibles les conclusions négatives de Kant sur la cosmologie; et son doute radical sur la réalité du monde des phénomènes ne saurait être pris au sérieux. Mais ce que la *Critique* a victorieusement démontré, c'est ce que ce monde des phénomènes ne m'est connu, après tout, que par les impressions subjectives produites sur mes sens, et par le principe de causalité, qui m'oblige à reconnaître une cause *objective* de ces impressions. Que savons-nous de la matière? Qu'elle agit sur nous, et par conséquent qu'elle existe, qu'elle est cause, c'est-à-dire *force*; nous savons qu'elle est *étendue*, parce que les résistances qu'elle oppose à nos efforts sont *distinctes* les unes des autres, et par conséquent forment une *somme composée de parties* : nous savons qu'elle se meut, parce que nous sentons le changement de direction de ces résistances et de ces réactions que les corps nous opposent; encore ne pouvons-nous conclure de ces changements de relation au mouvement des corps que si nous avons conscience de notre propre immobilité; enfin nous jugeons que les corps ont une forme, parce que nous sentons finir en un point leur résistance. A cela se bornent les qualités *objectives* que nous percevons par les sens; ou plutôt ce n'est pas par les sens que nous les connaissons; c'est par la conscience et par la raison que nous les *concluons*, d'après le nombre, la diversité ou l'intensité de nos sensations. En effet, la perception n'est pas une opération simple, mais un fait complexe qui peut se décomposer ainsi : il comprend : — 1° Une sensation, purement subjective, qui ne m'apprend rien de l'objet; — 2° un fait de conscience, à savoir la conscience de mon effort et de sa direction (on sait que la perception suppose la *tension* de l'organe; —

3° un fait de raison, à savoir l'application du principe de causalité, au nom duquel je conclus de mon effort à la force qui me résiste, et de la direction de cet effort à la forme du corps, à sa place, à la direction de son mouvement. Quelle n'est donc pas la contradiction des systèmes matérialistes qui mettent le principe de la certitude dans la perception, et qui nient la certitude de la conscience, de la raison, c'est-à-dire la certitude des opérations qui concourent essentiellement au fait de la perception !

Si la connaissance sensible est ainsi bornée, si la nature essentielle des corps est pour nous un mystère, ou, comme dirait Kant, un véritable *noumène*, quoi de moins philosophique que de chercher dans cet inconnu la mesure de toute vérité, ou, du moins, de toute science? Ce qui dépasse l'expérience ne dépasse donc pas nécessairement notre intelligence; la nature de notre âme, la nature de Dieu, le monde intelligible, en un mot, n'est pas *transcendantal pour notre raison*, mais seulement *pour nos sens*. Telle n'est pas, sans doute, la conclusion de Kant; mais c'est cependant la conséquence où nous sommes conduits naturellement lorsque nous cherchons avec lui à déterminer la portée de la connaissance sensible. Cette connaissance est trop restreinte pour qu'à la vue de ses étroites limites nous ne sentions pas naître en nous un désir immense et un ferme espoir de les dépasser par la raison. N'est-il pas vrai aussi que, tout en rejetant les exagérations de l'esthétique transcendantale, on peut tirer de la critique des idées de *temps* et d'*espace* un profit sérieux pour la philosophie? Car, en nous accoutumant à regarder avec Kant le temps et l'espace comme les *conditions du monde phénoménal*, et non comme les *conditions de toute réalité en général*, nous devenons plus capables de concevoir l'Eternité de Dieu dont le temps n'est que l'image mobile, et son Immensité, dont l'espace n'est que l'image divisible. En vain Kant nous dit que ce monde intelligible est fermé à notre raison. Tout en nous en refusant l'entrée, il nous force à en admettre la réalité; il éveille en nous la noble curiosité d'y pénétrer; s'il ne nous parle de Dieu que pour proclamer l'impossibilité de le connaître, cette conclusion, trop désespérante pour être admise, ne fait que nous exciter à chercher ce Dieu inconnu et à nous élancer hors de ce monde des phénomènes que la *Critique* nous apprend à considérer comme le rêve d'une ombre.

Il y a donc des réalités intelligibles au delà des limites de l'expérience; et ces réalités, la raison n'est pas dans l'impuissance absolue d'en rien affirmer, car c'est déjà affirmer quelque chose de ces *noumènes* que d'admettre, avec Kant, qu'ils sont *réels*, et que leur réalité est indépendante des conditions de la connaissance sensible. L'homme ne sentirait pas l'impossibilité où il est de connaître toute vérité par *l'expérience*, s'il ne savait qu'au delà de l'expérience il y a des vérités qu'elle n'atteint pas. Comment saurions-nous, par la conscience, que notre nature est imparfaite, si nous ne connaissions pas qu'il existe un Etre parfait, un Infini? Il n'est donc pas admissible que les bornes de la connaissance rationnelle soient les mêmes que celles de la connaissance sensible; et l'affirmation du *noumène négatif*, c'est-à-dire des limites imposées à ma perception, implique l'affirmation d'un *noumène positif*, c'est-à-dire d'une réalité *supra-sensible*.

Mais si la raison a un domaine qui lui est propre, et si elle peut étendre nos connaissances au delà des limites de l'expérience, elle-même a aussi ses bornes, et son plus grand effort est de reconnaître qu'il y a beaucoup de vérités qui la surpassent. Loin de nous la pensée de condamner, comme le fait Kant, cette faculté sublime à une entière impuissance de connaître Dieu. Mais dans cette connaissance, que d'obscurités mêlées à la lumière ! Et comme ce Dieu de ma pensée est en même temps le suprême désirable, comme ma nature est également incapable de le connaître dans son essence adorable et incapable de renoncer à le connaître, quelle contradiction étrange que l'homme, si cette disproportion entre les forces de ma raison et les aspirations de mon cœur vers l'Infini ne suppose pas un mode de connaissance supérieur même à la raison, à savoir, une révélation venue directement de Dieu ! Il y a donc aussi un monde intelligible, *transcendantal*, non-seulement *pour les sens*, mais aussi *pour la raison*, et qui est le domaine de la foi religieuse. Seule, cette foi religieuse peut me faire pénétrer dans les mystérieux abîmes de la Bonté de Dieu, assez profondément pour me rendre capable de l'aimer de tout l'amour que mon cœur a besoin de ressentir. Si nous n'avions pas tant de preuves positives pour nous démontrer que cette révélation a eu lieu, nous devrions l'attendre et l'espérer dans l'avenir, comme le seul moyen de résoudre la contradiction fondamentale que présente notre nature à la fois si grande et si petite, si bornée dans sa connaissance et en quelque sorte infinie par le besoin d'aimer le souverain Bien. En un mot, la tendance invincible que nous éprouvons à sortir des bornes de notre nature finie est une preuve qu'il y a des vérités qui nous dépassent, et que cependant nous sommes faits pour les connaître. Ainsi, nier le *surnaturel*, c'est se condamner à ne pas même pouvoir expliquer notre nature, puisqu'elle a des tendances vers le surnaturel. Ces tendances ne seraient-elles que le rêve d'une philosophie mystique? Mais elles sont universelles ; elles tourmentent le sceptique lui-même; la poésie n'a jamais été plus admirable que lorsqu'elle les a exprimées, et jamais elle n'a trouvé plus d'écho dans nos cœurs. Qui n'a été profondément ému à la lecture de ces vers où le poëte sceptique se désespère de douter :

> Aux jours même où parfois la pensée est impie,
> Où l'on voudrait nier pour cesser de douter,
> Quand je posséderais tout ce qu'en cette vie
> Dans ses vastes désirs l'homme peut convoiter,
> Quand Horace, Lucrèce et le vieil Epicure,
> Assis à mes côtés, m'appelleraient heureux,
> Et que ces grands amants de l'antique nature
> Me chanteraient la joie et le mépris des dieux,
> Je leur dirais à tous, quoi que nous puissions faire,
> Je souffre : il est trop tard ; le monde s'est fait vieux ;
> Une immense espérance a traversé la terre :
> Malgré nous, vers le ciel, il faut jeter les yeux.

Ce besoin du divin, qui est incontestablement la plus noble des aspirations de notre âme, où trouve-t-il la satisfaction la plus complète? Est-ce dans la philosophie seule, ou dans la religion? Poser ainsi la question c'est la résoudre. Si donc la religion n'était qu'une erreur, il s'ensuivrait que les tendances les plus sublimes de notre nature trouveraient dans l'erreur une plus grande satisfaction que dans la vérité.

Nous voici bien loin des conclusions de Kant, et cependant, pour arriver à reconnaître la nécessité d'une lumière supérieure destinée à éclairer les obscurités de la raison, il n'y a qu'à suivre, en la corrigeant et en la complétant, la méthode même de Kant. Au fond, tout son système est fondé sur cette disproportion, qu'il exagère assurément, entre la tendance de ma nature à *penser* l'Infini et l'impuissance où elle est de le *connaître*; il en conclut que la raison *spéculative* n'a d'autre fonction que de poser, comme un problème, la question de l'existence de Dieu, et qu'à la *raison pratique* seule il appartient de la résoudre. Moins absolus, nous ne refusons pas à la raison spéculative le pouvoir de démontrer Dieu ; mais n'est-il pas vrai qu'elle se sent pleine de trouble et d'incertitude en face des questions qui ont pour elle le plus haut intérêt, et qu'elle a conscience de ne pas se suffire à elle-même? Dira-t-on que la *raison pratique* arrive à les résoudre? Mais la raison pratique elle-même nous laisse en face d'une véritable *antinomie*, dont la religion peut seule donner la solution : d'une part, l'*obligation d'aimer le souverain Bien*, *d'aimer Dieu, et par conséquent, de le connaître, est universelle*; cette obligation est pour tous, aussi bien que pour le philosophe ; d'autre part, *il est certain que, réduite aux seules forces de la raison, l'humanité tout entière n'est pas capable d'arriver à se faire une juste notion de Dieu*. La foi à une religion révélée n'est donc pas, comme on l'a soutenu de nos jours, une simple nécessité de l'époque primitive de l'humanité; elle est fondée sur un fait qui durera autant que l'homme : sur l'*impuissance où notre nature est de suffire à elle-même.* Ce besoin de croire, loin d'avoir sa source dans l'ignorance, comme on affecte si souvent de le répéter aujourd'hui, trouve au contraire sa justification dans la connaissance exacte de nos facultés et de leurs limites.

IV

Mais, tout en reconnaissant les limites de la raison, gardons-nous de l'excès où sont tombés ceux qui ont exagéré sa faiblesse; le scepticisme de Pascal, en niant la véracité de la raison, loin de nous conduire à la foi, n'a d'autre effet que de nous précipiter dans le pyrrhonisme; et nous avons vu comment, en refusant toute certitude à la raison spéculative, Kant infirmait d'avance la valeur des conclusions qu'il se réservait d'établir par la raison pratique. Nous croyons donc fermement à la puissance de la raison spéculative; nous croyons à la certitude de la métaphysique et, cette foi rationnelle, nous pensons qu'il est possible d'en démontrer la légitimité contre Kant par un argument emprunté à Kant lui-même, à savoir, par *l'objectivité de la loi morale*. En effet, il n'y a pas deux raisons, deux vérités; la vérité morale n'est que la vérité métaphysique, présentée sous une autre forme; l'une implique l'autre; l'analyse ramène les axiomes de la morale à l'affirmation des axiomes de la raison pure spéculative et réciproquement; c'est ce que nous allons essayer de démontrer.

« *Il y a une loi éternelle pour toute volonté possible.* » Telle est la formule de la loi morale; cette vérité est *objective*, de l'aveu même de Kant. Mais, s'il en est ainsi, toutes les affirmations que l'analyse de cette proposition nous amène à y découvrir, et qui y sont, par conséquent, comprises implicitement, doivent nécessairement être vraies, d'une *vérité objective*. Or, n'est-il pas évident que si cette loi de *toute volonté possible* est éternelle, il est objectivement vrai que, *de toute éternité, l'existence d'une volonté était possible?* Que devient donc cette assertion, si souvent répétée dans la *Critique de la Raison pure*, à savoir, que nous ne pouvons rien affirmer touchant la *possibilité objective* des choses, et que l'absence de contradiction prouve seulement la possibilité *logique* et non la possibilité *absolue?* Quel autre critérium avons-nous de l'éternelle possibilité d'un être raisonnable et libre, si ce n'est l'absence de contradiction que ce concept présente? Dira-t-on que c'est du fait actuel de la liberté que nous concluons à son éternelle possibilité? Nous répondrons que la loi morale ne suppose pas seulement la possibilité d'une *volonté quelconque*, mais aussi la possibilité d'une *volonté parfaitement morale;* et ce n'est pas l'expérience qui nous a fait concevoir cet idéal : c'est *à priori* que nous savons qu'un tel idéal est *possible* de toute éternité; or, nous n'aurions absolument aucune raison d'affirmer cette vérité, si nous n'admettions pas ce principe : « *tout intelligible est possible, et, par conséquent, la possibilité logique implique la possibilité objective* (1). » Ce principe, que nous appellerons *le principe de possibilité*, est donc impliqué par l'affirmation de *la loi morale*; mais, à son tour, il im-

---

(1) On pourrait, sans doute, objecter que la *raison pratique* conclut de l'*obligation* morale à la *possibilité* de l'acte moral. Mais c'est là un cercle vicieux, car je ne conçois un acte comme *obligatoire* qu'à la condition de l'avoir conçu comme *possible* : je commence par examiner s'il est possible, avant de conclure qu'il est ou n'est pas obligatoire.

plique tous les autres jugements *synthétiques à priori* de la raison spéculative. En effet, si tout ce qui est intelligible est possible de toute éternité, c'est qu'il existe une cause éternelle, capable de réaliser tout ce qui ne répugne pas à la raison, une puissance qui n'est bornée que par l'irrationnel, l'absurde, et qui, par conséquent, est infinie elle-même en intelligence comme en puissance : en un mot, la *possibilité* des choses suppose la cause première et l'intelligence, c'est-à-dire la finalité. D'ailleurs, ces deux principes de *causalité* et de *finalité* peuvent aussi se trouver directement par la simple analyse de l'idée de *loi morale* : en effet, la loi morale implique la notion d'une destination en vue de laquelle je suis fait, d'une *cause finale*, assignée à mes facultés. De plus, cette loi me rend *responsable* de mes actes? Or, que pourrait signifier le mot de *responsabilité*, si on rejetait la notion de *cause*, ou si on la réduisait à une simple notion empirique, par exemple à la notion de succession dans le temps? Par conséquent, dans le jugement le plus simple de la conscience morale, dans la notion du devoir, je conçois à la fois : 1° la loi comme *cause finale ;* 2° mon acte comme *possible ;* 3° ma volonté comme *cause efficiente :* en un mot, ces trois concepts fondamentaux de la raison spéculative ne sont pas seulement les conditions de l'expérience, ils sont les conditions de la *moralité* ; nous avons donc là une *déduction* rigoureuse de la légitimité et de l'objectivité de ces concepts.

Ainsi toutes les notions de la raison s'unissent et se tiennent mutuellement, elles se confondent dans l'idée du devoir, et par conséquent dans l'idée du Bien, que Platon considère comme l'Idée des idées, le soleil du monde intelligible, le principe de toute vérité. Il n'y a pas d'exagération à dire que les axiomes de la raison spéculative et l'affirmation du Bien ne sont pas des propositions différentes, mais différentes formes d'une même proposition. Nous venons de voir qu'en partant de l'idée du Bien moral on arrive à y trouver, par l'analyse, les axiomes de la raison spéculative. Réciproquement, on peut, en suivant la marche inverse, arriver à l'idée du Bien par la seule analyse des principes de *possibilité* et de *causalité*. En effet, le principe de *possibilité*, « *tout ce qui est intelligible est possible*, » se résout en cette autre formule qui lui est identique : « *les possibles sont indéfinis en nombre*, » et cette proposition à son tour équivaut à cette autre : « *Il y a une puissance par qui tout est possible.* » (Car l'idée de *puissance* est comprise analytiquement dans celle du *possible*). Le principe de causalité, « *tout phénomène a une cause*, » n'est pas autre chose que l'affirmation de la *dépendance* où toute la série des phénomènes est par rapport à une cause indépendante, et par conséquent à *une puissance par qui tout est possible* ; ce qui nous ramène à la formule du principe de *possibilité*. Mais la notion d'une cause toute-puissante est identique à celle d'une cause *libre*, et la liberté implique l'intelligence. Le principe de causalité peut donc se résoudre encore en cette nouvelle formule : « *Tout dépend d'une cause intelligente;* » ce qui est le principe de *finalité*. En un mot, les jugements synthétiques de la raison pure ne sont pas autre chose que l'affirmation pure et simple d'un *Etre tout-puissant, identique à la souveraine Intelligence*. Or, si nous analysons l'idée du Bien, — non plus du bien moral qui, dépendant de la volonté humaine, ne saurait être infini, — mais l'idée du *Bien absolu*, de la souveraine Perfection, il est impossible de définir cette Perfection autrement que par l'*activité infinie réglée par une sagesse infinie* ; ainsi nous aboutissons encore à cette même formule à laquelle nous venons de ramener les axiomes de la raison spéculative.

Nous pouvons maintenant concevoir comment les vérités éternelles sont en Dieu, et, comme dit Bossuet, sont en quelque sorte Dieu lui-même ; car, si tous les axiomes de la raison se résolvent en l'affirmation de sa toute-puissance et de sa sagesse, ils se confondent avec la conscience que Dieu a de lui-même; et comme parmi les vérités nécessaires, il n'en n'est pas une qui ne dérive de ces axiomes, Dieu, qui conçoit simultanément les principes et toutes leurs conséquences, voit toutes ces vérités dans la conscience qu'il a de son infinité et de sa perfection. Mais que parlons-nous des axiomes de la raison comme s'ils étaient plusieurs ? il n'y a qu'un axiome, qu'un jugement absolument irréductible : c'est l'affirmation de l'Infini, qui est le principe de toutes nos pensées comme il est le principe de l'existence des choses. Ne demandons pas si ce jugement absolument premier est objectif ou subjectif, ni comment il peut être légitime tout en étant *synthétique* et *a priori*. S'il n'est pas légitime, s'il n'est qu'une forme subjective de ma pensée, la morale, qui suppose aussi bien que la métaphysique ce principe fondamental, sera chimérique comme la métaphysique elle-même. Ainsi le problème de la raison pure est résolu par la raison pratique, mais résolu autrement que ne le pensait Kant; en effet, suivant la *Critique*, la raison pratique nous donne seule la certitude, tandis qu'en réalité elle suppose, comme postulat, la certitude de la raison pure.

Dira-t-on qu'en démontrant l'objectivité des principes de la raison pure par l'objectivité des principes de la raison pratique, nous ne fondons la métaphysique que sur une hypothèse? Mais l'objectivité de la loi morale ne saurait, sans contradiction, être regardée comme *hypothétique;* car il en résulterait que ses commandements, ses *impératifs* seraient *conditionnels*, ce qui répugne à la notion que nous avons du devoir. Il est vrai que le caractère *impératif* de la morale a été contesté par le positivisme, et, en général, par toutes les doctrines qui prétendent pouvoir se passer de la métaphysique (1) : mais c'est en vain qu'en voulant fonder une morale sur l'expérience, on essaierait d'échapper à la nécessité d'affirmer les axiomes de la raison. Ces axiomes, que l'on veut éviter, parce que l'on sent bien qu'ils sont inséparables de l'affirmation de Dieu, on les suppose et on les sous-entend non-seulement en morale, mais encore dans toutes les sciences. Sur quelle base pourrait-on établir la certitude des sciences mathématiques, si l'on ne supposait pas l'axiome de *possibilité* : « *Tout ce qui n'est pas contra-* » *dictoire est possible?* » Est-ce que le géomètre, en définissant la ligne, le cercle, ne sous-entend pas que « ces figures sont possibles ? » Et sur quoi se fonde-t-il pour les croire *possibles*, si ce n'est sur ce que ces notions *ne sont pas contradictoires?* Les mathématiques supposent donc l'évidence de l'axiome fondamental de la métaphysique. Kant objecterait, sans doute, qu'il s'agit de la possibilité *logique* et non de la possibilité *réelle;* mais si on admettait cette dis-

---

(1) V. plus haut, p. 436 et suiv.

tinction, il s'ensuivrait, comme on l'a déjà vu, que la géométrie serait seulement la science des lois de ma pensée et non la science des lois de l'étendue réelle ; dès lors, comment pourrait-elle être appliquée aux objets de l'expérience ?

Les sciences physiques et naturelles, de leur côté, ne supposent pas moins que les mathématiques la certitude des principes métaphysiques. Qu'est-ce que l'idée de *force*, si ce n'est celle de *cause*? Et si la physique recherche les causes de tous les phénomènes, n'est-ce pas parce qu'elle sous-entend ce principe que *nul phénomène n'est par soi*, ou, en d'autres termes, que les *phénomènes*, considérés chacun en particulier comme dans leur ensemble, *dépendent de quelque condition supérieure* ? N'est-il pas contradictoire d'admettre la nécessité de la nature, c'est-à-dire de la série indéfinie des phénomènes, si chacun d'eux, en particulier, est *dépendant*, et par conséquent *contingent* ? Une série d'anneaux, dont chacun est d'argent, quand ces anneaux seraient en nombre infini, ne sera jamais, dans sa totalité, une chaîne d'or ; de même une série de *phénomènes*, dont chacun dépend de quelque chose, ne saurait être *dans sa totalité* une série *indépendante*, et ne peut, par conséquent, tenir l'être de soi-même. Par conséquent, la recherche indéfinie des causes secondes, qui est l'objet propre de la physique, est l'aveu implicite de la réalité de la *cause première* ; et la physique ne trouve sa certitude que dans la métaphysique. La notion de *loi*, à son tour, suppose le principe des causes finales. En effet, de quel droit admettons-nous la stabilité des lois de la nature, si ce n'est parce que nous sommes convaincus qu'il s'y trouve un principe d'ordre? Ce n'est pas l'expérience qui nous garantit cette constance des lois naturelles ; car l'expérience ne donne que le passé et non l'avenir. Si je crois que l'ordre de la nature est réglé, je ne saurais justifier cette croyance que par un principe *à priori*, et ce principe ne peut être que la *nécessité* ou la *Providence*. Mais la *nécessité* absolue, inconditionnelle, ne peut exister dans à la nature, qui n'est qu'une suite de causes secondes, et, par conséquent, toutes *conditionnées*. D'ailleurs, cette hypothèse de la nécessité naturelle nous amènerait à supposer la nature éternelle et nous jetterait, par conséquent, dans les contradictions du *nombre infini composé de parties successives* (1). Il ne reste donc que la foi à la Providence qui puisse justifier notre confiance dans la stabilité des lois physiques et donner une base inébranlable à l'induction sans laquelle il n'y a pas de loi de la nature. Ainsi, le prétendu divorce de la science et de la métaphysique n'est au fond qu'une contradiction ; et il faut ignorer les lois de notre intelligence pour s'imaginer que l'étude de la nature arrivera jamais à se suffire à elle-même sans supposer des principes plus élevés, principes qui, nous l'avons vu, se résolvent tous dans l'affirmation de Dieu.

C'est donc sur une connaissance très-imparfaite de la nature humaine que l'école positiviste s'est appuyée pour établir sa célèbre théorie des trois âges de l'humanité. Suivant cette doctrine, la période d'enfance intellectuelle a été religieuse ; la période intermédiaire a rejeté les croyances religieuses pour chercher dans la métaphysique la solution des problèmes de notre

---

(1) V. plus haut, p. 317, 318.

origine et de la vie future ; enfin, la période du développement complet, qui commence de nos jours, doit renoncer à la fois et à la religion et à la métaphysique pour se borner exclusivement à l'étude des faits et des lois. Quoique cette théorie soit conforme aux conclusions de la *Critique de la Raison pure*, en ce qui concerne la condamnation de la métaphysique, elle en diffère cependant en ce que l'école positiviste professe du moins une confiance absolue dans la certitude des sciences mathématiques et physiques; la *Critique*, au contraire, ne sépare pas la fortune de ces sciences d'avec celle de la métaphysique, et déclare que les lois de la nature ne sont pas autre chose que les lois de notre propre esprit. Or, que serait une science purement subjective, si ce n'est un vain jeu d'esprit ? Le positivisme est donc supérieur au criticisme en ce qu'il croit à la réalité de la nature, à l'objectivité des sciences physiques : mais il ne doit cette supériorité qu'à une inconséquence radicale, puisque l'étude des causes, des lois et celle des sciences mathématiques elles-mêmes ne peut se passer de principes métaphysiques, et que le positivisme regarde ces principes comme les vains objets d'une spéculation incertaine : or, si l'inconséquence est souvent la loi des systèmes, elle ne saurait devenir la loi de l'esprit humain, et les disciples d'Auguste Comte connaissent bien peu nos tendances intellectuelles et morales, s'ils se flattent qu'à aucune époque les hommes, devenus indifférents à leurs plus grands intérêts, se borneront tranquillement à l'étude des causes secondes sans en chercher l'explication dans l'Etre dont la raison et la nature proclament l'existence. Si une telle époque a jamais existé, c'est dans l'enfance même de la philosophie, et avant qu'Anaxagore et Socrate eussent démontré combien étaient vaines les explications de la nature par les seules causes naturelles; mais jamais la philosophie ne rétrogradera jusqu'à l'école d'Ionie, et plus les sciences positives nous feront pénétrer profondément dans les merveilles de la nature, plus elles confondront le scepticisme qui veut les expliquer sans Dieu. C'est pourquoi, loin de s'effrayer du magnifique développement de ces sciences que l'on prétend aujourd'hui lui opposer, la philosophie ne peut qu'applaudir à leurs progrès; car chaque découverte nouvelle est une preuve de plus en faveur de nos croyances. Le physiologiste, en constatant chez l'animal des fonctions jusqu'alors inconnues, ne fait que constater une harmonie de plus; chaque loi est un témoignage nouveau qui proclame l'ordre universel. Les sciences physiques, en nous révélant les changements d'états successifs par lesquels le monde a passé, nous démontre par là l'impossibilité de supposer la matière éternelle; en effet, pourquoi, dans cette hypothèse, la terre ne s'est-elle pas détachée plus tôt de la nébuleuse qui a formé le système solaire? Pourquoi chacun des changements survenus dans l'univers ne s'est-il produit qu'*avec le temps* et à *son heure?* Est-ce que cette heure, si la matière est éternelle, ne devait pas être arrivée depuis une éternité? Dira-t-on qu'elle ne pouvait arriver qu'après un nombre infini de changements? Mais ce nombre infini de changements ne devait-il pas lui-même être épuisé depuis longtemps, puisqu'ils avaient eu une éternité pour se produire? Ainsi, plus la science avance, et plus on est frappé de la vérité de cette parole de Newton : « *La science* » *trouve partout la limite des causes physiques, et par*

» *conséquent la trace de l'action de Dieu* (1). » La *physique*, quoi qu'elle en ait, travaille pour la *métaphysique*; et réciproquement la métaphysique travaille pour la physique; car n'est-ce pas dans l'idée d'un ordre providentiel, dans la croyance aux causes finales que les savants les plus illustres trouvent cette *idée à priori*, qui les met sur la voie des plus magnifiques hypothèses? Quand on ne considérerait que l'intérêt de la science, rien ne lui serait plus funeste que cette séparation d'avec la philosophie. L'histoire, d'ailleurs, n'est-elle pas là pour nous attester que les plus grands génies dans l'ordre des mathématiques et de la physique étaient à la fois des savants et des philosophes? Descartes, Newton, Leibnitz, et, dans notre siècle, Ampère, Cauchy (2) étaient métaphysiciens; ajoutons qu'ils étaient en même temps profondément religieux. Ces trois grandes forces intellectuelles et morales, la science, la métaphysique et la religion, que le positivisme représente comme des forces ennemies, destinées à se détruire et à se succéder les unes aux autres, se soutiennent, au contraire, et se confirment mutuellement; c'est seulement par leur indivisible union, qu'il est permis d'espérer le progrès que l'on attendrait vainement de la science toute seule, séparée de ce qui la vivifie, et devenue étrangère à la pensée du Créateur.

Sans doute la ferme confiance que nous exprimons

---

(1) Newton, *letters to doctor Bentley*.
(2) V. les *Leçons de physique générale* de Cauchy, citées plus haut, p. 317, 318. Les questions de l'essence de la matière, de la nature de l'espace, de la non-éternité du monde y sont traitées avec la supériorité du génie.

ici de voir se réaliser cette alliance de toutes les sciences avec la métaphysique et avec la foi religieuse, pourra étonner ceux qui répètent, un peu légèrement, que le christianisme a été frappé à mort par les objections de Voltaire, et que la métaphysique ne saurait se relever du coup que lui a porté la *Critique* de Kant. Nous n'avons pas à nous occuper ici des objections de Voltaire, qui sont bien surannées aujourd'hui et peu faites d'ailleurs pour arrêter les esprits sérieux. Quant à la métaphysique, dont nous avons entrepris ici la défense, nous ne voyons pas que les arguments de la *Critique* lui aient porté un coup mortel; car au fond, si Kant la condamne sous le nom de *raison pure*, il lui rend tous ses droits sous le nom de *raison pratique*, et l'opposition qu'il établit à tort entre ces deux formes de la raison n'est après tout que l'exagération de cette vérité, que, *sans la morale il n'est pas de métaphysique complète*. Mais lors même que l'on s'en tiendrait aux conclusions provisoires de la *Dialectique transcendantale*, sans les corriger par le dogmatisme moral de la *Méthodologie*, c'est encore bien à tort que l'on invoquerait l'autorité de Kant pour prouver que l'esprit humain peut désormais se passer de la métaphysique; car, tout en élevant des doutes sur l'objectivité de nos conceptions *à priori*, la *Critique* établit, avec la dernière évidence, que ces conceptions sont essentielles à toute pensée, nécessaires à l'expérience elle-même ; que sans les jugements *de la raison*, sans l'idée de Dieu, qui les résume et fait l'unité des lois de notre intelligence, la science de la nature est impossible; de telle sorte que le doute sur l'objectivité de la métaphysique entraîne logiquement le doute sur l'objectivité des sciences *positives* elles-mêmes et les réduit à la constatation de phénomènes sans *réalité*, apparaissant à un esprit qui n'est pas sûr, à son tour, de sa propre réalité. Ainsi, en démontrant cette connexion intime de la méthaphysique avec toutes les branches des connaissances humaines, Kant a donné, sans le vouloir, l'argument le plus fort en faveur de la nécessité et même de la légitimité de cette science; car la science nécessaire, la science légitime par excellence est celle dont on ne peut douter sans douter de toute chose; et puisque toute pensée, comme le démontre la *Critique*, suppose les *jugements à priori*, que tous ces jugements, à leur tour, supposent une vérité inconditionnelle, à savoir, l'existence de Dieu, nous ne faisons que tirer une conséquence rigoureuse de la pychologie de Kant en concluant, qu'à moins de se mettre en contradiction avec lui-même, l'homme ne peut éviter ce dilemme : « *Croire en Dieu ou ne croire à rien.* »

Préférera-t-on ce dernier parti ? Mais dépend-il de nous de ne croire à *rien* ? Ou, pour échapper à ce dilemme, alléguera-t-on que, si les lois de la pensée nous font une nécessité de penser et d'affirmer Dieu, ces lois sont purement *subjectives*, et que cet *idéal* de notre raison n'a peut-être aucune réalité *objective* ? Cette redoutable distinction du *subjectif* et de *l'objectif*, qui fait le fond du scepticisme de Kant, ne permet-elle pas de récuser d'un seul coup toutes les conclusions que nous venons d'établir ? Nous voici donc rejetés dans le plus profond scepticisme, non plus seulement dans le scepticisme de Kant, mais dans celui de Hume. — C'est en effet là que la philosophie aboutirait fatalement si le problème de *l'objectivité* des idées de la raison était réellement *insoluble*. Mais nous ne pensons pas qu'il le soit; il peut sembler insoluble, sans doute, si l'on en fait une *question de métaphysique*; mais il cesse de l'être, si l'on change le point de vue, et si l'on en fait une simple *question de bonne foi.*

En effet, en quoi consiste la bonne foi, si ce n'est à affirmer ce qui nous semble évident? Or, si nous doutons de la véracité de notre raison, pouvons-nous être *obligés* à affirmer ce qu'elle nous donne comme évident? Quel devoir pourrions-nous avoir d'adhérer à une vérité, dont, par hypothèse, nous ne serions pas certains? Si, pour le sceptique, il n'y a pas de vérité, il n'y a pas non plus pour lui de mensonge. Mais, *en fait,* nous avons le devoir de nous rendre à la vérité et de dire la vérité; il faut donc absolument que ce soit un *devoir* pour nous de *croire* à la vérité, — j'entends à la vérité *objective,* — et par conséquent de croire à la légitimité de nos facultés. Cette foi en notre raison, que Kant regarde comme une illusion inévitable, n'est pas seulement inévitable en *fait*, mais inévitable en *droit*, *inévitable en conscience*, c'est-à-dire *obligatoire*. Ce n'est pas seulement la raison *pratique* qui m'impose des devoirs : la raison *spéculative* m'en impose également; car elle m'*ordonne, sous peine de mauvaise foi,* de croire à l'évidence, c'est-à-dire d'attribuer une valeur *objective* aux idées claires de ma raison. L'évidence est donc bien réellement un *critérium* de la vérité *objective;* car il serait contradictoire que l'homme eût le devoir de lui accorder une foi *absolue*, si elle pouvait le tromper. Je crois à ma raison, non-seulement parce que j'y suis *nécessité*, mais aussi parce que j'y suis *obligé*; et quand même on chercherait à tort avec Kant, dans la *nécessité* des idées de ma raison, une preuve de la *sub-*

jectivité de cette faculté il faudrait, à tout le moins, reconnaître, dans l'*obligation* qu'elle m'impose, une preuve de son *objectivité*.

Ce caractère *obligatoire* des vérités de la raison spéculative ne nous donne-t-il pas une démonstration nouvelle de leur divine origine ? En présence des *impératifs de la Raison pratique*, Kant n'hésite pas à placer le principe de la loi morale dans une *Volonté* parfaite qui a le droit d'imposer des lois à la nôtre; nous concluons, par un raisonnement absolument semblable, que le principe de l'*impératif de la Raison pure*, c'est-à-dire de l'*obligation* que j'ai de croire à la vérité, est dans une Intelligence parfaite qui *impose* ces vérités à mon esprit. La Vérité absolue est en Dieu, et la vérité qui apparaît à ma raison finie dérive de cette vérité absolue; si elle n'en dérivait pas, elle n'exigerait pas ma soumission, mon respect et mon amour. A ce respect qu'elle me demande, à cet amour dont elle m'enflamme, je reconnais qu'elle n'est pas une fausse image de la vérité, encore moins un fantôme forgé par mon esprit sur le modèle de ses propres lois, mais la voix, la parole de ce Verbe qui illumine tout homme venant en ce monde. C'est de Dieu que me viennent les jugements de ma raison; cette origine divine explique seule leur caractère de *nécessité* et d'*éternité*; et dès lors il est facile de voir tout ce qu'il y a de peu rigoureux dans cet argument sur lequel se fonde tout le scepticisme de la *Critique* :
« *Si les jugements de la raison étaient conformes à la
» vérité, ils seraient* à posteriori; *or, ils sont* à priori,
» *donc ils ne sont que des formes du sujet pensant.* »
Oui, sans doute, la conformité de notre pensée à la vérité, *dans le domaine des réalités finies*, ne peut être

produite qu'*à posteriori* : mais pour que ma raison soit conforme à la Raison divine, elle n'a pas besoin de l'intermédiaire de l'expérience; cette conformité est produite *à priori* et directement par Dieu, elle est la loi même de ma pensée : ainsi la vérité *subjective* est la vérité *objective*, car Dieu qui a fait le sujet pensant n'a pu lui donner un autre aliment que la vérité elle-même. Issue de Dieu, notre raison ne peut avoir d'autre destination que de le penser; par conséquent la métaphysique est légitime et l'esprit humain n'a pas le droit d'y renoncer; faits pour l'Infini, créés par conséquent pour connaître et aimer Dieu, nous devons le chercher dans les lois de la nature, qui sont la manifestation de sa sagesse et de sa puissance; le chercher dans les lois de notre pensée, qui est l'image même de sa Raison; le chercher enfin par la foi religieuse, qui seule peut donner aux aspirations de notre âme une satisfaction complète, et qui est en même temps une condition de progrès pour la métaphysique; car elle inspire aux philosophes une insatiable ardeur pour les problèmes de l'Infini, et les préserve des égarements dont les plus grands génies, laissés à leurs propres forces, n'ont jamais été exempts (1).

(1) Nous ne pensons pas que cette assertion puisse être contestée par le spiritualisme *rationaliste*; demandez, en effet, à un partisan de la seule religion naturelle où il trouve le plus d'erreurs, dans les systèmes de Descartes, de Malebranche, de Leibnitz qui étaient chrétiens, ou dans ceux de Spinosa, de Kant, de Hegel? Et les erreurs même que le rationalisme contemporain critique dans Descartes, Malebranche et Leibnitz ne sont-elles pas précisément celles que leur reproche l'orthodoxie chrétienne?

FIN.

TABLE DES MATIÈRES

Préface. 1

INTRODUCTION.

I. Importance de la philosophie de Kant. — II. De la méthode à suivre pour discuter le scepticisme de la *Critique*. — III. Des origines de la philosophie critique. De l'état de la philosophie avant Kant. Ses premiers ouvrages. 5

PREMIERE PARTIE.

EXPOSITION DU SYSTÈME DE KANT.

PREMIÈRE SECTION.

Analyse de la Critique de la raison pure.

CHAPITRE PREMIER.

Analyse de la Préface et de l'Introduction. . . . 27

I. Nécessité de renouveler la méthode en métaphysique. La connaissance doit se régler, non sur les objets, mais sur les lois du sujet pensant. — Caractère subjectif de la logique et des mathématiques. — Utilité morale d'une critique destinée à réduire au silence toute philosophie spéculative.

II. Réalité des notions *à priori*. Les idées nécessaires ne viennent pas de l'expérience ; c'est au contraire par elles que la connaissance expérimentale est possible. — Distinction des jugements analytiques et des jugements synthétiques. Des jugements synthétiques *à posteriori* et des jugements synthétiques *à priori* : la légitimité de ces derniers a besoin d'être démontrée ; c'est là le problème de la raison pure.

CHAPITRE II.

Analyse de l'Esthétique transcendantale. 44

I. Le temps et l'espace sont les *formes pures* de la sensibilité.
II. Le temps et l'espace ne sont rien par eux-mêmes. — Efforts de Kant pour échapper à l'idéalisme de Berkeley.

CHAPITRE III.

Analyse de la Logique transcendantale (1re partie, ou *Analytique transcendantale*). 51

I. *Introduction à la Logique transcendantale*. Définition de la *Logique transcendantale*. Division de la Logique en *Analytique* et *Dialectique*. Subdivision de l'*Analytique* transcendantale (*Analytique des concepts* et *Analytique des principes*).
II. *Analytique des concepts*. Des *concepts à priori* (ou *catégories*). Déduction des concepts. — De l'unité *transcendantale* de la conscience. — Les concepts ne sont applicables qu'aux objets de l'expérience. — Impossibilité d'une harmonie préétablie entre la nature des choses et celle de ma pensée.
III. *Analytique des principes*. Nécessité d'un *schème* pour *subsumer* à un *concept* une intuition sensible. — Principes de l'entendement : (1° Axiomes de l'intuition ; — 2° Anticipations de la perception ; 3° Analogies de l'expérience ; 4° Postulats de la pensée empirique). — Distinction des *phénomènes* et des *noumènes*. Nous ne connaissons que les *phénomènes* : les choses *en soi* (ou *noumènes*) nous sont inconnues. — *Amphibolie* des concepts de la *réflexion*. Critique du système métaphysique de Leibnitz.

CHAPITRE IV.

Analyse de la Logique transcendantale (2e partie, ou *Dialectique transcendantale*). 96

I. Définition des idées. Nécessité de s'élever, à propos de toute pensée, jusqu'à la conception de l'absolu. — Mais cette idée n'est qu'une illusion inévitable.
II. On ne peut prouver l'existence de l'*Unité absolue*. Le *moi* n'est qu'une *unité logique*, une synthèse de mes représentations ; con-

clure à la simplicité de sa *substance* constitue un *paralogisme transcendantal.*

III. La conception de la *Totalité absolue* (l'idée du *Monde des phénomènes* comme existant en soi tel qu'il nous apparaît) conduit à quatre *antinomies*. — Solution des *Antinomies* par la distinction des *phénomènes* et des *noumènes.*

IV. La *Perfection absolue* n'est qu'un *Idéal* de la Raison pure. — Critique des preuves de l'existence de Dieu.

V. *Appendice.* — L'idée de l'Infini, de l'Absolu, n'a qu'un usage régulateur et ne sert qu'à donner de l'unité à la science et à exciter l'ardeur de l'esprit humain dans la recherche indéfinie des causes naturelles.

CHAPITRE V.

Analyse de la Méthodologie de la Raison pure. . . 137

I. *Discipline de la Raison pure.* — Impossibilité de la démonstration en philosophie. — De l'usage *polémique* de la Raison. Absence de tout *criterium* non-seulement de la *vérité*, mais même de la *possibilité.*

II. *Canon de la Raison pure.* — Objectivité de l'Idée du *Bien*. — L'idée du Bien suppose l'existence de Dieu et l'immortalité de l'âme.

III. *Architectonique de la Raison pure*, ou classification des sciences philosophiques.

IV. *Histoire de la Raison pure.*

Résumé de la Critique de la Raison pure. 151

SECONDE SECTION.

Analyse de la Critique de la raison pratique.

CHAPITRE UNIQUE. 157

I. *Préface et Introduction.* — But de l'ouvrage. — Plan et division.

II. *Analytique de la Raison pratique.* — Principes de la Raison pratique. — Objet de la Raison pratique. — Mobiles de la Raison pratique. — Examen critique de l'*Analytique.*

III. *Dialectique de la Raison pratique.* — Du concept du souverain Bien. — Antinomie de la Raison pratique. — De l'existence de Dieu et de la vie future comme postulats de la Raison pratique.

IV. *Méthodologie de la Raison pratique.* — Des moyens d'ouvrir à la Raison pratique un accès dans l'âme de l'homme.

V. *Appendice*, — (Analyse des *Fondements de la métaphysique des mœurs.*)

Résumé de la morale de Kant. 189

TROISIÈME SECTION.

Analyse de la Critique du Jugement.

CHAPITRE PREMIER.

Analyse de la Critique du Jugement esthétique. . . . 193

I. *Préface et introduction.* — Rapport de la troisième *Critique* aux deux premières. — Distinction du jugement déterminant et du jugement réfléchissant. — Nécessité d'une règle pour le jugement réfléchissant. — Double point de vue de la *finalité.*

II. *Analytique du Beau.* — Quatre définitions du Beau. — Universalité du goût. — Du libre jeu de l'imagination et de l'entendement.

III. *Analytique du Sublime.* — Le Sublime est à la raison ce que le Beau est à l'entendement.

IV. *Appendice de l'Analytique.* — Théorie des beaux-arts.

V. *Dialectique du Jugement esthétique.* — Antinomie du Jugement esthétique. — De la finalité idéale et de la finalité réelle. — Symbolisme du Beau.

CHAPITRE II.

Analyse de la Critique du Jugement téléologique. . . 229

I. *Analytique du jugement téléologique.* — Nécessité de considérer la finalité dans la nature, et spécialement dans les êtres organisés. — *Universalité* et *subjectivité* de l'idée de finalité.

II. *Dialectique du Jugement téléologique.* — Antinomie. — Du mécanisme et de la finalité. De l'identité possible de ces deux sortes de causalité dans le monde intelligible.

III. *Méthodologie du Jugement téléologique.* — Système des fins de la nature. — Leur rapport avec la fin de l'être moral. — Dans quelles limites la loi morale nous fait connaître Dieu.

Résumé de la Critique du Jugement. 252

DEUXIEME PARTIE.

DISCUSSION DU SYSTÈME DE KANT.

PREMIÈRE SECTION.

Examen de la Critique de la Raison pure.

CHAPITRE PREMIER.

Examen de la préface. 259

I. De l'entreprise de changer la méthode en philosophie.
II. Est-il vrai que la physique et les mathématiques n'étudient pas les lois des choses, mais les lois de l'esprit ?
III. Peut-on soutenir que la foi morale du genre humain n'ait rien à craindre d'une critique où l'on révoque en doute la valeur des idées de la raison spéculative ?

CHAPITRE II.

Examen de l'Introduction 273

I. La *possibilité* des jugements *synthétiques à priori* est confondue par Kant avec leur *légitimité*.
II. Leur légitimité est prouvée par celle des jugements *analytiques*. Tout jugement *analytique* présuppose un jugement *synthétique à priori*.
III. Le jugement de *possibilité*, fondement de tous les autres jugements *synthétiques à priori*, est lui-même inséparable de la conscience de mon activité.

CHAPITRE III.

Examen de l'Esthétique transcendantale.. 285

I. De la nature du temps et de l'espace.
II. De leur objectivité.

CHAPITRE IV.

Examen de l'Analytique transcendantale 294

I. Est-il vrai que les catégories n'aient de valeur objective que dans leur application à l'expérience ?

II. Examen de la théorie du *schème*.
III. Des principes de l'entendement. L'idée de force est le principe de tous nos jugements.
IV. Notre connaissance est-elle bornée au phénomène? Ne savons-nous rien des choses en *elles-mêmes*? — Réalité de la *préformation* de la Raison.

CHAPITRE V.

Examen de la Dialectique transcendantale. 313

I. Est-il vrai que notre âme ne nous soit pas connue comme *substance*?
II. Discussion des antinomies.
III. Rigueur des preuves spéculatives de l'existence de Dieu.
IV. L'Infini peut-il être réduit à un simple *idéal* abstrait?

Résumé. 337

SECONDE SECTION.

Examen de la Critique de la Raison pratique.

CHAPITRE UNIQUE. 339

I. La raison *pratique* est-elle distincte de la raison *spéculative*?
II. Kant ne donne pas une idée exacte de la liberté.
III. L'*obligation* est-elle, comme l'enseigne Kant, le principe du Bien moral, ou n'a-t-elle pas son principe elle-même dans l'idée du Bien, de l'ordre absolu?
IV. Excellence de la doctrine de Kant sur la *dépendance* de la volonté par rapport à l'obligation morale.
V. *De la morale particulière de Kant.* — Omission des devoirs envers Dieu. — Définition incomplète du *droit*.

TROISIÈME SECTION.

Examen de la Critique du Jugement.

CHAPITRE PREMIER.

Examen de la Préface et de l'Introduction. 353

De la distinction établie par Kant entre la raison, l'entendement et le jugement.

CHAPITRE II.

Examen de la Critique du Jugement esthétique.. . . . 357

I. *Examen de l'Analytique du Jugement esthétique.* — Kant n'a pas cherché les caractères du Beau, mais les caractères de nos jugements sur le Beau. — Des quatre définitions du Beau. — Objectivité du jugement esthétique. — Du Sublime. — Objectivité du jugement sur le Sublime.

II. *Examen de la Dialectique du Jugement esthétique.* — La finalité que suppose le jugement esthétique est *réelle* et non pas seulement *idéale*. — Comment le Beau est le symbole du Bien.

CHAPITRE III.

Examen de la Critique du Jugement téléologique.. . . 368

I. *Examen de l'Analytique du Jugement téléologique.* — De l'usage des causes finales dans les sciences naturelles.

II. *Examen de la Dialectique du Jugement téléologique.* — De la prétendue identité de la *finalité* et de la *nécessité*.

III. *Examen de la Méthodologie du Jugement téléologique.* — Est-il vrai que nous ne connaissions que les attributs *moraux* de Dieu? — La connaissance de Dieu est-elle seulement objet de *foi* et non objet de *science?*

TROISIÈME PARTIE.

PARTIE HISTORIQUE.

De l'influence de Kant sur ses successeurs et des jugements portés sur son système en Allemagne.

CHAPITRE PREMIER.

Comment tout le développement de la philosophie allemande procède du système de Kant. 385

CHAPITRE II.

Polémique de Jacobi contre la doctrine de Kant.. . 391

CHAPITRE III.

Jugements de Hegel sur le système de Kant. 404

CHAPITRE IV.

Réaction platonicienne contre le kantisme. Herbart. 411

CHAPITRE V.

Un kantiste conséquent : Schopenhaüer. 417

CONCLUSION.

De la part qui doit être faite à la Critique et de son rôle définitif dans le développement de la philosophie. 427

I. Nécessité de profiter de la *Critique* et de la dépasser.
II. *Des résultats positifs de la Critique.* — 1° Théorie des idées *a priori* définitivement acquise à la science. — 2° Rôle de ces idées dans les sciences expérimentales. — 3° Théorie spiritualiste de l'art. — 4° Certitude de la preuve morale de l'existence de Dieu. Impossibilité d'ébranler la doctrine de Kant sur ce point : vains efforts tentés de nos jours pour fonder une morale *indépendante* de la croyance en Dieu. — Le Bien n'est-il qu'un pur *idéal* abstrait ?
III. *De l'utilité que le dogmatisme peut retirer de l'étude de la Critique, même dans ses erreurs.* — Des limites de la connaissance sensible. Des limites de la raison.
IV. — *Justification de la métaphysique.* — 1° Unité de la raison spéculative et de la raison pratique. Tous les axiomes de la raison peuvent se ramener à l'affirmation de l'Être parfait. — 2° La certitude de la métaphysique est supposée par les autres sciences. — Fausse théorie du positivisme, sur les trois phases du développement intellectuel de l'humanité. La science, la métaphysique et la religion sont inséparables, et c'est par leur union seule que peut se réaliser le progrès intellectuel et moral. — 3° Objectivité des principes de la raison prouvée par le devoir que nous avons *de respecter et d'aimer la vérité.*

FIN DE LA TABLE DES MATIÈRES.

www.ingramcontent.com/pod-product-compliance
Lightning Source LLC
Chambersburg PA
CBHW060234230426
43664CB00011B/1649